언 어 ②

나남
nanam

한국연구재단 학술명저번역총서
서양편 346

언 어 ②

2015년 12월 25일 발행
2015년 12월 25일 1쇄

지은이_ 레너드 블룸필드
옮긴이_ 김정우
발행자_ 趙相浩
발행처_ (주) 나남
주소_ 413-120 경기도 파주시 회동길 193
전화_ (031) 955-4601 (代), FAX : (031) 955-4555
등록_ 제 1-71호(1979.5.12)
홈페이지_ http://www.nanam.net
전자우편_ post@nanam.net
인쇄인_ 유성근(삼화인쇄주식회사)

ISBN 978-89-300-8642-4
ISBN 978-89-300-8215-0 (세트)
책값은 뒤표지에 있습니다.

'한국연구재단 학술명저번역총서'는 우리 시대 기초학문의 부흥을 위해
 한국연구재단과 (주)나남이 공동으로 펼치는 서양명저 번역간행사업입니다.

언 어 ②

레너드 블룸필드 지음 | 김정우 옮김

나남
nanam

Language

by

Leonard Bloomfield

1933

1. 본문의 철자와 발음표기는 모두 원문의 표기체계와 양식을 그대로 따랐다.
2. 단어의 뜻풀이는 가급적 우리말로 번역했지만, 격변화나 활용형 등은 문법형태를 온전하게 드러내야 하는 관계로 원어를 그대로 적어 놓은 것도 있다. 마찬가지 이유로 단순한 명사라도 단어 자체가 다의어이거나 친족어와의 파생관계를 보여줄 필요가 있으면 원어를 그대로 표기했다.
3. 각괄호와 겹빗금은 각각 발음형태와 음소를 표시한다. (예) 〔ant〕, /p/
4. 단어(형태) 앞에 붙은 별표 위첨자(*)는 재구형을 표시하고, 그냥 별표는 불가능한 어형을 표시한다.
5. 본문 하단의 각주는 모두 역주이다. 원서의 각주는 [원주]로 표시했다.
6. 본문과 직접적인 관련이 적거나 내용이 길어진 참고 역주는 [원주]의 뒤(* 이하)에 넣었다. 참고 역주의 자리 표시는 본문에 괄호문자의 위첨자로 했다. (예) 가시언어(1)
7. 중요한 인명과 지명에 대해서는 본문 이해에 긴요한 사항만 본문 하단에 각주로 넣고, 상세한 사항은 부록으로 말미에 덧붙인 '인명 약해'와 '지명 약해'를 참고하도록 했다. '인명 약해'와 '지명 약해'에 있는 해당 고유명사는 각주에 별도의 표시(☞)를 했으며, 원어를 병기하지 않았다. 그리고 언어학 용어도 '한-영 대조 일람'에 있는 것은 가급적 원어를 병기하지 않았다. 원어를 병기하는 경우에도 최초의 것으로만 한정했다.
8. 책의 체재는 원서의 체재를 '찾아보기'까지 충실히 따르되, 독자들의 이해 편의를 위해 부록으로 '언어학 용어 한-영 대조 일람'과 '인명 약해', '지명 약해', '언어 일람'을 덧붙였다.

언 어 ②

차 례

제17장

문자 기록

17. 1. 어떤 언어공동체든 공동체의 언어는 외부의 관찰자에게 복잡한 신호체계로 보인다. (우리는 이 책에서 지금까지 이런 종류의 신호체계에 관심을 두고 그 내용을 알아보았다.) 언어는 어떤 한순간을 놓고 볼 때 안정된 어휘와 문법습관의 구조를 가진 모습을 우리에게 보여 준다.

그러나 이런 생각은 환상에 불과하다. 모든 언어는 항상 느리면서도 끊임없는 변화의 과정을 겪고 있기 때문이다. 우리는 이전 시기의 언어에 대한 문자기록을 가진 공동체의 경우에 이러한 변화에 대한 직접적 증거를 확보하게 된다. 《흠정성서》(*King James Bible*)나 셰익스피어의 영이는 오늘날의 영어와 다르다. 초서[1]의 14세기 영어는 용어주해집이 있어야만 해독이 가능하다. 현대의 필사기록이 확보되어 있는 9세기 알프레드 대왕 시대의 영어는 오늘날의 영어 독자에게 완전히 외국어처럼 보인다. 만일 당시의 영어 화자들을 만날 수 있다면, 우리는 그들의 말을 이해할 수 없고 그들도 우리의 말을 이해할 수 없을 것이다.

언어 변화의 속도는 절대적인 용어로 진술하기 어렵다. 어떤 화자

---

1) 중세 영국의 시인. ☞ 인명 약해 참고.

든 젊어서 자기 할아버지 할머니와 대화를 나눈다거나 나이가 들어서 자기 손자손녀와 대화를 나누는 데는 아무 문제가 없다. 그러나 대략 서른에서 마흔 세대쯤 되는 일천 년 정도의 간격이라면, 영어를 방금 위에서 언급한 정도로 변화시키기에 충분한 시간이라고 할 수 있다. 각각의 세대가 흘러가는 동안, 런던 표준영어를 사용하는 어머니는 자기가 유아 시절에 배웠던 것과 똑같은 영어를 자기 아이들도 배우고 있다고 생각할 것이다. 언어의 변화는 생물학적 변화보다 훨씬 빠르지만, 모름지기 다른 인간의 문물제도에서 일어나는 변화보다는 더딜 것이다.

언어의 변화가 우리의 관심을 끄는 것은 특히 언어의 변화야말로 언어의 제반 현상을 설명할 수 있는 유일한 가능성을 제공하기 때문이다. 모든 화자는 앞선 시기의 화자들에게서 그네들의 습관을 획득한다. 그리고 이 화자의 습관을 설명할 수 있는 유일한 열쇠는 바로 앞선 시기의 화자들이 가졌던 습관에 있다. 예를 들어, 왜 현대의 화자들이 'canis domesticus'라는 학명을 가진 동물을 가리키는 형태로 'dog'을 사용하느냐고 묻거나, 아니면 왜 현대의 화자들이 접미사 〔-ez, -z, -s〕를 덧붙여 단수명사에서 복수형을 도출하느냐고 묻는다면, 우리는 현대의 영어 화자들이 유아 시절에 자신을 둘러싼 연장자들에게서 이런 습관을 배웠다고 답변할 수밖에 없다. 또한 같은 질문을 이들 연장자의 습관에 대해 던진다면, 역시 이들보다 더 연장인 사람들의 습관을 끌어들이면서 끝없이 시간을 거슬러 올라갈 수밖에 없다. 만일 모든 화자와 청자를 점으로 표시하고 이들 사이의 발화관계를 화살표로 연결해서 그려내는 의사소통 밀집도(3.4절)의 도식을 현실에 구현할 수 있다면, 우리는 이 연계망이 시간을 무한히 역류했다는 사실을 알게 될 것이다.

그렇다면 정상적인 경우에 어떤 언어습관에 대한 설명은 단순히 앞선 시기에 있었던 그런 습관의 존재 자체가 된다. 그러나 언어의 변화가 일어난 경우에는 현재와 다른 앞선 시기의 습관과 변화의 발생이 그 설명의 내용이 된다. 예를 들어, 영어에서 '식용 짐승고기'라는 뜻으로 'meat'라는 단어를 사용하는 어휘습관은 역사가 그다지 오래되지 않았다. 수백 년 전만 해도 영어에서는 이 뜻으로 'flesh'라는 단어가 사용되었으며, 'meat'는 '양식, 음식, 먹을 것'이라는 뜻이었다. 이런 경우에 현대의 어휘습관에 대한 설명은 (1) 앞선 시기의 습관과 아울러, (2) 그 사이에 일어난 변화로 이루어진다. 언어의 변화는 결코 멈추는 법이 없기 때문에 빠르든 늦든 언젠가는 해당 언어의 모든 습관에 영향을 미친다. 만일 우리가 과거의 언어에 대해 충분히 알고 있다면, 두 번째 유형 (2)의 설명이 현대의 모든 언어형태에 적용될 것이다.

문자기록을 통해 과거의 언어습관에 대한 직접적 정보를 얻기 때문에, 언어의 변화에 대한 연구의 첫 걸음은 문자기록이 남아 있는 곳이면 어디든 이런 기록에 대한 조사로 시작된다.

오늘날 우리는 읽기와 쓰기에 너무도 익숙해져 있어서 이들 읽기나 쓰기 활동과 언어 자체를 혼동하는 수가 많다(2. 1절). 쓰기는 비교적 최근의 발명품이다. 쓰기는 소수의 언어공동체에서만 어느 정도 오랜 시간 동안 사용되었으며, 이들 소수의 언어공동체 안에서도 아주 최근까지 극소수의 사람들에게만 국한된 활동이었다. 언어의 발화는 문자기록을 갖든 갖지 않든 동일하며, 원칙적으로 말해 언어는 이 언어의 발화가 쓰기로 기록되는 정도와 상관없이 동일하다. 특정한 세부사항을 논외로 한다면, 언어학자에게 쓰기는 단순히 외부적인 장치이다. 이는 마치 축음기가 음성을 관찰할 수 있도록 과거 발화의 일부 자질을 보존하고 있는 것과 유사하다.

17. 2. 쓰기는 그리기에서 발달해 나왔다. 아마도 모든 민족은 색칠하기나 그리기, 긁기, 깎기 등의 수단을 동원해서 그림을 그렸을 것이다. 다른 효용성(2.9절)을 일단 제쳐두면, 이들 그림은 메시지나 메모의 역할을 하는 경우가 생기게 된다. (즉, 보는 사람의 행위에 변화를 가져온 것이다.) 이들 그림은 아마도 이런 방식으로 줄곧 사용되었을 것이다. 북아메리카 인디언은 솜씨 좋은 도안가로서, 예전에는 실용적인 목적으로 광범위한 그림을 그렸다. 예를 들어, 오지브와 부족의 어떤 인디언은 일련의 그림이 그려진 기다란 자작나무 껍질을 가지고 있었는데, 그 그림을 보면 성스러운 노래에서 연속된 시행(詩行)이 생각나곤 했다고 한다. 예컨대 세 번째 그림은 여우를 나타내는데, 그것은 이 노래의 세 번째 시행이 여우와 관련된 무슨 내용을 말하기 때문이다. 그리고 여섯 번째 그림은 올빼미를 나타내는데, 그것은 여섯째 시행이 '올빼미가 불길한 징조'라고 말하기 때문이다. 또한 만단(Mandan) 부족의 인디언은 이런 그림을 모피장사에게 보낸 적이 있다고 한다. 그림 가운데에 두 선이 (십자가 모양으로) 교차하고, 이들 선의 한쪽에는 총 한 자루와 비버 한 마리의 윤곽이 그려져 있으며, 비버 그림 위로는 29줄의 평행한 획(굵은 선)이 그어져 있었다. 그리고 이들 선의 다른 한쪽에는 담비와 수달 및 물소가 각각 한 마리씩 그려져 있었다. 이 그림은 다음과 같은 뜻이라고 한다. "나는 담비껍질과 수달껍질과 물소가죽을, 총 한 자루와 비버가죽 서른 장으로 교환하려고 한다."

이러한 유형의 기록과 메시지는 흔히 '그림문자'라고 불리지만, 이 용어(특히 '문자')에는 오해의 여지가 있다. 기록과 메시지에는 표기처럼 항구적이고 이동이 가능하다는 장점이 있지만 정확성이 결여되어 있다. 이들은 언어형식과 어떤 고정적인 관계를 맺지 못하고 따라서 언어형태의 미묘한 조절 기제를 공유하지 못한다.

이와 같은 그림을 사용하다가 실제 문자를 사용하게 되는, 말하자면 표기수단의 진보과정을 알 수 있는 민족에 대한 기록이 남아 있지 않기 때문에, 우리로서는 그런 발전단계에 대해 추측만 할 수 있을 뿐이다. 그림의 용법에서도 문자로 넘어가는 전이과정의 발단이 눈에 띄는 수가 적지 않은데, 그러한 흔적은 실제 문자체계에 남아 있기도 하다.

실제 문자는 제한된 수효의 관습적 부호를 사용한다. 그러므로 그림에서 실제 문자로 넘어가는 전이과정에서 그림이 관습화되는 것이다. 예를 들어, 동물의 윤곽을 그리는 방법이 고정되면 어떤 동물을 설령 완벽하게 그리지 못했다손 치더라도 누구든지 그 동물의 종(種)을 그린 것으로 알아차리게 된다. 이러한 사정은 아메리카 인디언 부족의 그림에도 어느 정도 들어맞는다. 고대 이집트의 이른바 신성문자를 보면, 대다수 부호가 관습적이면서도 사실적인 그림의 모습을 띠고 있으며, 많은 부호가 실질적으로 자신들이 나타내는 사물의 이름을 지시하고 있다. 그러므로 (언제나 동일한 방식으로 그려진) 거위 그림은 거위를 의미하는 단어 〔sʔ〕[2]를 지시한다. 중국어의 표기를 보면, 예컨대 단어 〔ma³〕(말)와 같은 단어를 표기하는 부호는 아직도 이 단어의 뜻을 가진 그림과 닮았다. 이런 사정은 현대의 자형에 그러한 유사성(부호와 실제 모습 사이의 닮은 점)이 전혀 없는 문자의 예전 모습[3]에 적용되는 경우가 적지 않다.

그림이 확고하게 관습화되었을 때, 우리는 이를 '서자'(書字)[4]라고

---

2) [원주] 고대 이집트어의 모음 소리에 대해서는 알려진 것이 없다.

3) 예컨대 한자의 자형도 초서자, 예서자 혹은 전자(篆字)보다 그 이전의 금문자(金文字)와 갑골문자의 자형이 실물에 가깝다.

4) 표음문자의 낱자를 가리키는 글자(*letter*)와 구분하기 위해 표의문자의 낱자를 서자(*character*)로 옮겼다. 문자(文字)는 글자체계를 가리키면서 '글자'와 '서자'를 모두 아우르는 포괄적인 개념으로 사용했다.

부른다. 여기서 말하는 서자란 사람들이 특정한 여건하에서 사용하고 또 그에 따라 특정한 방식으로 반응하는 일정한 기호 혹은 기호의 집합을 가리킨다. 이러한 습관이 일단 확립되면, 서자와 특정 사물 사이의 유사성은 이차적인 문제가 되어, 시간이 지나 해당 서자를 사용하는 관습에 변화가 생겨서 아예 사라져버릴 수도 있다. 이런 변화는 표기 재료의 성질에 기인하는 수가 많다. 고대 메소포타미아의 부족이 사용하던 쐐기문자 체계의 일부 서자는 아직도 이들이 그림에서 비롯되었음을 드러내고 있지만, 대부분의 다른 서자는 그렇지 않다. 이들 서자는 다양하게 배열된 길고 짧은 쐐기 모양의 획으로 이루어졌는데, 바늘을 가지고 차진 점토에 꾹꾹 눌러 써야 하는 관계로 자형이 이런 모양이 된 것으로 보인다. 고대 이집트의 신성문자를 보면 서자가 조심스럽게 그려져 있었다. 그렇지만 양피지에 갈대 붓으로 빠르게 쓰기 위해 이집트 사람들이 개발한 보다 간단하고 둥그스름한 자형(성용문자〔聖用文字〕)을 보면, 그림과의 유사성이 완전히 상실되었음을 알 수 있다. 영어의 표기는 궁극적으로 고대 이집트에서 비롯된 것이지만, 아무도 영어의 글자에서 그림의 흔적을 알아차릴 수 없을 것이다. 영어의 글자 'F'에는 아직도 달팽이의 뿔 2개가 남아 있는데, 신성문자 시기의 이 글자는 달팽이의 모습을 그린 것이었다고 한다.

그림에서 실제 문자로 넘어가는 전이과정에 나타나는 또 다른 중요한 국면은 서자와 언어형식과의 연상관계이다. 다시 말해 대부분의 상황에는 그림으로는 드러낼 수 없는 자질이 담겨 있다. 그림의 사용자는 모든 종류의 장치를 동원하여 적절한 반응을 이끌어내려 하기 때문이다. 예컨대 앞에서 본 인디언의 그림에서 비버 위에 그어진 29개의 획은 비버가죽의 수효이다. 그 인디언은 일련의 그림을 가지고 교환과정을 묘사하는 대신에, 교환과정을 교차하는 두 선으로 표시하고 그 교차선의 양쪽에 거래대상 품목을 표시한 것이다.

오지브와인의 그림문자에서 올빼미를 가지고 '불길한 징조'를 표시한 방식은 의문의 여지없이 부족신앙에 따른 그림이었을 것이다.

그림의 사용자가 이런 문제를 만났을 때, 그는 실제로 자기 자신한테 말을 하면서 고민스러운 메시지를 이런저런 방식으로 언어화하려고 노력했을 것이다. 언어는 결국 그림으로 표현할 수 없는 종류의 사물을 전달하는 의사소통의 한 방식이다. 이런 전제가 가능하다면, 우리는 그림의 사용자가 차차 말을 하는 순서대로 일련의 서자를 배열하다가, 구어 발화의 각 부분(즉, 각각의 단어)을 모종의 서자로 표시하는 관습5)을 개발해냈을 것으로 추측할 수 있다. (이것은 물론 이러한 전이과정의 발달단계에 대한 추측일 뿐이다.) 실제적인 문자표기는 이러한 단계를 전제로 한다.

실제 문자표기에서는 일부 서자가 양면적 가치를 갖는다. 이들 서자가 그림으로 그릴 수 있는 사물과 음성형식 내지 언어형식 모두를 나타내기 때문이다. 이들 일부 서자를 제외한 다른 서자는 그림으로서의 가치를 상실하고 오직 음성형식 내지 언어형식으로서의 가치만을 갖는다. 결과적으로 언어형식과 연계되지 않고 순수하게 그림으로서의 가치만을 갖는 서자는 부수적인 용도로 전락하게 되는 것이다. 특히 서자의 모양이 관습화되면서 서자가 그림으로 표시되던 사물과의 유사성을 상실하면 할수록, 언어적 가치는 더욱더 많은 부분을 지배하게 된다. 이제 서자는 부호(symbol), 곧 관습적으로 모종의 언어형태를 나타내는 기호(mark)나 기호의 집합이 된 것이다. 사람들이 어떤 언어형태를 발화할 상황에서 특정한 부호를 사용하고, 또 어떤 언어형태를 듣고 나서 반응할 때 응답하는 것처럼 특정한 부호에 반응한다는 의미에서, 부호는 언어형태를 '표상한다'고 할 수 있

---

5) 여기서 말하는 관습은 '규약' 내지 '규칙'으로 보아도 무방하다.

다. 사실, 쓰는 사람은 쓰기 전에 혹은 쓰는 동안에 (자기가 쓰는) 언어형태를 발화하고, 듣는 사람(곧 읽는 사람)은 읽으면서 (자기가 듣는) 언어형태를 발화한다. 이와 같은 언어활동(쓰기와 읽기)을 남의 귀에 들리지 않고 남의 눈에 띄지 않게 제대로 수행하려면 상당한 기간의 연습을 쌓지 않으면 안 된다.

17. 3. 단어는 분명히 표기에서 처음으로 부호화되는 언어 단위이다. 구어 발화에 나타나는 각각의 단어에 대해 부호를 하나씩 사용하는 표기체계는 표의적(表意的) 표기로 알려져 있는데, 이 용어에는 오해의 여지가 다분하다. 정확하게 말해서 표기에서 중요한 것은, 서자가 실제 세계의 자질(관념[意], *idea*)을 표상하는 것이 아니라, 표기자가 사용하는 언어의 자질을 표상한다는 점이다. 그러므로 이에 대한 보다 적절한 용어는 단어 표기(*word-writing*) 내지 표어적(表語的) 표기가 될 것이다.

단어 표기의 주된 난점은 형상으로 표상할 수 없는 단어에 대한 부호를 만들어내는 일이다. 그래서 이집트 사람들은 올챙이를 표상하는 서자를 사용해서 '십만'을 뜻하는 단어를 상징했는데, 그것은 모름지기 올챙이가 연못에 대단히 많았기 때문일 것이다. '좋다'[好]는 단어에 대한 중국어의 표기부호는 '여자'[女]와 '아이'[子]라는 부호의 결합체로 이루어졌다.

이와 같은 유형의 표기체계에서 가장 중요한 장치는 음성적으로 유사한 단어의 부호를 사용하는 것인데, 이때 이 단어의 의미는 형상화가 가능하다. 이런 맥락에서 고대 이집트 사람들은 '거위'를 형상화한 서자를 사용해서, '거위'를 뜻하는 단어 [s?]뿐만 아니라 '아들'을 뜻하는 단어 [s?]까지 표기했으며, 또한 정형화된 '(서양) 장기판'을 형상화한 서자를 사용해서, '장기'를 뜻하는 단어 [mn]뿐만 아니라 '남다'를 뜻하는 단어 〔mn〕까지 표기했다. 중국 사람들은 '밀'을 형상화한 관습화된 서자를 사용해서, '밀'을 가리키는 단어뿐만 아니라 '오다'〔來〕를 뜻하는 동음(이의)어 단어(현대 북경어 〔laj²〕)까지 표기했다. 이런 방식에서 빚어지는 중의성 문제는 표어적 표기체계를 더욱 발달시키는 계기가 되었다. 그러니까 모종의 서자를 첨가해서 동일한 단어 중의 어느 것을 읽어야 하는가를 지시하게 되었던 것이다. 이러한 첨가 서자를 분류부(分類符) 혹은 한정부(限定符, *determinant*)라고 부른다. 표어적 표기체계를 완성단계로 끌어올린 중국어 표기에서는 음부(音符, 기본부호를 이렇게 부른다, *phonetic*)와 분류부가 단일 복자(覆字)6)로 통합되었다. 따라서 〔ma³〕(馬)를 표상하는 부호와 〔ny³〕(女)를 표상하는 부호가 하나의 복자로 통합되면, 〔ma¹〕(媽, 어머니)를 표상하는 부호의 역할을 하게 된다. 〔faɦ¹〕(方, 사각형)을 표상하는 부호는 〔thu²〕(土, 땅)를 표상하는 부호와 결합하여 〔faɦ¹〕(坊, 지역)을 표상하는 복합부호가 된다. 또한 이 부호 〔faɦ¹〕은 〔sr¹〕(糸, 실)를 표상하는 부호와 함께 〔faɦ³〕(紡, 잣다)이라는 단어를 나타내는 복합부호를 형성한다. 위의 용례에서 보듯이 (현대 중국어에서) 복합부호의 음부가 언제나 해당 단어의 발음을 정확하게 드러내는 것은 아니다. 그렇지만 이러한 표기체계의 발달과정이 일어난 특정 시간과 특정 방언에서만큼은, 복합부호가 음성적으로 정확했다고 추정해야 합리적일 것이다.

위의 중국어 표기에서 보았듯이, 표어적 표기체계는 해당 언어의 모든 단어를 표상하는 부호를 일일이 배워야 하는 단점을 안고 있다. 한자의 복합부호는 모두 214개의 구성성분7) (부수〔部首〕)으로 분석할

---

6) 복자(*compound character*) = 복합 서자(複合 書字)

7) 《康熙字典》에 나오는 부수의 총수라고 한다. 한편 원어 'radical'은 '글자의 뿌리'라는 의미로 사용된 것으로 보인다.

수 있지만, 그렇다 하더라도 읽고 쓰기를 배우는 데 드는 노력이 막대하다. 반면에 이러한 문자체계는 부호(서자)가 단어의 음형(音形)에 직접적으로 관여하지 않는다는 점에서 커다란 장점을 갖는다고 할 수 있다. 중국인들은 서로 이해가 불가능한 수많은 방언을 말하지만, 표기와 인쇄에서만큼은 일정한 어휘 및 어순의 관습(규약)을 고수하기 때문에 서로 상대방의 글을 읽을 수 있고, 약간의 훈련을 거치면 고대 문헌의 표기도 읽을 수 있다.

고대 인도에서 비롯된 아라비아 숫자는 표어적 표기의 좋은 보기이다. 비록 영어로는 [fowr]라고 읽고 독일어로는 [fi:r]라고 읽으며 프랑스어로는 [katr]라고 읽는 등 언어마다 민족마다 제각기 다르게 읽지만, '4'와 같은 부호는 많은 민족들 사이에서 이해가 가능하다. 더욱이 숫자는 고정된 관습에 따라 배열하기 때문에, 설령 각자가 사용하는 언어가 상대방 언어와 수사 어구의 구조에서 차이가 나더라도, 서로 다른 언어에서 나타나는 숫자를 읽을 수 있다. 예를 들어, '91'은 어디서나 이해가 가능하다. 그러나 영어에서는 [najn 'won]이 아닌 [najntij 'won]으로 읽고, 독일어에서는 영어와 거꾸로 된 순서로 [ajn unt 'nojntsik] (1 + 90) 으로 읽으며, 프랑스어에서는 [katrə ve^{n} o^{n}z] (4 곱하기 20 + 11) 로 읽고, 덴마크어에서는 ['eʔn ɔ hal 'fɛmʔs] (1 + 4.5배(곱하기 20)) 로 읽는다.

17. 4. 형상화가 불가능한 단어를 음성적으로 유사하고 형상화가 가능한 단어로 표기하는 장치에서, 우리는 표기에 음성적 인자가 개입되는 현상을 목격하게 된다. 하나의 부호가 특정한 단어와 연합되면, 이 단어의 음성 자질은 충분히 그 부호의 표기를 가능하게 만들 수 있다. 단어가 모두 균일한 구조를 가진 중국어에서는 이와 같은 이전 현상이 오직 단어에서 단어로만 이루어지기 때문에, 복자는 이

구조에 따라 하나의 단위로 표기되어 균등한 크기로 자형이 축소된다. 단어가 제각기 다른 다양한 크기를 가진 다른 언어의 표기에서는 비교적 긴 단어[8]에서 음성적으로 유사한 부분을 표상하기 위한 단어 부호(word-symbol)가 나타난다. 예를 들어, 이집트 사람들은 '장기판'을 뜻하는 단어 [mn]의 부호를 위로 두 번 겹쳐 써서 '움직이다'를 뜻하는 단어 [mnmn]를 표기했다. 그리고 이들은 '청소부'를 뜻하는 단어 [mç]를 표상하는 부호와 '바구니'를 뜻하는 단어 [Dr]를 연속으로 써서 '귀'를 뜻하는 단어 [mçDr]를 표기했다. 이집트 사람들은 또한 언어의 구조적 다양성에 맞추어서 항상 하나의 부호만 가지고 단어를 표기하지 않고, 표어부(表語符)[9]와 음부 및 분류부 등을 다양하게 배열해서 단어를 표기했다. 아즈텍어의 표기에서도 이와 마찬가지로 축자적으로 '신-집-사람들'이라는 뜻을 가진 지명 'Teocaltitlan'이 각각 'tentli'(입술), 'otli'(길), 'calli'(집) 및 'tlantli'(치아) 등을 표상하는 부호로 표기되었다. 이 단어의 '-tli'가 굴절 접미사이기 때문에 이 지명은 겉으로 보기보다 훨씬 이해하기 쉽다.

이런 방식으로 사용되는 부호는 점차로 항상 일정한 표음적 가치를 띠게 될 수 있다. 그렇게 되면 이들 부호는 표음문자가 된다. 다시 말해서 이들 부호는 이제 단어형태 이외에도 음성형태까지 표상하게 된 것이다. 이와 같은 발달과정의 가장 보편적인 결과는 아마도 각각의 부호가 (앞뒤에 비성절음을 거느리거나 거느리지 않은) 한 음절의 음가를 지시하는 음절 부호 집합이 될 것이다. 고대 메소포타미아의 쐐

---

8) 2음절 이상의 다음절 단어를 가리키는 것으로 보인다.

9) 표어적 표기체계에 사용되는 낱자를 가리킨다. 실제 소리와 무관하게 자주 사용되는 일정한 단어를 표상하는 문자이므로, 편집기호(&), 통화단위기호(£), 수학기호(%) 등도 여기에 속한다. '표어자' 정도의 뜻이지만 같이 나오는 음부, 분류부 등과 짝을 맞추기 위해 '표어부'로 옮겼다.

기문자는 바로 이 단계에 이르렀던 표기체계였다. 이 쐐기문자에는 〔ma, mi, mu, am, im, um, muk, mut, nam, tim〕 등의 음절을 표기하는 서자가 마련되어 있었다. 이 표기체계는 민족에서 민족으로 퍼져나가는 과정에서 전반적으로 표어문자적 자질을 잃지 않았다. 예를 들어, '신'을 뜻하는 고대 수메르어 단어는 〔an〕이었다. 표기의 효용성을 배운 바빌로니아 사람들은 수메르어의 이 부호를 같은 뜻의 바빌로니아어 단어 〔ilu〕를 표기하는 표어문자인 동시에 신들의 이름 앞에 두는 분류부로 사용했다. 이러한 존치현상은 흔히 표기체계가 새로운 언어에 적용될 때 발생한다. 예를 들어, 영어에서도 예전에 받아들인 라틴어 약어(略語) 표기 일부를 버리지 않고 그대로 표기에 사용하고 있다. (예) 라틴어 &(et) - 영어 and, 라틴어 etc(et cetera 〔그리고 다른 것들〕) - 영어 and so forth, 라틴어 i. e.(id est) - 영어 that is, 라틴어 e. g.(exempli gratia〔보기를 들기 위해〕) - 영어 for instance, 라틴어 lb.(libra) - 영어 pound.

바빌로니아어의 표기에서는 음절 원리가 전혀 철저하게 실행되지 않았다. 그래서 단일부호(세로로 된 쐐기인데 왼쪽으로 2개의 작은 쐐기가 비스듬히 있음)는 음절 〔ud, ut, uṭ, tam, par, pir, lax, xiš〕를 표상하고, 표어적으로 단어 〔u:mu〕(날)과 〔šamšu〕(가다) 및 〔piçu〕 (희다)를 표상했다. 고대 페르시아어에서 사용되던 당시의 쐐기문자 표기체계는, 각각 하나씩의 음절을 표상하는 비교적 소수의 부호를 가진 진정한 음절문자 표기체계(syllabary)로 발달해 있었다. 일반적으로 음절문자 표기체계는 널리 퍼져 있고 쉽게 고안되는 것으로 보인다. 키프로스 섬에 거주하던 고대 그리스 사람들은 대략 65개의 부호를 가진 음절문자 표기체계를 사용했다. 일본에서는 주로 중국어의 표어문자(한자)를 사용하지만, 모두 한자에서 파생된 두 가지 음절문자 체계로 이를 보완하고 있다. 10) 기니(Guinea)의 바이(Vai)

부족은 226개의 음절 표지부호(*sign*) 체계를 갖추고 있다고 한다. 현대 표기법에 정통한 사람들은 문맹자들을 위한 표기체계를 개발하면서 음절적 표기가 가르치기 쉽다는 사실을 경험적으로 알고 있다. 예를 들어, 체로키 부족의 시크와야(Sikwaya)는 자기 말을 표기하기 위한 85개의 음절부호를 고안해냈다. 폭스 인디언은 대여섯 가지 음절문자 체계를 갖는데, 이들은 모두 영어의 필기체에 기반을 두고 있다. 크리 인디언은 간단한 기하학적 부호로 이루어진 음절문자 체계를 보유하고 있다.

17.5. 표기의 역사를 통틀어 음절적 표기원리를 넘어선 진보는 단 한 번뿐이었던 것으로 보인다. 이집트 사람들이 사용했던 신성문자와 성용문자의 부호 일부는 오직 하나의 자음만을 포함하는 음절을 표기하는 데 사용되었다. 이들 부호를 사용하면서 동반 모음의 차이는 무시되었으며, 여기서 비롯되는 중의성은 분류부와 표어부의 사용으로 해소되었다. 이 표기체계에서는 모두 합해서 24개의 부호가, 하나의 자음을 가진 음절들의 표기에 활용되었다. 기원전 1500년 이전의 이른 시기에 셈족은 이집트의 표기체계를 접하고 나서, 24개의 간단한 이집트 부호를 가지고 자신들의 언어를 표기하려는 생각을 갖게 되었다. 이러한 생각은 실행가능성이 매우 높았는데, 그것은 셈어의 구조상 개별 어근이 자음배치(*consonant-scheme*)에 의해 확인되기 때문이다(14.8절). 이런 표기체계에서는 모음을 표시하지 않기 때문에 표기를 읽는 사람이 일부 자질을 혼동할 수 있지만 그러한 경우도 대부분 문맥에서 유추할 수 있다.

이와 같은 셈어 표기체계의 가장 오래된 사례는 시나이(Sinai) 비

---

10) 가타카나(片假名)와 히라가나(平假名).

문인데, 이 표기는 대략 기원전 1800년에서 1500년경으로 거슬러 올라간다. 이들 서자를 표기에 사용한 후대의 양식 한 가지는 남셈어 양식으로 알려져 있는데, 이는 고대의 비문에 나타나고 현대에는 에티오피아어 알파벳으로 나타난다. 다른 한 가지인 북셈어 양식은 페니키아와 히브리 및 아람 사람들이 사용했다. 아람어식 변종 표기체계에는 현대 히브리어 철자 유형과 시리아 양식 및 현대 아랍어 표기에서 볼 수 있는 표기양식이 포함되어 있다. 많은 변화를 안고 아시아와 유럽으로 퍼져나간 표기체계는 바로 북셈어 서자였는데, 이는 페니키아식과 아람어식 변종체계에 속한다.

인도의 음절문자는 부분적으로 아람어 표기체계에서 파생되고, 대체적으로는 페니키아 표기체계에서 파생되었다. 인도의 여러 언어는 모음 음소의 표시가 필요했다. 인도 사람들은 자음 더하기 〔a〕음절을 각각의 셈어 서자로 표시한 다음에 추가기호(구분 표지부호)를 고안해서, 자음과 다른 모음의 결합을 지시하는 부호에 추가했다. 따라서 단순 표지부호는 〔ba〕를 의미하고, 모양이 같지만 다양한 기호가 달린 표지부호는 〔baː, bi, biː, bu, buː〕등을 의미한다. 나아가서 인도 사람들은 자음 다음에 모음이 전혀 오지 않는 기호와, 자음을 전혀 동반하지 않는 모음을 위한 일련의 부호까지 마련했다. 인도 사람들은 이와 함께 기본부호의 수효를 늘려서, 마침내 자음 음소 하나에 부호 하나가 대응하는 부호체계를 갖추게 되었다. 이런 방식으로 이들은 자신의 언어형태를 음성적으로 매우 정확하게 기록한 표기체계에 도달하게 되었다.

17.6. 셈어 표기체계의 직계와 방계를 망라한 모든 후손 가운데서 영어의 표기체계를 포함하는 갈래만큼은 추적할 필요가 충분히 있을 것이다. 고대 그리스 사람들은 페니키아의 표기체계를 넘겨받아 여

기에 결정적인 변화를 주었다. 페니키아 부호의 일부는 그리스어에 낯선 자음을 포함하는 음절을 표상했다. 예를 들면 A가 성문 폐쇄음 더하기 모음, O가 후두 마찰음 더하기 모음, I가 자음 〔j〕 더하기 모음을 표상했다. 그리스 사람들은 이들 잉여적 부호를 사용해서 모음 음가를 표시하고, TA 혹은 TO, TI처럼 2개의 부호를 결합해서 단일 음절을 표기했다. 그리스 사람들은 이런 방식으로 음소적 표기원리 혹은 자모(식) 표기원리에 도달했다. 이들의 표기체계는 완벽한 정확성이 결여되었는데, 그것은 전적으로 모음을 위한 충분한 부호를 고안해내지 못했기 때문이다. 예를 들어, 그리스 사람들은 자기 언어에서 변별적인, 모음 〔a, i, u〕의 장단 자질을 분간해서 표기할 수 없었다. 그리스 사람들은 훗날 구분기호를 만들어서 단어 악센트의 위치와 두 가지 특질을 표시했고, 구두점 표지부호를 만들어서 문장의 음조변동을 표시했다.

이 알파벳은 그리스 사람들로부터 지중해 연안의 다른 여러 민족으로 확산되어 나갔다. 로마 사람들은 이 알파벳을 분명히 에트루리아 (Etruscan) 사람들의 중개를 통해 받아들였다. 중세에는 이 알파벳이 그리스 사람들로부터 불가리아, 세르비아, 러시아 사람들에게 전파되었고, 로마 사람들로부터 직·간접적으로 유럽의 다른 여러 민족으로 전파되었다.

새로운 언어로 넘어가는 표기체계의 이전은 분명히 이런 방식, 즉 한 언어의 표기법을 아는 이중언어 사용자가 그 알파벳을 자신의 언어를 표기하는 데 사용하려고 생각하는 방식으로 일어난다. 이 이중언어 사용자는 그 알파벳이 먼젓번 언어에서 가졌던 모든 결함을 그대로 유지할 수도 있고, 먼젓번 언어에서 필요했지만 새로운 언어에서는 불필요한 글자를 그대로 두고 새로운 언어에서 추가적인 음소를 적기 위한 새로운 글자를 고안하지 못할 수도 있다. 그렇지 않고 이 사람이나 계승자들이 현명하게 새로운 서자를 만들거나 불필요한 서자를 효과적으로 활용하거나, 혹은 반(半)-음성적 장치(예컨대 글자들의 결합으로 단일 음소를 표기하는 등의 장치)에 의해 이런 결함을 수정하는 데 성공할지도 모른다.

　라틴어의 음성 패턴이 그리스어의 음성 패턴과 비슷했기 때문에, 로마 사람들은 (아마도 에트루리아 사람들에게서) 그리스어 알파벳을 받아들였을 때, 그리스어 알파벳만 가지고도 거의 모든 음소를 표기하기에 충분했다. 로마 사람들은 부호 C를 [k]와 [g]에 모두 사용하는 그리스어 알파벳의 유일한 결함을, [g]를 적기 위한 수정부호 G를 창안해서 극복했다. 하지만 더욱 심각한 문제는 장모음과 단모음을 구분하기 위한 부호가 없다는 점이었다. 글자 위에 획을 긋거나 같은 글자를 두 번 적어서 음장을 표시하는 관행은 그다지 널리 보급되지 못했다. 단어의 악센트를 표시할 필요는 없었는데, 그것은 라틴어에서 단어의 악센트가 기본음소에 따라 자동적으로 결정되기 때문이었다.

　게르만어를 사용하는 민족은 (언제 어디서 넘겨받았는지는 모르지만) 그리스-로마의 알파벳을 계승해서, 통상적인 그리스 양식이나 로마 양식과 조금 다른 모습으로 만들었다. 룬(runes) 문자로 알려진 이 알파벳 형태는 묘비명처럼 주로 주술적 성격이나 종교적 성격을 가진 간단한 비문을 표기하는 데 사용되었다. 룬 문자는 그다지 기교적인 방식으로 사용되지 않았지만, 전형적인 게르만어의 음소 [θ, w, j]를 적는 데 필요한 글자를 포함했다. 알파벳의 관습적인 순서 역시 그리스-로마의 원형(原型)과 다소 달랐다. 룬 문자의 알파벳 순서는 다음과 같았다. [f u þ a r k g w h n i j p ɛ z s t b e m l ŋ o d]. 이와 같은 배열순서 때문에 룬 알파벳은 이따금 '푸사크'(futhark)라고 불리기도 한다. 가장 오래된 룬 비문은 서기 300년 무렵으로 거슬러 올라간다. 훗날 게르만어를 사용하는 민족들은 로망스계 선교사들과 아일랜드 선교사들에 의해 기독교화되면서 룬 문자를 버리고 로마 알파벳 문자를 채택했다. 그러나 서기 4세기에 자신의 성서 번역작업을 위해 알파벳을 개발한 바 있던 고트족의 울필라 대주교는 몇 개의 룬 글자를 그대로 두었으며, 서기 8세기에 고대 영어를 사용하던 성직자들은 영어를 표기하기 시작하면서 라틴 알파벳에 없는, 〔θ〕와 〔w〕에 해당하는 룬 글자를 그대로 두었다. 영어의 표기자들이 이들 글자를 버리고 결합자 'th'와 'vv'(오늘날의 w)를 사용한 것은 노르만인의 영국 정복11) 이후였다. 5개의 라틴 모음 글자는 영어에 절대 충분하지 않았지만, 그 반면에 불필요한 잉여 글자 'c, q, x' 등은 또 영어에 그대로 남아 있다. 현대 영어의 표기체계에는 〔ɑ, ɛ, ɔ, θ, ð, š, ž, č, ɟ〕 등의 음소와 강세 악센트를 표시할 수 있는 부호가 없다. 이런 철자 부족 현상은 이중자(th, sh, ch, ng 등)의 사용으로 일부나마 보완하고 있다.

우리는 영어의 알파벳이 다른 언어의 음성체계에 완벽하게 들어맞은 경우를 간혹 목격하게 된다. 서기 9세기에 사도(司徒) 키릴(Cyril)과 메소드(Method)는 그리스어 알파벳에 충분한 가외(加外) 글자를 추가하여, 고대 불가리아어의 기본음소를 모두 표기하는 문자체계를 개발했다. 현대화된 형태의 이 슬라브어 알파벳은 슬라브 제어에 아주 잘 들어맞는다. 다만 세르비아어에는 약간의 가외 서자가 추가되었다. 대여섯 가지 현대 언어는 (자국어의 표기에 모자람이 없는) 적당

---

11) 노르망디 공(公) 윌리엄 1세('정복왕')의 영국 정복(*Norman Conquest*)을 일컫는 사건이다. 1066년, 노르망디 공은 영국의 왕위계승권을 주장하고 영국에 침입하여, 앵글로색슨계의 왕을 헤이스팅스 전투에서 격파하고 윌리엄 1세로 즉위하여 노르만 왕조를 열었다. 이것으로 지배계급이 색슨 귀족에서 노르만가(家)로 옮겨졌으며, 노르만 국왕 중심의 봉건제도를 확립하여, 유럽 대륙과 문화교류를 하는 등 영국 성립의 기초를 닦았다.

한 형태의 라틴 알파벳을 갖고 있다. 보헤미아어와 핀란드어의 경우에는 구분기호를 사용해서 이러한 결과를 얻었고, 폴란드어의 경우에는 〔č〕를 적는 'cz'와 〔š〕를 적는 'sz' 등 이중자를 사용해서 이러한 결과를 얻었다.

17.7. '각각의 음소에 대해 하나의 부호를 사용한다'는 알파벳 표기의 원리는 물론 어떤 언어에나 적용할 수 있다. 실제 표기체계의 문제는 주로 표기 당사자의 보수성에 기인한다. 표기자는 자기 말의 음성체계를 분석하지 않고, 그냥 앞 사람들이 써놓은 글을 보고 거기 적힌 대로 각 단어를 적는다. 일정한 언어공동체에서 표기법이 확립되면, 단어의 철자뿐만 아니라 어휘형태와 문법형태까지도 문자로 관습화되어 고정된다. 이런 방식으로 이른바 문학어가 확립되어, 표기자 자신이 사용하는 실제 개인 방언과 상관없이 문자 표기를 위한 의무적인 규범이 될 수 있다.

시간이 흘러가면서 이러한 보수성은 다른 방식으로 작용하기도 한다. 즉, 언어형태가 변화를 겪게 되어도 표기관습은 바뀌지 않고 그대로 남게 되는 것이다. 예를 들어, 라틴어 표기법에서 글자 C는 음소 〔k〕를 표상했다. 라틴어 알파벳을 받아들인 아일랜드와 영국 사람들은 이 글자 C를 〔k〕 음소를 표상하는 데 사용했다. 예를 들어, 고대 영어에서 철자 'cu'는 〔kuː〕(cow), 'cinn'은 〔kinn〕(chin), 'scip'은 〔skip〕(ship) 등의 표기로 사용되었다. 훗날 음소 〔k〕는 라틴어의 다양한 방언권에서 일련의 변화를 겪었다. 이 변화에 따라 이탈리아에서는 전설모음 앞의 〔k〕가 〔č〕로 되었다. 예를 들면, 라틴어 〔ˈkentum〕은 이탈리아어 〔ˈčɛnto〕가 되었다. 로마 사람들은 이 단어를 'centum'으로 쓰고, 이탈리아 사람들은 여전히 이 단어를 'cento'라고 쓴다. 프랑스에서는 라틴어의 〔k〕가 전설모음 앞에서 〔s〕가 되었지만(예:

〔sɑⁿ〕), 프랑스 사람들은 이 단어를 여전히 'cent'이라고 쓴다. 영어에서는 프랑스어로부터 〔s〕 발음을 가진 식자층-외래어를 받아들였는데, 전통적인 철자법으로는 이 발음형태를 C로 표기한다. (예) cent 〔sent〕. 라틴어에서 A, E, I, O, U 등의 다섯 글자는 음소 〔a, e, i, o, u〕를 적는 데 사용되었으며, 같은 음가를 가지고 영어의 표기법으로 들어왔다. 따라서 중세 영어의 표기체계에서는 'name'와 같은 철자가 〔na:me〕와 같은 음성형태를 표상했다. 15세기에 접어들어 영어의 철자법은 거의 현대의 모습과 흡사하게 관습적으로 고정되었다. 그런데 바로 그 시점 이래로 영어의 모음 음소체계는 엄청난 변화를 겪게 되었다. 그러한 변화의 결과로 오늘날 영어의 표기자들은 라틴어 모음 글자의 음가를 완전히 새롭게 사용할 뿐만 아니라(이런 상황이 결과적으로 그렇게 해로울 것은 없겠지만), 일관성이 없이 사용하고 있다. 영어의 표기자들은 아직도 'name, hat, all, far' 등과 같은 단어에 철자 A를 사용하고 있지만, 이들 단어는 전혀 다른 성절음(모음) 음소를 갖고 있다. 더욱이 영어의 철자법이 습관화되었을 때 존재하다가 그 이후의 언어 변화로 소실된 음이 오늘날의 표기법에서 묵음 글자로 여전히 표기되는 경우도 있다. (예) name, know, gnat (각다귀), bought, would.

철자체계가 일단 구어 발음과의 관련성에서 시간에 뒤떨어지게 되면, 식자층 기사자(記寫者)는 유사-의고적 철자를 고안해내는 경향이 있다. 영어의 단어 'debt, doubt, subtle' 등은 고대 프랑스어에서 〔b〕 음을 갖지 않았으며, 그렇기 때문에 이들 단어를 고대 프랑스어에서 차용한 영어와 프랑스어에서 모두 'dette, doute, sutil'처럼 표기되었다. 글자 'b'를 가진 오늘날의 철자는 이들 단어의 조상격인 오래전의 라틴어 단어 'debitum', 'dubito', 'subtilis' 등을 알고 있던 기사자들이 고안해낸 것이었다. 영어단어 'isle'(섬)에 있는 글자 's'는 고대 프랑스어의 철자 'isle'(< 라틴어 insula)을 반영한다. 이 단어는 영어로 들어왔을 때, 이미 발음에서 〔s〕가 소실된 상태였으며(현대 프랑스어 île〔iːl〕 참고), 따라서 발음에 걸맞게 'ile'로 철자되었다. 그 런데도 기사자들은 's'가 있는 철자를 선호했을 뿐만 아니라, 이와 유 사한 두 단어의 표기에까지 's'를 확대했다. 즉, 영어 고유어 'island' (< 고대 영어 iglond)와 프랑스어 차용어 'aisle'(프랑스어 aile < 라틴 어 āla)은 결코 〔s〕 음을 가진 적이 없었다. 영어의 옛 표기에서 룬 글자 'þ'를 보았으면서도 그 음가가 〔θ〕라는 사실을 몰랐던 사람들은 이 글자를 'y'의 일종으로 받아들여서, 관사 'the'가 이전 시기에는 'ye'로 표기되었다는 생각에 도달하기도 했다.

17. 8. 이 모든 사실을 종합해 볼 때, 문자기록이 우리에게 알려주 는 정보는 과거 언어의 불완전한 모습뿐이고 오히려 왜곡된 모습일 경우도 적지 않다. 물론 그러한 과거 언어의 모습을 해독하고 해석하 는 데에도 엄청난 노력이 필요하다. 우선 표어적이든 표음적이든 표 기부호의 음가 자체가 알려져 있지 않을 수가 있다. 이런 경우에 해 독의 문제는 가끔씩 절망적이다. 만일 미해독 텍스트 옆에 알려진 언 어로 기록된 같은 내용의 텍스트가 있는 이중언어 비문이 있다면, 해 독에 큰 도움이 된다. 해당 언어 자체나 비문의 내용에 대한 얼마간 의 지식도 도움이 된다. 1802년 게오르크 프리드리히 그로테펜트[12] 는 고대 페르시아어로 된 쐐기문자 비문을 해독하는 데 성공했고, 19 세기 중반 무렵 일련의 연구자들〔힝크스(E. Hincks), 롤린슨,[13] 오페 르[14]〕은 바빌로니아-아시리아어로 된 비문을 해독하는 데 성공했다.

---

12) 독일의 언어학자. ☞ 인명 약해 참고.
13) 영국의 동양학자. ☞ 인명 약해 참고.
14) 독일 출생 프랑스계 동양학자. ☞ 인명 약해 참고.

두 경우 모두 해독자들은 친족언어에 관한 지식을 유감없이 활용했다. 다른 언어[수메르어, 반족(Van)과 히타이트족의 언어]로 표기된 쐐기문자 텍스트는 이중언어 텍스트 덕분에 해독되었는데, 이 텍스트는 수메르어와 아시리아어 및 히타이트어로 표기되었으며, 단어목록을 적은 명판으로 오늘날의 사전과 유사한 체재이다. 1821년, 장 프랑수아 샹폴리옹(Jean François Champollion)은 유명한 로제타석(Rosetta Stone, 1799년에 프랑스 사람들에 의해 발견되어 대영박물관에 소장됨)을 이용해서 고대 이집트 표기의 해독작업을 시작했는데, 이 로제타석에는 이집트의 신성문자와 그보다 후대의 이집트어 표기형태 및 그리스어 등의 세 가지 문자로 된 비문이 나란히 새겨져 있었다. 1893년, 빌헬름 톰센[15]은 고대 터키어로 된 오르혼 비문[16]을 해독했다. 톰센은 이 비문의 표기가 자모 문자이고 투르크어족의 언어임을 알아냈다. 신성문자와 유사한 문자로 기록된 히타이트 사람들과 고대 크레타 사람들의 비문은 아직까지 해독이 되지 않았다. 그리고 중앙아메리카에 거주하던 마야족의 그림문자는 달(月)과 날(日), 숫자, 색채를 가리키는 일부 부호만 해석되었다.

표기체계는 아는데 언어는 모르는 경우라도 상황은 별반 나아지지 않는다. 이와 같은 경우로 가장 유명한 것은 고대 이탈리아에서 사용되던 에트루리아어를 들 수 있다. 우리는 그리스어 알파벳으로 표기

---

15) 덴마크의 언어학자. ☞ 인명 약해 참고.

16) 'Orkhon'은 'Orhon'으로도 쓴다. 현존하는 투르크 문자기록 중에서 가장 오래된 명문(銘文)으로 알려져 있다. 몽골 북부의 오르혼 강 계곡에서 1889년에 발견되었고 1893년 덴마크의 문헌학자 빌헬름 톰센이 해독했다. 2개의 큰 기념비에 새겨져 있는데, 기념비는 732년과 735년 투르크의 군주 퀼(731년 사망)과 그의 동생인 빌게 황제(734년 사망)를 기념하여 세운 것이다. 이 명문은 또 몽골·시베리아·동투르키스탄에서 발견되는 명문에서 사용된 것과 동일한 문자체로 새겨져 있는데, 톰센은 이 문자체를 '투르크 룬 문자'라고 불렀다.

된 광범위한 자료를 확보하고 있지만, 개인의 이름이나 몇 개 안 되는 단어만 읽을 수 있을 뿐 그 이상의 자료는 해독하지 못하고 있다. 표면에 1부터 6까지의 숫자가 쓰인 주사위도 확보되어 있지만, 이들 숫자의 순서는 결정할 수 없다. 소아시아에서 출토된 리디아어 비문은 해독이 가능한데, 그것은 리디아어와 아람어로 된 이중언어 텍스트의 존재 덕분이었다. 자모는 그리스어이고 이 언어는 분명히 에트루리아어와 관련되어 있다.

17. 9. 표기체계와 언어 모두가 해독가능할 때, 우리는 당연히 음성과 문법 및 어휘에 대해 얻을 수 있는 모든 것을 텍스트에서 알아내려고 한다. 고대의 표기에 사용된 문자의 음가는 절대 확실하게 알수가 없다. 그러므로 고대 그리스어나 라틴어, 고트어, 고대 영어와 같은 언어의 알파벳 부호가 나타내는 실제 음도 부분적으로는 확실하지 않은 것이다. 표기가 관습화되어 음성과의 직접적 대응관계를 벗어나게 되면, 기사자의 착오나 흔치 않은 단어를 적는 방식이 오히려 실제 음가를 드러낼 가능성이 있다. 고대 영어의 필사자료를 보면, 동일한 굴절체계가 9세기부터 11세기까지 잘 이어져서 무강세 음절의 모음과 어말 'm'과 'n'의 존재를 구분했는데, 가끔씩 기사자들이 일으킨 착오를 통해 10세기에 이미 이들 모음의 대부분이 〔e〕로 변했고 어말의 〔m〕과 〔n〕이 소실되었다는 사실이 드러난다. 이러한 착오는 예컨대 보통 'worda'(of words)라고 적을 것을 'worde'라고 적는다든가 통상적으로 'fremman'(to make)이라고 적을 것을 'fremme'라고 적거나 혹은 'godum'(to good ones)이라고 적을 것을 'gode'라고 적는 따위이다. 15세기 영어의 표기자가 'behalf'를 'l'을 빼고 쓴다면, 설령 표기 전통 때문에 아직까지 이 부호를 유지하고 있더라도 표기자가 이 단어에서 〔l〕을 발음하지 않았다는 사실을 추론할 수 있다.

이른바 '뒤바뀐 철자'도 이와 마찬가지 현상이다. 고대 영어에서는 'light, bought, eight' 등과 같은 단어 안에 〔x〕 음이 있었는데, 이러한 사정은 아직도 'gh'라는 철자에 반영되어 있다. 그런데 사람들이 과거에 절대 〔x〕 음을 가진 적이 없는 'deleite'(< 고대 프랑스어 deleiter)가 'delight'로 철자된 자료를 보게 되면, 앞에 열거한 'light'와 같은 단어에서 〔x〕 음이 더 이상 소리 나지 않게 되었다고 믿게 된다. 표기자에게는 철자 'gh'가 단순히 모음의 음량만을 지시하는 소리 나지 않는 문자였을 뿐이기 때문이다.

문자로 기록된 문서의 언어학적 해석에서 감안해야 하는 심각한 한 가지 인자는 그 문서의 전달과정이다. 주로 돌이나 금속, 혹은 쐐기문자로 쓰인 텍스트의 경우처럼 진흙에 새긴 비문은 일반적으로 최초의 표기(notation) 그대로이다. 그래서 우리는 오직 기사자의 철자화 오류나 받아쓰기 실수만을 계산에 넣으면 된다. 그러나 대부분의 표기는 시간이 지나면서 망실될 가능성이 있는 재료에 기록되고 또한 후대로 전해져 내려오면서 반복된 필사과정(copying)을 거치게 된다. 우리에게 남아 있는 고대 그리스어와 라틴어의 필사본은 중세까지 거슬러 올라가고, 중세 후반이나 근대의 초반으로 거슬러 올라가는 경우도 더러 있다. 이집트 사막의 파피루스에 기록된 필사본 가운데서 지금까지 보존되어 있는 것은 오로지 부분적인 단편뿐이다. 그레고리우스 교황의 《목사의 마음가짐》(Pastoral Care)을 번역한 알프레드 대왕의 하톤(Hatton) 사본17)처럼 오래된 텍스트의 동시대 필사본을 확보하고 있다는 것은 극히 드문 행운에 속한다. 기사자는 필사를 하다가 특히 텍스트의 내용을 이해하지 못하는 대목에서 실수를 저지를 뿐만 아니라, 문장을 다듬거나 내용을 꾸미는 방식으로 필사과정에

---

17) 알프레드 대왕의 라틴문헌 번역사업의 하나로 *Cura Pastoralis*의 영역본이다.

간섭한다. 고대의 표기체계에 대한 연구인 고문서학과, 둘 이상의 불완전한 필사본을 바탕으로 고대의 텍스트를 재구하는 기법인 원본 비평에 대한 연구는 각각 독자적인 학문의 갈래로 발달했다. 원본 비평가는 언어학적 지식이 없는 수가 많았다. 그래서 오늘날 고대 텍스트의 인쇄본은 필사본에 나타나는 언어학적으로 귀중한 형태를 제대로 보고하지 못할 가능성이 있다.

문자로 표기된 기록에 나타나는 텍스트가 새로운 알파벳이나 혹은 새로운 철자법 체계를 채택하는 재철자화를 겪은 경우도 이따금씩 있다. 고대 그리스어로 된 호머의 시(詩)나 《아베스타》의 영역본이 바로 그러한 경우에 해당한다. 그런 경우에는 원래의 철자를 재구하고, 전승 텍스트에서 잘못된 자질을 탐지해내고자 노력한다.

17. 10. 문자로 표기된 기록의 언어학적 해석과정에 도움이 되는 몇 가지 부수적인 사항이 있다. 운문이라는 이름 아래 묶을 수 있는 작품을 창작할 때, 작가는 일정한 음성 패턴을 지키려고 노력한다. 예를 들어, 현대 영어의 운문을 보면, 작가는 강세 음소가 적당한 간격을 두고 자리 잡고 또 강세 성절음에서부터 어말 자음(end)에 이르기까지 유사한 어미를 가진 단어들이 쌍이나 혹은 더욱 큰 조합으로 다시 일정한 간격을 두고 나타나도록 단어배열을 조절한다. 그러므로 어떤 시인이 정확한 각운법의 관습하에서 운문을 지었다면, 철자로는 드러나지 않는 많은 양의 정보를 각운으로 사용한 단어들에서 얻을 수 있다. 예를 들어, 현대의 철자를 가지고 인용한다면, 초서는 'mean'의 각운을 'clean'으로 맞추었으되, 절대 'keen, queen, green'으로는 맞추지 않았다. 그렇다면 초서는 틀림없이 이들 두 부류의 단어 집합에 나오는 모음을 다르게 발음했을 것이다. 이와는 반대로 불합치가 오히려 합치만큼 귀중한 정보를 암시하는 경우도 있다. 15세

기 말엽에 활동했던 알자스의 시인 브란트(Brant)가 영어의 부정어 (否定語) 'not'에 해당하는 단어의 각운을, 알자스어 〔nit〕(예: Bitt 〔bit〕 '요청')와 현대 표준 독일어 〔nixt〕(예: Geschicht 〔geˈʃixt〕 '이야 기')로 맞춘 것을 보면, 우리는 그가 활동하던 당시에 현대의 표준형 태 'nicht' 〔nixt〕가 이미 방언형과 함께 유포되어 있었음을 알 수 있 다. 현대 영시의 각운체계(예: move-love, scant-want)에서 보듯이, 해당 단어들이 이미 음성적으로 변화를 겪은 다음에 예전 표기 전통 에 따라 사용되는 것이라고 해도, 이들 각운법에 대한 연구는 매우 흥미롭다.

다른 유형의 운문을 조사해 보면 이와 유사한 귀납적 일반론에 도 달하게 된다. 고대 게르만어의 시가(詩歌)에서는 높은 강세를 가진 단어가 동일한 어두 자음을 가진 두운(頭韻) 집합에 출현했다. (예) house and home(가정), kith and kin(친척). 그리하여 고대 아이슬 란드어 운문인 에다(Eddic) 시에서 〔ˈwega, ˈvega〕(strike)가 〔rejðr〕 (wroth, '격노하여')와 두운이 맞아 있다면, 이 두운을 배치한 사람은 당시까지 뒤의 단어 〔rejðr〕의 어두를 〔we-〕로 발음했으리라고 추론 할 수 있다. (물론 필사본에는 후대의 언어에 맞추어서 〔w〕를 드러내지 않고 있다.) 그리스어와 라틴어 운문에서는 긴 음절과 짧은 음절의 연 속이 규칙적으로 조절되었다. 이때 장모음이나 이중모음 혹은 하나 이상의 자음이 뒤따르는 모음을 가진 음절은 긴 음절로 간주했다. 따 라서 운문에서는 단어의 위치가 모음의 음량에 관한 정보를 나타내는 경우가 있다. 그렇지만 이러한 모음 음량에 관한 정보는 그리스어 철 자법에서 극히 부분적으로만 나타나고 라틴어 철자법에서는 전혀 나 타나지 않는다.

문자 표기 기록에 대한 해석을 도와주는 또 다른 도구는 한 언어에 서 다른 언어로 전사된 언어형태이다. 서력기원 초기에 'Caesar'라는 이름은 그리스어 문헌에 'kaisar'로 전사되어 나타난다. 그리스어에서는 [k]가 [č] 등으로 바뀌는 변화가 일어나지 않았으며, 따라서 그리스어 철자 'k'는 항상 음소 [k]를 표상했다. 그러므로 이러한 전사는 당시의 라틴어에 아직 [k]가 보존되어 있었을 가능성을 높여준다. 불교 경전에 나오는 인도-아리안족의 이름을 기록한 중국어 전사 자료는 표어문자 부호와 관련된 음에 관한 정보를 알려준다.

마지막으로 산스크리트어 문법과 어휘부의 경우(1.6절)처럼, 문자 표기 기록은 언어의 본성에 관한 진술을 담고 있을 가능성이 있다. 더욱이 인도 사람들은 탁월한 음성학자여서 표기부호를 생리학적 용어로 해석했다. 그러나 문헌에 담긴 정보를 지나치게 과신하면 안 된다. 라틴어 문법학자들은 언어음에 관한 한 우리에게 별 도움이 못 된다. 현대 초기의 영어 음성학자들도 이와 마찬가지로 소리와 철자를 혼동했기 때문에, 이들의 안내를 받아서 당시의 실제 발음에 도달할 수 있으리라는 생각은 거의 환상에 가깝다.

제18장

비교연구 방법론

18. 1. 우리는 제1장에서 오로지 역사적 맥락에서만 설명이 가능할 만큼 서로 닮은 일부 언어가 있다는 사실을 확인한 바 있었다. 이러한 유사성은 보편적인 인자들에서 비롯된 것일 가능성이 확실히 높다. 음소와 형태소, 단어, 문장, 구성체, 대치유형 등과 같은 자질은 모든 언어에 나타난다. 이런 자질은 인간 언어의 본성에 내재되어 있기 때문이다. 그러나 명사나 동사 등의 형태부류나, 수와 인칭, 격, 시제 등의 문법 범주, 혹은 행위주나 (동사의) 목표, 소유주 등의 문법적 위치는, 범주적인 자질이 아니더라도 여러 언어에 광범위하게 퍼져 있는 자질이므로, 언어학의 연구성과가 축적되면 언젠가는 인류의 보편적 특징과 연관지을 수 있을 것이다. 그런가 하면 매우 특정적이고 미세하기까지 한 일부 자질을 포함해서 여러 언어에 널리 퍼져 있지 않은 많은 자질이, 거리상으로 멀리 떨어져 있고 전혀 친족관계가 없는 언어들 사이에서 발견되는 경우도 있다. 이러한 자질 역시 언젠가는 인간을 연구하는 심리학에 밝은 빛을 던져줄 날이 있을 것이다.

그 밖에 다른 언어 간의 유사성은 아무런 의미도 갖지 못한다. 현대 그리스어의 〔mati〕는 '눈'〔眼〕을 뜻하는데, 말레이어의 단어 〔mata〕도 '눈'을 뜻한다. 만일 이들 두 언어의 역사에 대해 아는 것이 전혀 없다면, 우리는 이들 두 언어의 어휘부와 문법부를 하나하나 확인하면서 이 단어 이외에 관련성이 있는 요소가 있는가 없는가를 확인해 나가다가, 역사적인 연계가능성에 무게를 두고 유사성의 수효와 구조상의 위치를 고려하게 된다. 실제로 그리스어와 말레이어의 과거 형태에 대한 지식을 아무리 동원해도 '눈'을 뜻하는 이들 두 단어의 유사성은 우연일 뿐이다. 현대 그리스어의 〔mati〕는 고대 그리스어 〔om'mation〕(작은 눈)에서 비교적 최근에 발달한 형태인데, 이 단어는 고대 그리스어에서 2차 파생어인 〔omma〕(눈)와 관련되어 있었다. 반면에 말레이어 단어 〔mata〕는 고대에도 현대와 동일한 음성형태를 가졌다. 설령 미래의 어느 시점에서 이들 두 언어가 현재의 상이한 겉모습과 달리 서로 관련되어 있다는 사실이 드러난다 하더라도, 그 관련성은 원시 인도-유럽어와 원시 말레이-폴리네시아어 시대보다 훨씬 이전의 문제일 것이며, 따라서 현대의 두 단어에 나타나는 유사성은 친족관계와 전혀 무관할 것이다.

또 다른 유사성은 언어형태의 차용에 기인한다. 현대 핀란드어의 사전을 찾아보면 전편에 걸쳐 'abstraktinen'(영어 abstract, 추상), 'almanakka'(영어 almanac, 연감), 'arkkitehti'(영어 architect, 건축가), 'ballaadi'(영어 ballad, 발라드) 등 유럽 각처에 분포하는 문화 관련 단어가 많이 나온다. 이들 단어는 모두 18세기에 유럽의 여러 언어에서 서로 차용된 것으로 이들 언어 사이에 친족관계의 증거는 전혀 없다. 이러한 유형의 전달과정과 언어공동체 안에서 정상적으로 이루어지는 언어습관의 전승과정이 항상 구분되는 것은 아니지만, 대부분의 경우에 두 과정은 매우 다르다. 만일 핀-우그리아 제어가 인도-유럽어와 관련이 있다 하더라도, 그 친족관계는 영어에서 'abstract'나 'almanac'와 같은 단어가 아직 사용되지 않았던 시점으로 거슬러 올라간다.

18. 2. 위에서 살펴본 경우와 달리, 언어 간의 닮은 점이 친족관계[1]에 기인한다고 할 때, 그것은 이들 언어가 이전 시대의 단일한 언어에서 발달한 후대의 형태라는 뜻이다. 로망스 제어의 경우, 우리는 이와 같은 조어(祖語), 즉 라틴어의 문자기록을 확보하고 있다. 광대한 영역으로 퍼져나간 라틴어는 각기 다른 지역에서 각기 다른 언어변화를 겪었으며, 그 결과로 오늘날 이들 지역의 언어는 크게 달라져서 우리도 이들 다양한 언어형태를 각각 '이탈리아어', '프랑스어', '스페인어' 등으로 부른다. 설령 우리가 어떤 지역, 예컨대 이탈리아의 언어를 대상으로 하여 지난 2천 년 동안에 걸쳐 어떻게 변했는가를 추적할 수 있다 하더라도, 정확히 어느 세기 어느 시점에서 '라틴어'가 '이탈리아어'에 자리를 내주었는가는 알 수가 없다. 그러므로 이들 이름은 모두 임의적인 것이다. 대체로 라틴어 권역에 속한 모든 언어형태에 공통되는 자질은 2천 년 전의 라틴어에 모두 존재했다. 그러나 라틴어의 현대 언어형태들은 모든 자질에 관해 일치하지 않는데, 그것은 결과적으로 라틴어를 조어로 하는 이들 언어형태의 일부 또는 전부가 지난 2천 년 동안에 이러한 자질과 관련된 모종의 변화를 겪었기 때문이다. 유사성은 특히 일상 언어에 공통적인 자질, 말하자면 가장 흔한 구성과 형태부류라든가 친숙한 기본어휘라든가 하는 영역에서 나타난다. 더욱이 자질의 차이는 체계적인 집단에 나타나기 때문에, 어떤 특정 지역의 언어형태는 그 나름대로 특징적인 양상을 보이게 된다.

대부분의 경우, 단일 조어에 대한 문자기록을 갖고 있지 못하다는 점에서, 연구자의 처지는 그다지 호의적이지 않다. 예를 들어, 게르만 제어는 로망스 제어만큼 내부적으로 서로 닮았지만, 게르만 제어

---

1) 유연성(有緣性) 혹은 친연성(親緣性)의 뜻인데, 전자는 '유연성'(柔軟性)과 음상이 같아서 피하고 후자는 가독성이 떨어져서 피했다.

내부에서 서로 차이가 발생하기 이전 시대에 관한 기록은 없다. 그러나 비교연구 방법론에서는 두 가지 경우에 동일한 추론을 적용한다. 문자기록에 대한 확인의 유무만이 각기 다를 뿐이다. 우리는 과거의 어느 시점에 원시 게르만 조어가 실제로 존재했다고 상정하지만, 이 언어의 발화형태는 오직 추론에 의해서만 알려져 있을 뿐이다. 이러한 조어를 표기할 때는 해당 형태 앞에 별표(*)를 붙이기로 한다.

18.3. 그렇다면 오늘날의 표준영어와 네덜란드어, 독일어, 덴마크어 및 스웨덴어에서 다음 단어를 비교해 보자.

	영어	네덜란드어	독일어	덴마크어	스웨덴어
'사람'	mɛn	man	man	manʔ	man
'손'	hɛnd	hant	hant	hɔnʔ	hand
'발'	fut	vuːt	fuːs	foːʔð	foːt
'손가락'	ˈfiɢgr	ˈviɢer	ˈfiɢer	ˈfeɢʔər	ˈfiɢer
'집'	haws	høys	haws	huːʔs	huːs
'겨울'	ˈwintr̩	ˈwinter	ˈvinter	ˈvenʔdər	ˈvinter
'여름'	ˈsomr̩	ˈzoːmer	ˈzomer	ˈsɔmər	ˇsɔmar
'마시다'	driɢk	ˈdriɢke	ˈtriɢken	ˈdregə	ˇdrika
'가져오다'	briɢ	ˈbreɢe	ˈbriɢen	ˈbreɢə	ˇbriɢa
'살았다'	livd	ˈleːvde	ˈleːpte	ˈleːvdə	ˇleːvde

이 목록은 거의 무한정으로 확장할 수 있다. 이들 사이의 닮은 점은 매우 많고 또 기본어휘와 문법을 망라해서 분포해 있기 때문에, 절대 우연이나 차용으로 설명할 수 있는 문제가 아니다. 게르만어 집

단에 속하지 않는 언어로 눈을 돌려서 이들 사이의 유사성을 다른 언어들과 대조해 보자. 예컨대 '손'을 뜻하는 단어는 프랑스어로 [mɛⁿ]이고, 러시아어로 [ru'ka]이며, 핀란드어로 'käsi'이다. 그리고 '집'을 뜻하는 단어는 프랑스어로 [mezoⁿ]이고, 러시아어로 [dom]이며, 핀란드어로 'talo'이다. 또 다른 뚜렷한 자질은 게르만어족 안에서 나타나는 차이점이 체계적으로 묶인다는 사실이다. 스웨덴어의 단어가 복합적인 억양을 보이는 경우에, 덴마크어의 단어는 성문 폐쇄음이 없다.[2] 그리고 나머지 다른 언어에 어두 자음 [f]가 나타나는 경우에, 네덜란드어에는 어두 자음 [v]가 나타난다.[3] 또한 나머지 다른 언어에 [d]로 나타나는 경우에, 독일어에는 [t]로 나타난다.[4] 사실, 이들 일련의 형태 전체를 살펴보면, 하나의 게르만어에서 다른 언어로 퍼져나가는 동일한 분기현상이 드러난다. 예컨대 'house'에 있는 성절 음소의 분기(分岐)도 이들 일련의 형태 전체에 평행하게 나타난다.

	영어	네덜란드어	독일어	덴마크어	스웨덴어
'집'	haws	høys	haws	huːʔs	huːs
'쥐'	maws	møys	maws	muːʔs	muːs
'이'[虱]	laws	løys	laws	luːʔs	luːs
'밖으로'	awt	øyt	aws	uːʔð	uːt
'갈색'	brawn	brøyn	brawn	bruːʔn	bruːn

위의 표에 나타난 제반 차이점 자체가 일정한 체계를 따른다는 사실, 예컨대 영어와 독일어 [aw] 및 네덜란드어 [øy]의 분기가 이들

---

2) '여름', '마시다', '가져오다', '살았다'의 경우.

3) '발', '손가락'의 경우.

4) '마시다'의 경우.

형태 전체에 나타난다는 것은, 이들 형태가 역사적으로 관련되어 있었다고 하는 우리의 추측을 뒷받침한다. 이러한 분기현상은 관련된 언어 모두나 혹은 일부가 겪은 특징적인 변화에 기인하는 것으로 생각된다. 만일 관찰을 확장해서 각 지역의 더욱 많은 방언을 아우른다면, 이와 유사한 평행성을 보이는 다른 변종을 많이 발견하게 될 것이다. 특히 앞서 살펴본 보기에서도 모음 〔uː〕를 가진 〔huːs, muːs〕 등과 같은 형태는 영어와 네덜란드어 및 독일어 권역의 지역 방언, 이를테면 스코틀랜드 영어 등에서도 나타난다.

나아가서 이들 언어의 문자기록을 조사해 보면, 위의 보기에서 일정하게 글자 'u'로 나타나는 일련의 형태가, 영어와 네덜란드-독일어 권역에서 나온 대략 8세기와 9세기 무렵으로 소급되는 가장 오래된 기록에 'hus', 'mus', 'lus', 'ut'(남부 독일어 uz), 'brun' 등으로 표기되어 있다. 이들 민족의 표기체계가 라틴어에 기반을 두고 있기 때문에, 글자 'u'는 음소 〔u〕를 나타냈을 것이며, 따라서 이들 형태의 성절 음소 분기가 9세기까지는 아직 일어나지 않았고, 그 당시에 이들 형태의 성절 음소가 모든 게르만어에서 〔u〕였다는 결론을 내릴 수 있다. 여기에 다른 증거를 보완하면 이 모음은 구체적으로 장음인 〔uː〕였을 것으로 보인다. 그러므로 우리는 원시 게르만 조어에서 이들 형태의 성절음이 〔uː〕로 발음되었다는 결론을 내리게 된다. 그러나 이러한 음소의 기술은 중요한 사실을 보충하는 세부사항일 뿐이다. 원시 게르만어 음소의 음향적 특징에 대해서는 아무런 추측을 하지 않는다 하더라도, 조어의 어떤 한 음소가 'house, mouse' 같은 형태의 성절적 (모음) 위치에 나타났다고 가정하지 않으면 (일치로도 나타나고 평행적 불일치로도 나타나는) 음성 대응의 규칙성은 절대 설명할 수 없다.

18.4. 이러한 추론을 보다 호의적인 여건, 즉 조어가 문자기록을

통해 알려져 있는 경우에 이끌어낸 추론과 비교해 보는 작업은 매우 흥미롭다. 로망스 제어 사이의 유사성은 게르만 제어 사이의 유사성과 흡사하다.

	이탈리아어	라딘어	프랑스어	스페인어	루마니아어
'코'	'naso	nas	ne	'naso	nas
'머리'	'kapo	*kaf*	šɛf	'kabo	kap
'염소'	'kapra	'kavra	šɛːvr	'kabra	'kaprə
'콩'	'fava	'fave	fɛːv	'aba	'fawə[1]

주: 1. 마케도니아어.

이제 게르만어의 음성대응을 조사할 때 수행했던 것과 동일한 절차를 진행해 보자. 먼저 각 영역에서 나타나는 지역 방언형을 관찰하고 나서 이전 기록의 철자를 비교해 보는 것이다. 게르만어의 경우와 다른 점은 단 한 가지, 즉 여기서는 조어 형태인 라틴어의 문자 표기가 대부분 확보되어 있다는 점뿐이다. 위의 보기에 든 로망스어 단어는 문자기록에 각각 'nasum', 'caput', 'capram', 'fabam' 등으로 나타나는 라틴어 단어의 현대 어형이다.

로망스어 형태에서 모종의 추론을 이끌어내고 나서 이 결과를 문자기록과 대조해 보면, 어쩌면 양자 사이에 서로 맞지 않는 부분이 드러나게 될지 모른다. 이러한 차이는 특히 흥미로운데, 그것은 이 차이야말로 조어에 대한 기록을 확보할 수 없는 경우에 우리가 귀납했던 추론의 진가를 여실히 드러내는 증거이기 때문이다. 다음 보기의 성절음을 비교해 보자.

	이탈리아어	라딘어	프랑스어	스페인어	루마니아어
'꽃'	'fjore	flur	flœːr		'floarə
'매듭'	'nodo	nuf	nø		nod
'맹세'	'voto	vud	vø	bodas[1]	
'꼬리'	'koda	'kua	kø	'kola[2]	'koadə

주: 1. '결혼'을 뜻하는 복수형.
    2. 〔koa〕 정도로 추정되는 고대 스페인어 'coa'에서 변한 형태.

라틴어 원형(原型)은 다수의 유사한 용례와 함께 위 보기의 첫 세 단어에 대해 'florem', 'nodum', 'uotum'으로 나타나는데, 이들 용례에서 보듯이 모두 〔oː〕로 해석되는 성절음 /o/를 갖고 있다. 따라서 넷째 단어에서 우리는 라틴어 원형이 동일한 모음을 포함했고 *〔koːdam〕이라는 형태를 가졌을 것으로 추론할 수 있다. 이와 같은 추론은 일종의 재구라고 할 수 있다. 재구된 형태에는 *〔koːdam〕 혹은 *'cōdam'처럼 별표를 붙이기로 한다. 그런데 라틴어의 문자기록을 보면 '꼬리'를 뜻하는 단어가 조금 다른 모습, 곧 'caudam'(단수 대격으로 주격은 'cauda'임)으로 나타난다. 이 형태는 우리의 재구형과 일치하지 않는다. 통상적으로 라틴어에서 'au'(음가는 〔aw〕로 추정됨)는 로망스 제어에 (/o/가 아닌) 다른 유형의 모음 대응관계로 반영되기 때문이다. 예를 들어, 라틴어에서 '금'을 뜻하는 'aurum'과 '물건, 것'을 뜻하는 'causam'은 로망스 제어에 다음과 같이 나타난다.

	이탈리아어	라딘어	프랑스어	스페인어	루마니아어
'금'	'oro		ɔːr	'oro	aur
'것'	'kɔsa	'koze	šoːz	'kosa	

중세에 쓰인 라틴어 필사본에서는 심심찮게 '꼬리'를 뜻하는 단어를 'coda'로 표기하는데, 이것은 아마도 필사자의 실수에 기인할 가능성이 높다. 이보다 더 오래된 필사본에는 일반적인 라틴어 형태 'cauda'가 나타나기 때문이다. 이런 실수는 고대 라틴어의 학교 발음이 라틴어 철자 'o'와 'au'를 구분하지 못했던 시대의 필사자로서 어쩌면 자연스러웠을 것이며, 또한 그네들이 발화했던 라틴어에서 위의 단어가 현대와 똑같이 'florem', 'nodum', 'votum'의 모음을 가졌고 'aurum', 'causam'의 모음을 갖지 않았기 때문에, 역시 필사자로서는 거의 불가피한 현상이었을 것이다. 일부 사람들이 실제로 후자의 처지에 있었다는 것은 9세기 필사본 자료인 단어 주해에 나타나는데, 여기에는 이 단어 'cauda'의 뜻이 'coda'로 풀이되어 있다. 그러니까 전자는 고형이어서 난해하게 보인 반면, 후자는 이해하기 쉽게 보였던 것이다. 우리의 재구를 뒷받침해주는 결정적인 자료가 또 있다. 즉, 이른 시기의 비문을 조사해보면 통상 'au'를 갖는 단어의 해당 부분이 'o'로 철자된 경우가 이따금 발견된다. 예컨대 기원전 184년으로 소급되는 한 비문에는 'Paulla'라는 이름이 'POLA'라는 철자로 나온다. 나아가서 우리는 au-형태에 대한 이와 같은 o-발음을 일종의 비속어법으로 알고 있다. 수에토니우스(서기 160년경 사망)[5]는 웅변가 플로루스가 베스파시안(Vespasian) 황제(서기 79년 사망)에게 'plostra'라는 말을 쓰지 말고 그 대신에 훨씬 품위 있는 'plaustra'(마차)라는 말을 사용하라고 말씨를 고쳐주었더니, 다음 날 황제가 그의 이름을 '플로루스'(Florus)가 아닌 '플라우르스'(Flaurus)라고 고쳐 불러 반격하더라는 이야기를 전하고 있다. 앞서 논의하던 단어로 돌아가서, 4세기의 문법학자 한 사람은 'cauda'와 'coda'를 발음의 변이로 처리하고 있다.

---

5) 로마시대의 전기 작가. ☞ 인명 약해 참고.

더욱이 '플로루스' 대신 '플라우르스'라고 부른 베스파시안 황제의 말씨처럼 과도 품위형 발음은 우리 주변에서 적잖게 만날 수 있다. 서력기원 이전으로 거슬러 올라가는 한 비문에는 'ostia' 〔oːstia〕(호구〔戶口〕, 복수)가 'AVSTIA'라는 철자로 표기되어 있다. 결론적으로 우리의 재구형 *coda *〔koːda〕는 절대 가공의 형태가 아니고 고대에 실제로 존재했지만 품위가 좀 떨어지는 발음을 표상하는 형태라고 말할 수 있다.

이와 같은 경우를 통해 우리는 재구형에 대한 확신을 얻게 된다. 라틴어 표기는 모음의 음량을 나타내지 못한다. 예를 들어, 'secale' (귀리)와 같은 자형(字形)은 (모음 음량에 따라) 대여섯 가지 음성유형을 표상할 수 있다. 그런데 이 단어는 공교롭게도 위치를 통해서 음량을 보여주는 운문(17. 10절)에 나타나지 않기 때문에, 비교연구 방법론의 도움이 없으면 그 형태를 결정할 수 없다. 이탈리아어 'segola' 〔segola〕, 프랑스어 'seigle' 〔sɛːgl〕 등의 형태를 보면, 그 라틴어 자형이 음장을 가진 〔seːkale〕를 나타낸다는 사실을 알 수 있다. 로망스 제어의 연구자들은 문자로 기록된 라틴어 자료를 보기 전에 원시 로망스어(통속 라틴어, *Vulgar Latin*) 형태를 재구하고 나서, 재구형에 비추어서 이들 자료를 해석한다.

18. 5. 그렇다면 재구형은, 일치하거나 체계적인 대응관계를 보이는 일련의 음소가 친족관계에 있는 언어들에 나타난다는 사실을 알려주는 일종의 공식이라고 할 수 있다. 더욱이 이들 유사성과 음성 대응이 조어에 존재하던 제반 자질을 반영하기 때문에, 재구형은 음소의 역사를 보여주는 일종의 음소 계보도이기도 하다.

게르만 제어의 가장 오래된 기록에는 '아버지'(*father*)를 뜻하는 단어가 다음과 같은 형태로 나온다.

고트어: 서기 4세기에 작성되어 6세기 필사본으로 보존되어 있는 텍스트에는 'fadar'로 나오는데, 발음은 〔ˈfadar〕로 추정된다. 그리고 철자 'd'가 표상하는 음소는 마찰음이었을 가능성이 있다.

고대 아이슬란드어: 부분적으로는 13세기보다 훨씬 이전에 작성된 13세기 필사자료의 텍스트에는 'faðer'와 'faðir'가 나오는데, 발음은 〔ˈfaðer〕로 추정된다.

고대 영어: 9세기 필사본 자료에는 'fæder'로 나오는데, 발음은 〔fɛder〕로 추정된다. [6]

고대 프리슬란드어: 13세기보다 다소 이른 시기에 작성된 13세기의 필사자료 텍스트에는 'feder'로 나오는데, 발음은 〔ˈfeder〕로 추정된다.

고대 색슨어(네덜란드-독일어 권역의 북부) : 9세기 필사자료에 'fader'로 나오는데, 발음은 〔ˈfader〕로 추정된다.

고대 고지독일어(네덜란드-독일어 권역의 남부) : 9세기 필사자료에 'fater'로 나오는데, 발음은 〔ˈfater〕로 추정된다.

위와 같은 제반 사실은 원시 게르만어의 원형 *〔ˈfader〕를 설정하면 간단히 정리된다. 더욱이 이러한 요약적 공식을 통해 우리는 선사시대 형태의 음소구조도 알 수 있다.

우리의 재구공식에는 구체적으로 다음과 같은 관찰이 집약되어 있다.

(1) 게르만 제어는 모두 (대다수의 다른 단어에서도 그렇지만) 이 단어의 첫째 음절에 강세를 갖는다. 여기서는 해당 위치에 악센트 표지를 붙이거나, 아니면 첫째 음절에 실리는 악센트가 통상적이므로 아예 악센트 표지를 붙이지 않기로 한다. 이러한 진술은 동시에 원시 게르만 조어에서 이 단어가 다른 많은 단어와 한 가지 음소적 자질(일단 x로 지칭함)을 공유했는데, 이 자질이 실제 게르만 제어에서 이 단어

---

6) [원주] 고대 영어의 음절 〔-der〕는 현대 영어에서 〔-ðr̩〕로 변화했다. 그래서 고대 영어에서 〔-der〕를 갖고 있던 일련의 단어가 오늘날에는 'father', 'mother', 'gather' 등으로 발음되는 것이다.

의 첫째 음절에 실리는 높은 악센트로 나타난다는 의미이기도 하다. 물론 조어시대 발화의 이 x 자질이 실제 게르만 제어에 나타나는 자질, 곧 첫째 음절의 높은 강세와 동일한 자질인 것은 거의 확실하다. 추가적인 추론은 주된 결론의 유효성에 결코 영향을 미치지 못한다.

(2) 고대의 게르만 제어에서 이 단어는 모두 〔f〕로 시작한다. 위에 제시된 자료보다 더 오래된 자료를 확보하지 못한다면, 영어 및 네덜란드-독일어 권역에서 사용되는 오늘날의 일부 방언이 유성 마찰음 유형 〔v〕를 가졌지만 지리상의 분포로 보아 〔f〕가 더 오래된 유형이라는 사실을 인정하지 않을 수 없다. 어쨌든 공식의 부호 〔f〕가 지닌 구조상의 가치는 다음과 같이 극히 단순한 내용이다. 곧 현재 게르만 제어에서 이 단어가 어두 자음 〔f〕를 갖는 'foot, five, fee, free, fare' 등의 단어와 마찬가지로 동일한 음소 〔f〕로 시작하고, 과거 원시 게르만어에서도 이 단어가 〔f〕로 시작했다는 것이다.

(3) 공식의 〔a〕는 다음과 같은 일련의 단어에 나타나는 것과 동일한 대응관계가 여기서도 성립할 수 있음을 암시한다.

> '물'(*water*) : 고트어 〔'watoː〕 고대 아이슬란드어 〔vatn〕, 고대 영어 〔'wɛter〕, 고대 프리슬란드어 〔'weter〕, 고대 색슨어 〔'watar〕, 고대 고지독일어 〔'wassar〕, 원시 게르만어 공식7) *〔'water, 'watoː〕.
>
> '토지'(*acre*) : 고트어 〔'akrs〕, 고대 아이슬란드어 〔akr〕, 고대 영어 〔'ɛker〕, 고대 프리슬란드어 〔'ekker〕, 고대 색슨어 〔'akkar〕, 고대 고지독일어 〔'akxar〕, 원시 게르만어 공식 *〔'akraz〕.
>
> '날'(*day*) : 고트어 〔dags〕, 고대 아이슬란드어 〔dagr〕, 고대 영어 〔dɛj〕, 고대 프리슬란드어 〔dej〕, 고대 색슨어 〔dag〕, 고대 고지독일어 〔tag〕, 원시 게르만어 공식 *〔'dagaz〕.

---

7) 여기서 말하는 '공식'(*formula*)이란 결국 비교방법에 의한 재구형(*reconstructed form*)을 뜻한다.

이 경우에 일탈현상, 즉 다른 언어의 〔a〕 대신에 보이는 고대 영어 〔ε〕와 고대 프리슬란드어 〔e〕가 모든 형태에서 나타나는 것은 아니다. 예컨대 다음과 같은 경우에는 모든 방언에서 〔a〕로 나타난다.

'운임'(*fare*) : 고트어, 고대 영어, 고대 색슨어, 고대 고지독일어 〔faran〕 ; 고대 아이슬란드어, 고대 프리슬란드어 〔fara〕 ; 원시 게르만어 공식 *〔faranan〕.

사실, 영어의 〔ε〕와 프리슬란드어의 〔e〕는 고정된 음성조건, 곧 단음절(예: day)과 다음 음절의 〔e〕 앞(예: father, water, acre)에서만 나타난다. 이러한 일탈현상은 아마도 중간단계의 공통어인 앵글로-프리슬란드어 조어 시기에 일어난 후대의 변화에 기인하는 것으로 추정된다. 어떻든 이들 단어에 대해 원시 게르만 조어에 단일한 구조상의 음소 단위 〔a〕를 설정하는 데는 별 문제가 없다.

(4) 위에서 'd'로 전자(轉字)한 고트어 글자의 음향적 가치는 의심스럽다. 이 음가는 폐쇄음 〔d〕 혹은 마찰음 〔ð〕일 가능성이 있으며, 아니면 〔d〕와 〔ð〕가 한 음소의 변이음으로 변동하는 경우일 가능성도 있다. 고대 스칸디나비아어 철자에 의하면 이 지역에서는 〔ð〕가 발음된 것으로 추측할 수 있다. 서게르만 제어에는 분명히 〔d〕가 존재하는데, 이 〔d〕는 다른 경우와 마찬가지로 남부 독일어에 〔t〕로 나타난다. 원시 게르만어 공식에서는 이 모든 경우를 부호 〔d〕 혹은 〔ð〕로 나타낸다. 인쇄가 쉬운 관계로 전자가 후자보다 더 많이 선택된다. 우리가 세운 공식은 이 음소와 다음의 경우에 나타나는 음소가 동일하다는 사실을 확인해준다.

'어머니'(*mother*) : 고대 아이슬란드어 〔moːðer〕, 고대 영어 〔moːdor〕,

고대 프리슬란드어 〔moːder〕, 고대 색슨어 〔moːdar〕, 고대 고지 독일어 〔muotar〕, 원시 게르만어 공식 *〔moːder〕.

'풀밭'(*mead*) : 고대 아이슬란드어 〔mjɔðr〕, 고대 영어 〔meodo〕, 고대 프리슬란드어 〔mede〕, 고대 고지독일어 〔metu〕, 원시 게르만어 공식 *〔meduz〕.

'타다'(*ride*) : 고대 아이슬란드어 〔riːða〕, 고대 영어 〔riːdan〕, 고대 프리슬란드어 〔riːda〕, 고대 고지독일어 〔riːtan〕, 원시 게르만어 공식 *〔riːdanan〕.

(5) 다음 음소는 고트어의 분기과정을 보여주는데, 이는 틀림없이 후대의 변화에 기인한다. 고트어에서는 다른 언어의 무강세 'er'가 항상 'ar'로 나타난다. (예) 고트어 〔hwaθar〕, 고대 영어 〔hwɛðr〕 (둘 중의 어느 것).

(6) 여러 방언은 마지막 음소 〔r〕에 관해 일치를 보인다.

18.6. 원시 게르만어의 재구를 확인해주는 아무런 문자기록이 없어도, 우리는 가끔씩 고대의 스칸디나비아어 룬 문자 비문(17. 6절)에서 거의 모든 기록을 확보하기도 한다. 예컨대 다음의 재구 결과를 검토해 보자.

'손님'(*guest*) : 고트어 〔gasts〕, 고대 아이슬란드어 〔gestr〕, 고대 영어와 고대 프리슬란드어 〔jest〕, 고대 색슨어와 고대 고지독일어 〔gast〕, 원시 게르만어 공식 *〔gastiz〕.

'뿔'(*horn*) : 모든 고어의 방언 〔horn〕, 원시 게르만어 공식 *〔hornan〕.

원시 게르만어 재구형은 실제로 문증(文證)된 형태보다 길다. 형태의 길이를 길게 만든 추가 음소를 설정한 이유에 대해 깊이 파고들 여유는 없지만, 다음의 설명으로 충분할 것이다. 즉, 대부분의 경우에는 'guest'에서 보듯이 이들 추가되는 음소가 실제 방언 형태로 확실하게 설정되지만, 'horn'과 같은 일부 경우에는 원시 게르만어 추가 음소의 존재가 게르만 제어와의 비교를 통해 확정된다. 그렇지만 이들 추가 음소의 성격은 오로지 비교연구 방법론에 입각한 제반 정황에 의해 결정된다. 여기서 'guest'와 'horn'을 보기로 든 것은 이들 두 단어가 덴마크의 갈레후스(Gallehus) 인근에서 발견된 서기 400년 무렵의 황금 뿔에 새겨진 룬 문자 비문에 나타나기 때문이다. 이 비문의 내용을 전자하면 다음과 같다.

> ek hlewagastiz holtiɟaz horna tawido
> "나, 명예로운 손님(*Guest*), 홀트가(Holt)의 일원이 뿔(*horn*)을 만들었도다."

원시 게르만어의 동일한 단어로 적는다면, 다음과 같이 될 것이다. *〔ek 'hlewa-ˌgastiz 'holtingaz 'hornan 'tawido:n〕. 여기서 'guest'-재구형의 최종 음절과 'horn'-재구형의 최종 음절 모음이 바로 비문에 의해 확인된다.

핀-우그리아어족(4.7절)에 속하고 따라서 인도-유럽어와 무관한, 핀란드어와 에스토니아어 및 랩 제어에는 모든 정황상 서력기원의 초기인 고대의 어느 시점에 게르만어에서 차용했음이 분명한 많은 단어가 포함되어 있다. 원시 게르만어의 재구형은 바로 그러한 핀란드어 차용어에 의해 확인되기도 한다. (예) 원시 게르만어 재구형 *〔'hringaz〕(반지, *ring*), 고대 영어 〔hring〕, 고대 아이슬란드어 〔hringr〕-핀란드어 차용어 rengas ; 원시 게르만어 재구형 *〔'kuningaz〕(왕, *king*), 고대 영어 〔'kyning〕-핀란드어 차용어 kuningas ; 원시 게르만어 재구형 *〔'golθan〕(금, *gold*), 고대 영어 〔gold〕-핀란드어 차용어 kulta ;

원시 게르만어 재구형 *〔jokan〕(멍에, *yoke*), 고대 영어 〔jok〕 - 핀란
드어 차용어 jukko.

18. 7. 비교연구 방법론은 원시 게르만어 재구형에 대한 매우 강력
한 점검장치이다. 게르만 제어가 인도-유럽어족의 한 갈래이므로,
원시 게르만어 형태도 다른 인도-유럽 제어와의 비교작업에 하나의
단위로 참여하게 된다. 원시 게르만어의 재구형을 통해 우리는 더욱
이른 시기의 구조에 관한 윤곽을 얻을 수 있는데, 원시 게르만어의
구조는 바로 거기서 발달한 것이다.

마지막 보기 가운데서 다음의 두 가지 용례를 다시 검토해 보자.
우리가 원시 게르만어 형태로 재구한 *〔gastiz〕는 라틴어 형태 'hostis'
(손님, *stranger*)와 들어맞는다. 고대 불가리아어 〔gostĭ〕나 러시아어
〔gost〕 등과 같은 슬라브어 형태를 비교해 보면, 원시 슬라브어 단어
*〔ᵛgostĭ〕를 재구할 수 있지만, 이 재구형은 게르만어의 한 방언으로
부터 들여온 차용어였을 개연성이 크므로 고려의 대상에서 배제되어
야 한다. 그러나 라틴어 형태와의 비교를 통해서, 원시 인도-유럽어
공식 *〔ghostis〕를 설정할 수 있는데, 이 형태에 보이는 라틴어의 둘
째 음절이 바로 원시 게르만어 공식의 최종 음소를 확인해준다.

마찬가지로 고트어 〔ga'juk〕(짝, *pair*)을 비롯해서, 고대 아이슬란
드어 〔ok〕, 고대 영어 〔jok〕, 고대 고지독일어 〔jox〕 등과 같은 고대
의 다른 게르만어 단어형태를 바탕으로, 우리는 원시 게르만어 공식
*〔jokan〕을 설정할 수 있는데, 이 재구형은 핀란드어 차용형태 'jukko'
의 존재로 확인된다. 만일 이 공식을 인도-유럽어 집단의 다른 형태
와 한 번 더 비교하지 않는다면, 이 재구형의 둘째 음절 음소는 어떤
점에서 중간단계가 될 수도 있다. 산스크리트어 단어 〔ju'gam〕을 근
거로 우리는 원시 인도-이란어 단어 *〔ju'gam〕을 재구할 수 있다. 나

아가서 우리는 그리스어 〔zu'gon〕과 라틴어 〔jugum〕을 확보하고 있다. 고대 불가리아어 〔igo〕, 러시아어 〔igo〕 등과 같은 슬라브어 형태를 기반으로 우리는 원시 슬라브어 공식 *〔igo〕를 설정할 수 있다. 또한 콘월어 'iou', 웨일스어 'iau' 등은 원시 켈트어 *〔jugom〕 설정의 기반이 된다. 리투아니아어 〔jungas〕와 아르메니아어 'luc'처럼 이 단어의 모습을 새롭게 만든 언어들까지, 원시 인도-유럽어에서 이 단어가 가졌던 구조를 결정할 수 있는 모종의 증거를 제시하고 있다. 이 모든 증거를 토대로 우리는 원시 인도-유럽어의 공식 *〔ju'gom〕을 정립할 수 있다.

한편 'father'의 경우는 좀더 복잡한 추론이 필요하다. 산스크리트어 〔pi'ta〕, 그리스어 〔pa'te:r〕, 라틴어 〔pater〕, 고대 아일랜드어 〔aðir〕, 원시 게르만어 *〔fader〕 등은 원시 인도-유럽어 공식 *〔pə'te:r〕의 설정에 도움을 준 주요한 형태들이다. 여기서 어두의 자음 음소는 정상적인 대응관계를 보여주는 가장 간단한 경우이다. 일반적으로 인도-유럽 제어의 어두 자음 〔p〕는 게르만어에서 〔f〕와 대응하고, 켈트어에서 소실되어 나타나지 않는다. 라틴어 〔'porkus〕(돼지)와 리투아니아어 〔ᵛparšas〕는 원시 게르만어 *〔farhaz〕, 고대 영어 〔fearh〕(현대형 farrow), 고대 아일랜드어 〔ork〕에 대응한다. 결과적으로 원시 인도-유럽어 공식은 *〔'porkos〕가 된다.

재구형 공식의 둘째 음소는 상당히 복잡한 경우이다. 인도-유럽어 가운데는 그런 언어가 없지만, 우리는 원시 인도-유럽어의 공식에서 단모음 음소를 〔a, o, ə〕 셋으로 구분하는 삼중 대립체계를 설정한다. 이는 언어들 사이의 대응관계를 조사해보면, 세 가지 상이한 결합양상이 드러나기 때문이다. 다음과 같이 인도-이란어와 라틴어, 게르만어가 한결같이 〔a〕를 갖는 경우에는 부호 〔a〕를 사용하기로 한다.

'토지'(*acre*) : 산스크리트어 〔aǰrah〕, 그리스어 〔a'gros〕, 라틴어 〔ager〕, 원시 게르만어 *〔'akraz〕, 원시 인도-유럽어 공식 *〔agros〕.

다음과 같이 인도-이란어와 게르만어에서 〔a〕로 나타나지만 그리스어와 라틴어, 켈트어에서 〔o〕로 나타나는 많은 경우에는 부호 〔o〕를 사용하기로 한다.

'8'(*eight*) : 산스크리트어 〔aš'ta:w〕, 그리스어 〔ok'to:〕, 라틴어 〔ok'to:〕, 원시 게르만어 *〔'ahtaw〕, 고트어 〔ahtaw〕, 고대 독일어 〔ahto〕, 원시 인도-유럽어 공식 *〔okto:w〕.

다음과 같이 인도-이란어에서 〔i〕로 나타나지만 다른 언어에서 첫째 집합과 동일한 음소(〔a〕)로 나타나는 경우에는 부호 〔ə〕를 사용하기로 한다.

'장소'(*stead*) : 산스크리트어 〔sthitih〕, 그리스어 〔'stasis〕, 원시 게르만어 *〔'stadiz〕, 고트어 〔staθs〕, 고대 고지독일어 〔stat〕, 원시 인도-유럽어 공식 *〔sthətis〕.

'아버지'를 뜻하는 단어형태가 분명히 마지막 유형의 대응관계를 보여주기 때문에 공식에서도 〔ə〕를 사용한 것이다. 공식 전체에 드러나는 원시 인도-유럽어의 형태 구조를 고려할 때, 이들 세 단위 〔a, o, ə〕가 세 가지 다른 유형의 형태론적 교체에 참여한다는 점에서 〔a, o, ə〕 삼중 대립체계는 더욱 확고해진다.

공식의 마지막 부호는 매우 흥미로운 유형의 추론을 보여준다. 통상적으로 다른 인도-유럽 제어가 〔t〕를 가질 때, 다음과 같이 게르만 제어는 〔θ〕를 가진다.

'형제'(*brother*) : 산스크리트어 〔'bhra:ta:〕, 그리스어 〔'phra:te:r〕 (씨족의 일원), 라틴어 〔'fra:ter〕, 고대 불가리아어 〔bratrŭ〕, 원시 게르만어 *〔'bro:θer〕, 고트어 〔'bro:θar〕, 고대 아이슬란드어 〔'bro:ðer〕, 고대 영어 〔'bro:ðor〕, 고대 고지독일어 〔'bruoder〕, 원시 인도-유럽 어 공식 *〔'bhra:te:r〕.

'3'(*three*) : 산스크리트어 〔'tra:jah〕, 그리스어 〔ˇtrejs〕, 라틴어 〔tre:s〕, 고대 불가리아어 〔trĭje〕, 원시 게르만어 *〔'eri:z〕, 고대 아 이슬란드어 〔θri:r〕, 고대 고지독일어 〔dri:〕, 원시 인도-유럽어 공 식 *〔'trejes〕.

단어 'father'는 일부 다른 단어들과 함께 원시 게르만어에서 〔θ〕 대신 〔d〕를 갖는다는 점에서 변칙적이라고 할 수 있다. 물론 원시 인 도-유럽어의 서로 대립되는 두 음소가 여기에 관련된 것으로 볼 수도 있는데, 이 두 음소는 게르만어를 제외한 모든 인도-유럽 제어에서 〔t〕로 합류되었고 게르만어에서만 〔θ〕와 〔d〕의 대립을 보였다. 그러 나 1876년 덴마크의 언어학자인 베르너(1846년~1896년)[8]는 게르만 어가 (논란의 여지가 있는) 〔d〕를 갖는 많은 경우에, 이 자음이 산스 크리트어와 그리스어에서 강세를 받지 않는 모음 혹은 이중모음과 연 결된다는 사실을 밝혀냈다. 이와 같은 상관관계는 우연이라는 인자 를 배제하기에 충분할 만큼 많은 사례를 확보하고 있는 동시에, 형태 론 구조상으로도 체계적으로 나타난다. 두 단어 'brother'와 'father' 의 대조는 이러한 상관관계를 잘 드러내는 하나의 사례이다. 단어 악 센트의 위치가 이탈리아어와 켈트어 및 게르만어에서는 기본음소에 의해 결정되기 때문에, 이들 각각의 언어에서 단어 악센트의 위치는 후대의 변화에 기인하는 것으로 어렵지 않게 결론지을 수 있다. 더욱 이 악센트의 위치가 고도의 불규칙성을 보이는 산스크리트어와 그리

---

8) 자음 추이에 관한 법칙으로 유명한 덴마크의 언어학자. ☞ 인명 약해 참고.

스어가 매우 잦은 일치를 보이기 때문에, 우리는 조금도 주저하지 않고 이 악센트 자질을 조어에 배당하게 된다. 이제 우리는 선-게르만어 시대라고 부를 수 있는 원시 인도-유럽어 시기부터 원시 게르만어 시기 사이에 일어났던 일련의 분명한 사건과 만나게 된다.

원시 인도-유럽어 : 단위 음소 〔t〕, 상이한 단어의 상이한 음절에 단
　　　　　　　　　어-악센트가 얹힘
　　　　　　　　　*〔ˈbhraːteːr〕(형제), *〔pəˈteːr〕(아버지)
선-게르만어 시기 :
　　1차 변화 : 〔t〕 > 〔θ〕 *〔ˈbraːθeːr〕, *〔faˈθeːr〕
　　2차 변화 : 〔θ〕 > 〔d〕 / 무강세 성절음 _____ . (〔d〕는 유
　　　　　　　성 마찰음으로 추정됨)
　　　　　　　*〔ˈbraːθeːr〕, *〔faˈdeːr〕
　　3차 변화 : 악센트가 각 단어의 첫째 음절로 이동해서 다음
　　　　　　　단계의 형태가 됨
원시 게르만어 : *〔ˈbroːθeːr〕, *〔ˈfader〕

　이러한 음성대응 관계는 마찬가지 방식으로 인도-유럽어족의 개별 분파가 겪은 선사(先史)를 드러낸다. 예를 들어, 라틴어 'cauda'와 'cōda'의 경우, 리투아니아어 단어 〔ˇkuodas〕(타래)는 아마도 조어시대 발화와 동일한 형태를 나타내는 것으로 보인다. 만일 이러한 추측이 가능하다면, 리투아니아어 〔uo〕와 라틴어 〔oː〕가 나란히 출현하는 다른 음성대응 관계에 비추어서, 위의 두 가지 라틴어 형태 중에서 'cōda'가 고형(古形)이고 'cauda'는 과도한 도시지향적(과도 품위형, *over-elegant*) 변이체라고 말할 수 있다(18.4절).
　이와 같은 원시 인도-유럽어 재구작업은 앞선 시기의 기록이나 재구된 형태에 의한 여하한 점검도 받지 않는다. 지난 수십 년 동안 기

원전 1400년경의 쐐기문자 표기로 우리에게 알려진 히타이트어가 인도-유럽어의 먼 친척이라는 사실은 이미 확인된 바 있다. 그러므로 원시 인도-히타이트 조어의 소수 자질을 밝혀내는 일, 즉 원시 인도-유럽어의 소수 자질과 관련된 초기 역사를 추적하는 작업도 충분한 가능성을 인정받고 있다.

18.8. 원칙적으로 비교연구 방법론이 재구된 형태의 음향적 모습에 대해 알려주는 사실은 전혀 없다. 우리는 다만 비교연구 방법론에 입각해서 재구된 형태에 포함된 음소가 반복적으로 나타나는 단위라는 사실만을 확인할 뿐이다. 인도네시아 제어를 살펴보면, 이러한 사정을 뚜렷하게 알 수 있다. 각 언어에는 〔d, g, l, r〕과 같은 소수의 음소만 존재하는데, 음성대응 관계의 다양성을 감안하면 조어에는 이보다 훨씬 많은 수의 음소가 존재했을 것으로 추론할 수 있다. 이들 음소의 음향적 특징은 오직 추정만이 가능하며, 따라서 이들 음소를 표상하는 부호도 단지 음성대응을 표시하기 위한 꼬리표일 뿐이다. 자바어를 제외한 나머지 언어에 대한 이전 시기의 문자기록이 전무하다는 점도 특기할 만하다. 그렇지만 이러한 제반 사정이 비교연구 방법론의 적용에 영향을 미치는 것은 아니다. 세 언어(필리핀 루손 섬에서 사용되는 타갈로그어, 자바어, 수마트라 섬에서 사용되는 바타크어, *Batak*)를 검토대상으로 하면, 다음과 같은 여덟 가지 유형의 통상적인 음성대응 관계가 나타난다.

	타갈로그어	자바어	바타크어	원시 인도네시아어
(1)	l	l	l	l
'고르다'	ˈpiːliʔ	pilik	pili	*pilik
(2)	l	r	r	ʟ
'부족하다'	ˈkuːlaŋ	kuraŋ	huraŋ	*kuʟaŋ
(3)	l	r	g	g
'코'	iˈluŋ	iruŋ	iguŋ	*iguŋ
(4)	l	ᴅ	d	ᴅ
'원하다'	ˈhiːlam	iᴅam	idam	*hiᴅam⁹⁾
(5)	r	d	d	d
'가리키다'	ˈtuːruʔ	tuduk	tudu	*tuduk
(6)	r	*d*	*d*	*d*
'박차'	ˈtaːriʔ	ta*d*i	ta*d*i	*ta*d*i
(7)	g	g	g	g
'사고나무'	ˈsaːgu	sagu	sagu	*ʈagu¹⁰⁾
(8)	g	ø	r	ɣ
'썩은'	buˈguk	vuʔ	buruk	*buɣuk

18. 9. 비교연구 방법론에서는 각 언어나 분파가 조어의 형태에 대해 독립적으로 증언하고, 관련된 언어들 사이의 동일성 여부나 음성 대응 관계가 조어시대 발화의 자질을 드러낸다는 사실을 전제로 한다. 이러한 전제는 첫째로 조어공동체가 완전히 균일하고, 둘째로 이

---

9) [원주] 자바어 〔ᴅ〕는 치음 〔d〕와 구분되는 전도(*domal*) 폐쇄음이다. 이 타갈로그어 단어의 뜻은 '아픔, 고통'이다. 여기 제시된 바타크어 형태는 다른 용례처럼 토바(Toba) 방언에서 뽑아서 목록화한 것이 아니다. 이 형태는 다이리(Dairi) 방언에 나타난다.

10) [원주] 타갈로그어의 이 형태는 '삼출물'이라는 뜻인데, 시(詩)에서는 '수액' 의 뜻으로 쓰이기도 한다.

조어공동체가 갑작스럽게 둘 이상의 자매공동체로 분열되어 서로 접촉하지 못하게 되었다는 뜻을 담고 있다.

비교연구 방법론에서는 언어의 역사에서 일어나는 이러한 종류의 연속적인 분열현상을 상정한다. 예컨대 우리는 게르만어가 원시 인도-유럽어에서 분열되어 나왔다고 가정한다. 이러한 분열 직후에 게르만어에서 일어난 모든 변화는 자매 언어들에서 일어난 변화와 아무런 관련이 없으며, 따라서 게르만어와 자매 언어들 사이의 유사성은 (조어에서 물려받은) 공통의 유산을 드러낸다. 원시 인도-유럽어와 원시 게르만어의 차이점은 선-게르만어 시기에 일어난 변화에 기인한다. 정확히 이와 동일한 방식으로 비교연구 방법론에서는 (스칸디나비아어나 고트어와 다른) 서게르만 제어 사이의 특수한 유사성을 해석할 때, 서게르만어 공동체가 균일한 원시 게르만어 조어공동체에서 갑작스럽게 분열했다는 개념을 도입한다. 이와 같은 분열 이후에 선-게르만어 시기가 시작되었으며, 이 시기를 거치는 동안에 원시 서게르만어의 특징을 이루는 각종 차이점이 발생했다. 또한 영어와 프리슬란드어에 공통된 특이한 유사성(예컨대 원시 서게르만어의 [a]에 [ɛ, e]로 대응하는 등)을 근거로 선-앵글로-프리슬란드어 시기를 상정할 수 있는데, 이 시기에 바로 원시 앵글로-프리슬란드어의 특징을 이루는 각종 변화가 일어났다. 이 시기에 이어서 선-영어 시기가 시작되는데, 영어의 초기 기록에 나타나는 형태가 이 시기에 형성된다. 그러므로 비교연구 방법론에서는 어느 한 시점에 존재하는 균일한 조어를 재구한 다음, 이 조어가 분열한 이후부터 다음 단계의 조어나 혹은 기록상으로 확인되는 언어에 이르기까지 일어난 제반 변화를 추론하게 된다. 결국 비교연구 방법론을 통해서 우리는 언어계통수 형태로 나타나는 언어의 조상과 함께 연속적인 분기과정을 알 수 있는 것이다. 분기가 일어나는 시점은 '원시'라는 용어로 나타낸다. 각 시점

사이의 분기는 '선-'이라는 접두사를 사용해서 변화의 시기를 표시한다(〈그림 1〉).

18. 10. 초기의 인도-유럽어학자들은 언어계통수 그림이 단순히 자신들이 사용하는 방법론에 대한 진술일 따름이라는 점을 깨닫지 못했다. 그리하여 그들은 균일한 조어와 갑작스럽고 선명한 분열을 역사

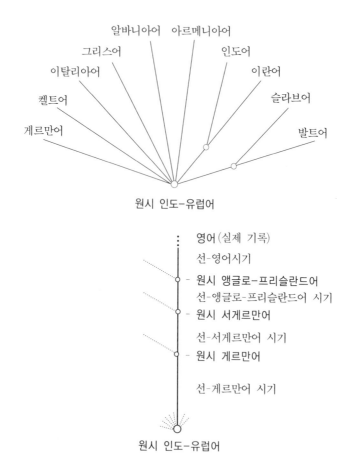

〈그림 1〉 인도-유럽 제어의 친족관계를 나타내는 언어계통수(위)
영어사의 중요 시기를 보여주는 언어계통수의 일부분(아래)

적인 실체로 받아들였다.

그러나 실제 언어 현상을 관찰해보면, 그렇게 균일한 언어공동체 (3.3절)란 존재하지 않는다. 우리는 언어를 기술할 때 균일성이 결여된 상태를 애써 무시하고, 임의로 선택된 언어의 유형에만 관심을 기울이면서 선택되지 않은 다른 변이형을 훗날의 논의로 넘기곤 한다. 그렇지만 언어의 변화를 연구할 때는 이런 방식이 통하지 않는데, 그것은 어떤 변화든 처음에는 모두 변이형의 자질로 나타나기 때문이다.

역사는 분명히 때에 따라 갑작스러운 균열을 보여주기도 하는데, 비교연구의 방법론이 가정하는 분열이 바로 그러한 경우이다. 이와 같은 균열은 공동체의 일부가 외부로 이주할 때 발생한다. 앵글족과 색슨족 및 주트족이 영국에 정착했을 때, 이들 민족은 대륙에 그대로 남았던 동료들과 완전히 분리되었다. 그때부터 영어는 독자적으로 발달했으며, 따라서 영어와 서게르만어의 대륙 방언들 사이에 존재하는 모든 유사성은, 통상적인 경우에 영국인들의 이주 이전에 존재했던 (공통) 자질의 증거로 삼을 수 있다. 집시가 중세에 인도 북서부에서부터 끝없는 이주의 역사를 시작했을 때, 그때부터 이들의 언어에 일어난 각종 변화는 원래의 거주지에서 일어난 여하한 언어 변화와도 무관한 것이었다.

언어공동체의 선명한 분리를 보여주는 그다지 흔치 않은 사례의 하나는 바로 외국에서 언어공동체가 침입해 들어오는 경우이다.

로마제국하에서 라틴어는 이탈리아에서 흑해에 이르는 지역에 걸친 지역에서 사용되었다. 중세 초기에 슬라브족이 북쪽에서 들어와서 정착한 결과, 이 지역은 완전히 둘로 갈라졌다. 그때부터 동쪽에서는 루마니아어의 발달이 다른 로망스 제어의 발달과 무관하게 진행되었고, 따라서 루마니아어와 서부 로망스 제어 모두에 공통적으로 나타나는 자질은 라틴어에 속한 것으로 추정될 수 있다. 9세기 들어

광대한 슬라브어 권역은 다시 유사한 분열을 겪게 되는데, 그것은 동쪽에서 들어온 마자르족(Magyars, 헝가리족)이 정착하면서 슬라브어 권역이 북부와 남부로 갈라졌기 때문이다(〈그림 2〉). 그러므로 그때부터 남슬라브어(슬로베니아어, 세르비아어, 불가리아어)에서 일어난 변화는 북부 권역의 슬라브어와 무관하게 되었으며, 따라서 남북 권역 모두에 공통적인 자질이 있다면 이 자질은 분열 이전으로 거슬러 올라가는 시기의 언어에 속했던 것으로 추정된다.

그러나 그처럼 선명한 분열은 일반적인 양상이 아니다. 서부 지역의 로망스 제어 사이에 나타나는 차이점은 분명히 지리적인 격리나 외국 언어공동체의 침입에 기인하는 것이 아니다. 동일한 사정은 영어와 아이슬란드어를 제외한 모든 게르만 제어에도 그대로 적용되는데, 이를테면 유틀란트 반도에서 서로 인접하는 서게르만어와 스칸디나비아어 사이의 확실하고 분명하게 밝혀진 차이도 이런 경우에 해당한다. 급격한 격리 이외에 다른 역사적 인자도 분명히 하나의 언어공동체에서 대여섯 갈래의 언어공동체를 탄생시킬 수 있는데, 이런 경우에는 특정한 역사적 계기 이후의 모든 변화가 반드시 독자적 변화라는 보장이 없으며, 따라서 자매 언어들에 공통되는 자질 역시 조어에 존재하던 자질이라는 보장이 없다. 말하자면 프랑스어와 이탈리아어 혹은 네덜란드-독일어와 덴마크어에 공통되는 자질은 일부 차이점이 이미 자리를 잡은 다음에 일어난 공통적 변화에 기인할 가능성이 높다는 것이다.

18.11. 비교연구 방법론은, 조어 내부의 다양성이나 친족 언어들 사이의 공통적 변화까지 허용하지는 않기 때문에, 어떤 한계 안에서만 유효하다고 할 수 있다. 설명의 편의상 조어 내부에 몇 가지 방언 차이가 존재한다고 하자. 이 방언 차이는 관련된 친족어 사이에서 일

〈그림 2〉 동부 유럽 : 침입에 의한 언어 권역의 분열

중세 초기에 하나의 단위였던 라틴어 권역은 슬라브어의 침입으로 분열되었다. 9세기 들어 이
지역은 헝가리어의 침입으로 다시 한 번 분열되었다.

치하지 않는 차이로 반영될 것이다. 예를 들어, 명사의 굴절 접미사는 게르만어와 발트-슬라브어에서 〔m〕을 포함하고 다른 인도-유럽제어에서는 〔bh〕를 포함한다. 이와 같은 평행적인 음성대응 관계는 다른 곳에서 전혀 찾아볼 수 없다.

(가)

원시 인도-유럽어 : *〔-mis〕(조격(助格), 복수), 고트어 〔'wulfam〕 (to/by wolves)

원시 인도-유럽어 : *〔-mi:s〕(조격, 복수), 리투아니아어 〔nakti'mis〕 (by nights), 고대 불가리아어 〔noštmi〕

원시 인도-유럽어 : *〔-mos〕(여격-탈격, 복수), 리투아니아어 〔vil'kams〕 (to wolves), 고대 불가리아어 〔vl̥komu〕

(나)

원시 인도-유럽어 : *〔-bhis〕(조격, 복수), 산스크리트어 〔pad'bhih〕 (by foot), 고대 아일랜드어 〔'ferav〕(by men)

원시 인도-유럽어 : *〔-bhjos〕(여격-탈격, 복수), 산스크리트어 〔pad'bhjah〕 (to/from the feet)

원시 인도-유럽어 : *〔-bhos〕(여격-탈격, 복수), 라틴어 〔pedibus〕 (to/from the feet), 고대 켈트어 〔ma:trebo〕(to the mothers)

이와 같은 경우에, 비교연구 방법론은 (균일한 하나의 언어로 정의되는) 조어 발화의 형태를 보여주지 못하고, 대립적인 다른 형태들만을 보여준다. (이들 형태 사이의 관계는 비교연구 방법론으로 확인할 수 없는 교체형이나 방언 변이형이다.) 그렇지만 이러한 경우는 매우 많다.

반면에 과거 학자들처럼 만일 그 차이가 게르만어와 발트-슬라브어의 역사에서 일어난 공통적인 변화에 기인하는 것이라고 주장한다면, 우리는 비교연구 방법론의 가정에 입각해서 이들 두 분파가 공통의 발달시기를 공유했다고 가정하지 않으면 안 된다. 다시 말해서 원시 인도-유럽어에서 갈라져 나와서 다시 게르만어와 발트-슬라브어로 갈라지는 이른바 원시 발트-슬라브-게르만어 공동체를 상정해야 한다는 것이다. 그러나 그런 단계를 상정하면, 일치하지 않는 유사성의 중복현상 때문에 곧바로 모순에 빠지고 만다. 예를 들어, 발트-슬라브어는 다른 언어가 연구개음을 가지는 일부 형태에서 치찰음을 보여준다는 점에서 인도-이란어와 아르메니아어 및 알바니아어와 일치한다. 다음에 '100'을 뜻하는 단어가 여러 언어에서 어떻게 나타나는가를 검토해 보자.

산스크리트어 〔ça'tam〕, 아베스타어 〔satəm〕, 리투아니아어 〔ˇsimtas〕
그리스어 〔he-ka'ton〕, 라틴어 〔'kentum〕, 고대 아일랜드어 〔keːð〕
원시 인도-유럽어 *〔km̥'tom〕

위와 같은 경우에 조어는 구개음화한 연구개 폐쇄음을 가졌을 것으로 추정된다.

마찬가지로 방금 언급한 네 분파가 연구개 폐쇄음을 가진 경우에, 다른 분파는 많은 형태에서 연구개음과 순음 요소의 결합 혹은 이들 음소 결합의 분명한 음성 변이형을 가진다. 그렇다면 다음과 같은 의문 대치형태의 어간에서 보듯이, 조어는 순음화한 연구개 폐쇄음을 가졌을 것으로 추정된다.

산스크리트어 〔kah〕(who?), 리투아니아어 〔kas〕, 고대 불가리아어 〔kuˑto〕
그리스어 〔'po-then〕(from where?), 라틴어 〔kwoː〕(by whom / what?), 고트어 〔hwas〕(who?)

원시 인도-유럽어 *〔kʷos〕(who?)

　오직 극소수의 경우에만 두 집합의 언어는 평음의 연구개 폐쇄음을 갖는 데서 일치를 보인다. 그러므로 많은 학자들은 원시 인도-유럽어의 통일성을 깨뜨린 추적가능한 최초의 분리작용이 서방 어군을 일컫는 '켄툼 제어'(*centum-languages*)와 동방 어군을 일컫는 '사템 제어'(*satem-languages*)를 갈라놓았다고 추정한다. (중앙아시아 지역에서 사용되던 토카라어는 전자에 속한다.) 앞으로 보게 되겠지만, 이와 같은 분리는 발트-슬라브어와 게르만어가 특수한 발달을 보인 공통시기를 가졌다고 가정하는 모든 설명에 들어맞지 않는다.

　우리는 다시 과거시제 동사의 형성과 용법, 어휘의 일부 자질(예: 'goat' - 라틴어 haedus ; 'common' - 고트어 gamains, 라틴어 commūnis)에서 게르만어와 이탈리아어 사이의 특수한 유사성을 발견하게 된다. 마찬가지 방식으로 이탈리아어는 한편으로 켈트어와 특이성을 공유하고, 다른 한편으로는 그리스어와 특이성을 공유한다(〈그림 3〉).

　18. 12.　이러한 유사성이 더욱 많이 드러나면 드러날수록, 언어계통수를 주장하던 과거의 학자들은 풀리지 않는 문제와 맞닥뜨리게 되었다. 보다 밀접한 친족관계를 나타내는 증거로 어떤 특수한 유사성을 채택하더라도, 그런 유사성과 어울리지 않는 다른 유사성이 남기 마련이어서, 그런 자료를 설명하려면 언어계통수 그림과 전적으로 다른 도식이 필요했기 때문이다. 더욱이 유사성의 의미에 대한 결정은 회피하기에는 너무 중대한 사안이었다. 어떠한 결정을 내리느냐에 따라 유사성의 가치가 완전히 달라지기 때문이었다. 예컨대 게르만어와 발트-슬라브어가 공통의 발달시기를 거쳤다면, 두 언어 사이에 일치하는 부분이 있더라도 그러한 일치가 원시 인도-유럽어에 대

해 어떤 의미있는 정보를 알려주는 것은 아니다. 그러나 이들 두 언어가 공통의 발달시기를 거치지 않았다면, 언어계통수의 원리에 따라 그러한 일치는 원시 인도-유럽어의 특징에 대한 매우 확실한 증거가 된다.

1872년, 요하네스 슈미트(1843년~1901년)[11]는 인도-유럽 제어의 친족관계에 관한 저명한 논문에서 바로 이러한 모순의 이유를 지적했다. 슈미트는 특수한 유사성이 인도-유럽어의 어떤 두 분파에서도 발

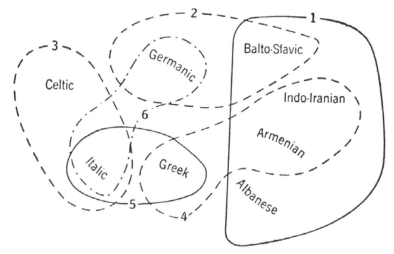

〈그림 3〉 인도-유럽 제어 가운데서 특수한 유사성을 보이면서 중복되는 일부 자질의 분포
이들 자질은 언어계통수 그림과 갈등을 빚고 있다.
1. 일부 형태에서 연구개음 대신 나타나는 치찰음
2. [m]과 [bh]를 가진 격어미
3. [r]을 가진 수동태 어미
4. 과거시제에 나타나는 접두사 ['e-]
5. 남성 접미사를 가진 여성 명사
6. 일반적인 과거시제로 사용되는 완료시제

---

11) 독일의 언어학자. ☞ 인명 약해 참고.

견될 수 있으며, 또한 대부분 지리적으로 인접한 분파의 경우에 많이 나타난다는 사실을 밝혀냈다. 슈미트는 이와 같은 내용을 이른바 파동(wave) 가설로 설명했다. 말하자면 서로 다른 언어 변화가 마치 파동처럼 일정한 언어 권역으로 확산될 수 있는데, 이 과정에서 각각의 변화가 이전에 변화가 일어났던 지역과 일치하지 않는 다른 지역으로 들어가서 언어습관을 바꿀 수 있다는 것이다. 이처럼 연속적으로 지나가는 파동의 결과는 등어선의 연계망이 될 것이다(3.6절). 결과적으로 서로 인접한 구역은 서로 많이 닮게 된다. 그래서 어떤 방향으로 여행을 하든, 등어선이 많은 지역을 건너가면 거리가 멀어질수록 차이도 늘어나게 된다. 이제 인접한 일련의 방언 지역이 있다고 가정하고, 이들 방언을 각각 〔가〕, 〔나〕, 〔다〕, 〔라〕, 〔마〕, 〔바〕, … 〔하〕라고 부르기로 한다. 여기서 〔바〕라는 방언이 모종의 정치적이거나 경제적인 지배력을 얻게 된다고 가정해 보자. 그렇게 되면 양쪽 방향으로 인접한 방언, 곧 〔마〕와 〔사〕, 다음으로 〔라〕와 〔아〕, 심지어는 〔다〕와 〔자〕, 〔차〕 등의 방언까지 그 나름의 특이성을 포기하고 차차 중앙어인 〔바〕 방언만을 발화하게 된다. 이러한 상황이 벌어지면, 세력을 확장한 〔바〕 방언은 〔나〕 방언 및 〔카〕 방언과 경계선을 이루면서 직접 맞닿게 된다. 이들 〔나〕와 〔카〕 방언은 〔바〕 방언과 아주 달라서 분명한 언어 경계선을 만들게 된다. 그렇지만 〔바〕와 〔나〕 사이의 유사성은 〔바〕와 〔가〕 사이의 유사성보다 크다. 그리하여 〔타〕, 〔파〕, 〔하〕 순서로 〔바〕에 인접한 방언일수록 뚜렷한 언어 경계에도 불구하고 〔바〕와의 유사성도 더욱 크다. 언어의 친족관계에 관해서 기존의 언어계통수 개념을 반박하는 이와 같은 설명방식을 우리는 파동이론이라고 부른다. 오늘날 파동의 전파와 분열과정은 언어의 분화를 낳는 두 가지 주요한 유형의 역사적 과정으로 간주된다.

18. 13. 선사시대 언어의 재구를 위한 유일한 수단인 비교연구 방법론은 균일한 언어공동체와 급격하고 분명한 균열을 가정해야만 정확하게 효력을 발휘할 수 있다. 그렇지만 이들 전제조건이 완벽하게 충족되기란 어려운 일이므로, 비교연구 방법론도 역사적 과정을 그대로 기술한다고 주장할 수는 없다. 'father'를 뜻하는 인도-유럽어 단어의 경우나 아니면 이보다 기대수준을 낮게 잡은 원시 로망스어나 원시 게르만어의 경우에서 보듯이, 재구작업이 원활하게 진행될 때, 우리는 조어시대의 언어형태에 담겨 있던 구조적 자질을 확인하게 된다. 목표를 높게 잡아서 분기의 연대를 측정하거나 언어의 사용영역을 확정하고자 한다면, 그러한 야심찬 비교작업은 언어계통수 이론과 타협할 수 없는 완전히 다른 형태와 부분적인 유사성을 드러내게 될지도 모른다. 비교연구 방법론은 균일한 조어라는 가정하에서만 유효하지만, (원시 인도-유럽어의 복수 조격어미 *〔-mis〕와 *〔-bhis〕와 같은) 완전히 다른 형태의 출현은 이러한 가정이 정당화될 수 없다는 사실에 대한 방증이다. 또한 비교연구 방법론은 연속적인 가지치기를 통한 선명한 분열과정을 전제로 하고 있지만, 일관성이 없는 부분적 유사성의 존재를 감안하면 앞선 변화가 남긴 등어선을 넘어서 후대의 변화가 확산되었을 가능성도 염두에 두어야 한다. 그렇다면 인접 언어들 사이의 유사성은 중간지대에 자리 잡고 있던 방언의 소멸에 기인하는 것일 수도 있으며(파동이론), 어떤 측면에서 이미 분화를 완료한 여러 언어가 유사한 변화를 만들어냈을 수도 있는 것이다.

추가로 확보된 사실이 재구형의 결정에 도움을 주는 수도 있다. 예를 들면, 산스크리트어의 형용사 〔pi:va:〕(뚱뚱한)와 그리스어의 형용사 〔pi:o:n〕은 오직 인도-이란어와 그리스어에서만 나타난다. 그러나 원시 인도-유럽어에 이 형용사가 실제로 존재했다는 사실은 불규칙적인 여성형(산스크리트어 〔pi:vari:〕, 그리스어 〔pi:ejra〕)을 통해 확인할 수 있다. 두 언어 모두 이런 방식으로 새로운 여성형을 만들지 않기 때문이다. 반면에 게르만어 'hemp'(삼[麻]), 고대 영어 〔hεnep〕, 중세 네덜란드어 〔hannep〕 등은 그리스어 〔'kannabis〕와 대응한다. 그런데 기원전 5세기에 활동했던 역사가 헤로도토스에 의하면 이 '삼'[麻]이 그리스 사람들에게 트라키아[12)]와 스키타이(Scythia) [13)] 지역에서 자라는 외국 식물로만 알려져 있었다고 한다. 이 단어는 모종의 다른 언어(핀-우그리아어의 한 방언이었을 가능성이 가장 높음)로부터 선-게르만어의 음-변화(〔k〕 > 〔h〕, 〔b〕 > 〔p〕)가 일어나기 이전의 어느 시점에 그리스어(라틴어로 들어갔음)와 게르만어(슬라브어로 들어갔을 것으로 추정됨)로 들어왔다. 만일 이 우연한 정보가 없었더라면, 이 단어는 그리스어와 게르만어 형태 사이의 대응관계를 근거로 원시 인도-유럽어의 목록에 추가되었을 것이다.

18. 14. 고대 언어형태의 재구는 이른 시기의 비언어적인 제반 상황을 해명하는 데 도움을 주기도 한다. 예컨대 인도에서 가장 이른 시기의 기록이 창작된 연대가 기원전 1200년 밑으로 내려갈 수 없고 호머의 시가 창작된 연대가 기원전 800년 밑으로 내려갈 수 없다는 사정을 고려하면, 우리는 재구된 원시 인도-유럽어 형태의 연대가 이들 기록보다 최소한 천 년을 앞선 것으로 추정해야 한다. 우리는 이런 방식으로 사람들의 각종 문물제도가 자리를 잡기 훨씬 이전 시기까지 (가끔은 상세하게) 언어의 역사를 추적할 수 있다. 불행한 일이지만 언어형태의 의미가 대체로 불확실한 관계로, 인간의 문물제도

---

12) 발칸 반도 동부에 있었던 고대 국가. 영어명 'Thrace'는 'Thracia'로 적기도 한다.
13) 원래 이란 지역에 거주하던 유목민족으로 기원전 7세기 무렵부터 남러시아의 흑해와 카스피 해 연안까지 활동무대를 넓혔다.

라는 영역까지 우리의 지식을 이전하기란 대단히 힘들다. 원시 인도-유럽어를 말하던 사람들이 어디에 살았는지, 또 그 사람들이 어떤 방식으로 원시 인도-유럽어를 발화했는지는 아무도 모른다. 우리는 원시 인도-유럽어의 언어형태를 어떤 특정한 유형의 선사시대 사물과도 연계할 수 없다.

명사와 동사로 사용되는 'snow'는 인도-유럽 제어에 일반적으로 나타나므로, 우리는 이를 근거로 원시 인도-유럽어 공동체의 가능한 거주지역의 범위에서 인도를 제외할 수 있다. 식물의 이름은 설령 음성의 일치를 보이는 경우에도 의미 면에서 언어에 따라 제각기 다른 양상을 보인다. 예를 들면, 라틴어 〔ˈfaːgus〕와 고대 영어 〔boːk〕은 '너도밤나무'를 뜻하지만, 그리스어 〔pheːˈgos〕는 떡갈나무의 일종을 뜻한다. 이와 유사한 의미의 분기현상은 다른 식물 이름에도 나타난다. 〔예〕 tree, birch(자작나무), withe(버들가지, 독일어 *Weide*), oak(떡갈나무), corn(옥수수) 등의 영어단어와, salix(버드나무), quercus(떡갈나무), hordeum(보리, 독일어 'Gerste'와 동족어임) 등의 라틴어 단어 및 산스크리트어 단어 〔ˈjavah〕(보리). 라틴어의 'glans'(떡갈나무 도토리 열매) 유형은 그리스어와 아르메니아어, 발트-슬라브어에서 동일한 의미로 나타난다.

동물 명칭 가운데 산스크리트어 〔gaːwh〕, 그리스어 〔ˇbows〕, 라틴어 〔boːs〕, 고대 아일랜드어 〔boː〕 등으로 나타나는 '암소'(*cow*)의 명칭은 형태의 불규칙성에 의해 일정하게 입증되고 확인된다. 다른 동물의 명칭은 일정한 영역에서만 나타난다. 예를 들어, 앞서 보았던 '염소'(*goat*)는 게르만어와 이탈리아어에만 국한되어 나타난다. 라틴어 유형은 'caper'이다. 고대 아이슬란드어 'hafr'는 켈트어에도 나타난다. 산스크리트어 유형 〔aˈjah〕인 리투아니아어 〔oˇʒiːs〕는 이 두 언어에만 국한되어 나타난다. 그리스어 유형 〔ajks〕는 아르메니아어와 이란어에도 나타난다. 인도-유럽어 영역의 각지에 걸쳐 하나 이상의 (계통이) 같은 명칭을 확인할 수 있는 다른 동물은 '말'(*horse*)과 '개' (*dog*), '양'(*sheep*, 'wool'은 틀림없이 원시 인도-유럽어에 속하는 단어임), '돼지'(*pig*), '늑대'(*wolf*), '곰'(*bear*), '수사슴'(*stag*), '수달'(*otter*), '비버'(*beaver*), '거위'(*goose*), '오리'(*duck*), '지빠귀'(*thrush*), '학'(*crane*), '독수리'(*eagle*), '파리'(*fly*), '벌'(원래 '꿀'을 뜻하던 mead 포함, *bee*), '뱀'(*snake*), '지렁이'(*worm*), '물고기'(*fish*) 등이다. '멍에'를 뜻하는 'yoke', '우유'를 뜻하는 영어의 'milk'와 라틴어의 'lac' 유형은 꽤 넓은 영역에 퍼져 있고, '바퀴'를 뜻하는 영어의 'wheel'과 독일어의 'Rad' 유형, 영어의 'axle'(축) 유형도 그러하다. 이러한 사정을 근거로 우리는 짐승이 가축으로 사육되고 마차가 이용되었다는 결론을 얻을 수 있지만, 다른 동물 명칭을 가축 사육의 증거로 보기는 힘들다.

실잣기와 톱질 및 기타의 노동을 가리키는 동사는 널리 퍼져 있지만 의미상으로 막연하거나 지나치게 가변적이다. 수에는 분명히 '100'이 들어 있지만, '1,000'은 없었다. 친족 호칭어나 지칭어 가운데서, 결혼으로 생기는 여자 쪽 친족을 가리키는 단어(husband's brother, husband's sister 등)는 광범위한 일치를 보이지만, 결혼으로 생기는 남자 쪽 친족을 가리키는 단어는 그렇지 않다. 그러므로 아내는 남편 가족의 구성원이 되어 가부장적인 대가족 집단에서 살았다고 추론할 수 있다. 인도-유럽어족의 다양한 언어에는 금과 은, 청동(혹은 구리) 등 금속과 도구를 가리키는 대여섯 개의 명칭이 동일하게 나타난다. 그러나 이들 가운데 어떤 것은 'hemp'(삼) 유형의 차용어이다. 그리스어 〔pelekus〕(도끼), 산스크리트어 〔para'çuh〕는 아시리아어 〔pilakku〕와 연계되어 있으며 영어의 'axe'와 'silver'는 고대의 차용어이다. 그러므로 학자들은 원시 인도-유럽어 공동체를 후기 석기시대에 귀속시킨다.

방언 지리학

19. 1. 균일한 조어(祖語)와 급격하고 결정적인 균열을 전제로 하는 비교연구 방법론의 장점은 이러한 가정으로 설명할 수 없는 형태의 잔류양상이 있는 그대로 드러난다는 점이다. 그런데 인도-유럽어에서 대규모 등어선이 서로 충돌하는 현상을 잘 관찰해보면, 인도-유럽어족의 분기가 절대적으로 균일한 조어공동체의 급격한 분산으로 일어나지 않았다는 사실을 추론할 수 있다(18. 11절, 〈그림 3〉). 그렇다면 우리는 조어공동체가 분산되기 이전에 방언 차이로 분화되어 있었고, 분산되고 나서는 다양한 자매어 공동체 집단이 서로 의사소통을 주고받았다고 가정할 수 있다. 이 말은 모종의 측면에서 이미 차이를 보이던 지역 혹은 지역의 일부가 공통의 변화를 일으킬 가능성이 있다는 것이다. 그러므로 연속적인 변화의 결과는 해당 지역 전체에 걸친 등어선의 연계망으로 나타난다. 언어 권역의 지역적 차이에 관한 연구인 방언 지리학은 비교연구 방법론의 쓰임새를 보완해 준다.

한 지역 안에 나타나는 언어의 지역적 차이는 줄곧 주목의 대상이 되었지만, 20세기 초에 들어서야 중요성이 제대로 인식되기 시작했다. 18세기 문법학자들은 문필가와 상류층의 표준어가, 무지하고 부주의한 보통사람들이 사용하는 지역의 언어형태보다 더 오래되고 어떤 표준에 충실하다고 믿었다. 그렇지만 시간이 흐르면서 표준어에는 남아 있지 않은 고어의 자질이 오히려 지역 방언에 잘 보존되어 있다는 사실이 주목받게 되었다. 18세기 말에 접어들면서 방언사전이 등장하기 시작했는데, 이는 비표준어가 가진 갖가지 어휘 특징을 설명한 업적이었다.

역사언어학이 발전하면서 표준어란 결코 가장 오래된 유형이 아니라 특정한 역사적 여건하에서 지역 방언을 토대로 해서 형성된 것이라는 사실이 밝혀졌다. 예컨대 영어는 문학어로 사용되던 고대 영어의 현대 형태가 아니라, 처음에 그냥 한 도시의 언어였다가 나중에 국가의 표준어가 되어 수많은 지방과 도시의 방언을 흡수한, 오래된 런던 방언의 현대 형태인 것이다. 현재의 상황은 오히려 앞서와 반대의 극단을 보이고 있다. 표준어에서 소멸된 일부 형태가 지역 방언에 보존되어 있기 때문에, 지역 방언은 일부 고대 언어유형의 변함없는 생존자로 여겨지고 있다. 예를 들어, 아직도 외진 지역의 말이 '순수한 엘리자베스 시대의 영어'라고 생각하는 사람들이 적지 않다. 그리고 여러 형태의 혼합양상이 표준어에서만 발견되었기 때문에, 지역 방언이 이러한 혼합의 와중에서 벗어나 있으며, 따라서 역사적인 의미에서 보다 규칙적이라는 결론으로 발전했다. 따라서 이 단계에서 방언 문법이 생겨나게 되는데, 여기서는 지역 방언의 음과 굴절형이 보다 오래된 단계의 음이나 굴절형과 맺고 있는 관계를 기술한다.

모든 언어가 많은 형태에서 구조의 치환을 겪었다는 사실이 학자들의 조사로 밝혀졌는데, 이는 다른 방언 형태와의 혼합 때문이었다. 예컨대 고대 영어의 [f]는 보통 표준영어에서 [f]로 나타나지만(예: father, fill, five), 고대 영어 [fæt] (큰 통) 와 [fyksen] (암 여우)에서 온 'vat'과 'vixen' 등의 일부 단어에서는 [f]가 [v]로 나타난다. 이러한 단어는 분명히 어두 [f]를 [v]로 변화시킨 방언에서 들어온 혼합형이다.

실제로 이 어두 자음 〔v〕는 영국 남부(윌트셔 Wiltshire, 도싯 Dorset, 서머싯 Somerset, 데번 Devon)의 일부 방언에서 규칙적으로 나타난다. (예) 〔vaðə, vut, vil, vajv〕(father, foot, fill, five). 그리하여 일부 언어학자는 표준어에서 이미 깨져버린 음소의 규칙성(과거의 패턴에 충실한 모습)을 지역 방언에서 찾고자 했다. 1876년, 독일의 언어학자 게오르크 벵커(Georg Wenker)는 이러한 목적을 가지고 뒤셀도르프 인근의 라인 강 연안에서 지역 방언을 조사했다. 그는 나중에 연구를 확대해 보다 넓은 지역을 조사해서 1881년에 6장의 지도를 제1차 독일 북부 및 중부 방언 지도집으로 출간했다. 그러다가 이 연구 계획을 취소하고, 독일 제국 전역을 아우르는 조사를 실시했다. 벵커는 정부의 도움으로 40개의 조사문장을 4만 군데가 넘는 전국의 초등학교로 보내서 그곳의 방언으로 번역하도록 했는데, 번역작업은 주로 교사들이 맡았다고 한다. 그리하여 특정 자질의 지역적 변이형을 지도 위에 표시할 수 있게 되었는데, 이는 곧 특정 자질의 지리적 분포를 보여주는 것이었다. 1926년에 이들 지도는 브레데[1]의 편집으로 판형을 축소해서 출간되었다.

시작부터 뚜렷했던 벵커의 연구결과는 놀라움 그 자체였다. 과거 언어형태와의 관련성에서 지역 방언들은 표준어 못지않게 상호 일관성이 없었던 것이다. 방언 지리학은 비교연구의 결론, 즉 서로 다른 언어 변화가 한 언어 권역의 서로 다른 구역에서 일어났다는 사실을 확인했을 뿐이었다. 그렇지만 새로운 접근방법 덕분에 언어학자는 등어선의 연계망을 좀더 세밀한 시각으로 조망할 수 있는 기회를 얻게 되었다.

19.2. 현재 우리는 세 가지 주요한 형태의 방언연구를 목격하고

---

1) 독일의 문헌학자 겸 언어학자. ☞ 인명 약해 참고.

있다. 가장 오래된 방언연구는 어휘에 관한 것이다. 처음에는 방언사전에 표준어 용법과 다른 형태와 의미만 포함되었다. 이와 같은 용법상의 기준은 물론 언어학적 중요성과 무관하다. 오늘날 우리가 지역 방언사전에 거는 기대는 비표준어로 사용되는 모든 단어를 수록하되, 정확한 발음과 합리적인 기준으로 다룬 의미론적 정의도 (해당 단어와) 함께 수록하는 것이다. 도시나 마을 전역을 대상으로 편찬하는 방언사전은 매우 거창한 작업이다. 방언사전은 해당 지역 특유의 음소체계를 제시해야 하므로, 음운론의 연구와 결코 분리될 수 없다. 우리는 모든 형태가 통용되는 지리적 영역에 대한 진술을 기대하는데, 이러한 진술은 지도의 형태로 이루어질 때 더욱 효과적이다.

지역 방언의 문법은 대체로 지역 방언의 음소와 굴절형이 이 언어의 과거 단계와 맺고 있는 대응관계를 진술하는 과제에 한정되어 있다. 그러나 최근의 연구경향은 어떤 언어를 기술하는 것과 똑같은 수준, 곧 지역 방언의 음운론과 통사론, 형태론에 대한 기술을 풍부한 자료와 함께 제시할 것을 요구한다. 언어형태의 역사는 해당 지역 전체의 역사와 관련지어야만 올바르게 기술할 수 있다. 이를테면 모든 자질은 어떤 변화의 파동이 지역 방언 화자들에게 도달하면 그 파동의 영향으로 변화하지만, 지역 방언 화자들에게 도달하지 못하면 파동의 영향을 받지 않고 예전 그대로 살아남게 된다. 어떤 지역 전체의 문법을 기술하려면 엄청난 노력이 필요하다. 혼자 힘으로 이루어진 이와 같은 유형의 최초 업적은 1821년에 요한 안드레아스 슈멜러 (Johann Andreas Schmeller, 1785년~1852년) 가 지은 《바바리아어 문법》(*Bavarian Grammar*) 이었는데, 아직까지 이를 뛰어넘는 성과가 나오지 않았다.[2] 영어의 경우, 엘리스(Ellis) 가 지은 《초기 영어의 발

---

2) 바바리아는 옛 바바리아 공국이 있던 지역으로 현재의 바이에른 주이다. 바이에른 주에서 가장 중요한 도시가 뮌헨이다.

음》(*Early English Pronunciation*) 제 5권에 여러 방언의 음운론이 나온다. 그리고 자신의 저서인 영어 방언사전과 관련하여 출간된 조셉 라이트(Joseph Wright, 1866~1930)의 문법도 이런 유형의 업적에 속한다. 물론 여기서도 개별 자질의 지리지적(地理誌的) 분포를 진술해야 하는데, 이런 과제 역시 지도상에 표시하면 훨씬 분명하게 처리할 수 있다.

단일 지역 방언에 대한 완벽하고 조직적인 기술을 제외하면, 분포 지도야말로 가장 분명하고 간결한 형태의 진술이다. 그러한 지도를 모은 방언 지도집을 활용하여 서로 다른 지도를 조사하면 서로 다른 자질의 분포를 비교할 수 있다. 이러한 비교작업에 실제로 도움이 되도록, 독일의 지도집에서는 주요한 등어선이나 지도상의 다른 표시를 다시 수록한 투명용지를 지도 사이사이에 끼워 넣었다. 정확성과 일관성이라는 자명한 요구를 제외하면, 지도의 가치는 대체로 지역 방언을 얼마나 완벽하게 등록했느냐 하는 점에 크게 좌우된다. 다시 말해 구성이 치밀하면 치밀할수록, 이야기는 그만큼 더 완벽해진다는 것이다. 그러나 지역 방언의 형태를 기록하고 평가하기 위해서는 해당 지역 방언의 음소체계에서 그 형태가 보이는 구조적 패턴을 알아야 한다. 나아가서 대여섯 개의 발음 변이형이나 문법 혹은 어휘유형이 한 지역 방언에서 (지시의미의 차이를 두거나 아니면 지시의미의 차이를 두지 않고) 통용될 수도 있는데, 이들 변이형은 변이형을 낳은 변화의 역사와 확실하게 관련되어 있을 가능성이 높다. 끝으로, 문법과 어휘부 전체를 재현하려면 실로 방대한 분량의 지도가 필요하기 때문에 아무리 큰 지도집도 전체적인 분포의 표본만을 보여줄 수 있을 따름이다. 우리는 가능한 한 많은 지도를 필요로 한다. 이 모든 사항을 고려한다면, 방언 지도집의 작성은 정말로 엄청난 과업이며, 그렇기 때문에 실제로 작업을 시작했을 때 다음 한 가지 점에서는 실패할 가능성이 크다. 독일의 지도집이 토대로 삼은 문장은 남자 교사들과 언어학적 훈련을 받지 않은 다른 일반인들이 보통의 독일어 철자법으로 받아 적었다. 결과를 살펴보면, 조사자료는 네덜란드나 벨기에, 스위스, 오스트리아, 발트해 연안의 독일어(Baltic German) 지역, 이디시어 지역, 트랜실바니아어(Transylvanian) 지역3) 및 언어의 섬 등과 같은 네덜란드-독일어 권역까지 넘어가지 않는다. 제보자가 뚜렷한 어휘나 문법 차이를 제외한 조사형태를 (지역 방언의 발음을 나타내는) 철자로 전사했을 뿐이므로, 이 자료는 주로 음운론적인 것이었다. 그렇지만 그러한 전사법으로는 음운론적 양상을 분명하게 드러내기가 거의 불가능하다. 프랑스어 지도집의 자료는 전문 음성학자인 에드몽 에드몽(Edmond Edmont)이 수집했다. 4) 물론 혼자서는 제한된 수의 조사지역만을 방문할 수 있고, 게다가 각 조사지역에서도 짧은 시간 동안밖에 머무를 수 없다. 그러므로 이 방언지도는 프랑스어 권역(프랑스를 포함해서 벨기에와 스위스, 이탈리아와의 접경 지역)의 6백여 지점을 기록했을 뿐이고, 기록형식은 각각의 경우에 대략 2천 단어로 된 질문지를 사용해서 제보자 한 사람에게서 수집했다. 자기 귀가 아무리 정밀해도, 에드몽이 각 지역 방언의 음운론적 패턴을 모두 알 수는 없는 일이었다. 음성자료와 어휘자료의 수집결과는 독일의 지도집보다 훨씬 풍부했다. 그러나 연계망이 느슨하고 완전한 문장이 없다는 점은 프랑스 언어 지도집의 결점이다. 지도집 자체는 줄르 질리에롱(1854년~1926년)5)이 계획하고 실행에 옮겨서, 코르시카(Corsica) 자료의 보충편과 함께 1896년부터 1908년에 걸쳐

---

3) 현재의 헝가리 지역.
4) 1,920개 항목으로 이루어진 질문지에 의거하여 질리에롱이 선정한 639개 지점을 직접 조사한 사람이 바로 조사원 에드몽이다.
5) 프랑스의 언어학자 겸 언어지리학의 창시자. ☞ 인명 약해 참고.

완간되었다. 야베르크[6]와 유트[7]가 작성한 이탈리아어 지도집은 1928년부터 세상의 빛을 보고 있다. 이 지도집은 특히 정확성에 비중을 두면서 의미에 세심한 관심을 기울였다. 유사한 지도집은 독일의 슈바벤[Swabia, [8] 피셔(H. Fischer)가 면밀한 논문과 함께 1895년에 28장의 지도로 출간했음], 덴마크[벤니케(V. Bennicke)와 크리스텐센(M. Kristensen), 1898년~1912년], 루마니아[바이간트(G. Weigand), 1909년], 카탈로니아[그리에라(A. Griera), 1923년], 브리타니[Brittany, 르 루스(P. Le Roux), 1924년] 등의 지역 방언에 대해서도 작성되었다. 쿠라스[9]의 감독 아래 진행되는 뉴잉글랜드 지역 조사를 비롯해서 다른 지도집도 준비[10] 중에 있다. 단독 조사자라도 어떤 언어지역의 작은 부분 전체에 걸친 조사와 연구가 가능하다. 이러한 방식은 칼 하크(Karl Haag)가 실행했던 슈바벤 남부지역의 연구(1898년)에서 볼 수 있다. 그렇지 않으면 (단독 조사자는) 조사대상을 한두 자질로 축소하고 그 한두 자질을 넓은 지역에 걸쳐 조사할 수도 있다. 이러한 방식은 클뢰케(G. G. Kloeke)가 네덜란드와 벨기에에서 실행했던 'house'와 'mouse' 두 단어의 모음 음소 조사연구(1927년)에서 볼 수 있다.

피셔나 하크, 클뢰케의 경우처럼, 지도나 지도집을 (언어 사실을 해석하거나 그러한 사실의 기원을 설명하는) 논문과 함께 출간할 수 있다는 것은 매우 자연스러운 일이다. 이러한 배경에서 중요한 지도집 덕분에 많은 후속 연구가 나왔는데, 특히 프랑스의 지도집을 토대로

---

6) 스위스의 언어학자 겸 로망스어학자. ☞ 인명 약해 참고.
7) 스위스의 언어학자. ☞ 인명 약해 참고.
8) 철자는 독일어 'Schwaben'의 영어식 표기이다.
9) 미국의 언어학자. ☞ 인명 약해 참고.
10) 1933년 무렵의 상황에 대한 진술이다.

한 질리에롱의 다양한 저서와 논문 및 베르데의 감독 아래 독일의 지도 작성 작업에 참여했던 학자들이 진행한 일련의 전반적 연구 등이 그러하다.

19. 3. 지금까지 우리의 지식은 정착의 역사가 오래된 지역에서 우세하게 관찰되는 상황에 한정되었다. 이러한 지역에서는 적정한 규모만 유지되면 균일성의 문제가 크게 부각되지 않는다. 모든 촌락 혹은 두, 세 촌락의 무리는 지역적 언어 특성을 갖는다. 일반적으로 그런 지역에는 특이한 형태 결합체가 존재하는데, 각각은 인근 지역에 존재하는 다른 결합체에서도 나타난다. 따라서 지도상에서 각각의 거주지나 작은 거주집단은 한 줄 이상의 등어선에 의해 인접 거주지와 나뉜다. 예컨대 하크가 작성한 지도의 일부를 재생한 〈그림 4〉를 보면, 슈바벤의 부브스하임〔Bubsheim, 로트바일(Rottweil) 동남동 약 10마일 떨어진 곳〕 마을이 보인다. 8㎞(5마일) 이내에 있는 가장 가까운 이웃 마을은 모두 등어선으로 부브스하임과 격리되어 있다. 이들 가운데 두 마을은 하크가 조사한 모든 자질에 관해 일치하고 있다. 부록(〈표 1〉)에는 각 지역의 이름 아래 그 지역 방언에서 부브스하임 방언과 다르게 나타나는 형태가 첫째 칸에 제시되어 있는데, 제시된 형태가 없으면 부브스하임과 동일한 형태라는 뜻이다. 각 형태 앞에 붙어 있는 숫자는 〈그림 4〉에서 해당되는 등어선에 붙어 있는 숫자와 동일하다.

이들 등어선의 경로를 쫓아가 보면, 이들 등어선이 다양한 방향으로 달리면서 (이 지역을) 크기가 다른 몇 구역으로 나눈다는 사실을 확인하게 된다. 아래 그림에서 1번, 2번, 3번 등어선은 독일어 권역을 굵은 다발로 나누면서 가로지른다. 이들 자질에 관해서 부브스하임은 남부 및 남서부와 일치한다. 이들 중요한 등어선과 달리, 9번

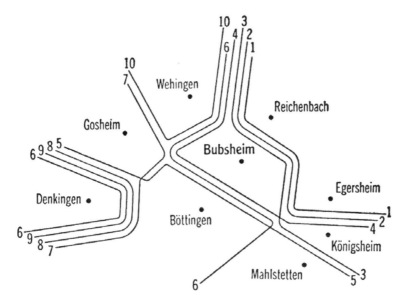

〈그림 4〉 하크가 작성한 독일 부브스하임 마을 주변의 등어선 분포
6번 등어선의 반복 출현을 표시하기 위해 덴킹겐(Denkingen) 마을을 추가하고 있다.

Bubsheim	Reichenbach, Egersheim	Königsheim	Mahlstetten	Böttingen	Denkingen	Gosheim	Wehingen
ofə 'stove'	oːfə						
uffi 'up'	nuff						
tsiːt 'time'	tsejt	tsejt					
baw^{n} 'bean'		bɔː^{n}	bɔː^{n}	bɔː^{n}	bɔː^{n}	bɔː^{n}	bɔː^{n}
ɛː^{n}t 'end'			aj^{n}t	aj^{n}t	aj^{n}t		
mɛːjə 'to mow'				majə		majə	majə
farb 'color'						faːrb	faːrb
alt 'old'						aːlt	
trufikə 'drunk'						truː^{n}kə	
gaw^{n} 'to go'							gɔː^{n}

〈표 1〉 슈바벤의 부브스하임에서 조사된 10가지 언어형태
인근 방언의 반사형도 함께 표시되어 있다. 아무런 형태가 없으면, 그것은 해당 방언이 부브스하임과 일치한다는 뜻이다. 숫자는 〈그림 4〉의 지도에 표시된 숫자이다. 하크의 조사에 의함.

등어선은 오로지 작은 구역 하나만을 둘러싼다. 덴킹겐 구역에서 채록된 형태 〔truː"ke〕 (*drunk*) 는 아주 좁은 거주지에서만 사용된다. 6번 등어선은 지도상에 두 줄로 나타나지만, 사실은 불규칙하게 구부러진 한 선의 두 부분이다. 비록 중간에 위치한 여러 마을이 달리 발음하지만. 덴킹겐은 동사 'mow'의 모음에 관해서 부브스하임과 일치한다. 심지어 한 도시를 둘로 나누는 등어선의 존재도 확인할 수 있다. 예를 들어, 뒤스부르크 남서쪽의 라인 강 하류 연안을 따라 형성된 칼덴하우젠 시는 하나의 등어선 다발로 한복판이 양단되어 있다. 이 도시의 동부와 서부가 각기 다른 방언을 사용하기 때문이다.

이처럼 강한 지역적 분화가 일어나는 이유는 밀집도(3.4절)의 원리에서 분명하게 찾을 수 있다. 모든 화자는 끊임없이 자신의 발화습관을 대화자의 습관에 맞추려고 노력한다. 그리하여 화자는 자신이 그때까지 사용하던 형태를 버리고 새로운 형태를 채택하여, 언어형태의 빈도를 변화시킨다. 물론 전적으로 과거의 형태를 버리거나 자신한테 완전히 새로운 형태를 받아들이는 일은 일어나지 않는다. 그러나 한 부락이나 마을 혹은 도시에 거주하는 사람들은 다른 곳에 사는 사람들에게 말을 하기보다 서로간에 더 많은 말을 주고받는다. 말을 하는 방식에서 일어난 어떤 개신(改新)이 일정한 구역 너머로 확산될 때, 이러한 확산의 한계는 구어 의사소통의 연계망이 취약한 선을 따라 이루어진 지대가 될 것이 분명하다. 그리고 이들 취약한 선이 지형학적인 선인 한, 이 선은 도시와 도시, 마을과 마을 및 부락과 부락 사이의 경계가 된다.

19. 4. 서로 다른 형태에 대한 등어선이 전체 범위에 걸쳐 일치하는 일은 거의 없다. 거의 모든 음성 자질과 어휘 자질, 문법 자질은 제각기 우세지역이 있으며, 따라서 그 자체의 등어선으로 경계선을

이룬다. 사람들은 이와 관련된 명백한 결론을 다음과 같은 격언으로 표현해왔다. 모든 단어에는 그 나름의 역사가 있다.

두 단어 'mouse'와 'house'는 초기 게르만어 시기에 동일한 음소, 즉 장모음 〔u:〕를 가졌다. 영어의 스코틀랜드 방언을 비롯한 현대의 일부 방언에도 이 음은 분명히 변화하지 않은 상태로 남아 있다. 한편 이 모음은 변했지만, 이들 두 단어가 여전히 동일한 성절음 음소를 가졌다는 점에서, 과거의 구조를 그대로 유지하는 방언도 있다. 이러한 사정은 표준영어는 물론, 두 단어 모두 〔aw〕를 가진 표준 독일어, 두 단어 모두 〔øy〕를 가진 표준 네덜란드어 등에 그대로 적용된다. 위에 언급한 연구에서 클뢰케는 오늘날의 벨기에와 네덜란드 지역 방언을 통해 이들 두 단어의 성절음을 추적했다. 〈그림 5〉가 바로 클뢰케의 지도를 축소해 놓은 것이다.

지도에서 드러나듯이, 동쪽 지역에는 원시 게르만어 모음 〔u:〕가 두 단어 모두에 보존되어 있다. 〔mu:s, hu:s〕

다양한 크기의 대여섯 조각구역에서는 두 단어를 모두 〔y:〕로 발음한다. 〔my:s, hy:s〕

서쪽 끝자락의 한 구역에서는 두 단어를 모두 〔ø:〕로 발음한다. 〔mø:s, hø:s〕

넓은 중앙 지역에서는 두 단어를 모두 〔øy〕 유형의 이중모음으로 발음한다. 〔møys, høys〕

이러한 양상(〔møys, høys〕)은 표준 네덜란드-플랑드르어의 발음이므로, 다른 구역의 표준어 화자 용법에서도 우위를 점한다. 그러나 이러한 사실은 지도상에 나타나지 않는다.

바로 위의 세 구역에서 발음되는 두 단어의 소리(모음 〔y:, ø, øy〕)는 이미 원시 게르만어와 중세 네덜란드어 시기에 발음되던 소리(모음 〔u:〕)가 아니다. 그러나 두 단어의 성절 음소가 여전히 일치하는 한, 이들 단어의 구조는 변화하지 않은 것이다.

　그러나 지도를 보면 'mouse'는 [u:]로 발음하지만 'house'는 [y:]로 발음하는 적지 않은 크기의 세 구역이 눈에 띈다. 따라서 여기서는 두 단어의 발음이 [u:]와 [y:]가 되어 서로 일치하지 않는다. 이들 구역에서는 두 단어의 구조적 관련성이 변화를 겪었으며, 그 결과로 성절음 음소에 관해 일치하지 않는 것이다.

　그런데 [mu:s]를 [my:s]와 격리시키는 등어선은 [hu:s]를 [hy:s]와 격리시키는 등어선과 일치하지 않는다. 두 단어 중에서 'mouse'가

〈그림 5〉 네덜란드 방언 지도
단어 'mouse'와 'house'에 나타나는 성절음의 분포. 클뢰케의 조사에 의함.

'house'보다 더 넓은 지역에 걸쳐 과거의 고대 모음을 보존하고 있다.
중세시기에 〔u:〕를 가졌던 다른 단어를 조사해 보면, 틀림없이 〔u:〕
내지 다른 음에 대해서도 상당히 다른 분포, 곧 두 단어 'mouse'와
'house'의 모음과 전혀 일치하지 않는 분포가 나타날 수 있다.

　중세의 어느 시기에 들어와서, 그때까지 유력했던 〔u:〕 대신 〔y:〕
를 발음하는 습관이 플랑드르로 추정되는 문화 중심지에서 발생해서
지도상에 나타난 광범위한 지역으로 확산되었는데, 여기에 오늘날
이중모음을 발음하는 중앙구역도 포함되어 있었던 것이다. 프리슬란
드어 지역 북쪽 해안가에는 '헤트 빌트'(het Bilt) 라는 이름으로 알려
진 네덜란드어 사용구역이 있는데, 여기는 16세기 벽두부터 네덜란
드 사람들의 지휘 아래 제방을 쌓아 물을 막고 사람들이 거주하기 시
작한 곳이다. 지도에서 보듯이 이 구역의 화자들은 〔y:〕 발음을 사용
한다. 더욱이 현대의 초기에 네덜란드어에서 보다 동쪽(저지독일어)
에 위치한 네덜란드-독일어의 방언 및 러시아어나 자바어와 같은 외
국어로 들어간 차용어에 나타나는 형태는 과거의 〔u:〕가 아니라 〔y:〕
이다. 식민지로 가져간 네덜란드어, 예컨대 버진 제도(Virgin Islands)
의 네덜란드어 혼성어(Creole)에서는 〔y:〕 발음을 사용한다. 문헌상
의 철자와 시인의 각운법도 이러한 관찰을 뒷받침해준다. 결과적으
로 〔y:〕 발음은 16세기와 17세기에 네덜란드의 거대한 항구도시가 갖
는 문화적 특권을 안고 해외로 확산되었던 것이다.

　이러한 문화적 팽창의 물결은 동부에서 잠시 주춤했는데, 여기서
독일 북부의 한자동맹 도시군(群)에서 비롯된 또 다른 유사 문화지역
의 팽창과 충돌하게 되었다. 두 단어 'mouse'와 'house' 및 다른 많은
단어의 등어선은 이들 두 문화세력이 역동적으로 균형을 이룬 결과이
다. 네덜란드의 관리나 상인에게서 깊은 인상을 받은 사람은 누구나
〔y:〕 발음을 익혔다. 그러나 한자동맹 도시의 상류층에서 자기 상전

을 본 사람은 누구나 과거의 〔uː〕를 그대로 지켰다. 품위유지에 신경을 쓰지 않는 언중은 오래도록 〔uː〕를 보전했지만, 시간이 흐르면서 〔yː〕 발음이 서서히 상류층까지 흘러들었다. 이러한 과정은 지금도 진행중이다. 〔uː〕가 여전히 우세를 보이는 일부 지역, 곧 〔muːs, huːs〕 구역과 〔muːs, hyːs〕 구역에서는 농부가 격식을 차릴 때, 보통 일상생활 같으면 〔uː〕로 사용해서 발음할 단어를 〔yː〕를 사용해서 발음한다. 이와 같이 〔yː〕 변이형을 발음하려는 취향은 과도한 도시 지향적 발음에서 두드러지게 드러난다. 품위 있는 〔yː〕 발음형을 사용하면서 화자는 전혀 상황에 어울리지 않는 경우까지, 이를테면 〔vuːt〕(발)라는 단어 대신에 〔vyːt〕를 사용한다. 그렇지만 상류층 네덜란드어에서는 과거든 현재든 한 번도 이 단어를 〔yː〕 변이형으로 발음하지 않았다.

'house'는 공식적인 연설과 문화중심지를 대표하는 사람들의 대화에서 'mouse'보다 훨씬 자주 나타난다. 이에 비해 'mouse'는 소박하고 친숙한 상황에 국한되어 사용되는 수가 많다. 그러므로 상류층의 'house'와 함께 〔yː〕를 가진 중심지 형태가, 'mouse'가 지속적으로 〔uː〕를 가진 구형으로 나타나는 구역으로 확산되어 간 것이다. 이를 통해서 언어의 개신자인 동시에 공격자는, 한자동맹 도시가 아닌 네덜란드의 영향력이었다는 사실을 알 수 있다. 만일 그 반대의 경우였다면, 'house'가 〔uː〕를 가지고 'mouse'가 〔yː〕를 가진 구역도 나타나야 할 것이다.

16세기와 17세기에 〔yː〕 발음형이 인근 영토를 정복하는 동안에도, 앤트워프(Antwerp)에서는 당시까지 품위의 상징이던 〔yː〕 대신 〔øu〕를 사용하는 새로운 발음이 출현하기 시작했다. 이와 같은 새로운 발음양식은 네덜란드의 여러 도시로 확산되었으며, 이와 함께 이 발음양식도 융성기를 맞이했다. 표준 네덜란드어 'huis'〔høus〕, 'muis'

〔møɥs〕에서 나타나는 〔øɥ〕 발음형은 오늘날 진정으로 유일한 도시형 발음이다. 지도를 보면, 이 〔øɥ〕 지역은 마치 예전의 견고한 〔y:〕 지역 꼭대기에 포개져서 가장자리를 따라 불연속적으로 고립된 작은 구역만 남겨놓은 것처럼 보인다. 이와 같이 주변부에 형성된 고립된 조각구역은 언어를 비롯한 여러 활동에서 새로운 주류의 경향에 휩쓸려서 한물 간 과거 양식의 특징적 면모를 보여준다. 또한 이처럼 중심부에서 멀리 떨어진 지역 방언의 화자들은, 한층 중앙에 가까운 지역의 화자들과 더욱 많은 특권을 가진 화자들 사이에서 이미 오래전에 (더 새로운 경향에 휩쓸려) 사라진 자질, 즉 〔y:〕 발음형을 받아들이고 있는 중이라는 사실도 알 수 있다.

19. 5. 〈그림 5〉에서는 〔øɥ〕가 지역 방언을 정복하지 못한 구역에서 〔øɥ〕를 가진 표준 네덜란드-플랑드르어 발음이 나타나는 양상을 확인할 수 없다. 이러한 양상을 보려면, 조밀하고 상세한 〔øɥ〕 형의 분산 출현 현황이 표시된 전체 지도가 필요할 것이다. 교육을 받았거나 사회적으로 출세한 사람들은 네덜란드 전역에서 표준 네덜란드-플랑드르어를 사용하기 때문이다.

구형 자질의 유지는 신형 자질의 출현보다 추적하기가 더 쉽다. 방언 지리학의 최고 자료는 잔류형태인데, 이 잔류형태는 보다 오래된 언어 자질의 존재를 입증한다. 1876년, 빈텔러(J. Winteler)는 단일 지역 방언에 관한 최초의 충분한 연구로 생각되는 내용의 책을 출간했는데, 이 책은 (자신이 모어로 사용하는) 글라루스 주11)에 위치한 케렌첸(Kerenzen) 마을의 스위스-독일어에 관한 논문이었다. 이 연구에서 빈텔러는 어간 〔lɑs-〕에서 불규칙적으로 파생된 명령법의 고

---

11) 취리히 상류에 위치한 스위스의 한 주. ☞ 지명 약해 참고.

형 〔lɑx〕〔let〕를 언급하면서, 출간 당시에 이 형태를 사용하는 사람이 실제로 있는지는 확실치 않다고 했다. 대부분의 화자들은 이미 널리 확산되어 있던 규칙적인 〔lɑs〕 형태를 사용하고 있었다. 이보다 조금 뒤에 이 명령법 형태의 사용양상을 관찰한 스트라이프(C. Streiff)가 1915년의 글에서 구형을 듣지 못했다고 했으니, 구형 〔lɑx〕는 이미 〔lɑs〕로 완전히 대체된 상태였다고 할 수 있다.

마찬가지로 빈텔러는 시가(詩歌) 한 편을 인용하고 있는데, 이 시가는 글라루스 주민들이 현재시제 복수형 동사형태로 사용하는 〔hajd〕(〔we, ye, they〕 have)와 〔wajd〕(〔we, ye, they〕 want to)를 놀리는 내용이다. 이들 동사형태가 보다 일반적인 스위스 지역 방언 형태인 〔hand, wand〕를 사용하던 이웃들에게는 불쾌할 정도로 촌스러웠던 모양이었다. 40년이 지난 다음에 스트라이프는 동일한 시가를 보고하고 있는데, 여기서도 주의 중앙지역 사람들이 외곽의 계곡지대에 사는 주민들의 〔hajd, wajd〕 발음형을 놀리고 있다. 스트라이프의 보고에 근거해서 작성된 〈그림 6〉을 보면, 1915년 당시의 분포상황이 잘 나타나 있다. 보다 도시적이고 보다 널리 퍼진 〔hand, wand〕 형태가, 린트(Linth) 강을 따라 형성된 주도인 글라루스를 비롯한 중앙구역에서 우세를 보이면서, (북서쪽을 향해) 취리히 시와 자유롭게 소통되고 있다. '촌스러운' 구형은 케렌첸을 비롯해 중앙에서 멀리 떨어진 계곡 세 곳에서 사용된다.

위에서 언급한 보기에서 드러나듯이, 잔류형태는 격리된 장소에서 최상의 생존기회를 가지며, 따라서 작고 동떨어진 지역에 나타날 가능성이 높다. 예를 들어, 라틴어 형태 'multum'(much)은 이탈리아어 'molto'〔molto〕, 스페인어 'mucho'〔mučo〕 - 'muy'〔muj〕(very) 등에 살아남아 있는데, 거의 모든 프랑스어 지역에서는 표준 프랑스어 'très'〔trɛ〕(very)와 'beaucoup'〔boku〕로 대체되었다. 이 표준 프랑

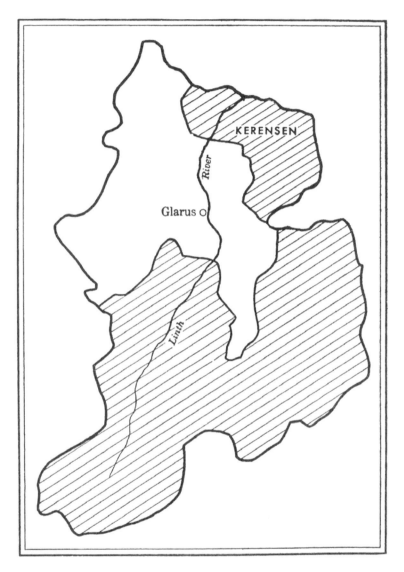

〈그림 6〉 스위스의 글라루스 주

1915년에 빗금이 쳐진 지역은 'have'와 'want to'의 복수굴절형으로 여전히 지방 사투리인 [hajd, wajd] 형태를 사용했다. 빗금이 안 쳐진 지역은 일반적인 스위스-독일어 형태인 [hand, wand]를 사용했다. 스트라이프에 의함.

스어 형태 'très'는 라틴어 'trans'(through, beyond, exceeding)의 현대형이고, 'beaucoup'는 라틴어 *'bonum colpum'(상당한 일격)의 현대형이다. 〈그림 7〉에는 라틴어의 현대형 'multum'이 여전히 사용되고 있는 두 곳의 격리된 주변지역이 표시되어 있다.

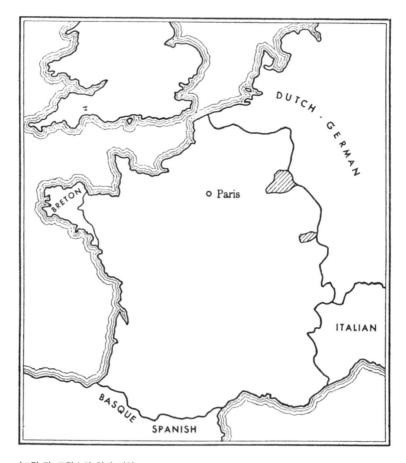

〈그림 7〉 프랑스의 언어 지역
불연속적인 등어선이 주변부에 위치한 두 곳의 빗금 친 지역을 감싸고 있다. 이들 두 곳에서는 라틴어 'multum'(much, very)의 반사형이 여전히 사용되고 있다. 가미스쉐크(Gamillscheg)에 의함.

라틴어 단어 'fallit'는 '속이다'((he, she, it) deceives)라는 뜻이다. 그런데 중세 프랑스어에서 이 단어는 '실패하다'(it fails)라는 의미 대신 '모자라다'(it is lacking)라는 의미를 갖게 되었으며, 이로부터 현대 프랑스어의 용법 'il faut'(필요하다, ~해야 한다)가 생겨났다. 이와 같이 고도로 특수화된 의미 발달이 두 군데 이상의 장소에서 독립적으로 발생할 수는 없었을 것이다. 프랑스어의 과반이 넘는 지역에서 이 현대적 어형이 우세한 것은 이 어형이 분명히 파리로 추정되는 한 중심지에서 확산되었기 때문이었을 것이다. 〈그림 8〉에서 빗금이 쳐지지 않은 구역을 보면, 각 지역 방언에서도 표준 프랑스어 'il faut'와 음성적으로 등가인 형태가 우세하게 사용되고 있음을 알 수 있다. 빗금이 쳐진 구역에서는 다른 형태를 사용하고 있는데, 이는 주로 라틴어 'calet'(it's hot)의 반사형이다. 그러므로 현대의 단어형태는 거대한 상업적 교통로인 론(Rhône) 강을 따라 남쪽으로 확산되었음이 분명하다. 그런데 의사소통의 교통로에 대해 직각으로 달리는 등어선 하나는 방향을 바꾸지 않고 그 교통로와 교차하지 않은 채, 한참을 돌아서 교통로와 나란히 달리고 나서, 그 교통로와 교차하든가 아니면 위의 사례처럼 반대쪽에 다시 나타났다가, 되돌아가서 앞서 달리던 방향을 되찾고 있다. 등어선의 굴곡 혹은 곶(串)을 통해서 우리는 두 가지 언어형태 중에서 어떤 것이 상대를 누르고 확산되었는가를 알 수 있다.

19.6. 고형(古形) 자질을 드러내는 잔류형태를 관찰해 보면, 각각의 단어가 그 나름의 역사를 갖는다는 원리를 지지하는 놀라운 사례를 확보하게 된다. 라틴어의 어두 자음군 (sk-)는 프랑스어 지역에서 '어두첨가 모음'으로 불리는 어두음 (e-)를 취했다. 〈그림 9〉에서 다루는 다음 4개의 단어를 보자.

	라틴어	현대 표준 프랑스어
'사다리'	scala 〔ˈskaːla〕	échelle 〔ešɛl〕
'국자'	scutella 〔skuˈtella〕	écuelle 〔ekɥɛl〕
'쓰다'	scribere 〔ˈskriːbere〕	écrire 〔ekriːr〕
'학교'	schola 〔ˈskola〕	école 〔ekɔl〕

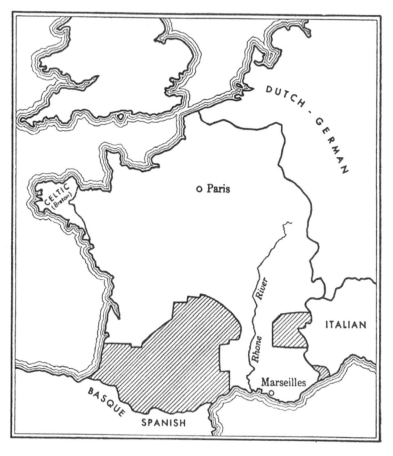

〈그림 8〉 프랑스의 언어 지역

빗금이 쳐지지 않은 구역에서는 라틴어 'fallit'의 반사형을 '필요하다'는 의미로 사용한다. 빗금이 쳐진 지역에서는 다른 형태를 사용한다. 야베르크(Jaberg)에 의함.

〈그림 9〉를 보면 다른 곳과 동떨어져 있고 상업적 측면에서 외진 구역에서는 위의 네 단어 중에서 하나 이상을 여전히 첨가된 모음이 없는 형태(예: 〔kwe:l〕)로 발음하고 있다는 사실을 확인할 수 있다. 이들 구역에는 에드몽이 조사한 638개 지점 가운데 55개 지점이 포함되어 있다. 이들 구역은 다음과 같다.

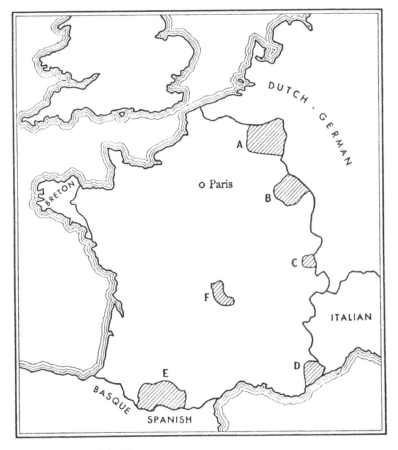

〈그림 9〉프랑스의 언어 지역
빗금이 쳐진 구역에서는 어두 모음의 첨가가 없는 라틴어 [sk-]의 반사형을 발음한다.

(A) 벨기에에 속하는 상당히 큰 이 지역은 한 지점〔에베(Haybes), 아르덴느(Ardennes) 현〕에서 프랑스 공화국의 정치적인 경계선과 겹치면서, 지도집의 23개 지점을 아우른다.

(B) 보주(Vosges) 현과 뫼르트-모젤(Meurthe-et-Moselle) 현의 다소 좁은 이 지역은 로렌(Lorraine)으로 겹쳐 들어가면서 14개 지점을 아우른다.

(C) 스위스의 보비(Bobi) 마을은 1개 지점을 아우른다.

(D) 이탈리아 국경에 자리 잡은 알프-마리팀므(Alpes-Maritimes) 현의 망톤(Mentone)과 두 곳의 다른 마을은 3개 지점을 아우른다.

(E) 오트-피레네(Hautes-Pyrénnées) 현에서 스페인 국경을 따라 형성된 상당히 큰 이 구역은 인근 현과 겹쳐 들어가면서 11개 지점을 아우른다.

(F) 오트-루아르(Haute-Loire) 현과 퓌 드 돔므(Puy-de-Dôme) 현의 오베르느(Auvergne) 고원에 형성된 작은 이 내륙지역은 3개 지점을 아우른다.

여기서 우리의 관심을 끄는 것은 이들 변두리 구역의 거주지가 대부분 하나 혹은 두, 세 단어에서 어두첨가 모음을 받아들였다는 점이다. 예를 들어, (B) 구역을 보면 셍트-마르게리트(Sainte-Marguerite, 보주 현) 마을에서는 〔ðo:l〕(사다리)과 〔kwe:l〕(국자)이라고 발음하지만, 〔ekrir〕(쓰다)와 〔eko:l〕(학교)은 현대식으로 발음한다. 더욱이 여러 방언들은 개신이 이루어진 단어들에 대해 일치를 보이지 않는다. 예를 들어, 앞의 경우와 대조적으로 (E) 구역에 속하는 가바르니(오트-피레네, Gavarnie) 마을에서는 〔'ska:lo〕(사다리)와 〔'sko:lo〕(학교)라고 발음하지만, 〔esku'de:lo〕(국자)와 〔eskri'be〕(쓰다)는 현대식으로 발음한다. (A) 구역의 두 지점만이 조사대상이 된 네 단어 모두에서 예전의 어두 자음 유형을 보존하고 있다. 다른 지점은 구형과 신형의 다양한 조합양상을 보여주고 있다. 〈표 2〉의 첫 칸을 보면,

구형이 여전히 사용되는 단어의 조합과 아울러, 각각의 조합이 살아 남은 지점의 수효(지역별, 총계)가 나타나 있다. 이 표에서 드러나는 엄청난 다양성에도 불구하고 〈표 3〉의 개별 단어에 대한 조사를 보면, 가정에서 주로 사용되는 '사다리'와 '국자' 같은 단어가 공식적인 제도나 광범위한 문화적 세계관과 연관된 '쓰다'와 '학교' 같은 단어보다 구형으로 더욱 빈번하게 나타난다. (C) 구역인 보비에서는 '국자'라는 단어가 신형을 가졌지만, (A)와 (B), (E) 구역처럼 조사범위가 넓은 지역이나 합계처럼 전체 지역에서는 어디서나 '사다리'와 '국자'가 보수적인 형태(구형)의 수효를 주도하는 경향이 있다.

어두 첨가 모음 없이 발음되는 단어	어두 첨가 모음 없이 발음되는 지점의 수효						
	지역						계
	A	B	C	D	E	F	
ladder, bowl, write, school	2						2
ladder, bowl, write	11					1	12
ladder, bowl, school				1	3		4
bowl, write, school			1				1
ladder, bowl	5	6		1			12
ladder, write	1						1
ladder, school					5		5
bowl, write	2*					1	3*
ladder	2	8			3		13
bowl			1				1
write						1	1
계	23	14	1	3	11	3	55*

〈표 2〉 프랑스어의 어두첨가 모음
〈그림 9〉에서 빗금이 쳐진 지역의 공동체별 조사형태 출현빈도.

어두 첨가 모음 없이 발음되는 단어	어두 첨가 모음 없이 발음되는 지점의 수효						
	지역						계
	A (23)	B (14)	C (1)	D (3)	E (11)	F (3)	
'ladder'	21	14		2	11	1	49
'bowl'	20*	6	1	3	3	2	35*
'write'	16		1			3	20
'school'	2		1	1	8		12

〈표 3〉 프랑스어의 어두첨가 모음
〈그림 9〉의 빗금이 쳐진 지역의 단어별 조사형태 출현빈도.
주: * 한 지점은 의심스러움.

19. 7. 확산과정의 최종적인 결과는 구형의 완전한 침잠이다. 모종의 언어 변화가 균일하게 수행된 광범위한 지역이 존재할 때, 그러한 균일성의 상당부분은 지리적 평준화(*leveling*)에 기인한다. 가끔씩 지명이 그러한 경쟁의 흔적을 드러내는 수도 있다. 일반적으로 독일어 지역에서는 고대의 두 이중모음 〔ew〕와 〔iw〕가 여전히 대립을 이루고 있다. (예) 〔ew〕 대신 〔i:〕를 가진 신-고지독일어 : Fliege(*fly*), Knie(*knee*), Stiefvater(*step-father*), tief(*deep*) / 고대의 〔iw〕 대신 〔oj〕를 가진 신-고지독일어 : scheu(*shy*), teuer(*dear*), neun(*nine*). 글라루스 방언은 인근 방언과 마찬가지로, 순음이나 연구개 자음 다음에 이중모음이 올 때 이러한 대립을 상실했다.

그런데 이들 두 구형은 남부 독일어의 일반적인 발달경향에 맞추어서 모두 글라루스 방언에 현대형 〔y:〕로 나타난다. 이와 같은 단일형의 존재는 구형 〔ew〕를 대체한 신형 〔y:〕가 사실상 수입형임을 암시해준다. 즉, 'deep'을 뜻하는 원시 게르만어는 *〔'dewpaz〕이고, 이는 글라루스 방언에 〔tœjf〕로 나타난다. 이 지역 방언에서 순음과 연구개음 앞에서 〔ew〕가 원래 이중모음 〔œj〕로 나타났을 것이라는 추정은 지명 〔xnœj-gra:t〕 (문자 그대로 옮기면 '무릎처럼 튀어나온 산마루'라는 뜻임) 의 존재로 확인된다.

순음 혹은 연구개음 앞의 구형 〔ew〕

	원시 게르만어 유형	글라루스 방언
'fly'	*〔'flewgo:n〕	〔'fly:gə〕
'knee'	*〔'knewan〕	〔xny〕
'step-'	*〔'stewpa-〕	〔'šty:f-fɑtər〕

구형 〔iw〕

'shy'	*〔'skiwhjaz〕	〔šy:x〕
'dear'	*〔'diwrjaz〕	〔ty:r〕
'nine'	*〔'niwni〕	〔ny:n〕

　스위스의 독일어 사용권에서 남서부 방면은 'drink'와 같은 단어에 있던 게르만어 〔k〕를 마찰음 〔x〕로 변화시키고, 〔'tri:xə〕(to drink) 에서 보듯이 선행 비음을 상실했다. 이 형태는 오늘날 심한 지역 방언 인데, 그것은 네덜란드‑독일어 권역의 기타 지역과 함께 스위스의 대부분 지역에서 〔x〕 대신 〔k〕를 발음하기 때문이다. 예컨대 글라루스 에서는 표준 독일어에 맞추어서 〔'triŋkə〕(to drink) 라고 발음한다. 그러나 지명자료를 고려하면, 일탈 발음형이 한때 스위스의 상당히 광범위한 지역에 걸쳐 확산되었음을 알 수 있다. 글라루스에서는 동부에 이르기까지 보통명사 〔'wiŋkəl〕(angle, corner) 과 결합한 산악 초지의 지명 〔'wɪxlə〕(corners) 가 나타나는데, 이외에도 〔xrɑŋk〕(crooked, 구부러진) 와 결합한 다른 초지의 지명 〔xrawx-tɑ:l〕(Crank-Dale, 구부러진 골짜기) 도 나타난다.

19. 8. 방언 지리학은 현재 잔류형태로만 명맥을 유지하는 언어 자질이 과거에 어떤 분포를 가졌는가를 알 수 있는 증거를 제시한다. 특히 어떤 자질이 발화되는 밀집지역과 동떨어진 격리구역에 경쟁 자질이 나타날 때, 지도상으로는 이 격리된 구역이 한때 촘촘한 거주지역이었다는 뜻으로 해석될 수 있다. 이런 방식으로 방언 지리학은 언어 자질의 계층화 양상을 보여준다. 예를 들어, 앞의 〈그림 5〉를 보면, 아무런 역사적 직접 보강증거가 없어도 [u:]-발음형이 가장 오래된 것이고, 이 발음형이 [y:]-발음형으로 대체되었다가, 다시 이중모음 발음형으로 대체되었다는 사실을 알 수 있다.

한 줄짜리 등어선이 의사소통 밀집도에서 취약한 선을 표시하는 것으로 해석되기 때문에, 우리는 방언지도를 통해서 시대별 의사소통 상황을 파악할 수 있다. 영국이나 독일, 프랑스와 같은 국가의 거주자들은 항상 지방의 이름을 대강의 방언구획(division)에 적용해서 '요크셔 방언'이니 '슈바벤 방언' 혹은 '노르만 방언' 등으로 부른다. 초기 학자들은 이와 같은 분류체계를 그대로 받아들이고 더 이상 정확하게 정의하려 하지 않았다. 최근의 학자들은 방언 지리학이 방언구획에 대한 정확한 정의를 내려줄 것을 기대했다. 이 문제는 파동이론(18. 12 절)에서 흥미를 끌게 되었는데, 그것은 지방의 방언에서 나타나는 각종 유형이 급작스러운 균열이 없이 이루어지는 언어지역 분화의 본보기였기 때문이다. 더욱이 이 문제는 정서적인 관심을 불러일으키게 되었는데, 그것은 지방의 구획이 주로 옛날에 거주하던 부족의 구분을 나타내기 때문이다. 만일 어떤 방언, 예컨대 독일의 '슈바벤 방언'이 확산된 범위가 고대 부족의 거주지역과 일치하는 것으로 드러난다면, 언어는 또 다시 과거의 상황을 해명하는 열쇠가 될 것이다.

그러나 방언 지리학은 이러한 점에서 실망스러웠다. 방언 지리학을 통해 드러났듯이, 거의 모든 마을은 그 자체의 방언 자질을 가졌으며, 그래서 전체 지역은 등어선의 연계망으로 덮여 있었다. 만일 어떤 지방의 특색을 목록화하기 시작한다면, 그러한 특징이 촘촘한 중심부에서는 우세하게 나타나지만 가장자리로 가면 희미해진다는 사실이 드러나게 된다. 다시 말해서 각각의 특징은 그 특징이 각종 단어에 존재한다는 사실을 나타내는 등어선의 전체 집합을 통해 대략적인 윤곽이 지워져 있다는 것이다. 이는 네덜란드 동부에서 〔yː〕와 〔uː〕에 대한 'house'와 'mouse'의 등어선이 일치하지 않는 현상과 마찬가지이다(〈그림 5〉). 요크셔나 슈바벤 혹은 노르망디의 중심부에서 가까운 지역 방언은 요크셔 방언이나 슈바벤 방언, 노르만 방언 등의 용어에 걸맞은 특징을 체계적으로 보여주겠지만, 그러한 구획의 외곽에는 해당지역 방언의 특징을 일부만 공유하는 여러 방언이 띠처럼 자리 잡고 있을 것이다. 더욱이 이러한 상황에서는 최초로 만든 지역 방언의 특징 목록이 반드시 정당하다는 보장이 없다. 만일 특이성의 선택방법을 바꾼다면, 예컨대 일반적으로 행해지는 주나 현 등 행정단위의 분류체계와 무관하게 특이성을 선별한다면, 우리는 전혀 다른 중핵부(中核部)와 전혀 다른 점이지대를 얻게 될 것이다.

그래서 현재 일부 언어학자들은 모든 분류체계에 실망을 표시하고, 하나의 방언 지역 안에는 아무런 실제적 경계도 없다고 주장했다. 서부 로망스 제어(이탈리아어, 라딘어, 프랑스어, 스페인어, 포르투갈어)의 사용권역과 같은 영역에서조차, 실질적인 경계는 없고 다만 점진적인 전이만이 있을 뿐이라는 것이다. 이런 관점에서는 인접하는 두 지점 사이의 차이란 인접하는 다른 두 지점 사이의 차이보다 더 중요하지도 않고 덜 중요하지도 않다. 이러한 견해에 반대하는 일부 언어학자들은 민족과 지방의 분류체계에 굳게 집착한 나머지 신비한 열정으로 중핵부와 점이지대라는 용어를 주장하기도 했다.

거주의 역사가 오래된 지역에서는 등어선이 너무 많아서, 원하기만 하면 거의 모든 방언 분류가 가능하고 이전의 의사소통 밀집도에 관한 거의 모든 주장도 정당화할 수 있을 정도이다. 그러나 편견 없이 어떤 등어선을 다른 등어선보다 더 중요하게 대우해야 한다는 데는 이견이 있을 수 없다. 굵은 다발 형태로 어떤 방언 지역을 지나면서 그 지역 전체를 거의 동등한 두 부분으로 나누거나 혹은 전체 지역의 덩어리를 확연하게 구획하는 등어선은, 한 지역의 소수 마을을 둘러싸는 사소한 등어선보다 훨씬 의미가 있다. 앞에 나온 〈그림 4〉와 〈표 1〉을 보면, 남서부 독일어 지역을 기타 독일어 지역과 구분하는 1번, 2번, 3번 등어선은 소수의 마을만을 둘러싸는 9번 등어선보다 분명히 훨씬 의미가 있다. 중요한 등어선은 거대 지역 전체로 확산된 자질을 보여준다. 이러한 확산은 언어의 역사에서 일어난 하나의 사실로서 분명히 의미를 갖는 커다란 사건이며, 나아가서 그와 비견되는 힘을 가진 비언어적 문화운동을 반영할 수도 있다. 물론 기술의 기준으로 볼 때, 큰 구획은 작은 구획보다 의미가 있다. 사실상 방언에 대한 일반대중의 분류는 어떤 지역의 큰 부분에 퍼진 우세한 특징에 기반을 두고 있다.

나아가서 동일한 방향으로 밀착해서 함께 달리는 등어선 집합, 이른바 등어선 다발은 그다지 중요하지 않은 자질을 나타내는 단일 등어선보다 훨씬 큰 역사적 과정의 증거이며, 따라서 더욱 적절한 방언 분류의 기반을 마련해준다. 더욱이 이들 두 가지 특징, 즉 지형학적 중요성과 등어선 다발은 나란히 나타나는 수가 많다. 예를 들어, 프랑스는 국토를 동과 서로 달리는 거대한 등어선 다발로 양분된다. 이러한 구획은 중세 프랑스가 프랑치아어(French) 권역과 프로방스어 권역이라는 2개의 문화적·언어적 영역으로 나뉘었던 사실을 반영한다.

이러한 종류의 등어선 다발 가운데서 가장 유명한 것은 모름지기 저지독일어와 고지독일어를 가르면서 네덜란드-독일어 지역을 가로

질러 달리는 동-서 등어선 다발이다. 양쪽 지역의 차이는 원시 게르만어의 무성 폐쇄음 〔p, t, k〕에 대한 취급인데, 남부에서는 이들 음이 마찰음과 파찰음으로 변화했다. 만일 표준 네덜란드어와 표준 독일어를 두 가지 유형의 대표로 선택한다면, 이 등어선 다발은 다음 형태를 아래와 같이 구분하게 된다.

	북부	남부
'make'	〔ˈmaːke〕	〔ˈmaxen〕
'I'	〔ik〕	〔ix〕
'sleep'	〔ˈslaːpe〕	〔ˈšlaːfen〕
'thorp' (마을)	〔dorp〕	〔dorf〕
'pound'	〔punt〕	〔pfunt〕
'bite'	〔ˈbejte〕	〔ˈbajsen〕
'that'	〔dat〕	〔das〕
'to'	〔tuː〕	〔tsuː〕

원시 게르만어 〔p, t, k〕를 포함하는 이들 형태 및 다른 형태의 등어선은 거대한 다발을 이루어서 때로 일치하다가 때로 분기하다가, 심지어는 서로 교차하기도 한다. 예컨대 베를린 주변을 보면, 'make'의 등어선이 다른 많은 단어의 등어선과 함께 북쪽으로 띠를 만들기 때문에, 'I'는 바뀌지 않은 〔k〕를 사용해서 〔ik〕로 발음하지만 'make'는 바뀐 〔x〕를 사용해서 〔maxen〕으로 발음한다. 반대로 서쪽으로 가면 'I'-등어선이 북서쪽 방향으로 벗어나기 때문에, 뒤셀도르프 주변에서는 'I'를 바뀐 음을 사용해서 〔ix〕로 발음하지만, 'make'는 예전의 〔k〕를 보존해서 〔maːken〕으로 발음한다.

이런 방식으로 우리는 한 방언 지역 안에서 언어 자질의 지형학적 분포가 절대 중요하지 않은 것이 아니고, 결정적인 균열을 드러낸다는 사실을 발견하게 된다. 그러나 다음과 같은 두 가지 사항만은 성급한 결론을 삼가야 한다. 첫째, 지방(행정구역 단위)에 의한 일반인의 용어사용12)을 정당화할 아무런 근거도 보장할 수 없고, 만일 그처럼 '지방'이라는 말이 들어가는 용어를 사용한다면, 그러한 용어를 다시 정의해야 한다. 둘째, 방언 지역의 구분작업은 불완전하게 지대(zone)에 의지하든지, 아니면 (자의적이지만) 전체 등어선 다발을 대표하는 하나의 등어선을 선택해 하든지 둘 중의 한 가지 방식으로 실행할 수 있다.

19.9. 한 지역의 언어적 구획을 발견했다면, 우리는 이러한 구획을 다른 균열선과 비교해볼 수 있다. 실제로 비교작업을 실행해 보면, 가장 중요한 방언 구획선이 정치적인 선과 아주 가까이 달린다는 사실을 알 수 있다. 공통의 정부와 종교, 특히 정치단위 안에서 이루어지는 통혼의 관습 등이 되도록 언어의 통일성을 이끈다는 것은 분명하다. 다른 조건이 같은 상태였다고 해도 새로운 정치적 경계가 설정되면 50년이 채 못 되어 일정한 언어 차이가 생기고, 오랫동안 유지되던 정치적 경계에 따르는 등어선은 경계가 철폐되고 나서도 약 2백 년 동안이나 별다른 움직임이 없이 지속되는 것으로 알려져 있다. 이는 기본적인 상관관계로 보인다. 만일 중요한 등어선이 (이를테면 북부 독일에서 볼 수 있는 농촌가옥의 구조 차이를 표시하는 것과 같은) 문화적 구분을 나타내는 다른 등어선과 일치하거나 혹은 강이나 산맥과 같은 지리적 장벽과 일치한다면, 이들 (지리적) 자질 역시 정치적인 경계와 일치한다는 사실을 천명하는 방증일 뿐이다.

이러한 양상은 라인 강을 따라 형성되어 있는 중요한 독일어 등어

---

12) 앞서 나왔지만, 예컨대 '프로방스 방언'과 같은 용어사용을 말한다.

선의 분포에 뚜렷하게 나타나 있다. 라인 강 동쪽 약 40㎞ 지점에서, 저지독일어와 고지독일어를 나누는 거대한 등어선 다발은 북서쪽과 남서쪽을 가르면서 뻗어나가서, 이른바 '라인 선상지(扇狀地)'를 형성 하게 된다(〈그림 10〉). 결정적인 구획선으로서 자의적으로 설정된 등어선, 즉 단어 'make'의 발음에서 북부형 〔k〕와 남부형 〔x〕를 나누 는 등어선은 벤라트 시의 바로 북쪽에서 라인 강과 교차하기 때문에, '벤라트 선'(Benrath line)으로 불린다. 지금 이 선은 (라인 강 동쪽) 베 르크(Berg)와 (라인 강 서쪽) 윌리히(Jülich) 영토의 고대 북방 경계 와 대체로 상응하는 것으로 밝혀져 있다. 단어 'I'의 발음에서 북부형

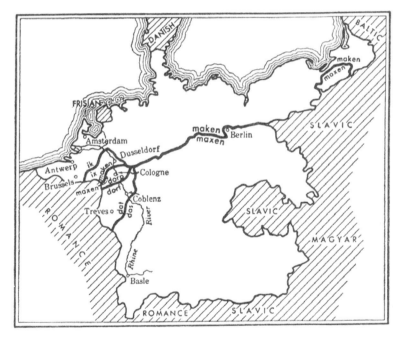

〈그림 10〉 네덜란드-독일어의 언어 지역
[k]와 [x]를 나누는 'make'-등어선이 보이고, 서쪽으로 가면 동쪽에서는 'make'-등어선과 상 당히 가깝게 달리던 세 줄의 등어선이 분기하는 양상도 보인다. 베하겔(Behaghel)에 의함.

〔k〕와 남부형 〔x〕를 나누는 등어선은 북서쪽으로 돌아서 위르딩겐 (Ürdingen) 마을의 정북 쪽에서 라인 강을 넘기 때문에, '위르딩겐 선'으로 알려져 있다. 일부 언어학자들은 'make'-등어선보다 이 등어 선을 저지독일어와 고지독일어를 구분하는 임의적인 경계선으로 간 주하기도 한다. 위르딩겐 선은 1789년에 철폐된 나폴레옹 시대 이전 의 윌리히와 베르크 공국(이들 공국의 이전 한계선이 벤라트 선에 반영 되어 있음) 및 쾰른(Cologne) 선제후령(選諸侯領)의 북방 경계선과 밀접하게 상응한다. 위르딩겐의 바로 북쪽에 위치한 칼덴하우젠 (Kaldenhausen) 시는 위르딩겐 선에 의해 〔ex〕를 발음하는 서부구역 과 〔ek〕를 발음하는 동부구역의 둘로 나뉜다. 주지하다시피 1789년 까지 이 도시의 서쪽지역은 (구교인) 쾰른 선제후령에 속했고, 동쪽 지역은 (신교인) 뫼르스(Mörs) 백작령(伯爵領)에 속했다. 위의 지도 에도 남서쪽으로 가지를 친 두 줄의 등어선이 잘 나타나 있다. 그 하 나는 '마을'을 뜻하는 단어 〔dorp - dorf〕에서 나타나는 북부의 〔p〕와 남부의 〔f〕를 가르는 등어선이다. 이 등어선은 대략 1789년에 트리어 (Treves) 선제후령에 대항해서 연합한 윌리히와 쾰른, 베르크 공국 의 남방 경계선과 일치한다. 좀더 남쪽에서는 '저것'(that)을 뜻하는 단어 〔dat - das〕에서 나타나는 북부의 〔t〕와 남부의 〔s〕를 가르는 등 어선이 가지를 치게 되는데, 이 등어선은 다시 트리어 선제후령과 트 리어 대주교구의 남방 경계선과 대략적으로 일치한다.

이 모든 사실을 종합해 보면, 결국 언어 자질의 전파는 사회적 조 건에 좌우된다. 이러한 점에서 각종 사회적 인자는 분명히 의사소통 밀집도와 관련되어 있으며 또한 서로 다른 사회집단이 누리는 상대적 특권이라고 할 수 있다. 중요한 사회적 경계는 시간이 가면서 등어선 을 끌어들인다. 더욱이 각각의 언어형태는 그 자체의 등어선을 보여 주는 경향이 있기 때문에, 각각의 언어형태 자체가 갖는 특이성이 모종의 역할을 한다는 사실은 분명하다. 네덜란드에서 우리는 단어 'house'의 새로운 형태가 일상적인 단어 'mouse'의 새로운 형태보다 훨씬 멀리 확산되는 양상을 확인했다(19.4절). 우리는 모든 등어선의 경로를 예측할 수 있을 만큼 과학적으로 사용가능한 분석장치를 기대할 수 없다. 화자들이 가진 특권 인자와 형태에 담긴 의미(함축을 포함한) 인자가 이와 같은 우리의 희망을 꺾어놓기 때문이다. 그럼에도 방언 지리학은 언어형태의 우열에 영향을 미치는 언어 외적 인자의 이해에 기여할 뿐만 아니라, 잔류형태와 계층화라는 증거를 통해 개별형태의 역사에 관한 세부 정보를 무수하게 제시해준다.

제20장

음성 변화

20. 1. 고대의 언어가 기록된 자료나 여러 언어들 사이의 유사성, 다양하면서도 유사한 일련의 지역 방언은 모두 시간이 흐르면서 언어가 변화한다는 사실을 입증해준다. 고대 영어의 기록을 보면, '돌'을 뜻하는 단어인 'stan'이 나오는데, 이 단어는 〔sta:n〕 정도의 음가를 가졌을 것으로 추정된다. 만일 이 고대 영어단어가 화자들의 입에서 입으로 이어져서 오늘날 만날 수 있는 현대 영어 'stone'〔stown〕이 되었다는 사실을 받아들인다면, 우리는 고대 영어의 모음 〔a:〕가 현대 영어에서 〔ow〕로 변화했다고 가정하지 않을 수 없다. (1) 그런데 이들 두 단어의 발음에 나타나는 유사성이 우연이 아니라 발음습관의 전승 때문이라고 한다면, 유사한 이들 형태 사이의 차이점도 역시 논리적으로 발음습관의 변화 때문이라고 판단할 수밖에 없다. 앞선 시대의 언어학자들도 이러한 상황을 충분히 인식하고, 언어 변화의 결과로 인한 유사한 형태들의 집합을 수집하여(어원학), 개별 집합에 속하는 형태들 사이의 차이점을 언어 변화의 결과로 추정한 바 있었다. 그러나 19세기 이전에 이와 같은 차이점을 일정한 기준에 입각하여 성공적으로 분류해낸 언어학자는 아무도 없었다. 유사점과 차이점이 개별 형태의 집합에 따라 제각기 달랐기 때문이다. 오늘날 〔ba:t〕 정도의 발음으로 추정되는 고대 영어단어 'bat'는 다의(多義) 가운데 하나가

105

'배'를 뜻하는 'boat' 〔bowt〕와 비교되지만 다른 의미로는 '미끼'를 뜻하는 현대 영어 'bait' 〔bejt〕와 비교된다. 또한 라틴어 'dies'와 영어 'day'를 보면 두 단어의 어두 자음이 동일하지만, 라틴어의 'duo'와 영어의 'two'를 보면 어두 자음이 서로 다르다. 실제로 언어 변화의 결과를 잘 살펴보면 유사점과 차이점이 뒤섞여 나타난다. 그래서 이들 일련의 단어들 사이에 나타나는 유사점이 상당부분 순전히 우연의 결과("그릇된 어원론1)")에 불과하다고 의심할 수 있었지만, 실제 검증작업은 없었다. 그리하여 그 누구도 언어 간의 친족관계에 대한 명쾌한 공식화에 도달할 수 없었는데, 그것은 무엇보다도 라틴어로 쓰인 문서가 중세를 거치면서 로망스 제어(諸語)2)의 문헌과 나란히 보존되었다는 저간의 사정이 언어 연대기적 관점 전체를 왜곡했기 때문이다. (2)

이런 맥락에서 그 당시를 돌이켜보는 것은 결코 쓸모없는 작업이 아니다. 지금은 혼란스러운 언어의 유사성에 질서를 부여하고 언어적 관련성의 본질을 밝힐 수 있는 구체적 방법론이 개발되어 있기 때문에, 우리는 언어 변화의 복잡한 결과를 분류할 수 있는 아무런 열쇠도 갖고 있지 않을 때 그러한 언어 변화의 결과가 얼마나 무질서하게 보이는가를 쉽게 잊어버리는 경향이 있다. 19세기가 열린 이래로 우리는 관련 형태들 사이의 차이점을 분류하여, 이들 형태가 몇 가지 유형의 언어 변화에 기인한다는 사실을 밝혀냈다. 이전 시기의 언어학자를 당혹스럽게 했던 다양한 자료도 이와 같은 유형분류에 큰 어려움이 없이 들어맞았다. 우리가 수립한 변화 유형에 들어가지 않는 유사점들은 거의 없으며, 따라서 그러한 용례가 있다면 우연한 예외

---

1) 이른바 '민간 어원설'(*folk etymology*)과 유사한 개념이다.
2) 라틴어에서 파생한 일군의 언어로, 이탈리아어와 프랑스어, 스페인어, 포르투갈어, 프로방스어, 카탈로니아어, 루마니아어, 사르디니아어 등이 포함된다. 4. 3절 참고.

적 결과로 간주하여 배제해도 무방하다. 예를 들어, 오늘날 일종의 그릇된 어원론으로 밝혀진 라틴어 'dies'와 영어 'day' 사이의 유사성이 그와 같은 경우라고 할 수 있다.

지금까지 언어 변화의 과정이 직접적으로 관찰된 적은 결코 없었다. 우리는 앞으로 지금 활용하는 편리한 분류수단을 통해서 언어 변화 과정에 대한 직접적인 관찰이 불가능하다는 사실을 이해하게 될 것이다. 어느 모로든 완벽하다고는 할 수 없지만 어느 정도 효율적으로 작동하는 이 분류방법이야말로 연구대상 자료를 생성한 언어의 실제적인 인자를 반영하고 있다고 가정한다. 관찰된 사실에 대한 가장 간단한 분류가 최선의 분류라는 가정은 모든 과학에 보편적으로 적용된다. 언어학의 경우에도, 우리의 분류 방법론이 도입되고 나서야 비로소 관찰된 사실의 집합(즉, 어원학에서 말하는 언어 변화의 결과)에 대한 이해가 가능하게 되었다는 점을 잊어서는 안 된다. 과거 역사언어학에서 이루어진 방법론의 발달과정에서 그 첫 단계는 일정한 음성대응의 원리를 찾아내는 작업이었다. 우리는 이들 음성대응의 집합을 한 가지 변화 인자가 작용한 결과로 간주하고, 이러한 변화를 음성 변화라고 부른다.

20. 2. 19세기의 개막과 함께, 우리는 일정한 유형의 유사성, 주로 음의 일치나 대응의 사례를 체계적으로 추출해낸 소수의 언어학자들과 만나게 된다. 가장 뚜렷한 발걸음을 처음으로 내디딘 언어학자는, 게르만 제어와 인도-유럽 제어 사이의 음성대응에 주목한 라스크[3] 와 그림(1. 7절)[4] 이었다. 비슷한 형태의 무질서한 집합 가운데서 이들 두 언어학자는 일정한 음성적 상관관계를 보이는 일부 형태를 선별했다.

---

3) 덴마크의 언어학자. ☞ 인명 약해 참고.
4) 독일의 언어학자. ☞ 인명 약해 참고.

오늘날의 용어로 말한다면, 이들 사이의 상관관계는 다음과 같다.

(1) 다른(비게르만어계) 언어의 무성 폐쇄음이 게르만어의 무성 마
찰음과 대응한다.

〔p-f〕 라틴어 pēs - 영어 foot ; 라틴어 piscis - 영어 fish ;
라틴어 pater - 영어 father

〔t-θ〕 라틴어 trēs - 영어 three ; 라틴어 tenuis - 영어 thin ;
라틴어 tacēre(침묵의) - 고트어 〔'θahan〕

〔k-h〕 라틴어 centum - 영어 hundred ;
라틴어 caput - 영어 head ; 라틴어 cornū - 영어 horn

(2) 다른 언어의 유성 폐쇄음이 게르만어의 무성 폐쇄음과 대응한다.

〔b-p〕 그리스어 〔'kannabis〕 - 영어 hemp

〔d-t〕 라틴어 duo - 영어 two ; 라틴어 dens - 영어 tooth ;
라틴어 edere - 영어 eat

〔g-k〕 라틴어 grānum - 영어 corn ; 라틴어 genus - 영어 kin ;
라틴어 ager - 영어 acre

(3) 다른 언어의 일부 유기음과 마찰음(오늘날 이들 음성은 "원시 인
도-유럽어 유성 유기음의 반사형"을 의미함)이 게르만어의 유성
폐쇄음 및 유성 마찰음과 대응한다.

산스크리트어 〔bh〕, 그리스어 〔ph〕, 라틴어 〔f〕, 게르만어 〔b,
v〕: 산스크리트어 〔'bhara:mi〕(I bear) - 그리스어 〔'phero:〕 -
라틴어 ferō - 영어 bear ; 산스크리트어 〔'bhra: ta:〕 - 그리스
어 〔'phra:te:r〕 - 라틴어 frāter - 영어 brother ; 라틴어 frangere -
영어 break

산스크리트어 〔dh〕, 그리스어 〔th〕, 라틴어 〔f〕, 게르만어 〔d,
ð〕: 산스크리트어 〔'a-dha:t〕(he put) - 그리스어 〔'the:so:〕(I
shall put) - 라틴어 fēcī(I made, did) - 영어 do ; 산스크리트
어 〔'madhu〕(honey, mead) - 그리스어 〔'methu〕(wine) - 영어
mead ; 산스크리트어 〔'madhjah〕 - 라틴어 medius - 영어 mid

산스크리트어 〔h〕, 그리스어 〔kh〕, 라틴어 〔h〕, 게르만어 〔g, ɣ〕: 산스크리트어 〔haⁿsah〕 - 영어 goose, 산스크리트어 〔vahati〕 (he carries on a vehicle) - 라틴어 vehit - 고대 영어 wegan (운반하다, 가져가다), 라틴어 hostis (낯선 이, 적) - 고대 영어 giest (손님)

이와 같은 용례를 모으는 이유는 오직 하나, 즉 우연의 결과로 돌리기에는 이들 사이의 상관관계가 너무 빈번하게 출현하거나 너무 특이하기 때문이다.

20. 3. 언어학자들은 이들 상관관계를 그대로 수용했는데(조금 위험한 은유를 빌려 그림의 '법칙'이라고 불렀다), 그것은 보다 심화된 지속적인 연구를 통해 자신들이 직접 그러한 분류체계의 가치를 확인했기 때문이다. 새로운 자료는 동일한 상관관계를 보여주었고, 상관관계를 나타내지 않는 용례는 다른 분류체계의 가능성을 제시했던 것이다.

예를 들어, 그림의 대응관계를 보여주지 않는 용례를 잘 검토해 보면, 기타 언어의 무성 폐쇄음 〔p, t, k〕가 게르만어에서도 그대로 나타나는 상당한 크기의 표본집단을 추출해낼 수 있다. 결과적으로 기타 언어의 〔t〕는 다음과 같은 용례에서 보듯이 게르만어의 〔t〕와 대응한다.

산스크리트어 〔'asti〕 (he is), 그리스어 〔'esti〕, 라틴어 est :
고트어 〔ist〕 (is)
라틴어 captus (taken, caught) : 고트어 〔hafts〕 (restrained)
산스크리트어 〔aš'ʈaːw〕 (eight), 그리스어 〔ok'toː〕, 라틴어 octō :
고트어 〔'ahtaw〕

이제, 이들 용례를 잘 살펴보면, 게르만어의 〔p, t, k〕바로 앞에 무성 마찰음 〔s, f, h〕가 온다는 사실을 알 수 있다. 그런데 그림의 대응법칙을 확인해주는 용례를 조사해보면, 이들 마찰음이 게르만어 자음 앞에 오는 경우란 절대 없다. 그러므로 우리는 이 예외처럼 보이는 용례를 통해서 그림의 법칙에서 제시한 상관관계에 다음과 같은 또 하나의 상관관계를 추가하게 된다. 즉, 마찰음 〔s, f, h〕다음에 오는 게르만어의 〔p, t, k〕는 기타 인도-유럽어의 〔p, t, k〕와 대응한다는 것이다.

예외처럼 보이는 '잔류형태'5) 가운데서 우리는 다시 게르만어의 어두 유성 폐쇄음 〔b, d, g〕가 그림의 예측과 달리 산스크리트어에서 〔bh, dh, gh〕가 아닌 〔b, d, g〕와 대응하고, 그리스어에서도 역시 그림의 예측과 달리 〔ph, th, kh〕가 아닌 〔p, t, k〕와 대응하는 상당수의 용례를 찾아낼 수 있다. 예를 들어, 산스크리트어 〔'bo:dha:mi〕(*I observe*)와 그리스어 〔'pewthomaj〕(*I experience*)는 고트어 〔ana-'biwdan〕(*to command*)과 고대 영어 〔'be:odan〕(*to order, announce, offer*) 및 영어 'bid' 등과 대응한다. 1862년, 그라스만6)은 후속 자음(개재되는 모음이나 이중모음 다음에 오는 자음)이 그림의 음성대응 법칙 제3유형에 속하는 모든 경우에 이와 같은 유형의 상관관계가 나타난다는 사실을 밝혀냈다. 다시 말해 산스크리트어와 그리스어에는 연속되는 두 음절의 초성으로 유기(기식) 폐쇄음이 나타나지 않는데, 만일 관련된 기타 언어에서 이러한 연쇄 유형이 나타난다면 두 폐쇄음 가운

---

5) 제19장과 제20장에서 빈번하게 등장하는 '잔류'(*residue*) 또는 '잔류형태'(*residual forms*)라는 용어는 주로 음성대응 법칙에서 벗어나는 경우를 가리킨다. 그러므로 어떤 규칙에 대한 예외 또는 예외 형태로 이해된다. 한편 군데군데 등장하는 '일탈형'(*deviant forms*)이라는 표현도 유사한 의미를 담고 있는 것으로 생각된다.

6) 독일의 언어학자. ☞ 인명 약해 참고.

데 첫째 음은 항상 무기음(無氣音)이다. 그러므로 게르만어 *〔bewda-〕에 대응하는 산스크리트어와 그리스어는 각각 *〔bho:dha-〕와 *〔phewtho-〕가 아니라, 〔bo:dha-〕와 〔pewtho-〕이다. 그렇다면 여기서도 그림의 대응법칙을 벗어난 잔류 용례에 대한 검토를 통해서 또 다른 상관관계가 드러나게 된 셈이다.

더욱이 이러한 경우에는 해당 언어의 구조에서 상관관계를 확인할 수 있다. 그리스어에는 중가현상(13.8절)을 보이는 형태가 존재하는데, 여기서는 (하나의 모음이 뒤따르는) 기저어간의 첫째 자음이 해당 형태에 접두 파생 형식으로 첨가된다. (예) 〔do:so:〕(I shall give), 〔di-do:mi〕(I give). 그런데 유기(기식) 폐쇄음을 초성으로 가진 어간의 경우에는 이와 같은 중가현상이 평폐쇄음만으로 이루어진다. (예) 〔the:so:〕(I shall put), 〔ti-the:mi〕(I put). 이와 동일한 습관은 그리스어 형태론에서 흔히 발견된다. 그러므로 주격과 여타의 격들이 대립되는 명사의 굴절 패러다임이 존재한다. 예를 들어, '머리카락'이라는 단어의 단수 주격은 〔thriks〕이고, 대격과 같은 다른 격 형태는 〔trikha〕이다. 한편 모음을 뒤따르는 자음이 유기음이면, 초성 자음은 〔th〕 대신 〔t〕가 된다. 마찬가지로 산스크리트어에서도 일반적인 형태소의 중가과정은 첫째 자음을 반복한다. (예) 〔a-da:t〕(he gave), 〔da-da:mi〕(I give). 그러나 어두 유기음의 경우에는 중가되는 형태가 평폐쇄음이 된다. (예) 〔a-dha:t〕(he put), 〔da-dha:mi〕(I put). 이와 유사한 형태소 교체현상은 산스크리트어 형태론에 자주 등장한다. 이들 교체현상은 그라스만이 발견해낸 음-변화의 결과임이 분명하다.

20.4. 만일 우리의 음성대응 자료가 우연이 아니라면, 이들은 모종의 역사적인 연관관계에서 비롯된 것이다. 앞서 우리가 검토한 바

있듯이, 비교방법론은 후대 언어들이 단일한 공통조어에서 갈라져 나왔다는 가정에 입각하여, 이러한 연관관계를 재구해내는 데 도움을 준다. 연관된 언어들이 일치하는 지점에서 이들 언어에는 조어(祖語)의 자질, 예컨대 단어 'brother'의 〔r〕, 단어 'mead'와 'mid'의 〔m〕(20.2절), 'he is'에 해당하는 동사형태에 나타나는 〔s〕(20.3절) 등이 간직되어 있다. 대응관계가 뚜렷하게 서로 다른 음소들을 관련시킬 때, 우리는 하나 이상의 언어에서 변화가 일어났음을 추정하게 된다. 이런 맥락에서 우리는 그림의 대응법칙을 다음과 같이 정리할 수 있다.

(1) 원시 인도-유럽어의 무성 폐쇄음 〔p, t, k〕는 선-게르만어에서 무성 마찰음 〔f, θ, h〕로 변화했다.

(2) 원시 인도-유럽어의 유성 폐쇄음 〔b, d, g〕는 선-게르만어에서 무성 폐쇄음 〔p, t, k〕로 변화했다.

(3) 원시 인도-유럽어의 유성 유기(기식) 폐쇄음 〔bh, dh, gh〕는 선-게르만어에서 유성 폐쇄음 또는 마찰음 〔b, d, g〕로 변화하고, 선-그리스어에서 무성 유기(기식) 폐쇄음 〔ph, th, kh〕로 변화했으며, 선-이탈리아어와 선-라틴어에서 〔f, θ, h〕로 변화했다.

이러한 경우에 원시 인도-유럽어 음소들의 음향 형태는 확실치 않은데, 이들을 무성 마찰음 〔f, θ, x〕로 간주하는 방안을 채택한 학자도 일부 있다. 마찬가지로 원시 게르만어의 반사형들이 폐쇄음이었는지 마찰음이었는지도 분명하게 알 수 없지만, 이와 같은 의문은 음성 유형에 관한 우리의 결론에 영향을 미치지 않는다.

〔p, t, k〕가 게르만어에서 음성대응을 보일 때, 위 (1)의 경우에는 다음과 같은 한 가지 제약이 따른다. 즉, 자음(실제로 나타나는 자음

은 〔s, p, k〕임〕을 바로 뒤따르는 원시 인도-유럽어의 무성 폐쇄음 〔p, t, k〕는 선-게르만어에서 변화하지 않았다.

우리는 역사적인 관점에서 그라스만의 대응관계를 "연속된 두 음절이 유기(기식) 폐쇄음을 포함한 경우에 선-그리스어의 형태들은 언어사의 어떤 단계에서 첫째 기식성을 상실했다"고 요약할 수 있다. 그러므로 다음과 같은 재구가 가능하다.

원시 인도-유럽어	>	그리스어 조어	>	그리스어
*〔'bhewdhomaj〕		*〔'phewthomaj〕		〔pewthomaj〕
*〔'dhidhe:mi〕		*〔'thithe:mi〕		〔tithe:mi〕
*〔'dhrighm̥〕		*〔'thrikha〕		〔trikha〕

반면에 '머리카락'을 뜻하는 단어의 단수 주격 형태는 모음 다음에 유기음이 없었다고 추정할 수 있다. 즉, 원시 인도-유럽어 *〔dhriks〕는 그리스어에서 〔thriks〕로 나타난다. 우리는 선-인도-이란어(pre-Indo-Iranian)에서도 유사한 변화가 일어났음을 추론할 수 있다. 즉, 원시 인도-유럽어 *〔bhewdho-〕는 산스크리트어에서 〔bo:dha-〕로 나타나고, 원시 인도-유럽어 *〔dhedhe:-〕는 산스크리트어에서 〔dadha:-〕로 나타난다.

기식성이 없어지면서 산스크리트어에서 〔b, d, g〕가 생겨난 반면에 그리스어에서는 〔p, t, k〕가 생겨났다는 사실을 감안한다면, 우리는 역사적 사건의 재구과정에서 한 걸음 더 나아가게 된다. 여기에는 원시 인도-유럽어의 〔bh, dh, gh〕가 기식성의 상실이 일어났을 당시 선-그리스어에서 이미 무성음 〔ph, th, kh〕가 되어 있었다는 의미가 담겨 있다. 이와 같은 무성화(無聲化) 과정이 인도-이란어에서는 나타나지 않는 관계로, 우리는 선-그리스어의 탈기식음화(脫氣息音化)와 선-인도-이란어의 탈기식음화가 각기 독자적으로 일어났다는 결론에 도달하게 된다.

그렇다면 우리가 수집한 일련의 유사 형태에서 나타나는 음성대응 관계의 해석은 한 언어의 음소들이 역사적 변화에 순응한다는 논리를 상정하고 있다고 할 수 있다. 이러한 변화는 특정한 음성 조건으로 국한되는 수도 있다. 따라서 *[kəptos] > 고트어 [hafts]의 사례에서 보듯이, 선-게르만어의 [p, t, k]는 또 다른 무성 자음이 바로 앞에 왔을 때 [f, θ, h]로 변화하지 않았다. 그리고 선-그리스어에서는 다음에 오는 음절이 유기음으로 시작하는 경우에만 [ph, th, kh]가 [p, t, k]가 되었다. 이러한 유형의 언어 변화는 음성 변화(또는 음-변화)로 알려져 있다. 현대의 용어를 사용하면 음-변화의 가정은 '**음소가 변화한다**'는 말로 나타낼 수 있다.

20. 5. 뚜렷한 상관관계를 보여주는 일련의 유사 형태를 수집했을 때, 여기서 벗어나는 '잔류형태' 집합은 두 가지 자명한 가능성을 열어 놓는다. 우리는 지금까지 상관관계를 너무 협소하거나 너무 광범위하게 진술했을지 모른다. 그러므로 같은 자료를 좀더 상세하게 조사해 보거나 새로운 자료가 추가되면 앞서 내렸던 결론을 수정하게 될 가능성이 높다. 이와 같은 경우를 극명하게 보여주는 사례가 바로 그라스만의 발견이었다. 잔류형태가 지속적으로 새로운 상관관계를 드러냈다는 사실은 우리가 채택한 방법론의 정당성에 대한 강력한 확인이 아닐 수 없다. 다음으로 일련의 유사 형태가 앞선 시기에 존재했던 동일 형태에서 분기한 발음이 아닌 경우도 있을 수 있다. 예를 들어, 그림은 자신이 수립한 상관관계에 들어맞지 않는 라틴어 'dies'와 영어 'day'의 어원적 연관성에 대해 언급한 바 있었는데, 그가 활동하던 당시까지는 기존의 대응법칙을 수정해서 (관점만 달랐다면 유효한 자료가 되었을) 이들 집합을 기존에 수립된 상관관계에 포함시킬

수 있을 만큼 조사연구의 성과가 축적되어 있지 않았던 것이다. 마찬가지로 언뜻 유사성이 눈에 들어오지만 라틴어 'habēre'(to have)와 고트어 'haban' 및 고대 고지독일어 'habēn'의 집합은 상관관계의 여러 유형과 상충하고 있다. 이러한 경우에 우리는 유사성을 어떤 역사적인 연관관계에 기인하는 것이 아니라, 우연의 결과로 돌릴 수밖에 없다. 따라서 'dies'와 영어 'day'는 오늘날 널리 알려져 있듯이 일종의 "그릇된 어원론"으로 간주되고 있다. 그렇지 않으면 유사성이 조어시기에 존재하던 형태들의 문법적 유사성에 기인하는 것일 수도 있다. 따라서 라틴어 'habēre'(to have)와 고대 고지독일어 'habēn'은 각각 두 어간 *〔 gha'bhe:-〕와 *〔ka'bhe:-〕의 후손일 가능성이 있는데, 이들 두 어간은 원시 인도-유럽어 시기에 형태론적으로 거의 같은 모습을 보였다. 마지막으로 우리가 수집한 일련의 유사 형태는 그 유사성의 원인을 단일한 공통조어의 후손이라는 사실에서보다, 역사적인 접촉관계에서 찾아야 하는 경우도 있을 수 있다. 예를 들어, 라틴어 'dentālis'(치아와 관련된)와 영어 'dental'은 서로 닮았지만, 단일한 공통조어인 원시 인도-유럽어의 라틴어와 영어 반사형에 나타나는 특징적인 상관관계(예: 라틴어 d : 영어 t 등)를 보여주지 않는다. 그 이유는 물론 영어 화자들이 라틴어 단어를 'dental'로 재생했기 때문이다.[7]

지금까지 논의된 내용을 요약하면, 음성적 상관관계의 공인된 유형에 들어맞지 않는 '잔류형태'는 다음의 네 가지 경우 가운데 하나라고 말할 수 있다.

(1) 단일한 공통조어 형태에서 비롯된 후손형들인데, 다만 우리가 정확하게 음성적 상관관계를 확인하지 못한 관계로 기존의 공식에서 약간 벗어난 경우가 있을 수 있다. (예) 그라스만이 발견

---

7) 언어 접촉에 의한 차용(borrowing).

하기 이전의 산스크리트어 〔'bo:dha:mi〕와 영어 bid

(2) 단일한 공통조어 형태에서 비롯된 후손형들이 아닌 경우인데, 여기 나타나는 유사성은 다음 세 가지 원인 가운데 하나에 기인할 수 있다.

    (a) 우연의 결과 (예) 라틴어 dies - 영어 day

    (b) 조어 시기의 형태론과 관련된 부분적 유사성 (예) 라틴어 habēre - 영어 have

    (c) 기타의 역사적 접촉관계 (예) 라틴어 dentālis - 영어 dental

이와 같은 추론이 타당하다면, 우리는 '잔류형태'에 대한 연구를 통해서 다음과 같은 세 가지 새로운 유형의 음성적 상관관계를 발견하거나(1), 어원론의 오류를 배제하거나(2a), 조어 시기의 발화에 담겨 있던 형태구조를 드러내거나(2b), 음-변화 이외의 언어 변화 유형을 확인하게(2c) 된다. 만일 '잔류형태'에 대한 연구를 통해서 이러한 결과에 도달할 수 없다면, 우리의 이론 틀은 정확하지 못한 것이다.

20.6. 19세기의 전반부 75년 동안, 적어도 우리가 아는 한, 우리의 이론 틀에 담긴 갖가지 가능성을 제한하고자 시도한 학자는 아무도 없었다. 만일 유사 형태의 집합이 공인된 상관관계에 들어맞지 않는다면, 학자들은 심각하게 고민하지 않고 이들 형태가 그래도 정상적인 형태들과 완전히 동일한 방법, 그러니까 단일한 공통조어 형태에서 비롯된 발달형을 거쳐서 서로 연관되어 있다고 가정했다. 이들은 어떤 발화의 음성이 일부 형태에서는 특정한 방식으로 변화하지만, 다른 형태에서는 또 다른 방식으로 변화하거나 혹은 전혀 변화하지 않을 수도 있다는 말로 이런 가정을 역사적으로 합리화했다. 'two'(라틴어 *duo*), 'ten'(라틴어 *decem*), 'tooth'(라틴어 *dens*), 'eat'(라틴어 *edere*) 등의 용례에서 보듯이 원시 인도-유럽어의 〔d〕는 대부분의 형

태들에서 선-게르만어의 〔t〕로 변화했을 가능성이 높지만, 'day'(라틴어 *dies*)에서 보듯이 일부 다른 형태에서는 변화하지 않은 채로 남았다는 것이다.

전반적으로 볼 때, 이와 같은 견해에 대해 특별히 반론을 제기할 근거는 없었다. (실제로 이런 식으로 신중하게 연구를 진행한 자체는 매우 바람직했다.) 그것은 당시까지 (1)과 (2a, b, c)의 가능성이 절대다수의 사례로 실증되어 산발적인 음-변화의 개연성을 배제할 수 있을 만큼, 잔류형태 집합에 대한 광범위한 연구가 수행되어 있지 않았기 때문이다. 1870년대에 접어들면서 일부 학자들, 특히 1876년에 레스키언(1. 9절)[8]은 정확히 이와 똑같은 발달과정이 실제로 일어났다는 결론을 내렸다. 다시 말해 잔류형태에 대한 분류작업을 진행했으나 반박할 수 없는 사실만이 나오거나(1, 2b, 2c), 어원론의 오류를 솎아낸 것만 나오는 경우가 매우 많았기(2a) 때문에, 언어학자들은 안심하고 음소의 변화가 정말로 규칙적이라는 추정을 내릴 수 있었던 것이다. 이러한 추론을 우리의 방법론에서 사용되는 술어를 빌려 표현한다면, 공인된 대응관계의 부류에 들어가지 않는 형태들 사이의 모든 유사성은 단일 조어의 확산 형태가 아닌 음-변화의 자질에 기인하는데, 이와 같은 자질은 우리가 미처 알아내지 못한 것일 수도 있고(1), 어원론이 틀렸거나(2a) 음-변화 이외의 인자가 일련의 유사 형태를 생성해냈기 때문에 발생한 것일 수도 있다(2b, c). 이러한 진술을 역사적인 맥락에서 해석한다면, 음-변화란 다만 화자가 음소를 발화하는 방식에서 일어난 변화일 따름이며, 따라서 어떤 음소가 나타나는 특정 언어형식의 본성과 무관하게 모든 발화에 등장하는 그 음소에 영향을 미치게 된다는 것이다. 이러한 변화는 선-게르만어 유

---

8) 독일의 언어학자. ☞ 인명 약해 참고.

성 폐쇄음 〔b, d, g〕의 무성화 과정에서 보듯이, 일부 음소에 공통되는 조음습관에 관련될 수도 있다. 그런가 하면 연속된 음소의 조음습관에 관련될 수도 있으며, 그에 따라 오직 특정한 음성조건하에서만 발생할 수도 있다. 예를 들어, 선-게르만어의 〔p, t, k〕는 동일 부류[9]의 다른 음성 혹은 〔s〕가 앞에 오지 않는 경우에 한하여 〔f, θ, h〕로 되었으며, 마찬가지로 선-그리스어의 〔ph, th, kh〕는 후속 음절이 유기음으로 시작되는 경우에 한하여 〔p, t, k〕가 되었다. 변화 자체가 조음운동의 습관에만 관련되어 있으므로, 이와 같은 조건적 음-변화의 제약 역시 순전히 음성적이다. 다시 말해서 음-변화는 비음성적 인자, 예컨대 어떤 특정 언어형식이 담고 있는 의미나 빈도, 동음어의 존재 등과 전혀 무관하다. 오늘날의 술어로 말한다면 우리의 가정은 한마디로 '음소가 변화한다'는 말로 요약할 수 있다. (여기서 '음소'라는 술어는 의미를 갖지 않은 최소 신호단위를 가리킨다.)

이러한 새로운 원리는 이른바 '소장문법학파'[(3)]라는 별명을 얻은 많은 언어학자들에게 그대로 수용되었다. 반면에 쿠르티우스[10] 같은 기성세대 학자들과 슈하르트[11]를 필두로 하는 일부 신참 언어학자들은 이 새로운 가설을 받아들이지 않았다. 이에 대한 찬반양론은 아직까지 결말이 나지 않았으며, 오늘날에도 다양한 견해 차이를 보이고 있다.

이와 같은 논쟁의 상당부분은 주로 술어를 잘못 사용했기 때문에 벌어졌다고 할 수 있다. 전문용어가 오늘날보다 부정확했던 1870년대에 '획일적인 음-변화'라는 가설적 개념은 다음과 같은 불명료하고 비유적인 독법을 감내해야 했다. "음성법칙에는 예외가 없다." 여기

---

9) 〔p, t, k〕를 가리킨다.
10) 독일의 언어학자. ☞ 인명 약해 참고.
11) 독일의 언어학자. ☞ 인명 약해 참고.

서 '법칙'이라는 용어에 정확한 의미가 담겨 있지 않다는 것은 명백하다. 음-변화란 절대법칙이 아니라 역사적 사건에 불과하기 때문이다. 그러므로 '예외가 없다'는 구절은 특정 언어 형식의 빈도나 의미처럼 비음성적 인자가 음소의 변화를 방해하지 않는다는 내용을 정확하게 드러낸 표현이라고 하기 힘들다.

이 문제의 진정한 핵심은 음성대응 부류의 범위와 '잔류형태' 자료의 중요성이다. 소장문법학파에서는 자신들의 연구결과를 통해서 음성대응 부류가 서로 모순을 일으키지 않는 동시에 나머지 자료의 완벽한 분석방안을 모색하는 노력이 정당화되었다고 주장했다. 만일 원시 인도-유럽어 〔d〕가 게르만어에서 〔t〕로 나타난다면, (소장문법학파의 주장에 따라) 라틴어 'dies'와 영어 'day' 또는 라틴어 'dentālis'와 영어 'dental' 사이의 유사성은 단순히 '예외', 그러니까 역사적으로 선-게르만어 화자들이 통상적 발음습관의 변화에 적응하지 못한 경우로 분류될 수 없고, 따라서 또 다른 문제를 야기하게 된다. 이와 같은 문제에 대한 해결책은 이런 유사성을 우연의 결과로 보고 어원론을 포기하든가(라틴어 dies - 영어 day), 아니면 음성대응 규칙을 좀 더 정밀하게 다듬거나(그라스만의 발견), 유사 형태를 낳은 제3의 인자를 확인하든가(라틴어 dentālis - 영어 dental) 하는 등의 방법뿐이다. 특히 소장문법학파에서는 자신들이 세운 가설이 방금 위에서 살펴본 마지막 방안에 충실한 것이라고 주장한다. 즉, 이 방안은 음-변화 이외의 인자에 기인하는 유사성을 모두 추출해내며, 따라서 이들 인자에 대한 이해를 가능하게 해준다는 것이다.

그렇다면 실제적인 논쟁은 잘못된 어원론을 솎아내고, 음성대응 관계에 대한 진술을 수정하며, 음-변화 이외의 언어 변화에 대한 인식 등에 관심을 두고 있다고 할 수 있다.

20. 7. 소장문법학파에서 내세운 가설을 비판하는 반대론자들은 공인된 음성대응 유형에 들어맞지 않는 유사성이 발생하는 이유를, 단순히 음-변화가 산발적이고 일탈적으로 실현되었거나 아니면 음-변화 자체가 아예 실현되지 않은 데서 찾을 수 있다고 주장한다. 그런데 근대 역사언어학의 기반 자체는 바로 음성대응 부류를 제대로 수립하는 데 있었다. 라스크와 그림은 오로지 이 방법으로 앞선 시기의 언어학자를 당혹스럽게 했던 혼돈적 유사성에 질서를 가져왔다. 결과적으로 산발적인 음-변화의 옹호론자들은 라틴어 'dies'와 영어 'day'의 대응과 같은 어원론을 폐기하고, 라틴어 'habēre'와 고대 고지독일어 'habēn'의 대응 또는 산스크리트어 〔ko:kilab〕, 그리스어 〔kokkuks〕, 라틴어 'cuculus'와 영어 'cuckoo'의 대응 등과 같이 유사성이 뚜렷한 소수의 용례만을 남겨두었다는 점에서 소장문법학파와 의견이 같다. 이들은 이런 방법을 통해 아무런 판단기준도 마련할 수 없다는 사실을 인정하면서도, 한편으로는 명확한 판단을 내릴 수 없다고 해서 발생한 사건을 발생하지 않았다고 말할 수는 없다고 주장한다. 설령 예외적인 음-변화를 확인할 수 있는 수단이 갖추어져 있지 않다 해도, 예외적인 음-변화는 분명히 일어났다는 것이다.

소장문법학자들은 바로 여기서 과학적 방법론의 파탄을 목격하게 된다. 언어과학은 음-변화의 규칙성을 포함한 일정한 절차에 입각해 시작되었으며, 그에 뒤이은 진보도 그라스만의 발견처럼 동일한 암묵적 가정에 뿌리를 두고 있었다. 물론 다른 가정을 통해서 우리는 더욱 소중한 상관관계를 확인할 수 있었지만, 산발적인 음-변화의 옹호론자들은 이 부분에 아무런 기여도 할 수 없었다. 산발적인 음-변화의 옹호론자들은 실제적 방법론의 결과를 받아들이면서도, 일부 사실에 대해서는 라스크와 그림이 출현하기 이전에 이미 수세기 내내 시도되었으면서도 제대로 결실을 맺지 못했던 모순된 방법론(어쩌면 방법론 자체가 결여된 것인지도 모르지만)을 빌려 자신들의 이론을 설명하고자 했다.

역사적인 해석을 가한다면, 산발적인 음-변화 이론은 매우 심각한 난점에 직면한다. 만일 영어의 'cuckoo'와 같은 형태가 선-게르만어의 〔k〕-〔h〕 추이를 거부하고 아직껏 원시 인도-유럽어의 〔k〕를 보존하고 있다면, 여러 세대를 거치는 동안 선-게르만어 시대 언중이 대부분의 단어에서 원시 인도-유럽어 〔k〕를 발음하던 습관을 바꾸어, 이를테면 〔kh - kx - x - h〕 등의 계기적 음향 유형을 발음하던 시기에 오로지 'cuckoo' 한 단어에서만 원시 인도-유럽어 〔k〕를 그대로 발음하고 있었다는 이야기가 된다. 만일 그러한 산발적 변화가 실제로 일어났다고 한다면, 이 세상 모든 언어는 음-변화에 저항하거나 통상적인 변화에서 벗어난 온갖 유형의 음성형태로 넘쳐날 것이다. 그렇지만 실제로 언어는 제한된 음소 집합 안에서 움직인다. 현대 영어 'cuckoo'에 보이는 〔k〕는 〔g〕 유형의 원시 인도-유럽어에서 정상적으로 발달한 'cow', 'calf', 'kin' 등의 단어에서 보이는 〔k〕와 전혀 다르지 않다. 그러므로 후대에 일어난 모종의 변화가 'cuckoo'에 보존된 원시 인도-유럽어 〔k〕를 원시 인도-유럽어 〔g〕의 반사형인 게르만어 〔k〕와 동일하게 만들었다고 추정해야 할 것이다. 그리고 모든 언어가 제한된 음성체계 안에서 작동하기 때문에, 우리는 산발적인 음-변화가 일어나는 모든 경우나 음-변화에 저항하는 모든 경우에 바로 그 모순된 음성이 어떤 일반적 음소 유형으로 환원되었다가 시간이 지나면서 관찰자의 귀를 벗어나게 된 것으로 추정해야 한다. 만일 그렇지 않다면 오늘날의 표준영어에서, 모종의 긍정적인 방향으로 일어난 산발적 변화에서 비롯된 일탈된 음(音)은 물론, 18세기 영어와 현대 초기의 영어, 중세 영어, 고대 영어, 원시 인도-유럽어 등에서 물려받은 음(音)을 보존하는 산재된 모든 형태를 찾아내지 않으면 안 된다.

실제로 일반적인 음성 상관관계를 보이지 않는 형태는 자신이 속한 언어의 음운체계에 순응하고 다만 다른 형태와의 상관관계에서만 특이할 따름이다. 예를 들어, 고대 영어 〔oː〕에 대응되는 현대 표준영어의 발음형태는 약간의 결정적 불규칙성을 보여주지만, 이들 불규칙 형태는 예기치 못한 음소들과 결합하는 경우에만 그러할 뿐, 절대 음성체계에서 벗어나지 않는다. 정상적인 (음성) 표상은 다음과 같다.

〔s〕, 〔z〕와 〔t〕 이외의 자음 연쇄 앞의 〔ɑ〕: goshawk, gosling, blossom

고대 영어 자음과 〔t〕 연쇄 앞의 〔ɔ〕: foster, soft, sought (고대 영어 sōhte), brought, thought

〔k〕 앞의 〔u〕: book, brook (명사), cook, crook, hook, look, rook, shook, took

〔n〕과, 〔t〕 이외의 자음 연쇄 앞 및 자음과 〔r〕 연쇄 앞의 〔o〕: Monday, month ; brother, mother, other, rudder

〔nt〕와 〔r〕 앞의 〔ow〕 및 고대 영어 〔oːw〕 결합: don't; floor, ore, swore, toward, whore ; blow (꽃), flow, glow, grow, low (동사), row, stow

나머지 경우 〔uw〕: do, drew, shoe, slew, too, to, woo, brood, food, mood, hoof, roof, woof, cool, pool, school, stool, tool, bloom, broom, doom, gloom, loom, boon, moon, noon, soon, spoon, swoon, whoop, goose, loose, boot, moot, root, soot, booth, sooth, tooth, smooth, soothe, behoove, prove, ooze

만일 고대 영어 〔oː〕와 이들 음(音) 사이의 상관관계를 개별 용례에 나타난 음성조건하에서 정상적이라고 받아들인다면, 우리는 이런 논리와 상충되는 다음과 같은 잔류형태 집합을 만나게 된다.

〔ɑ〕   shod, fodder

〔aw〕 bough, slough

〔e〕   Wednesday

〔o〕   blood, flood, enough, tough, gum, done, must, doth, glove

〔ow〕 woke

〔u〕   good, hood, stood, bosom, foot : (다음 용례는 수의적임)

       hoof, roof, broom, soot

〔uw〕 moor, roost

   여기 제시한 일곱 가지 일탈 유형에는 모두 영어의 통상적인 음소가 포함되어 있다. 예를 들어, 'blood'의 〔o〕는 'love', 'tongue', 'son', 'sun', 'come' 등의 단어에서 고대 영어 〔u〕를 표상하는 통상적인 /o/-음소이다. 그러므로 모순된 일련의 형태는 모든 경우에 기이한 음성을 보여주는 것이 아니고, 다만 역사언어학자들의 기대에 반하는 분포에 참여하는 정상적인 음소를 보여줄 뿐이다.

   20. 8. 잔류형태를 면밀하게 검토하여 일련의 대응관계를 수정한 결과를 목격한 소장문법학자들은, 곧이어 〔f, θ, h〕가 나타날 자리에 〔b, d, g〕가 나타난 게르만어 형태(18. 7절)에 대한 베르너의 분석에서 자신들의 가설을 입증할 수 있는 확실한 근거를 확보하게 되었다. 베르너는 라틴어 'pater'와 고트어 〔fadar〕, 고대 영어 〔ˈfɛder〕 등과 같은 용례를 수집했는데, 이들 용례를 살펴보면 원시 인도-유럽어 〔t〕가 게르만어에서 〔θ〕 대신 〔d, ð〕로 나타나고 있다. 그런데 모음 간 마찰음의 유성화는 대단히 보편적인 음-변화 형태여서, 실제로 일부 게르만어의 역사에서 수차에 걸쳐 일어났다. 원시 게르만어 〔θ〕는 유성 마찰음으로 나타나는데, 이는 고대 스칸디나비아어에 나타나는 원시 게르만어 〔d〕의 반사형과 일치한다. (예) 〔broːðer〕, 〔ˈfaðer〕. 비

록 원시 게르만어 〔θ〕는, 〔'fæder〕의 용례에서 보듯이, 원시 게르만어 〔d〕의 반사형인 〔d〕와 일치하지 않지만, 〔'bro:ðor〕의 용례에서 보듯이 고대 영어에서도 모음 사이에서 유성화했음이 분명하다. 고대 스칸디나비아어와 고대 영어 양쪽 모두에서 원시 게르만어 〔f〕는 모음 사이에서 유성화한 〔v〕가 되었다. 예를 들어, 고대 영어에서 'ofen' (솥) 〔oven〕 (고(古)-고지독일어 'ofan' 〔ofan〕에 상응함) 은 고대 영어 'yfel' 〔yvel〕 ('사악한', 고(古)-고지독일어 'ubil' 〔ybil〕에 상응함) 에서 보듯이, 원시 게르만어 〔b〕를 표상한 〔v〕와 일치했다. 그러므로 불규칙한 음-변화의 가능성을 받아들인다면, 모음 간 마찰음의 유성화가 선 -게르만어 시대에 이미 몇몇 단어에서 산발적으로 시작되었고, 또한 원시 게르만어 *〔'bro:θer〕가 〔'fader〕와 함께, 나중에 고대 스칸디나비아어와 고대 영어, 고대 색슨어 등에서 실제 문헌상으로 완료가 확인된, 변화과정의 단초를 드러냈을 뿐이라는 추정도 지극히 자연스러울 것이다. 그러나 1876년, 베르너는 일탈 형태에 대한 연구를 통해 이들 사이의 분명한 상관관계를 밝혀냈다. 즉, 게르만어의 일탈형인 〔b, d, g〕가 상당한 수효로 매우 체계적인 위치에 출현했는데, 이에 상응하는 산스크리트어와 그리스어 (따라서 원시 인도-유럽어도 마찬가지였을 가능성이 높음) 단어에는 〔p, t, k〕 앞에 강세가 없는 모음이나 이중모음이 나타났다. 예를 들어, 산스크리트어 〔pi'ta:〕와 〔pa'te:r〕는 원시 게르만어 *〔'fader〕와 대응하는데, 이와 같은 대응관계는 산스크리트어 〔'bhra:ta:〕와 그리스어 〔phra:te:r〕 및 원시 게르만어 *〔'bro:θer〕와 대조된다. 마찬가지로 원시 인도-유럽어의 *〔swe'kuro:s〕를 반영하는 것으로 믿어지는 산스크리트어 〔çvaçurah〕 (*father-in-law*) 는, 고대 고지독일어 〔'swehar〕의 용례에서 보듯이, 게르만어에서 〔k〕의 정상적인 반사형 〔h〕를 보이지만, 반면에 원시 인도-유럽어 *〔swe'kru:s〕를 반영하는 산스크리트어 〔çva'çru:h〕 (*mother-in-law*) 는,

고대 고지독일어 〔swigar〕에서 보듯이, 게르만어에서 원시 인도-유럽어의 무강세 모음 다음의 〔k〕를 표상하는 〔g〕로 나타난다.

이러한 결과는 원시 인도-유럽어의 무성 마찰음 〔s〕가 동일한 조건에서 동일한 변화를 겪었다는 사실에서 신뢰성을 확보할 수 있다. 이 무성 마찰음 〔s〕는 선행 음절이 원시 인도-유럽어에서 무강세인 경우를 제외하면, 게르만어에서 〔s〕로 나타나기 때문이다. 이러한 경우에 이 무성 마찰음은 선-게르만어에서 유성화해, 원시 게르만어에서 〔z〕로 나타나는데, 이 〔z〕는 나중에 스칸디나비아어와 서게르만어12)에서 〔r〕이 되었다. 다수의 동사 불규칙 패러다임에서 게르만 제어는 현재시제와 단수 직설법 과거시제에서 어중 〔f, θ, h, s〕를 갖지만, 복수와 접속법(가정법) 과거시제 및 과거분사에서는 다음과 같은 고대 영어의 용례에서 보듯이 〔b, d, g, z〕를 갖는다.

〔'weorðan〕(*to become*), 〔he: 'wearð〕(*he became*) cf. 〔we: 'wurdon〕(*we became*)

〔'ke:osan〕(*to choose*), 〔he: 'ke:as〕(*he chose*) cf. 〔we: 'kuron〕(*we chose*)

〔'wesan〕(*to be*), 〔he:'wɛs〕(*he was*) cf. 〔we: 'wɛ:ron〕(*we were*)

베르너가 제시한 이러한 교체현상은, 위의 단어와 동족어(同族語)인 동사 형태에서 보듯이, 그것들과 패러다임이 유사한 산스크리트어의 단어 악센트(*word-accent*) 위치에서 일어나는 교체현상과 일치한다.

〔'vartate:〕(*he turns, becomes*) 〔va-'varta〕(*he turned*) cf. 〔va-vr̥ti'ma〕

---

12) 게르만어(*Germanic*)는 세 계파(West, East, North)로 나뉘는데, 그 가운데서 서게르만어는 오늘날의 영어와 독일어의 조상이 된다. 4.3절 참고.

(we turned)

*〔ǰoːšati〕 (he enjoys) 〔ǰu-ǰoːša〕 (he enjoyed) cf. 〔ǰu-ǰuši'ma〕 (we enjoyed)

〔ˈvasati〕 (he dwells) 〔u-ˈvaːsa〕 (he dwelt) cf. 〔uːši'ma〕 (we dwelt)

이러한 사실은 규칙적 음-변화 가설에 대한 매우 뚜렷한 증거이기 때문에, 이제 입증의 책임은 가설을 반대하는 학자들의 몫이 되고 말았다. 다시 말해 잔류형태가 이러한 상관관계를 보여준다면, 우리는 기존에 수립한 대응관계를 그대로 살리면서 새로운 대응관계를 수립하기 위해 잔류형태를 걸러내는 원리를 지켜낼 수 있는 것이다. 물론 산발적인 음-변화 이론에 만족한 관찰자가 과연 이러한 상관관계 집합을 제대로 발견할 수 있었을까는 의문이 아닐 수 없다.

소규모로 진행되는 관찰이 가끔씩 우리의 방법론과 유사한 확증을 제공하는 경우도 없지 않다. 이전 기록이 전무한 중부 알공키안어[4]에서 우리는 다음과 같은 정상적인 음성대응을 발견하게 되는데, 이는 "원시 중부 알공키안어"의 재구형태라고 부를 수 있다.

	폭스	오지브와	메노미니	크리	원시 중부 알공키안[13]
(1)	hk	šk	čk	sk	čk
(2)	šk	šk	sk	sk	šk
(3)	hk	hk	hk	sk	xk
(4)	hk	hk	hk	hk	hk
(5)	k	ng	hk	hk	nk

---

13) 폭스(Fox), 오지브와(Ojibwa), 메노미니(Menomini), 크리(Plains Cree), 원시 중부 알공키안(Primitive Central Algonquian, PCA).

(용례)

(1) 폭스 〔kehkjɛːwa〕(he is old), 메노미니 〔kɛčkiːw〕PCA
    *〔kečkjɛːwa〕

(2) 폭스 〔aškutɛːwi〕(불), 오지브와 〔iškudɛː〕, 메노미니
    〔eskoːtɛːw〕, 크리 〔iskuteːw〕, PCA *〔iškutɛːwi〕

(3) 폭스 〔mahkesɛːhi〕(moccasin14)), 오지브와 〔mahkizin〕,
    메노미니 〔mahkɛːsen〕, 크리 〔maskisin〕, PCA *〔maxkesini〕

(4) 폭스 〔noːhkumesa〕(my grandmother), 오지브와 〔noːhkumis〕,
    메노미니 〔noːhkumɛh〕, 크리 〔noːhkum〕, PCA *〔noːhkuma〕

(5) 폭스 〔takeškawɛːwa〕(he kicks him), 오지브와 〔tangiškawaːd〕,
    메노미니 〔tahkɛːskawɛːw〕, 크리 〔tahkiskaweːw〕, PCA
    *〔tankeškawɛːwa〕

그런데 위 음성대응의 어느 항목에도 들어맞지 않는 잔류 형태소가
하나 있는데, 그 의미는 '붉은'이다. 아래 용례를 보자.

(6) 폭스 〔meškusiwa〕(he is red), 오지브와 〔miškuzi〕, 메노미니
    〔mɛhkoːn〕, 크리 〔mihkusiw〕, PCA *〔meçkusiwa〕

산발적인 음-변화의 가설을 내세우는 입장에서 보면, 이 형태는
아무런 의미도 갖지 못한다. 위의 (1) 부터 (5) 까지는 크리어의 패러
다임과 일치한다. 그러나 (6) 의 대응관계를 설정한 뒤에 보면, 상관
관계가 거의 없을 것처럼 보이는 크리어에 '붉은'을 뜻하는 특이한 자
음군 〔htk〕15) 가 음소의 형태로 존재한다는 사실을 알 수 있다. (예)

---

14) 북아메리카 원주민이 신던 뒤축이 없는 신발을 가리킨다.

15) 위의 일람표 (6) 의 크리어 자료(〔mihkusiw〕)를 보면, 형태소 중간의 자음
    연쇄가 〔-hk-〕로 되어 있어서, 본문에서 제시한 자음군(〔-htk-〕) 과 차이가
    난다. 본문 내용 전개로 보아, 일람표 (6) 의 자료를 〔mihtkusiw〕로 고쳐야

〔mihtkusiw〕(*he is red*). 그렇다면 이 경우에 잔류형태는 조어시대 발화의 특수한 음성단위를 보여준 것이다.

규칙적인(따라서 순전히 음소적인) 음-변화의 가정이 정당하다는 것은 이를 통해 드러나는 상관관계가 입증하고 있다. 우리의 가정이 낳는 결과를 받아들이면서도, 분석이 난해한 사례를 '설명할' 목적으로 이와 상반되는 가설(산발적인 음-변화 가설)이 필요할 때마다, 우리의 가정을 거부하는 것은 모순된 태도라고 할 수밖에 없다.

20. 9. 지금까지 우리가 언급한 잔류형태 집합이 음-변화 이외의 언어사적 제반 요소와 맺고 있는 관련성은 음-변화의 규칙성 논쟁에서 매우 중요하다. 소장문법학자들은 당연히 언어의 유사성이 규칙적 집합을 이룬다는 주장을 할 수 없었다. 우리가 이용하는 실제 자료는 대단히 불규칙하다. 그래서 라스크와 그림의 시대가 오기 전까지 언어학자들은 수세기가 지나도록 의미 있는 상관관계를 밝혀내지 못했던 것이다. 그렇지만 소장문법학자들은 음-변화의 결과로 생기는 상관관계를 제외하고 나면, 잔류형태에 음-변화 이외의 언어 변화 인자들이 나타날 것이라고 주장했다. 그런데 'boat'(고대 영어 〔ba:t〕), 'sore', 'whole', 'oath', 'snow', 'stone', 'bone', 'home', 'dough', 'goat' 등 많은 용례에서 보듯이, 강세 음절에 나타나는 고대 영어 〔a:〕는 현대 영어에서 통상 〔ow〕로 나타난다. 잔류형태에서 우리는 고대 영어 〔ba:t〕와 'bait', 고대 영어 〔ha:l〕과 'hale', 고대 영어 〔swa:n〕(목자)과 'swain' 등과 같은 형태를 발견하게 된다. 고대 영어 〔a:〕가 현대 표준영어에서 〔ow〕로 나타나는 것을 발견했기 때문에 우리는 이와 다른 현대 영어 모음 연쇄 〔ej〕를 가진 형태를 잔류형태

할 것으로 보인다.

128

유형으로 설정한다. 이 제3의 형태는 결코 고대 영어 〔a:〕가 〔ej〕로 산발적으로 변화한 결과로 생성된 것이 아니다. 이들의 일탈은 음-변화의 결과가 아니라 언어 변화의 또 다른 인자에 기인한다. 왜냐하면 'bait', 'hale', 'swain' 등의 형태는 고대 영어의 계통을 잇는 어형이 아니라, 스칸디나비아어에서 들어온 차용 형태이기 때문이다. 고대 스칸디나비아어에서는 고대 영어에서 〔a:〕를 가진 형태들이 〔ej〕를 가졌다. 예를 들어, 〔sta:n, ba:t, ha:l, swa:n〕으로 읽히던 고대 영어단어들은 고대 스칸디나비아어로 각각 〔stejnn, bejta, hejll, swejnn〕 등으로 읽혔다. 그러므로 여기 나타난 음운 대응의 규칙성은 원시 게르만어에서 분기한 공통적인 전승에 기인하는 것이다. 스칸디나비아인의 영국 침입 이후로, 영어에는 많은 스칸디나비아어 단어가 유입되었으며, 결과적으로 현대 영어에서 〔ej〕를 갖는 일탈 형태들에 나타나는 이중모음은 바로 고대 스칸디나비아어의 이중모음 〔ej〕인 것이다.

이와 같은 용례나 혹은 라틴어 'dentālis'와 영어 'dental'의 용례에 대해서는, 소장문법학파의 가설에 반대하는 학자들도 아무런 이의를 제기하지 않고, 언어적 차용이 이들 형태의 유사성을 설명한다는 주장에 동의한다. 그러나 다른 많은 용례에 대해서 이들 반대론자는 일단 불규칙적인 음-변화라는 개념으로 설명하기를 선호한다. 이상한 것은 이들 반대론자가 소장문법학자들의 가설을 통하지 않으면 의미 있는 결과가 나올 수 없는 용례에 대해서만 불규칙적 음-변화라는 개념을 적용한다는 사실이다.

방언 지리학자들은 특히 이와 같은 혼란에 당면하는 경우가 많다. 어떤 방언에서든 우리는 고대의 단위 음소 하나가 여러 음소로 표상되는 경우를 흔히 발견하게 된다. 예를 들어, 고대 영어 〔o:〕는 현대 영어에서 'food', 'good', 'blood' 등으로 나타난다(20.7절). 이들 가운데 하나는 고대 영어의 음소와 동일하지만, 나머지는 한 번 이상의 음-변화가 일어났음을 시사하는 것처럼 보인다. 예를 들어, 중서부 미국영어의 화자는 'gather'의 1음절 모음을 〔ɛ〕로, 'rather'의 1음절 모음을 〔ɛ〕 또는 〔a〕로, 'father'의 1음절 모음을 항상 〔a〕로 발음한다. 어떤 화자들은 'tune', 'dew', 'stew', 'new' 등과 같은 단어를 발음할 때 (삼중모음) 〔juw〕를 사용하지만, 다른 화자들은 앞의 세 단어 유형에 대해 〔uw〕를 사용하고 보통 〔n〕이 앞에 오는 마지막 단어 유형에만 〔juw〕를 사용한다. 그런데 모든 경우에 〔uw〕를 사용하는 또 다른 화자들도 있다. 만일 어떤 지역에서 이 지역과 인접한 방언 집단을 조사한다면, 우리는 점진적인 추이를 발견하게 된다. 일정한 음-변화를 확실하게 겪은 방언도 일부 있고, 그렇지 않은 방언도 있기 때문이다. 예를 들어, 앞서 든 〈그림 5〉[16]에 표시된 네덜란드어의 경우를 보면, 'mouse'나 'house'에서 고대의 〔u:〕에 대응하는 〔y:〕를 갖고 있는 지역이 있는가 하면, 이들 지역 인근에서는 일부 형태에서만 음-변화를 겪은 방언도 눈에 띤다. 그리하여 〈그림 5〉에 표시된 일부 지역을 조사해 보면, 〔hy:s〕는 변화된 모음으로 발음하고, 〔mu:s〕는 변화되지 않은 모음으로 발음한다. 결국, 이런 방식으로 조사를 진행해 보면, 우리는 변화하지 않은 형태가 전무한 영역, 예컨대 〈그림 5〉에서 고형(古形) 〔mu:s, hu:s〕가 여전히 발음되고 있는 지역에 도달하게 된다. 산발적인 음-변화의 가설하에서는 아무런 분명한 결론도 이끌어낼 수 없었지만, 규칙적인 음-변화의 가정하에서는 이러한 유형의 분포가 곧바로 해명될 수 있다. 즉, 불규칙적 분포는 해당 지역 일부 또는 전역에서 볼 수 있는 새로운 형태들이 음-변화가 아닌 차용의 결과임을 말해주기 때문이다. 어떤 음-변화가 방사의 중심

---

16) 19. 3절의 네덜란드 방언 지도.

지에서 발생하고, 그런 다음 음-변화를 겪은 형태들이 이 중심부에서 부터 언어적 차용에 의해 사방으로 퍼져나간 것이다. 그런가 하면 어떤 언어공동체가 모종의 음-변화를 겪었는데도, 이 공동체의 일부 지역에는 해당 변화와 무관한 중심부에서 확산되어 온 (이 언어공동체에서 일어난 음-변화를 겪지 않은) 형태들로 가득 차 있는 경우도 있다. 방언 지리학자들은 실제로 이와 같은 추론에 입각해서 언어와 문화의 이동현상을 재구해 내지만, 동시에 규칙적 음-변화의 가설을 거부하는 방언 지리학자들도 적지 않다. 만일 이들이 이러한 주장에 담긴 의미를 조금만 숙고해 본다면, 자신들의 작업이 사실상 음-변화가 규칙적이라는 전제에 근거하고 있다는 사실을 곧 깨닫게 될 것이다. 만일 불규칙적 음-변화의 가능성을 용인한다면, 네덜란드 방언에서 나타나는 〔muːs〕 지역 인근의 〔hyːs〕 발음형이나 표준영어에서 나타나는 〔gɛðr〕 (gather) 지역 인근의 〔raðr〕 (rather) 발음형의 존재는 언어적 차용에 입각한 여하한 추론도 정당화하지 못할 것이다.

20.10. 음-변화의 규칙성에 대한 논쟁이 맞이하는 또 다른 국면은 그 일탈의 양상이 의미 자질과 연계된 잔류형태와 관련된다. 일반적인 음성적 상관관계에서 벗어난 형태들이 뚜렷하게 구분되는 일정한 의미 집합으로 묶이는 것은 그다지 드문 경우가 아니다.

원시 그리스어에서는 원시 인도-유럽어의 모음 간 〔s〕가 음-변화로 소실되었다. 그 결과로, 원시 인도-유럽어 *〔gewsoː〕 (I taste / cf. 고트어 〔kiwsa〕 I choose) 는 그리스어에서 〔gewoː〕 (I give a taste) 로 나타난다. 그리고 원시 인도-유럽어 *〔genesos〕 (of the kin / cf. 산스크리트어 〔janasah〕) 는 그리스어에서 〔geneos〕로 나타났다 나중에 〔genows〕가 되었다. 또한 원시 인도-유럽어 *〔eːsm̥〕 (I was / cf. 산스크리트어 〔aːsam〕) 은 그리스어에서 〔ˇeːa〕로 나타났다가 나중에 〔ˇeː〕가 되었다.

이와 같은 용례에 반하여 고형(古形)인 모음 간 [s]를 보존하는 것처럼 보이는 고대 그리스어 단어들, 이른바 '잔류형태'가 상당수 존재한다. 이들 잔류형태의 주요한 유형은 부정과거시제(시점적)[17]를 갖는 동사 형태로 구성되어 있는데, 여기서는 이 시제 접미사 [-s-]가 어근이나 동사 어간의 최종 모음 다음에 나타난다. 따라서 그리스어 어근 [plew-] (현재시제 ['plewo:] I sail / cf. 산스크리트어 ['plavate:] he sails)는 부정과거시제로 ['eplewsa] (I sailed) 형태를 갖는다. 그리스어 부정시제 형태 ['etejsa] (I paid a penalty)는 산스크리트어 ['ača:jšam] (I collected)과 대응한다. 그리스어 어근 [ste:-] (stand/ 현재시제 형태 ['histe:mi] I cause to stand)는 고대 불가리아어 [staxu] (I stood up) 및 원시 인도-유럽어 형태 *['esta:sṃ]과 대응한다. 원시 인도-유럽어의 부정시제 유형인 *['ebhu:sṃ] (고대 불가리아어 [byxu] I became)은 그리스어에서 *['ephu:sa] (I caused to grow)로 표상되는 것이 분명하다. 소장문법학파의 방법론에 반대하는 학자들은 선-그리스어 시대에 모음 간 [s]가 약화되었다가 마침내 탈락했을 때, 이들 형태의 [s]가 그 변화에 저항해 변화하지 않고 예외적으로 남아 있었다고 추정했다. 그래야만 중요한 의미, 즉 부정과거시제 자체를 표현할 수 있었다는 것이다. 어떤 음-변화가 일어날 때, 변화의 결과로 의미론상으로 중요한 특질이 제거될 위험이 있다면, 그런 형태에서는 음-변화가 저지될 수 있다는 것이 이들의 주장이었다.

소장문법학파의 가설에는 음-변화가 의미 특질에 영향을 받지 않고 오로지 언어음의 발음습관에만 연관되어 있다는 전제가 담겨 있다. 만일 잔류형태가 일정한 의미론적 자질을 공유한다면, 이들의 일탈현상은 음-변화의 결과가 아니라, 언어 변화의 다른 인자, 그러니

---

17) 부정과거(不定過去)란 그리스어 문법의 용어로, 계속이나 완료, 반복 등의 의미를 포함하지 않고 단순히 과거의 동작이나 상태만을 나타내는 시제이다.

까 의미와 관련된 인자가 작용한 결과임이 분명하다. 앞서 제시한 용례를 보면, 모음 사이에서 〔s〕가 소실되는 변화는 모든 모음 간 〔s〕를 파괴했다. 그러므로 그리스어 〔ˈesteːsa〕와 같은 형태는 이 음-변화가 일어나기 전에 존재하던 형태의 연속형이 될 수 없다. 이들 형태는 이 음-변화가 지나가고 난 다음에, 우리가 유추에 의한 새로운 결합 혹은 유추변화라고 부르는 과정을 통해 복합적 형태를 가진 형태소들의 새로운 결합형으로 생성되었던 것이다. 부정과거시제 접미사가 모음 간에 존재하지 않는 많은 형태들에서는 이 부정과거시제 접미사가 이 음-변화를 거치면서도 아무런 손상을 입지 않고 살아남았다. 그리하여 원시 인도-유럽어 부정과거시제 형태 *〔ˈeleːjkʷsm̥〕 (*I left* / cf. 산스크리트어 〔ˈaraːjkšam〕)는 그리스어에서 통상적인 음-변화를 거쳐 〔elejpsa〕[18] 로 나타나고, 원시 인도-유럽어 *〔eˈjeːwksm̥〕 (*I joined* / cf. 산스크리트어 〔ajaːwšam〕)은 그리스어에서 〔ˈezewksa〕로 나타난다. 원시 인도-유럽어 어근 *〔gews-〕 (*taste* / cf. 위에서 언급한 바 있듯이 그리스어 현재시제 형태는 〔gewoː〕임)는 부정과거시제 접미사와 결합하여 어간 *〔geːws-s-〕를 형성한다. 여기서 중자음 〔ss〕는 선-그리스어 시대에 상실되지 않고 있다가 후대에 단일 자음 〔s〕로 단순화되었기 때문에, 그리스어 부정과거시제 형태 〔ˈegewsa〕 (*I gave a taste*)는 정상적인 음성 유형인 것이다. 결국, 그리스어는 부정과거시제 접미사 〔-s-〕를 가졌으며, 이 접미사는 분명히 모든 시기에 모든 동사 어근과 결합했다. 따라서 모음 간 〔-s-〕를 가진 부정과거시제 형태는 〔-s-〕의 상실을 유발한 음-변화가 지나간 이후에 생성된 형태소 결합으로 탄생된 형태일 뿐이다. 그리하여 화자들은 전승된 현재시제 형태 〔gewoː〕와 부정과거시제 형태 〔ˈegewsa〕를 기준으로

---

18) 1984년 판에 따르면 고대 그리스어의 기록에서 이런 형태의 표기는 찾아볼 수 없다고 한다.

해서, 현재시제 형태 〔'plewo:〕에 대해 새로운 부정과거시제 형태 〔'eplewsa〕를 만들어냈다. 요약하면, 잔류형태는 이 음-변화 과정의 사각지대에 있었기 때문에 발생한 것이 아니라, 또 다른 언어 변화 인자, 즉 유추변화의 결과로 생성되었던 것이다.

이와 대단히 유사한 방식으로 일부 언어학자들은 별로 중요하지 않은 의미를 담고 있는 음성이 불규칙적인 음-변화의 결과로 극단적 약화과정을 거쳐서 탈락하게 된다고 믿고 있다. 예를 들어, 이들은 'I'll go'와 같은 형태에서 'will'이 〔l〕로 약화된 현상도 이런 방식으로 설명한다. 만일 분석자가 소장문법학자들이라면 이런 현상의 원인을 찾을 때 이들과 같은 어구의 동사 형태가 무강세(*atonic*)라는 사실에 주목했을 것이다. 영어에서는 강세를 받지 않는 음소가 일련의 약화와 상실과정을 빈번하게 겪었기 때문이다.

20. 11. 소장문법학파에서는 언어음의 변화를 순수한 음성적 과정으로 정의한다. 음-변화는 언제 어디에서나 혹은 엄격히 제한된 음성조건하에서 음소나 음소 유형에 영향을 미치며, 따라서 우연히 해당 음소를 담게 된 형태의 의미 특징 때문에 촉진되거나 저지되지 않는다. 그렇다면 이미 비교언어학 연구자들에게 밝혀졌듯이, 언어음의 변화 결과는 일련의 규칙적인 음소대응 관계로 나타날 것이다. (예) 고대 영어 〔sta:n, ba:n, ba:t, ga:t, ra:d, ha:l〕 - 현대 영어 〔stown, bown, bowt, gowt, rowd, howl〕(*stone, bone, boat, road (rode), whole*). 그러나 이들 대응관계는 고대 영어 〔ba:t, swa:n, ha:l〕 대 현대 영어 〔bejt, swejn, hejl〕(*bait, swain, hale*) 등과 같은 일탈형(이들은 집단적으로 나타날 수도 있고 산발적으로 나타날 수도 있다)의 존재로 인해 문제가 될 수 있다. 음-변화란 언어 변화의 여러 인자들 가운데 한 가지 인자일 뿐이기 때문이다. 관찰이 제아무리 정확하고 상

세하다 하더라도, 우리는 언제나 일탈형을 발견하게 된다는 사실을 잊어서는 안 된다. 어떤 음-변화가 일어났을 때, 변화의 시작부터 변화의 진행과정 전체를 거쳐서 변화가 완전히 끝나고 난 다음에도, 그 언어의 형태는 끊임없이 다른 변화 인자, 특히 차용이나 새로운 복합 형태의 유추 결합에서 영향을 받게 되기 때문이다. 소장문법학자들의 정의대로, 음-변화라는 사건은 직접적인 관찰로 밝혀진 사실이 아니라 하나의 가정이다. 소장문법학파는 이 가정이 옳다고 믿는다. 이 가정만이 언어학자들로 하여금 사실적인 자료에서 질서를 찾아내고, 언어 변화의 다른 인자들을 개연성이 높은 공식의 틀로 끌어들일 수 있게 해주었기 때문이다.

이론적으로 말해서, 언어가 2개의 습관 층위로 구성되어 있다는 전제를 받아들인다면, 우리는 음소의 규칙적 변화를 이해할 수 있다. 그 하나는 음소 층위이다. 화자들은 이 층위에서 유성음화라든가 혀의 움직임 등과 관련된 습관을 갖고 있다. 이들 습관은 해당 언어의 음성체계를 형성한다. 다른 하나는 형식-의미 층위로 구성되어 있다. 화자들은 이 층위에서 특정한 자극 유형에 반응하여 특정한 음소 결합을 습관적으로 발화하고, 이와 동일한 결합형식을 들었을 때 적절하게 반응한다. 이 습관은 해당 언어의 문법과 어휘를 구성한다.

사람들은 어떤 언어의 음성습관을 습득하면서도 그 언어의 중요한 형태(어휘)를 전혀 사용하지 않을 수 있다. 말하자면 프랑스 샹송을 정확한 발음으로 부르는 법을 배운 가수나 프랑스어를 전혀 모르면서 프랑스인의 영어 발음을 흉내 낼 수 있는 모방꾼이 그러한 경우에 해당한다. 반대로 만일 어떤 외국어 음소가 우리의 음소와 크게 다르지 않다면, 우리는 이 언어의 음성적 습관을 획득하지 않고도 이 언어의 중요한 형태를 사용할 수 있다. 말하자면 발음은 끔찍하지만 서로 상대방의 언어로 자유자재로 변환하면서 대화를 하는 일부 영어와 프랑스어 화자들이 그러한 경우에 해당한다.

역사적인 관점을 도입해 본다면, 우리는 음변화를 일종의 점진적 선택과정이라고 할 수 있다. 화자들은 이러한 선택과정을 통해서 비변별적인 일부 변이형을 수용하고 다른 변이형을 배척하게 된다. 이러한 선택과정은 여러 세대의 화자들을 두루 거쳐서 쌓인 엄청난 양의 엄밀한 기계적 기록19)에 의지하지 않으면 관찰 자체가 불가능하다. 이 가설에는 그러한 자료의 수집을 통해서 (만일 차용이나 유추변화의 영향을 배제할 수 있다면) 어떤 한 방향으로 일정한 변이형이 점진적으로 선택되는 가운데 다른 변이형이 배제되는 과정이 드러나게 될 것이라는 전제가 담겨 있다. 고대 영어와 중세 영어에서는 'gos'('거위', 단수)와 'ges'('거위', 복수) 등의 형태를 발음할 때 중간 높이에서 조음되는 장모음을 사용했다. 오랜 시간을 거치면서 이 모음보다 더 높은 위치에서 조음되는 변이형들이 선호되고 낮은 위치에서 조음되는 변이형들이 밀려나다가, 마침내 18세기에 이르자 살아남은 변이형들의 범위가 고모음 유형인 〔uː, iː〕로 기술되는 단계가 되었다. 그때 이후로 이중모음의 성격을 보다 많이 갖는 변이형들이 선택되고, 단순 모음 유형은 사라지게 되었다.

한 언어의 비변별적인 음향 자질 집합은 언제나 가변적이다. 어느 순간에 한 언어의 음성을 정확히 기록한다 하더라도, 그 기록을 통해서 어떤 음소들이 변화하고 있는지를 알아내기란 거의 불가능하다. 더욱이 이들 비변별적인 아(亞)음소적20) 변이형들은 언어적 차용(모

---

19) 원문의 표현(*mechanical records*)은 화자의 발화를 음성 기록장치를 통해서 '있는 그대로' 수록한다는 의미로 이해된다. 이는 음소를 물리적 실재로 본 저자의 기본입장과도 무관하지 않은 것으로 생각된다.

20) 원문에는 'sub-phonemic'로 되어 있는데, 대체로 생성음운론에서 말하는 '체계적 음성변이'(*systematic phonetic variant*) 차원으로 이해된다.

방)과 유추변화(체계화)에 쉽게 순응하는 경향이 있다. 그래서 언어학자는 (물론 수집한 자료나 관찰이 해당 음-변화가 일어난 직후로 거슬러 올라가야 하는 경우도 있지만 그런 경우는 무시하고) 음-변화를 다룰 때마다, 항상 이들 다른 인자로 인해 결과적으로 음-변화가 혼란스럽게 보인다는 사실을 확인하게 된다. 사실, 아(亞)음소적 변이형들을 관찰할 때, 우리는 언어적 차용을 통해서 화자들 사이에 분포되어 있거나 유추변화의 방식으로 여러 형태들 사이에 체계화되어 있는 변이형을 발견한다. 미국영어의 중서부 방언 유형에서는 모음의 음량이 변별적이지 않지만, 이 방언권에 속하는 일부 화자들은, 'dark'와 'sharp' 등에서 보듯이 자음군 〔rk, rp〕앞과, 'barter', 'Carter', 'garden', 'marten'(Martin)에서 보듯이 1차 접미사[21] 〔-r, -n̩〕을 뒤에 둔 자음군 〔rd, rt〕앞에서, (항상 그런 것은 아니지만) 습관적으로 음소〔a〕를 정상보다 짧게 발음한다. 그러나 'starter', 'carter'(one who carts), 'harden' 등에서 보듯이, 2차 접미사 〔-r, -n̩〕앞에서는 정상보다 긴 (장모음화한) 변이형이 사용된다. 여기서는 말하자면 단어 내부의 〔a〕가 단모음화하지 않는 단일어(start, cart, hard)의 존재가 정상적인 긴 변이형을 선택하도록 하는 요인이 되었던 것이다. 영어단어 'larder'(구어 목록에는 들어 있지 않음)는 짧은 변이형으로 발음될 수 있지만, 행위자 명사 형태 'larder'(one who lards)는 긴 유형의 〔a〕음소로만 발음될 수 있다. 아(亞)음소적 변이형들의 이와 같은 분포는 유추변화의 결과와 매우 닮아 있는데, 그 기원이 무엇이든 화자들 사이에 퍼진 이런 습관의 분포는 의심할 여지가 없이 언어차용과 동일한 차원에서 취급할 수 있는 모방과정으로 형성된 것이다. 만일 두 변이형 사이의 차이가 변별적이라면, 그때 비교언어학자들은 음-변

---

21) 이 1차 접미사와 조금 아래 나오는 2차 접미사는 기능에 따른 접미사의 분류이다. 어휘음운론에서 말하는 1군 접사(+)와 2군 접사(#)와 유사하다.

화가 일어났다고 말할 것이다. 그러나 이들은 그런 음-변화의 결과에 초기단계부터 차용과 유추변화의 효과가 덧씌워져 있다는 사실도 동시에 발견하게 될 것이다.

어떤 비변별적 변이형이 완전히 소멸된 경우도 흔히 관찰할 수 있다. 18세기 영어에서 'geese', 'eight', 'goose', 'goat' 등과 같은 형태는 장모음 유형 〔i:, e:, u:, o:〕를 가졌는데, 그 이후로 이들 장모음은 이중모음 유형 〔ij, ej, uw, ow〕로 변화했다. 이와 같은 모음의 치환 현상은 영어의 구조와 무관했으며, 따라서 〔i:, e:, u:, o:〕 등의 부호를 사용한 표준영어의 전사체계는 완벽할 정도로 합리적일 가능성이 있다. 이들 음소에서 생리적이고 음향적인 측면에서 절대값의 변화가 일어났음을 알려주는 사람은 오직 음성학자나 음향학자뿐이다. 그렇지만 처음에 지배적 위치를 차지하던 비(非)이중모음 변이형들은 오늘날 완전히 자취를 감추고 말았다. 그래서 이중모음화하지 않은 장모음을 가진 프랑스어나 독일어와 같은 언어를 발음하려는 현대 표준영어 화자들은 이들 유형의 장모음을 발화하는 방법을 익히면서 적잖은 어려움을 겪는다. 표준영어 화자들이 (매우 오래전에 영어에 존재했던) 이들 음향 유형을 조음하기 힘든 것은 프랑스어나 독일어 화자들이 영어의 이중모음화한 음향 유형을 발음하기 힘든 것과 마찬가지이다. 그러므로 역사언어학자의 입을 통해 이런 음성이 자국어에도 오래전에 존재했다는 말을 아무리 신물 나게 듣는다 해도, 모국어에 없는 언어음을 산출하려면 지극히 힘든 학습과정을 거치지 않으면 안 된다.

우리는 습관상의 치환이 해당 언어의 구조에 일정한 변경을 일으킨 경우에 한해 음-변화라는 말을 사용할 수 있다. 미국영어의 일반적인 유형에서는 'got', 'rod', 'not' 등의 형태에서 저모음 〔ɑ〕를 사용하는데, 영국영어에서는 고형인 중간 높이 모음 유형 〔ɔ〕를 지금까지 간

직하고 있다. 미국 표준영어의 일부 유형에서는 'calm', 'far', 'pa' 등
의 형태에서 보듯 이 〔ɑ〕가 〔a〕와 구분된다. 그래서 'bother'는 'father'
와 각운이 맞지 않고, 'bomb'도 'balm'과 동음어가 되지 못하는데,
그것은 이 음운체계에서 아직껏 아무런 모음 치환현상도 일어나지 않
았기 때문이다. 그러나 미국 표준영어의 다른 유형에서는 이들 두 음
소의 높이가 같아졌다. 그래서 'got', 'rod', 'bother', 'bomb', 'balm',
'far', 'pa', father', 'balm' 등은 모두 동일한 저모음 〔a〕를 갖는다.
결과적으로 우리는 이 유형에서 음-변화가 일어났다고 말할 수 있다.
이 유형의 일부 화자들은 (다른 유형의 화자들도 일부 그렇지만) 'bomb'
을 〔bom〕으로 발음하기도 하는데, 이 형태는 언어적 차용에 기인하
는 것으로 정상적인 상관관계를 드러낼 수 없다.

  영어단어 'knee'와 'gnat' 등에 보이는 어두 자음군 〔kn-, gn-〕은
18세기 초반에 폐쇄음을 상실했다. 그 결과로 'knot'과 'not', 'knight'
와 'night', 'gnash'와 'Nash' 등의 단어 쌍이 동음(이의)어가 되었다.
오늘날의 영어 화자들은 이들처럼 어두에 자음군을 갖는 단어, 이를
테면 독일어 'Knie' 〔kni:〕를 발음하려면 매우 힘든 학습과정을 거쳐
야 한다.

  네덜란드와 독일의 접경지대에서는 원시 게르만어 음소 〔θ〕가 〔ð〕
로 변화했다가 다시 〔d〕로 변화했다. 중세의 말기에 이르자 이 〔d〕가
이 지역의 북부에서 원시 게르만어 〔d〕와 동시에 출현하게 되었다.
그리하여 현대 표준 네덜란드어에는 어두에 〔d〕가 분포하는데, 이 가
운데 'dag' 〔dax〕 (day), 'doen' 〔du:n〕 (do), 'droom' 〔dro:m〕 (dream)
등의 단어는 영어에서도 어두 〔d〕가 나타나고, 'dik' 〔dik〕 (thick),
'doorn' 〔do:rn〕 (thorn), 'drie' 〔dri:〕 (three) 등의 단어는 영어에서 어
두 〔θ〕가 나타난다. 결국 영어와 네덜란드어 사이의 차이는 완전히
흔적도 없이 사라져버렸지만, 그 차이를 보존하던 언어로부터 그렇

지 않은 언어로 차용현상이 일어나면 다시 차이가 드러나게 될 수도 있다. 당연한 이야기이지만, 네덜란드어의 화자나 북부 독일어의 화자는 마치 〔θ〕가 자기 언어에 전혀 없었던 것처럼, 이 발음을 배우려면 많은 시간과 노력을 투자하지 않으면 안 되는 것이다.

음-변화를 낳는 변이형의 선택은 일종의 역사적 사건이다. 일단 그런 사건이 한 번 지나가고 나면, 그런 사건이 또 다시 일어나리라는 보장은 없다. 그런가 하면 후대에 일어난 변화과정이 앞선 시대에 일어났던 변화 때문에 사라졌던 동일한 음향 유형을 수용하면서 막을 내릴 수도 있다. 〔wi:n, hu:s〕 등의 용례에 보이는 고대와 중세 영어의 장모음 〔i:, u:〕는 오늘날 'wine', 'house' 등의 단어에서 보듯이 이중모음 유형을 지향하는 변화의 결과로 현대 영어 초기에 자취를 감추고 말았다. 그러나 대략 이와 비슷한 시기에 〔ge:s, go:s〕 등에 보이듯이, 고대와 중세 영어의 중간 높이 장모음은 조음점의 상승을 겪었으며, 그 결과로 18세기 영어는 다시 한 번 'geese'와 'goose' 등과 같은 단어에서 장모음 유형 〔i:, u:〕를 갖게 되었다. 이 새로운 장모음 〔i:, u:〕는 너무 늦게 생성된 관계로, 중세 영어의 고모음 유형을 덮쳤던 〔aj, aw〕 이중모음화라는 변화의 물결에 휩쓸리지 않았다. 마찬가지로 우리는 모음 사이에서 음소 〔s〕를 약화시키던 세대에 속하는 선-그리스어의 화자들이 모음 사이에서 발음되는 단순 자음 〔s〕와 같은 시차적(示差的) 음소를 발음하기가 대단히 어려웠을 것으로 추정할 수 있다. 그러나 이 변화가 지나가고 나자, 중자음 〔ss〕의 단자음화 현상으로 이 음성 유형은 다시 이 언어에 등장했으며, 그리하여 앞선 음성 유형과 무관한 이 새로운 결합 유형 〔este:sa〕(20. 10절)도 다시 발음이 가능해졌다. 우리는 이와 같은 방식을 통해서 일련의 변화가 일어난 순서(상대적 연대기)를 결정할 수 있다. 예를 들어, 선-게르만어 시대에 원시 인도-유럽어 〔b, d, g〕는 원시 인도-유럽어

〔p, t, k〕가 원시 게르만어 〔f, θ, h〕 유형 쪽으로 변화한 다음에야 비로소 원시 게르만어 〔p, t, k〕 유형에 도달할 수 있었을 것이다. 실제로 일련의 게르만어 형태를 조사해 보면, 이들 두 계열의 음소가 동시에 나타나는 일이 없었음이 드러나기 때문이다(20. 2절).

제21장

음성 변화의 유형

21. 1. 바로 앞의 제 20장에서 정의한 바와 같이, 음-변화는 음성을 산출하는 조음운동 습관의 변화이다. 엄밀히 말해 이런 종류의 변화는 해당 언어의 음운체계에 영향을 미치지 않는 한, 아무 의미가 없다. 사실상 아무리 정확한 기록을 확보한다 해도, 특정한 변이형이 언제부터 '역사적 변화'로 불릴 수 있는가를 결정하기란 거의 불가능하다. 영어의 화자들이 'gōs'(현대 영어 *goose*)와 'gēs'(현대 영어 *geese*) 등과 같은 종류의 단어를 발음하면서 고모음을 가진 변이형을 받아들이기 시작했을 때, 이러한 치환현상은 전적으로 무의미한 것이었다. 이 화자들에게는 자신이 발음하는 모음의 음향적 자질을 이전 시대 화자들이 (동일한 단어를) 발음하던 모음의 음향적 자질과 비교할 수 있는 수단과 방법이 전혀 없었기 때문이다. 그러다가 모음의 조음점에서 일어난 변화를 겪지 않은 방언의 발음을 들었을 때도, 이들은 (물론 발음 차이를 인식하게 되었겠지만) 이 차이가 과연 정확하게 어디서 어떻게 일어났는가에 대한 정보를 얻지 못했을 것이다. 음-변화는 오직 음운체계의 변화를 일으키는 경우에만 중요하게 간주된다. 예를 들어, 'sed'〔sɛːd〕(현대 영어 *seed*)에서 볼 수 있는 중세 영어의 모음〔ɛː〕는 조음점이 상승하여 마침내 'ges'〔geːs〕에서 볼 수 있는 모음〔eː〕의 높이와 같아지게 되었다. 이와 같은 모음 높이의 통합

현상은 영어의 모든 단어에서 음소 분포를 변화시켰다. 그리하여 중세 영어에서 단모음 〔e〕는 이른바 '개음절', 곧 중세 영어단어 'ete' 〔ete〕(*eat*)에서처럼, 하나의 다른 모음이 뒤따르는 단일 자음 앞에서 장모음화했다가 궁극적으로 바로 위에서 언급한 장모음과 충돌하게 되었다. 그 결과로 현대 영어의 음운구조는 중세 영어의 음운구조와 서로 달라졌다. 그래서 현재 우리가 발음하는 음소 〔ij〕는 이전 시대에 발음되던 세 음소의 후속 형태인 셈이며, 이와 같은 음소의 통합 현상은 특히 상당수의 동음(이의)어를 만들어냈다.

> 고대와 중세 영어의 〔e:〕는 현대 영어에서 〔ij〕로 변화했다. (예) heel, steel, geese, queen, meet(동사), need, keep
> 고대와 중세 영어의 〔ɛ:〕는 현대 영어에서 〔ij〕로 변화했다. (예) heal, meal(음식, 양식), cheese, leave, clean, lean(야윈), street, mead(목장), meet(적당한)
> 고대와 중세 영어의 〔e〕는 현대 영어에서 〔ij〕로 변화했다. (예) steal, meal(밀가루), weave, lean(기대다), quean, speak, meat, mete, eat, mead(꿀 술)

한편, 이 마지막 변화가 제한된 음성 위치에 국한되어 일어난 관계로, 예전에 동일한 음소를 가졌던 형태들에 다른 음소가 생겨나게 되었다. 이전 시기의 〔e〕는 'weve' < 'weave'에서 보듯이 중세 영어에서 장모음화했지만, 같은 시기에 다른 단어(weft < weft)에는 적용되지 않았다. 마찬가지로 특정한 자음군 앞에서 일어난 장모음의 단모음화를 내용으로 하는 음-변화는 'meadow'(< 고대 영어 〔'mɛ:dwe〕)와 'mead' 사이 혹은 'kept'(< 고대 영어 〔'ke:pte〕)와 'keep' 사이에 모음의 차이를 유발했다.

수백 년 전, 어두 〔k〕는 〔n〕 앞에서 소실되었다. 그 결과 음운체계에 일대 변화가 일어났는데, 그 변화 가운데는 'knot'과 'not', 'knight'와 'night' 등 동음어 단어 쌍의 생성과 'know'와 'knowledge' 및 'acknowledge'에 보이는 〔n-〕과 〔-kn-〕의 교체발생 등이 포함되었다.

21. 2. 대다수 음-변화의 일반적 경향은 주어진 언어형식을 발화하는 데 필요한 (발음기관의) 운동을 간소화하는 쪽으로 이루어진다. 그러므로 자음군은 단순화되는 경우가 많다. 고대 영어의 어두 자음군 〔hr, hl, hn, kn, gn, wr〕은 어두의 자음을 상실했다. (예) 고대 영어 hring > ring, hlēapan > leap, hnecca > neck, cnēow > knee, gnagan > gnaw, wringan > wring. 이들 집합 중에서 〔h〕의 소실은 중세 영어 후기에 일어났고, 다른 자음의 소실은 근대 영어 초기에 일어났다. 우리로서는 어떤 새로운 인자가 이들 단어에 개입하여 여러 세기 동안 변하지 않고 발음되던 자음군을 파괴했는지, 알 길이 없다. 〔h〕-자음군은 아이슬란드어에서 아직 발음되고 있으며, 어두 〔kn〕은 다른 게르만어에 아직 남아 있을 뿐만 아니라(예: 네덜란드어 knie 〔kni:〕, 덴마크어 〔knε:ʔ〕, 스웨덴어 〔knε:〕), 셰틀랜드-오크니 제도(諸島)[1] 및 스코틀랜드 북동부에서 사용되는 영어의 일부 방언에도 남아 있다. 〔gn〕 자음군은 게르만어에 전반적으로 널리 퍼져 있으며 영어에 더욱 광범위하게 퍼져 있다. 〔wr-〕 자음군은 〔vr-〕의 형태로 스칸디나비아어, 표준 네덜란드어를 포함하여 네덜란드와 독일 접경지대의 북부 방언, 영어의 방언에 군데군데 남아 있다. 어떤 인자가 왜 특정한 시간과 장소를 택해 이들 변화를 일으켰는가를 알아내지 못하는 한, 우리는 변화의 원인을 밝혀냈다고 주장할 수 없다. 다시 말해 우리는 변화의 발생을 예측할 수 없는 것이

---

1) The Shetland and Orkney Islands. 스코틀랜드 북북동 쪽에 자리 잡고 있는 군도.

다. 화자에게 우선적으로 선택된 변이형에 내재된 상대적 단순성이 한 가지 항구적인 인자가 될 수는 있지만, 그렇다고 이 인자와 변화 자체의 상관성이 명확하게 해명될 수 있다는 뜻은 물론 아니다.

어말 자음군의 단순화는 훨씬 더 보편적으로 일어나는 현상이다. 원시 인도-유럽어 *(peːts)('발'의 단수 주격)는 산스크리트어에서 (paːt)로 나타나고, 라틴어에서 'pes'로 나타난다. 그리고 원시 인도-유럽어 *('bheronts)('태도'의 남성 단수 주격)는 산스크리트어에서 ('bharan)으로 나타나고, 라틴어에서 'ferens' (ferens)로 나타났다가 나중에 ('fereːs)가 되었다. 어말에 자음을 하나만 허용하는 발음습관(8.4절)과 앞서 기술한 형태론적 교체현상(13.9절)을 낳은 것은 바로 이와 같은 유형의 변화이다. 그러므로 폭스어에 (ahkoːhkwa, ahkoːhkoʼki)로 반영된 원시 중부 알공키안어 *(axkehkwa)(솥)와 이 단어의 복수형 *(axkehkwaki)는 크리어에서 마지막 모음과 자음군 일부를 상실해 (askihk, askihkwak)으로 나타나고, 메노미니어에서 (ahkɛːh, ahkɛː hkuk)으로 나타난다. 그리하여 이들 언어의 복수형에는 단수형의 존재로 결정할 수 없는 자음군이 포함되어 있다. 영어에서는 어말의 (ŋg)와 (mb)가 폐쇄성을 상실했으며, 그에 따라 'long'-'longer' (lɔŋ-lɔŋgr), 'climb'-'clamber' (klajm-'klɛmbr̩)의 대립이 생겨났다.

어말에 위치한 단일 자음도 약화되거나 사라지는 경우가 있다. 선-그리스어에서는 원시 인도-유럽어 *(tod) (that) (산스크리트어 (tat) 및 그리스어 (to))에 나타나는 어말 (t, d)가 소실되었고, 원시 인도-유럽어 *(juʼgom) (yoke), 산스크리트어 (juʼgam)(그리스어 (zuʼgon))에 나타나는 어말 (m)은 (n)이 되었다. 이와 동일한 변화는 선-게르만어에서도 일어났던 것으로 보인다. 어말 자음이 모두 소실되면, 모든 단어가 모음으로 끝나는 음성 패턴(개음절)이 생겨나게 되는 수가 많다. 고대 불가리아어 (to) (that)나 (igo) (yoke)와 같은 형태에서 목격할 수 있듯이, 이러한 상황이 실제로 선-슬라브어에서 일어났다. 이런 종류의 변화는 사모아어에서 일어난 변화(13.9절)와 같은 형태론적 상황을 설명할 수 있다. 즉, 〔inu〕(음료)와 같은 사모아어 형태는 이보다 고형인 *〔inum〕을 계승한 형태인데, 이 고형의 어말 자음은 〔i'num〕과 같이 타갈로그어에 보존되어 있다.

이러한 종류의 변화가 어두나 혹은 어말에서 (더욱 빈번하게) 일어날 때, 우리는 변화를 겪은 언어들이 당시에 단어 단위를 표시하는 모종의 음성적 신호를 가졌다고 상정하지 않으면 안 된다. 만일 한 단어의 시작이나 끝이 특징적인 어두나 어말 발음을 갖지 않는다면, 이들 형태는 변화를 겪지 않고 연성(連聲) 형태로 살아남을 것이다. 그러므로 중세 영어에서 어말 자음 〔n〕은 'eten' > 'ete'(*eat*)에서 보듯이 소실되었지만, 모음 앞에 오는 관사 'an'은 (어말 위치의 음성 자질을 갖지 않았으므로) 마치 후속하는 단어의 일부처럼 틀림없이 발음이 되었을 것이다. 그리하여 이런 경우에 〔n〕은 (어말 〔n〕처럼) 소실되지 않고, (어중 〔n〕처럼) 보존되었다. (예) a house‐an arm. 라틴어 'vōs'(ye)는 프랑스어 'vous'〔vu〕가 되지만, 'vōs amātis'(*ye love*)와 같은 구절 형태의 라틴어는 'vous aimez'〔vuz eme〕처럼 연음2)을 취해 발음하던 습관 그대로 프랑스어에 반영되어 있다. 라틴어 'est'(*he is*)는 프랑스어에 들어와서 'est'〔ɛ〕가 되었지만, 'est ille?'(*Is that one?*)과 같은 구절 형태의 라틴어는 프랑스어에서 연음 형태인 'est-il?'〔ɛt i?〕(*is he?*)로 나타난다. 마찬가지로 원시 인도-유럽어 *〔'bheronts〕는 위에서 언급한 대로 산스크리트어에 〔'bharan〕으로 반영되어 있을 뿐만 아니라, 다음 단어가 〔t〕로 시작하는 경우에 〔'bhara"s 'tatra〕(*carrying there*)에서 보는 바와 같이 산스크리트어에

---

2) 앞에 나온 '연성'(連聲)과 같은 개념인데, 프랑스어에서는 '연음'(連音, *liason*) 이라고 한다.

서 연성 〔s〕를 덧붙여서 발음하는 형태로 나타나기도 한다.

21. 3. 자음군 단순화는 음-변화의 결과로 흔히 나타난다. 그러므로 선-라틴어 *〔fulgmen〕(번개 섬광)은 라틴어 'fulmen'으로 발달한다. 여기서 자음군 〔lgm〕은 음-변화에 의해 〔lm〕이 되었지만, 'fulgur'(섬광)에 보이는 자음군 〔lg〕는 변화하지 않았으며, 'agmen'(군대)에 보이는 자음군 〔gm〕도 변화하지 않았다. 그와 같은 변화를 기술할 때, 우리는 환경을 '조건/촉발인자'라고 부른다. 예를 들어, 'fulgur'나 'agmen'과 같은 경우에는 촉발인자들 가운데 하나가 결여되었다고 말하고, 그에 따라서 〔g〕가 보존되었다고 말한다. 그러나 이러한 진술은 정확하지 않다. 왜냐하면 이 변화는 사실 〔lgm〕이 〔lm〕으로 바뀐 변화였으며, 따라서 애초부터 'fulgur'이나 'agmen'과 같은 용례는 변화와 무관했던 것이다. 그러나 이 술어를 사용하면 편리한 경우가 적지 않다. 조건적 변화의 결과는 흔히 형태론적 교체로 나타나게 된다. 그러므로 라틴어에서 우리는 'agere'(to lead)와 'agmen'(군대), 'fulgere'(to flash)와 'fulmen'(번개의 섬광)의 비교를 통해 (명사화) 접미사 '-men'을 추출하게 된다. 마찬가지로 선-라틴어의 〔rkn〕은 〔rn〕이 되었다. 그래서 (형용사화) 접미사의 존재를 추출해낼 수 있는 단어 쌍의 목록에 'pater'(father)와 'paternus'(paternal) 이외에 'quercus'(oak)와 'quernus'(oaken)의 용례도 추가할 수 있다.

자음이나 모음의 무리는 흔히 동화(同化)를 거쳐 변화한다. 동화란 한 음소를 산출하기 위한 음성기관의 위치가 다른 음소의 산출을 위한 음성기관의 위치를 닮아서 변하는 현상을 말한다. 동화현상 가운데서 보편적인 유형은 선행 음소가 변화하는 역행 동화이다.

그러므로 자음의 유성화나 무성화는 후속 자음의 유·무성 여부에 따라 결정되는 경우가 많다. 'goose'와 'house'의 무성 자음 〔s〕는

(유성음을 초성으로 가진) 다른 형태소와 결합한 'gosling'과 'husband'에서 〔z〕로 유성화했다. 이는 다시 형태론적 교체현상을 일으킬 수 있다. 러시아어의 역사를 보면, 두 단모음(여기서는 〔I〕와 〔U〕로 전사됨)의 소실로 자음군이 생성되었다. 이 자음군에서 폐쇄음이나 마찰음은 후속 폐쇄음이나 마찰음의 유·무성 여부에 동화되었다. 이들 고형은 고대 불가리아어에서 찾아볼 수 있는데, 여기서는 문제의 변화가 일어나지 않았다. 따라서 고대 불가리아어 *〔'svatIba〕(결혼)는 러시아어에서 〔'svadba〕가 된다. cf. 러시아어 〔svat〕(매파). 고대 불가리아어 〔otUbe:ẑati〕(도망치다)는 러시아어에서 〔odbe'ẑat〕로 나타난다. cf. 고대 불가리아어 단일어 〔otU〕(from, away from) : 러시아어 〔ot〕. 반면에 고대 불가리아어 〔podUkopati〕(잠식하다)는 러시아어에서 〔potko'pat〕로 나타난다. (예) 고대 불가리아어 〔podU igo〕(under the yoke) : 러시아어 〔pod igo〕.

동화는 연구개와 혀 또는 입술의 운동에 영향을 미칠 수 있다. 만일 관련 자음들[3] 사이에 존재하는 차이가 그대로 남았다면, 그 동화는 불완전 동화이다. 그러므로 원시 인도-유럽어 *〔'swepnos〕(잠)와 산스크리트어 〔'svapnah〕가 라틴어에서 'somnus'가 된 것처럼 선-라틴어의 〔pn〕이 〔mn〕으로 동화된 것은 불완전 동화이다. 만일 자음들 사이에 존재하는 차이가 깨끗하게 사라졌다면 그 동화는 완전 동화이며, 이탈리아어 'sonno'〔'sɔnno〕에서 보듯이 그 결과는 장(長)자음이 된다. 마찬가지로 라틴어 'octō'(8)는 이탈리아어에서 'otto'가 되고, 라틴어 'ruptum'(깨진)은 이탈리아어에서 'rotto'〔rotto〕가 되었다.

순행 동화에서는 후행 자음이 바뀐다. 따라서 선-라틴어 *〔kolnis〕(언덕)는 라틴어에서 'collis'가 된다. cf. 리투아니아어 〔'ka:lnas〕(산).

---

3) 동화주와 피동화음.

영어단어 'hill'은 선-게르만어에서 동일한 변화(〔ln〕 > 〔ll〕)를 겪었다. (예) 원시 인도-유럽어 *〔pḷ:'nos〕(*full*), 산스크리트어 〔puːrˈNah〕, 리투아니아어 〔pilnas〕: 원시 게르만어 *〔follaz〕, 고트어 fulls, 고대 영어 full / 원시 인도-유럽어 *〔wḷːnaː〕(wool), 산스크리트어 〔uːrˈNaː〕, 리투아니아어 〔vilna〕: 원시 게르만어 *〔wolloː〕, 고트어 wulla, 고대 영어 wull.

21. 4. 위에서 언급한 현상과 다른 상당수의 자음 변화도 성격상 동화로 간주할 수 있다. 따라서 다양한 언어의 역사에서 일어났던 어말 자음의 무성화 현상도 역행 동화의 일종으로 취급할 수 있다. 그러니까 이런 경우에는 어말 자음을 조음하는 동안에 발화가 끝나면서, 조음기관이 (개방되는) 성대의 위치를 미리 닮게 되는 것이다. 표준어를 포함한 네덜란드와 독일 접경지대의 여러 방언은 모든 어말 폐쇄음과 마찰음을 무성화했다. 그 결과로 어중 유성음(13. 9절) 과 어말 무성음의 교체현상이 일어났다.

고대 고지독일어 tag(날〔日〕) > 신(新)-고지독일어 Tag 〔taːk〕,
　　　　　　　　 cf. 복수 taga > Tage 〔taːge〕
고대 고지독일어 bad(목욕) > 신(新)-고지독일어 Bad 〔baːt〕,
　　　　　　　　 cf. 속격 bades > Bades 〔baːdes〕
고대 고지독일어 gab(he gave) > 신(新)-고지독일어 gab 〔gaːp〕,
　　　　　　　　 cf. 복수 gābun > gaben 〔gaːben〕

유성 자음은 연성 위치, 즉 발화의 끝에 오지 않는 통상적인 구 유형에서 보존될 수 있다. 이러한 현상은 표준 독일어에서 일어나지 않는다. 여기서는 어말 (무성) 형태가 모든 단어 단위에 나타나기 때문이다. 그러나 러시아어에서는 고형 〔podu〕가 모음 소실 후에 〔pot〕가

된 어말 형태 이외에, 〔pod igo〕 (*under the yoke*) 와 같은 구 유형도 존재한다. 네덜란드어에서도 고형 'hebbe' (*I have*) 가 어말 모음이 소실된 이후에, 'ik heb' 〔ek 'hep〕에서 보듯이, 〔p〕를 동반한 어말 형태로 나타나기도 하고, 구 연성 유형 'heb ek?' 〔heb ek?〕 (*have I?*) 으로 나타나기도 한다. 이것이 바로 회고적 연성 (12.5절)의 기원이다.

상당히 보편적인 또 한 가지 변화 유형은 모음이나 기타 개구음(開口音)[4] 사이에 위치한 자음의 약화현상이다. 이러한 현상은 동화와 유사하다. 선·후행 음성이 개구음이거나 유성음일 때, 폐쇄작용의 축소 또는 폐쇄음이나 마찰음의 유성화 현상이 일어나는데, 이는 조음운동의 경제성을 반영하기 때문이다. 'water', 'butter', 'at all' 등에서 보듯이 (6.7절), 미국영어에서 〔t〕의 유성 변이음, 즉 탄설음이 나타나게 된 것도 바로 이러한 유형의 변화 때문이었다. 라틴어에서 모음 간 〔p, t, k〕는 로망스 제어에서 대체로 약화된다. 예를 들어, 라틴어 'rīpam'(둑, 해안), 'sētam'(비단), 'focum'(난로)은, 〔b, d, g〕가 주로 마찰음의 특징을 갖는 스페인어에서 'riba', 'seda', 'fuego' (불)로 나타나고, 프랑스어에서 'rive', 'soie', 'feu' (ri:v, swa, fø)로 나타난다. 선-그리스어와 같은 일부 언어에서는 모음 간에서 〔s, j, w〕와 같은 음성이 소실되었다. 폴리네시아 제어도 그렇고 중세 인도-아리안 제어도 어느 정도 그렇지만, 이들 언어에서는 방금 인용한 프랑스어 형태에서 보듯이 고형(古形) 어중 자음 구조가 소실된다. 영어 발달사에서는 〔v〕의 소실이 두드러진다. (예) 고대 영어 〔ˈhɛvde, ˈhavok, ˈhlaːvord, ˈhlaːvdije, ˈheːavod, ˈnavogaːr〕 > 현대 영어 had, hawk, lord, lady, head, auger. 이 변화는 13세기에 일어났던 것으로 보인다.

---

4) 간극이 전무한 폐쇄음을 제외한 자음과 모든 모음이 '개구음' (*open sound*) 이 될 수 있다.

만일 어떤 변화의 촉발인자가 뒤따르는 변화 때문에 제거된다면, 그 결과는 불규칙적 교체현상으로 나타난다. 예를 들어, 아일랜드어 어두 자음의 연성 교체현상도 바로 이런 방식으로 일어났다. 이 언어의 역사를 살펴보면, 모음 간 폐쇄음이 마찰음으로 약화되었다. (예) 원시 인도-유럽어 *〔'pibo:mi〕(*I drink*), 산스크리트어 〔'piba:mi〕: 고대 아일랜드어 'ebaim' 〔'evim〕. 이 단계의 언어는 단어 단위에 대한 음성적 인식이 분명히 희박했을 것이다. 그리하여 아일랜드어는 조밀하게 결속된5) 구에서 이 변화가 나타났으며, 그에 따라 *〔eso bowes〕 (*his cows* / cf. 산스크리트어 〔a'sja 'ga:vah〕)는 독립형 〔ba:〕(*cows*)와 대립되는 〔a va:〕가 되었다. 이러한 유형의 연성은 제한된 수효의 용례에 보존되어 있다. 예를 들어, 대명사 〔a〕(*his*)가 그러한 경우에 해당한다. 마찬가지로 모음 간 〔s〕는 〔h〕로 약화되었다가 탈락했다. 예를 들어, 원시 인도-유럽어 *〔'sweso:r〕(자매), 산스크리트어 〔'svasa:〕는 먼저 *〔'sweho:r〕가 되었다가 고대 아일랜드어 'siur'가 된 것으로 추정된다. 어말 〔s〕도 마찬가지로 탈락했다. 예를 들어, 골어(*Gallic*) 'tarbos'(황소)는 고대 아일랜드어에서 'tarb'로 나타난다. 그렇다면 우리는 모음 간 〔s > h〕 변화가 긴밀하게 결속된 구에서도 일어나서 그 결과로 *〔esa:s o:wjo〕(*her egg*)(〔-s〕에서 온 〔-h〕를 갖는 산스크리트어 〔a'sja:h〕와 비교해 볼 것)는 현대어에서 독립형 〔uv〕(*egg*)와 대립되는 〔a huv〕(*her egg*)가 되었다고 추정할 수 있다. (이 습관은 특정한 결합, 이를테면 'her'를 뜻하는 단어 다음에서만 보존되었다.) 마찬가지로 〔m〕는 처음에 〔n〕로 변화했다가 나중에 어말에서 탈락했지만, 모음 간에서는 보존되었다. (예) *〔neme:tom〕(*holy place*), 고대 골어 〔neme:ton〕, 고대 아일랜드어 'nemed'. 〔m〕가 〔n〕로 변화한 단계에서 고형 *〔sen-to:mo:wjo:m〕(*of these eggs* / 그리스어 복수 속격

---

5) 내부에 휴지(#)가 존재하지 않는 연접을 뜻하는 표현으로 이해된다.

〔ˈtoːn〕과 비교해 볼 것)은 독립형 〔uv〕과 대립되는 현대 어형 〔na nuv〕
이 되었다. 이와 비슷하면서도 조금 복잡한 발달과정으로는 〔an tuv〕(*the egg*)에서 볼 수 있는 연성 형태와 어두 〔t〕의 교체현상을 들 수 있다.
이 현상은 결국 원시 인도-유럽어의 중성 단수 주격과 대격 대명사
형태가 〔d〕로 끝난다는 사실에 기인하는 것이다. (예) 산스크리트어
〔tat〕(*that*), 라틴어 id(*it*).

우리는 베르너가 발견한 선-게르만어의 음-변화(18.7절, 20.8절)
를, 무성 마찰음 〔f, θ, h, s〕가 악음(樂音)6) 사이에서 유성 마찰음
〔v, ð, ɣ, z〕로 약화된 현상으로 해석할 수 있다. 그런데 이 변화가
선행 모음이나 이중모음이 강세를 받지 않는 일부 용례에만 제한적으
로 나타난다는 것은, 동일한 약화의 맥락에서 더욱 깊이 있는 해석을
필요로 한다. 두드러진 강세를 받는 모음을 발음하고 나면 성대 후면
에 상당량의 호흡이 축적되기 때문에, 무성 마찰음의 조음을 위한 개
방이 유성음의 조음을 위한 폐쇄보다 훨씬 수월하다. 그렇지만 이
와 같은 해석을 원인적 설명이라고 평가하기는 힘들다. 무성 마찰음
이 모음 간에서도 그대로 보존되어 있는 많은 언어가 있는가 하면,
선행 모음에 얹히는 현저한 강세에도 상관없이 이들 마찰음을 유성
음으로 변화시켜버리는 언어도 있기 때문이다. 한편 여기서도 촉발인
자는 나중에 다른 변화에 의해 사라질 수 있다. 선-게르만어 초기에
*〔werˈθonon〕(*to become*)과 *〔wurðuˈme〕에서 볼 수 있는 〔θːð〕의 교체
는 강세의 위치에 의존했다. 그러다가 강세가 모든 단어의 첫째 음절
에 얹히는 유형으로 변화하자, 원시 게르만어 *〔werˈθanan - ˈwurdume〕와

---

6) 음향적인 특징을 토대로 말소리를 분류하면 악음과 소음, 순간음으로 나눌
수 있는데, 이 가운데 악음은 노래를 부를 수 있는 소리를 말한다. 악음에
속하는 소리는 모두 고저, 강약, 장단의 조절이 가능하다. 말소리 중에서
모음과 활음(반모음), 비음, 유음 등이 이 범주에 속한다. 8.2절 참고.

고대 영어 (weorθan - 'wurdon)의 교체현상도 자의적인 불규칙성을 띠게 되었다. 이는 원시 게르만어 *('wase - 'we:zume) 교체가 현대 영어에서 'was' - 'were' 교체로 나타나는 현상과 유사하다. 이와 유사한 변화가 한참 후에 영어 발달사에서 일어났는데, 이 변화를 통해 우리는 보편적인 발음 유형에서 나타나는 'luxury' - 'luxurious' ('lokšrij - log'žuwrjos)의 차이와 'possessor' (po'zesr)와 같은 형태에서 볼 수 있는 프랑스어 (s)에 대한 두 가지 취급양상을 설명할 수 있다. 이 변화에는 접미사의 무강세 모음 다음에서 일어나는 고형 (s)의 유성화도 포함되었다. (예) glasses, misses, Bess's. 한편 'dice'('주사위'의 복수)나 'pence'와 같은 소수 형태에는 강세 모음 다음에서 (s)가 보존되어 있다. 이 변화가 일어난 직후에 강세 형태들은 분명히 'off' (of), 'with' (wiθ), 'is' (is), 'his' (his)가 되고, 무강세 형태들은 'of' (ov), (wið, iz, hiz)가 되었다. 그러나 이와 같은 교체는 지금 자취를 감추었다. 이 가운데 'off'와 'of'는 유추변화로 분포가 바뀌었고, (wiθ)는 (wið)의 변이형으로 살아남았으며, 'is'와 'his'의 (s) 형태는 언중의 용법에서 완전히 사라지고 말았다.

21. 5. 자음은 선행 모음이나 후속 모음을 발음하는 혀의 위치에 동화되는 경우가 빈번하다. 가장 흔한 사례는 특히 치음과 연구개음이 후행하는 전설모음에 동화되는 경우이다. 이는 구개음화로 알려져 있다. 영어사에서 음소의 교체를 일으키지 않는 이러한 유형의 변화는 그리 오래되지 않은 시점에 발생했던 것으로 보인다. 그래서 음성학자들은 (k, g)를 발음할 때 일어나는 혀의 접촉이 후설모음보다 전설모음 앞에서 더욱 전진했다는 주장을 편다. (kin, keep, kept, give, geese, get : cook, good) 선-영어에서는 동일한 종류의 변화가 발생해서 음운구조의 교체를 가져왔다. 우선 (g)의 구개음화한 형태

(이 음소는 모름지기 마찰음의 속성을 가졌을 것임)가 다른 음소 〔j〕와 일치했다. 예를 들어, 이전 시기의 음소분포가 그대로 남아 있는 북 게르만어(고대 색슨어)에서 분기한 일련의 동족어 형태를 비교해 보면, 음소분포의 변화가 뚜렷하게 나타난다.

북게르만어	선-영어	>	고대 영어		> 현대 영어
gold	*〔gold〕		gold	〔gold〕	gold
gōd	*〔go:d〕		god	〔god〕	good
gelden	*〔'geldan〕		gieldan	〔'jeldan〕	yield
garn	*〔gɛrn〕		gearn	〔jarn〕	yarn
jok	*〔jok〕		geoc	〔jok〕	yoke
jār	*〔jɛ:r〕		gear	〔je:ar〕	year

선-영어의 구개음화가 시간의 흐름에 따라 영어의 구조에 미친 또 다른 영향은 (음-변화의) 조건인자를 불투명하게 만든 작용으로 생겨 난 것이었다. 선행하는 연구개자음에 영향을 미치지 않았던 후설모 음 〔o, u〕는 일정한 조건 아래서 전설모음 〔ø, y〕로 변화했다가,[7] 다시 〔e, i〕가 되었는데,[8] 이때 이들 음소는 구개음화를 유발했던 원래의 전설모음과 일치하게 되었다(음소 합류). 그래서 후대의 영어에서는 구개음화한 연구개 자음과 구개음화하지 않은 연구개 자음이 모두 전설모음 앞에 출현하게 되었던 것이다.

원래의 전설모음 앞에서 나타나는 구개음화한 연구개 자음은 다음과 같다.

---

7) 전설모음화(움라우트).
8) 원순성을 잃은 평순모음화.

선-영어	>	고대 영어		>	현대 영어
*〔kɛːsi〕		ciese	〔kiːese〕		cheese
*〔kinn〕		cinn	〔kin〕		chin
*〔ˈgeldan〕		gieldan	〔ˈjeldan〕		yield
*〔gɛrn〕		gearn	〔jarn〕		yarn

새로 생성된 전설모음 앞에서 나타나는 구개음화하지 않은 연구개 자음은 다음과 같다.

선-영어	>	고대 영어		>	현대 영어
*〔ˈkoːni > ˈkøːni〕		cene	〔ˈkeːne〕		keen
*〔ˈkunni > ˈkynni〕		cynn	〔kyn〕		kin
*〔goːsi > ˈgøːsi〕		ges	〔geːs〕		geese
*〔ˈguldjan > ˈgyldjan〕		gyldan	〔ˈgyldan〕		gild

이와 동일한 종류의 제 3인자는 후대의 음-변화에 의한 조건 자질 (조건적 변화의 환경), 즉 구개음화를 일으켰던 전설모음 〔e, i, j〕의 소실이었다.

문제의 시점에서 구개음화한 연구개 자음이 전설모음을 뒤에 둔 경 우는 다음과 같다.

선-영어	>	고대 영어		>	현대 영어
*〔ˈdrenkjan〕		drencean	〔ˈdrenkan〕		drench
*〔ˈstiki〕		stice	〔ˈstike〕		stitch
*〔ˈsengjan〕		sengan	〔ˈsengan〕		singe
*〔ˈbryggju〕		brycg	〔ˈbrygg〕		bridge

구개음화하지 않은 연구개 자음이 전설모음을 뒤에 두지 않은 경우는 다음과 같다.

선-영어	>	고대 영어	>	현대 영어
*('drinkan]		drincan ('drinkan]		drink
*('stikka]		sticca ('stikka]		stick
*('singan]		singan ('singan]		sing
*('frogga]		frogga ('frogga]		frog

우리가 구개음화라고 부르는 음-변화는 먼저 해당 자음을 구개음화한 변이음으로 변화시킨다. 앞서 용례에서 살펴본 바와 같이 [č, ǰ, j]를 가진 현대 영어 형태는 이들 구개음화한 변이음이 지속적으로 변화를 경험하게 된다는 사실을 보여준다. 사실, 이러한 변화는 방향이 다양할지 모르지만 지극히 보편적이다. 연구개음과 치음의 경우, 파찰음 유형 [č, ǰ]와 치찰음 유형(정상적인 음성 [s, z]와 비정상적인 음성 [š, ž]를 모두 포함함)은 매우 높은 빈도로 출현한다. 현대 영어에서는 'virtue, Indian, session, vision [vrčuw, 'inǰṇ, 'sešṇ, 'vižṇ]' 등의 단어에서 보듯이 [tj > č, dj > ǰ, sj > š, zj > ž]의 발달과정을 겪게 된다. [vrtjuw, 'indjṇ]의 발음형처럼 더욱 공식적인 상황에서 사용되는 변이형태들은 후대의 변화로 생성되었다. 로망스 제어는 구개음화한 연구개 자음의 다양한 발달양상을 보여주고 있다.

	라틴어	> 이탈리아어	> 프랑스어	> 스페인어
'100'	centum	cento	cent	ciento
	[kentum]	[čɛnto]	[saⁿ]	[θjento]
'씨족'	gentem	gente	gens	gente
	[gentem]	[ǰente]	[žaⁿ]	[xente]

프랑스의 일부 지역에서는 〔a〕 앞에서 〔k〕가 구개음화한 모습을 보인다. 중세에는 영어에 다량의 프랑스어 어휘가 유입되었는데, 이때 이 연구개 자음은 〔č〕 단계에 이르렀다. 예를 들어, 라틴어 'cantare' 〔kan'taːre〕는 고대 프랑스어에서 'chanter' 〔čan'teːr〕가 되었다가 영어에 유입되어 'chant'로 나타난다. 마찬가지 경로를 거쳐 라틴어 'cathedram' 〔'katedram〕은 영어에서 'chair'로 나타나고, 라틴어 'catenam' 〔ka'teːnam〕은 영어에서 'chain'으로 나타나며, 라틴어 'cameram' 〔'kameram〕은 영어에서 'chamber'로 나타난다. 현대 표준 프랑스어에서는 이 변화가 더욱 진행되어 〔č〕가 〔š〕로 발음된다. (예) chanter, chaire, chaîne, chambre 〔šaⁿte, šɛːr, šɛːn, šaⁿbr〕.

구개음화는 슬라브 제어의 역사에서 중요한 역할을 했다. 구개음화는 발생할 때마다 그 결과가 달랐으며, 그에 따라 순음을 포함한 모든 유형의 자음에 영향을 미치게 되었다.

촉발인자(동화주)가 후대의 변화에 의해 불투명해진 경우의 구개음화는 인도-유럽어학의 발달에서 중요한 역할을 했다. 인도-이란 제어에서는 한 모음 〔a〕가 다른 인구 제어의 세 모음 〔a, e, o〕와 대응한다. 예를 들어, 라틴어 'ager'(들판), 'equos'(말), 'octō'(8) 등의 단어는 산스크리트어 〔'ajrah, 'açvah, aš'taːw〕 등의 단어와 동족어이다. 한동안 연구자들은 인도-이란 제어에 원시 인도-유럽어의 상황이 보존되어 있으며, 선-유럽 공통어 시기에 일어난 후대의 변화가 유럽 제어의 다양한 모음을 낳았다고 믿었다. 인도-이란 제어는 〔a〕 앞에서 원시 인도-유럽어 연구개 자음 〔k, g〕가 변화를 겪지 않고 그대로 나타나는 수도 있고, 〔č, ǰ〕로 나타나는 수도 있었기 때문이다. 1870년대 들어 일부 연구자들은 이들 후자의 반사형이 구개음화의 결과이며, 유럽 제어에서 〔e〕를 갖는 경우와 상관성이 있다는 사실을 각각 독자적으로 밝혀냈다. 그러므로 우리는 유럽 제어의 후설모음과 인도-이란어의 연구개 폐쇄음 사이의 대응관계를 다음과 같이 진술할 수 있다.

원시 인도-유럽어 *[kʷod], 라틴어 quod [kwod] (*what*) : 산스크리트어 kat- (합성어 제 1구성원)
원시 인도-유럽어 *[gʷoːws], 고대 영어 cu [kuː] (*cow*) : 산스크리트어 [gaːwh]

반면에, 유럽 제어의 전설모음 [e]와 인도·이란어의 (연구개 폐쇄음 대신) 파찰음에 대해서는 다음과 같은 대응관계를 수립할 수 있다.

원시 인도-유럽어 *[kʷe], 라틴어 que [kwe] (*and*) : 산스크리트어 [ča]
원시 인도-유럽어 *[gʷeːnis], 고트어 qens [kweːns] (*wife*) : 산스크리트어 [-ǰaːnih] (합성어 최종 구성원)

이상과 같은 사례를 검토해볼 때, 인도-이란어에서 한결같은 모습으로 나타나는 음소 [a]는 후대의 발달에 기인하는 것으로 결론지을 수 있다. 다시 말해서 선-인도-이란어에는 다른 모음들과 구분되는 모음 [e]가 존재했는데, 바로 이 [e]가 앞에 오는 연구개 폐쇄음의 구개음화를 일으켰던 것이다. 나아가서 이 [e]가 다른 유럽 제어의 모음 [e]와 일치하기 때문에, [e]와 다른 모음의 구분이 원시 인도-유럽어에 존재했던 것이 분명하고, 따라서 유럽 제어에서 일어난 공통의 개신(改新)에 기인하는 것이 절대 아니다. 이 발견은 원시 인도-유럽어와 (인도-이란어와 대비되는) 유럽 제어 사이의 공통어 설정 필요성 논쟁에 종지부를 찍었다.

21. 6. 자음의 약화나 탈락은 앞에 오는 모음의 보상적 장음화를 수반하는 일이 있다. 오늘날까지 북부 방언에 보존되어 있는 고대 영어의 음소 결합 [ht]는 대부분의 지역에서 [h]를 상실하고 앞에 오는 모음을 장모음으로 만들었다. 그래서 고대 영어 'niht' [niht, nixt]와 현대 스코틀랜드어 [nixt, next]는 [ni:t]가 되었으며, 여기서 현대 영어 'night' [najt]가 나왔다. 9) 모음의 보상적 장음화를 수반하면서 유성 비성절음 앞에서 일어나는 치찰음의 탈락현상은 상당히 보편적이다. (예) 선-라틴어 *['dis-lego] (*I pick out*, *I like*) > 라틴어 dīligō (이 형태를 dispendō [*I weigh out*]의 dis- 및 legō [*I pick*, *gather*]와 비교해 볼 것) : 초기 라틴어 cosmis (종류) > 라틴어 cōmis : 선-라틴어 *['kaznos] (회색 머리칼의) > 라틴어 cānus [이 형태를 인근 이탈리아 파엘리냐 (Paelignian) 방언의 casnar (노인)와 비교해 볼 것] : 원시 인도-유럽어 *[nisdos] (둥지) [(예) 영어의 nest] > 라틴어 nīdus.

만일 탈락한 자음이 비음이라면, 앞에 오는 모음이 비음화하는 수가 많은데 이때 보상적 장음화를 비롯한 다른 변화가 수반될 수도 있고 그렇지 않을 수도 있다. 이 현상이 바로 프랑스어를 비롯한 많은 언어에서 나타나는 비모음 (鼻母音, *nasalized vowel*)의 기원이다. (예) 라틴어 cantāre > 프랑스어 chanter [šãte], 라틴어 centum > 프랑스어 cent [sã]. 고대 게르만어 형태론은 고트어의 단어 쌍 ['bringan-'braːhta] (*bring*, *brought*), ['θankjan-'θaːhta] (*think*, *thought*)에서 보듯이, 비음을 가진 형태와 비음을 갖지 않은 형태를 나란히 보여준다. 여기서 비음 [n]이 없는 형태는 모두 장모음을 바로 뒤따르는 [h] 음을 갖는다. 그렇다면 이들 형태에서 [n]의 탈락이 보상적 장음화를 일으켰을지 모른다는 의문을 가질 수 있는데, 이러한 의문은 다음과 같은 다른 인구 제어 형태와의 비교를 통해 확신을 얻게 된다. (예)

---

9) /iː/ > /aj/ 변화는 영어의 모음 대추이로 설명할 수 있다.

라틴어 vincere(정복하다) : 고트어 〔'wi:han〕(싸우다). 나아가서 우리는 자기 모국어에서 〔θe:l〕(서류철)(< *〔'θinhlo:〕)과 같은 형태에 비모음이 있었다는 12세기 아이슬란드 문법학자의 진술도 확보하고 있다. 고대 영어에서는 다른 게르만 제어의 모음 〔a:〕가 〔'bro:hte〕(*brought*)와 〔θo:hte〕(*thought*)에서 보듯이 〔o:〕로 나타나고 있다. 그러므로 이와 같은 분기(分岐) 모음의 자질10)은 이전 시기에 일어났던 비음화의 반사형으로 볼 수 있는데, 그것은 다른 사례에서도 고대 영어가 이전 시기의 비음화한 〔a〕의 반사형으로 〔o:〕를 보여주기 때문이다. 〔h〕 앞의 〔n〕 탈락은 선-게르만어에서 일어났다. 대부분의 게르만어 방언에서는 (〔h〕 이외의) 다른 무성 마찰음 〔f, s, θ〕 앞에서 〔n〕이 남아 있었지만, 영어와 프리슬란드어 및 인근 방언에서는 이 비음이 소실되면서 보상적 장음화가 발생했다. 이들 사례에서도 우리는 고대 영어의 〔o:〕가 장모음화와 비음화를 겪은 〔a〕의 반사형임을 알 수 있다. 따라서 'five, us, mouth, soft, goose, other' 등의 단어는 가장 오래된 게르만어 문헌자료에 〔finf, uns, mund, sanfto, gans, 'ander〕(〔d〕는 고형 〔θ〕의 반사형임) 등으로 나타나지만, 고대 영어에는 〔fi:f, u:s, mu:θ, 'so:fte, go:s, 'o:ðer〕로 나타난다.

자음이 모음 사이에서 소실되었을 때, 그 결과로 생성되는 모음의 연속은 축약과정을 거쳐 단일 모음이 되거나 이중모음을 형성하는 경우가 많다. 영어의 초기 기록을 보면, 모음 사이에서 〔h〕가 나타나지만, 이 /h/는 곧 문헌에서 자취를 감추고 단일 모음들(연속된 두 모음)만 보인다. 따라서 'toe'는 처음에 〔'ta:hε〕 정도로 추정되는 'tahæ'로 나타났다가, 곧바로 'ta' 〔ta:〕로 나타난다. 선-영어 유형인 *〔'θanho:n〕(진흙)은 처음에 'thohæ' 〔'θo:hε〕로 나타났다가 나중에 〔θo:〕로 나타

---

10) 원문에는 'quality'로 되어 있지만, 'feature' 정도의 의미로 이해된다.

난다. (라틴어 'aqua'와 동족어 단어인) 고트어 〔ahwa〕(강)는 선-영어 *〔ahwuː〕로부터 고대 영어 'ea' 〔eːa〕에 이르기까지 이 단어와 대응되어 나타난다. 고트어 〔sehwan〕(보다)은 고대 영어의 'sean' 〔seːon〕과 대응된다.

21. 7. 모음은 선행하거나 후속하는 인접 음절의 모음에 동화되는 경우가 많다. 중세 초기에 이와 같은 유형의 변화가 일부 게르만어 방언에서 일어났다. 게르만 제어에서 일어난 이러한 변화는 움라우트라는 이름으로 알려져 있다. 조금 혼란스러운 측면도 없지 않지만 이 술어는 움라우트의 결과로 일어나는 문법적인 교체현상에도 적용된다. 가장 보편적인 움라우트 유형은 강세를 가진 후설모음이 뒤따르는 〔i, j〕에 부분적으로 동화되는 현상이다. 역사적으로 볼 때 이 현상을 일으키는 동화주 〔i, j〕가 소실되고 난 다음, 움라우트의 결과로 생성된 교체는 순수하게 문법적 교체가 되었다.

선-영어	>	고대 영어		>	현대 영어
*〔gold〕		gold			gold
*〔ˈguldjan〕[11]		gyldan			gild
*〔muːs〕		mus	〔muːs〕		mouse
*〔ˈmuːsi〕		mys	〔myːs〕		mice
*〔foːt〕		fot	〔foːt〕		foot
*〔ˈfoːti〕		fet	〔feːt〕		feet
*〔gans〕		gos	〔goːs〕		goose
*〔ˈgansi〕		ges	〔geːs〕		geese
*〔drank〕		dranc	〔drank〕		drank
*〔ˈdrankjan〕		drencean	〔ˈdrenkan〕		drench

고대 노르웨이어에는, 〔a〕가 뒤따르는 〔u〕의 후설모음 자질에 동화되는 (위와) 다른 유형의 움라우트가 있었다. (예) *〔saku〕(고대 영어 sacu〔논쟁〕와 비교해 볼 것) > 고대 노르웨이어 〔sɔk〕. 패러다임을 규칙화하려는 신-형성 작용에 의해 보완된 이와 유사한 변화가, 투르크-타타르어를 비롯한 다른 언어에 널리 나타나는 모음조화를 낳은 것은 분명하다(11.7절).

단순화의 효과는 모음의 단축과 탈락에서 뚜렷하게 나타난다. 단어의 마지막 음절(특히 마지막 음절이 모음으로 끝나는 경우)에서는 이런 단순화 현상이 모든 유형의 언어에 나타난다. 중부 알공키안어 가운데 폭스어만 (조어의) 마지막 음절 모음을 보존했다. (예) 원시 중부 알공키안어 *〔eleniwa〕(사람) > 폭스어 〔neniwa〕, 오지브와어 〔inini〕, 메노미니어 〔enɛ:niw〕, 플레인즈 크리어 〔ijiniw〕. 2음절 단어 유형은 이 모음 단축에서 면제된다. (예) *〔ehkwa〕(이〔虱〕) > 폭스어 〔ehkwa〕, 오지브와어 〔ihkwa〕, 메노미니어 〔ehkuah〕, 크리어 〔ihkwa〕.

강한 단어 강세를 갖는 언어에서는 강세를 받지 못하는 모음이 약화되거나 탈락되는 현상이 빈번하다. 고대 영어 (ic) singe > (I) sing의 변화에서 확인되는 어말 모음의 소실은 어미음탈락12)으로 알려져 있고, 고대 영어 'stānas > stones 〔stownz〕'의 변화에서 확인되는 어중 모음들의 소실은 어중음탈락13)으로 알려져 있다. 원시 게르

---

11) [원주] 이 형태에 보이는 〔u〕는 앞선 시기에 〔o〕가 후속하는 〔j〕의 고모음 위치로 동화되어 발생한 것이다.

12) 어미음탈락(語尾音-). 역사적인 변화과정에서 어미의 음이나 음절이 탈락하는 현상으로, 주로 어말의 모음이나 강세를 받지 않는 어미 음절이 삭제되는 경우가 대부분이다.

13) 어중음탈락(語中音-). 역사적인 변화과정에서 어중의 음이 탈락하는 현상으로, 어두음탈락(aphaeresis), 어미음탈락(apocope)과 대립된다. 이는 특히 제1음절에 제1강세를 두는 영어와 같은 언어에 두드러지는 현상이다.

만어의 장형(長型)과 고대 영어의 단형(單型) 및 현대 영어의 극단적인 단형 사이의 대조는 그와 같은 변화가 연속적으로 발생한 데에 기인한다. 그리하여 원시 인도-유럽어 *〔'bheronom〕(행동거지), 산스크리트어 〔'bharaNam〕, 원시 게르만어 *〔'beranan〕 등의 형태는 고대 영어 'beran'과 중세 영어 'bere'가 되었다가, 현대 영어 '(to) bear'로 발달했다. 구에 속한 특정 단어를 마치 앞뒤 단어의 일부인 것처럼 취급하는 습관은 원시 인도-유럽어에서 물려받았다. 선-게르만어 시대에, 단일한 높은 강세가 개별 단어에 놓였을 때, 무강세 형태는 아무런 음조도 받지 못했다. 그러다 훗날 약화되거나 강세를 받지 못한 모음은 (높은 강세를 받은) 단어의 (강세 또는 무강세) 연성 변이형이 되었다. 이러한 유형의 약화현상은 영어사에서 반복적으로 발생했지만, 약화의 결과로 생겨난 교체는, 무강세 위치의 모든 형태를 이용하거나 혹은 강세 위치의 약화된 형태를 이용하는 재-형성 작용으로 대부분 제거되었다. 예를 들어, 영어의 전치사 'on'은 중세시기에 약화된 형태였다. 이 단어의 약화된 형태는 고대 영어 'on weg 〔on 'wej〕 > away'에서 보듯이, 'a'였다. 이 약화된 형태는 'away, ashore, aground, aloft' 등의 사례에서 보듯이, 제한된 결합형에서만 살아남았다. 약화되지 않은 형태 'on'은 현재 'on the table'에서 보듯이 무강세 위치에서 사용되고 있지만, 여기서도 새로운 약화의 물결에 휘말려 (go on' 〔gow 'an〕에서 나타나는) 강세형 〔an〕 외에 무강세형 〔on〕이 출현하게 되었다. 이와는 대조적으로 강세 위치와 무강세 위치에서 두루 사용되는 영어의 대명사 'I'는 무강세 고형(古形)의 반사형으로, 고대 영어 'ic'에서 어말 자음이 소실된 형태이다. 강세 고형은 소수의 지역 방언에서 〔ič〕(I)의 형태로 살아남아 있다. 이들 변화는 많은 단어의 무강세 연성 변이형(e. g. is vs. 〔z〕 he's here ; will vs. 〔l〕 I'll go ; not vs. 〔nt〕 isn't)과 합성어의 일부 무강세 구성요소의 약화된 형태(e. g. man vs.

164

〔-mn̩〕 gentleman ; swain vs. 〔-sn̩〕 boatswain)에 흔적을 남겼다. 이와 동일한 인자는 라틴어와 비교되는 프랑스어 단어의 단축형(예: centum > cent〔saⁿ〕)도 설명할 수 있다. 그러나 단축과정이 일어난 이래로 프랑스어는 강한 단어 강세를 상실해서 더 이상의 형태 단축이 일어나지 않게 되었다.

만일 어떤 언어에서 형태론적으로 관련이 있는 일련의 형태가 서로 다른 음절에 강세를 부여하는 시기에, 강세와 관련된 이런 유형의 변화가 일어난다면, 그 결과는 극도로 불규칙한 형태론으로 귀착된다. 우리는 상이한 파생형의 상이한 음절에 강세를 부여하는 영어의 식자층-외래어 어휘에서 이러한 현상의 단초를 찾아볼 수 있다. (예) angel 〔ejnjl̩〕 vs. angelic 〔ɛnˈjelik〕. 원시 게르만어의 접두사는 동사 형태에서 강세를 받지 않았지만 대부분의 다른 형태에서는 강세를 받았다. 바로 뒤를 이어 일어난 약화현상은 다음과 같이 일부 형태론의 집합을 파괴했다. (아래 두 가지 발달과정과 결과를 비교해 보라.)

선-영어 *〔ˈbi-ˈhaːtan〕 (위협하다) > 고대 영어 behatan 〔beˈhaːtan〕
선-영어 *〔ˈbi-haːt〕 (위협) > 고대 영어 beat 〔beːot〕

이와 유사한 과정이 형태론을 변화시켰으며, 그리하여 연성과 관련한 고대 아일랜드어의 통사론은 극도로 불규칙하게 변모되었다.

선-아일랜드어 *〔ˈbereti〕 (*he bears*) > 고대 아일랜드어 berid 〔ˈberið〕
선-아일랜드어 *〔eks ˈberet〕 (*he bears out, brings forth*) >
    고대 아일랜드어 asbeir 〔asˈber〕 (*he says*)
선-아일랜드어 *〔ne esti ˈeks beret〕 (*not it-is that-he-forth-brings*) >
    고대 아일랜드어 nī epir 〔niː ˈepir〕 (*he does not say*)

21. 8. 단순화는, 표면적으로 음소의 약화나 조음운동의 생략이 아닌 것처럼 보이는 일부 변화에 포함된다. 여러 언어에서 우리는 음소군(-群) 가운데 나타나는 중간 자음을 목격하게 된다. 원시 인도-유럽어의 자음군 〔sr〕는 게르만어와 슬라브어에서 자음군 〔str〕로 나타난다. 따라서 원시 인도-유럽어 *〔srow-〕(산스크리트어 〔'sravati〕 'it flows'와 비교해 볼 것) 는 원시 게르만어에 *〔'strawmaz〕(시냇물)로, 고대 아이슬란드어에 〔strawmr〕로, 고대 영어에 〔stre:am〕으로, 고대 불가리아어에 〔struja〕로 반사되었다. 영어에서는 자음군 〔nr, nl〕 및 〔mr, ml〕 사이에 각각 〔d〕와 〔b〕를 삽입하는 현상이 한 번 이상 발생했던 것으로 추정된다. (예) 고대 영어 〔θunrian〕 > (to) thunder, 〔alre〕 (대격) > alder. 고트어에는 〔'timbrjan〕과 함께 〔'timrjan〕(건설하다) 형태가 공존하지만,[14] 고대 영어에는 〔'timbrian〕과 〔je'timbre〕(목수일) 형태만 존재한다. (현대 영어의 어형은 물론 'timber'임) 또 동일한 변화를 보여주는 고대 영어 〔θymle〕 > thimble의 사례도 있다. 이들 변화에는 (발음기관의) 운동이 추가되지 않고, 다만 동시적인 조음운동이 계기적인 조음운동으로 치환되었을 뿐이다. 예를 들어, 〔n〕에서 〔r〕로 넘어가려면, 화자는 연구개를 들어 올리는 동시에 폐쇄 위치에서 혀를 떼어 전동 위치로 가져가야 한다.

〔n〕		〔r〕
연구개의 하강	→	연구개의 상승
치음의 폐쇄	→	전동음의 조음 위치

만일 조음기관 사이의 협동작용이 제대로 이루어지지 않아서 혀의 위치가 이동하기 전에 연구개가 상승한다면, 순간적으로 구강에서

---

14) 〔b〕가 중간에 있는 형태와 없는 형태가 공존한다는 뜻으로 이해된다.

폐쇄가 일어나고, 결과적으로 음소 〔d〕가 발음되고 만다.

〔n〕		〔d〕		〔r〕
연구개의 하강	→	연구개의 상승		
치음의 폐쇄			→	전동음의 조음 위치

　발음기관의 운동수행을 묘사한 위의 그림에서 둘째 그림이 조음하기에 훨씬 쉽다는 것은 분명하다.

　다른 사례를 보면, 형태 길이가 늘어나는 현상은 발화의 어려움을 줄이기 위한 노력으로 간주될 여지가 충분하다. 비교적 공명도가 큰 음소가 음절을 이루지 못할 때, 이 음소가 성절적 기능을 획득하는 수가 있다. 이와 같은 변화는 '삼프라사라나'(samprasarana) 라는 산스크리트어 술어로 알려져 있다. 예를 들어, 준표준영어에서 'elm'〔elm〕은 〔elm̩〕으로 변하였다. 이 변화에 뒤이어 성절음(sonant)15) 옆에서 모음이 발생하는 일명 '모음삽입'(anaptyxis) 으로 알려진 또 다른 변화가 일어나는 경우가 있는데, 이 후속 변화의 결과로 옆에 있던 성절음은 성절성을 상실하게 된다. 원시 인도-유럽어 *〔agros〕(들판) 는 선-라틴어에서 *〔agr̩〕가 된다. 이 선-라틴어 형태에서 〔r〕은 틀림없이 성절음이 되었을 것이다. 그때 위에서 언급된 후속 변화에 따라 모음이 발생했음이 분명한데, 그것은 역사적으로 입증되는 라틴어 형태 'ager'〔ager〕에 모음 〔e〕가 완전히 자리를 잡았기 때문이다. 이와 유사하게 *〔akraz〕(들판), *〔foglaz〕(새), *〔tajknan〕(서명), *〔majθmaz〕(귀중품) 등과 같은 원시 게르만어 형태는 모든 게르만어 방언에서 무강세 모음의 탈락을 경험했다. 이에 상응하는 고트어 형태 *〔akrs,

---

15) '공명 자음'으로 옮길 수 있지만, 여기서는 모음의 성질을 갖는 자음을 가리키므로 성절음으로 옮겼다.

fugls, tajkn, majθms〕는 단음절이든가 아니면 성절적 자음을 갖고 있었을 것이다. 물론 여기서도 'fugl'과 같은 철자가 보편적이지만, 모음삽입 변화가 일어나서 고대 영어의 형태〔ɛker, 'fugol, 'taːken, 'maːðom〕이 생겨났다.

단순화로 간주될 수 있는 또 다른 변화는 강세를 사용하는 일부 언어의 역사에 나타난다. 이때 강세 모음의 음장은 뒤에 오는 음소의 자질에 따라 조절된다. 일반적으로 개음절, 즉 다른 모음이 뒤따르는 단일 자음 앞에서는 장모음이 그대로 장모음으로 남고 단모음이 장음화된다. 다른 위치에서는 장모음이 단모음화되고 단모음이 그대로 남는다. 그래서 중세 영어의 장모음은 'clene〔klɛːne〕 > clean, kepe〔keːpe〕 > keep, mone〔moːne〕 > moon' 등과 같은 형태에서 그대로 남았지만, 'clense > cleanse, kepte > kept, mon (en) dai > Monday' 등과 같은 형태에서 단모음화되었다. 그리고 단모음은 'weve〔weve〕 > weave, stele〔stele〕 > steal, nose〔nose〕 > nose' 등과 같은 형태에서 장음화되었지만, 'weft, 16) stelth > stealth, nos (e) thirl > nostril' 등의 형태에서 단모음을 그대로 유지했다. 메노미니어와 같은 일부 언어에서는 앞뒤 자음과 직전 장모음 다음에 개재하는 음절의 수효에 따른, 장모음과 단모음의 매우 복잡한 조절현상이 발견된다.

중세 그리스어와 일부 현대 슬라브 제어에서 일어났던 음장 차이의 완전한 상실은 조음작용을 더욱 균일하게 만든다. 이들 동일한 언어에서 일어난 음절 음조(고저) 구분의 소멸에 대해서도 동일한 진술이 가능하다. 이와 유사하게 선-게르만어와 보헤미아어, 폴란드어에서 제1음절과 같은 어떤 한 음절에 일정하게 적용된 단어 악센트의 소거(消去)에는 아마도 발음의 편의라는 요인이 개재되었을 것이다.

---

16) 우변을 표시하지 않은 것은 현대 영어 형태도 동일하기 때문인 것으로 보인다.

이와 동일한 의미에서 한 음소 단위의 상실은 일종의 단순화로 간주할 수 있다. 영어와 아이슬란드어를 제외하면, 게르만 제어에서는 음소 〔θ〕와 여기서 발달한 유성음 〔ð〕의 소실을 경험했다. 이들 형태를 잇는 반사형은 프리슬란드어와 스칸디나비아어에서 대체로 〔t〕와 대응된다. (예) 스웨덴어 torn 〔toːrn〕: thorn. (cf) tio 〔tiːe〕: ten. 네덜란드어-독일어 권역의 북부에서는 〔d〕와 대응된다. (예) 네덜란드어 doorn 〔doːrn〕: thorn (cf) doen 〔duːn〕: do. 고대 영어에서 자음 앞(예: niht > night)이나 어말 위치(예: seah > (I) saw)의 〔h〕는 음향적으로 의심할 바 없이 무성 연구개음 내지 경구개 마찰음이었다. 대부분의 영어 사용권역에서 이 음소는 소실되었거나 다른 음소와 합류하고 말았다.

21.9. 많은 음-변화가 언어형태를 단축시키고 음성체계를 단순화하거나 모종의 다른 방법으로 발화노력을 경감시키지만, 음-변화와 그에 앞선 현상 사이의 상관관계를 수립하는 데 성공한 연구자는 아직 없었다. 요컨대 음-변화의 원인은 아직 밝혀지지 않았다. 대규모로 일어난 모음의 단모음화와 모음의 탈락을 목격했을 때, 우리는 어느 정도 자신 있게 이 언어에 강한 단어 강세가 있었다고 추정할 수 있지만, 강한 단어 강세를 가지고서도 무강세 모음을 탈락시키지 않은 언어도 많다. 이러한 사례는 이탈리아어와 스페인어, 보헤미아어, 폴란드어에 나타난다. 영어에서 일어난 〔kn-, gn-〕 > 〔n-〕 변화는 자연스러워 보인다. 그렇지만 왜 이 변화가 18세기 이전에는 일어나지 않았으며, 왜 이 변화가 다른 게르만 제어에서는 일어난 적이 없는가는 알 수 없다.

음-변화의 원인에 대해서는 '인종'과 풍토, 지형조건, 음식, 직업, 일반적 생활양식 등 생각할 수 있는 모든 의견이 제기되었다. 언어심리학자 분트는 음-변화의 원인을 발화속도의 증가로 여기고, 다시 이 발화속도의 증가를 해당 공동체의 문화적 선진성과 일반적 지능에 기인하는 것으로 생각했다. 우리가 무심코 말을 빠르게 하면 듣고 있는 상대방이 다시 말해 달라고 하는 경우가 흔히 있는데, 바로 이러한 인자가 음-변화와 어떻게든 연관되어 있다는 것이다. 이런 설명은 그런 대로 무난해 보이지만, 특정한 시기에 특정한 위치에서 일어난 구체적인 변화를 설명할 수 있는 항구적인 인자는 아직 드러나지 않았다. 음-변화가 어린이들의 불완전한 언어 습득에서 비롯된다는 이론에 대해서도 마찬가지 반론이 제기될 수 있다. 이 두 가지 인자 이외에 앞서 언급한 다른 인자들, 예컨대 주거환경의 변화나 직업, 음식 등의 일시적인 작용은 빈번하게 발생하고 또 엄청난 다양성을 드러낸다는 점에서 언어학적 논의에서 배제된다.

저층(底層) 이론은 음-변화를 언어의 이전(移轉) 때문으로 본다. 즉, 새로운 언어를 채택한 공동체가 새 언어를 제대로 발음하지 못하고, 또 예전에 사용하던 모국어 음성 기반도 새로운 언어의 발음에 영향을 미친다는 것이다. (언어의 이전 문제에 대해서는 앞으로 다루게 될 것이다.) 지금은 어떤 언어가 그 언어를 제 2언어로 획득한 사람들에 의해 사용되는 시기에 발생한 (음성) 변화만을 저층이론으로 설명할 수 있다는 점을 기억해두면 충분하다. 따라서 현대의 게르만 제어에서 일어난 음-변화를 '켈트어 저층설', 즉 여러 세기 전에 켈트어의 성인 화자들이 게르만어의 발화습관을 획득했다는 사실로 설명하려는 신화적인 가설은 언어학적 타당성이 전혀 없다. 더욱이 독일 남부와 네덜란드, 영국 등지에서 게르만어보다 먼저 사용되던 켈트어는 그 자체가 침입 언어였다. 이렇게 되면 논의는 다시 역사 속에서 실제적인 음-변화에 구현되는 막연한 '경향'을 설명하기 위한 '인종' 이론이 성행하던 시대로 되돌아가게 된다.

음-변화와 그 원인 사이의 합리적 상관관계를 설명하지 못했다는 약점을 차치하고라도, 이와 같은 이론은 음-변화가 어떤 음성 자질을 소멸시켰을 때 후대의 음-변화가 바로 이 소멸되었던 자질을 부활시킬 수도 있다는 사실 때문에 비판을 받았다. 만일 어떤 음성 자질을 원시 인도-유럽어의 무성 폐쇄음 〔p, t, k〕(비기식화 경음)에 부여한다면, 이들 폐쇄음을 마찰음 〔f, θ, h〕 쪽으로 발음하기 시작한 선-게르만어의 화자들은, 마치 오늘날 영어 화자들이 프랑스어의 무기(비기식화) 폐쇄음 〔p, t, k〕를 발음하지 못하는 것처럼, 틀림없이 원래의 음성(폐쇄음)을 발음할 수 없었을 것이다. 그러나 후대에 원시 인도-유럽어 〔b, d, g〕는 선-게르만어에서 무성 폐쇄음 〔p, t, k〕로 변화했다. 이들 음성은 첫째 집합의 음성과 합류하지 않았다.[17] 첫째 집합의 음성은 더 이상 〔p, t, k〕의 특징을 갖지 않았기 때문에 유기음이나 파찰음 혹은 마찰음으로 변했다. 둘째 집합의 음성은 첫째 집합이 겪은 변화에 순응하지 않았는데, 그것은 이 음-변화(〔p, t, k〕 > 〔f, θ, h〕)가 이미 지나갔기 때문이다. 좀더 정확하게 기술한다면, 〔p, t, k〕의 음-변화는 이미 완료되었다고 해야 한다. 새로 생긴 〔p, t, k〕는 상이한 습관을 형성했으며, 이는 옛 습관을 치환한 변화와 무관하다. 시간이 지나면서 새로운 〔p, t, k〕는 기식음화했으며, 이것이 바로 오늘날 우리가 보는 영어의 모습이다. 그러므로 영어의 화자들은 다시 한 번 무기 무성 폐쇄음을 발음할 수 없게 된 것이다.

　모음 대추이로 알려진 영어의 음-변화는 개별 음소의 음향 자질을 변화시키는 데 거의 영향을 미치지 않은 (음-변화) 유형에 속한다. 여기서 장모음은 조음점이 점진적으로 상향 이동하다가 이중모음이 되었다.

---

17) 원시 인도-유럽어의 무성 폐쇄음.

중세 영어	>	초기 근대 영어	>	현대 영어
〔ˈnaːme〕		〔neːm〕		〔nejm〕 name
〔dɛːd〕		〔diːd〕		〔dijd〕 deed
〔geːs〕		〔giːs〕		〔gijs〕 geese
〔wiːn〕		〔wejn〕		〔wajn〕 wine
〔stɔːn〕		〔stoːn〕		〔stown〕 stone
〔goːs〕		〔guːs〕		〔guws〕 goose
〔huːs〕		〔hows〕		〔haws〕 house

또 다른 이론에서는 약한 의미를 담은 형태가 발음과정에서 똑똑하게 나오지 않다가 나중에 약화되거나 아예 탈락한다는 전제하에, 일부 음-변화의 원인을 언어의 형식적 조건에서 찾는다. 우리는 순수하게 음소적인 변화의 발생을 부인하는 학설의 하나로, 이와 같은 주장을 이미 앞에서(20. 10절) 살펴본 바 있다. 그러나 우리에게는 의미상으로 과연 어떤 자질이 약하거나 잉여적인지를 알아낼 수 있는 계측기가 없다. 만일 과학담론에 나타날 수 있는 종류의 '사무적인' 것만 남기고 의미의 모든 자질을 제거해버린다면, 우리는 이 이론에 입각해서 거의 모든 언어에서 실로 많은 형태가 자취를 감추게 되는 상황을 묵묵히 지켜보아야 할 것이다. 예컨대 현대 독일어의 형용사 굴절 어미는 논리상으로 잉여적이다. 형용사의 용법은 영어와 매우 유사한데, 독일어 문헌에서 이들 형용사의 굴절 어미를 완전히 가리고 읽어도 해독이 가능할 정도이다.

사실, 음-변화는 가끔씩 대단히 중요한 의미 자질을 삭제해버리는 수가 있다. 인도-유럽어에서는 행위주나 동사의 목표보다 필수적인 문법적 차이란 존재하지 않는다. 그런데도 원시 인도-유럽어의 주격 *〔-os〕(예: 산스크리트어 〔vr̥kah〕, 그리스어 〔ˈlukos〕, 라틴어 lupus, 원시 게르만어 *〔wolfaz〕, 고트어 wulfs)와 대격 *〔-om〕(예: 산스크리트어 〔vṛkam〕, 그리스어 〔'lukon〕, 라틴어 lupum, 원시 게르만어 *〔'wolfan〕, 고트어 wulf) 사이의 차이가 선-영어 시대에 이르면 어말음 약화과정으로 소멸되어 두 가지 격 형태가 합류된 결과, 가장 이른 시기의 영어 문헌에도 주격과 대격이 동일한 형태 'wulf'(늑대)로 나타났다. 고대 영어에서는 소수의 명사 유형(현대 영어 'care'에 대응되는 주격 caru, 대격 care)이 여전히 대립을 유지했다. 그러다가 서기 1000년경에 이르자 무강세 모음의 약화로 인하여 〔kare〕 형태로 합류했던 것으로 보인다. 이와 마찬가지로 음-변화는 동음이의어 형태를 낳게 된다. (예) meet : meat, meed : mead[18] : mead(꿀술), knight : night. 음-변화와 동음이의어의 양산에 관한 고전적 사례는 중국어에서 찾아볼 수 있다. 북경어를 비롯한 중국의 여러 언어에서 볼 수 있는 광범위한 동음이의어의 분포는 음-변화에 기인한다. 동음이의어와 (형태) 융합,[19] 즉 굴절 범주의 합류는 음-변화의 정상적인 결과이다.

그러나 의미 약화 이론은 극단적인 빠른 발음(*slurring*)으로 고정된 관용구 형태에 적용되는 것으로 보인다(9.7절). 역사적으로 볼 때 이들 관용구는 정상적인 음-변화를 크게 뛰어넘은 극단적인 약화로만 설명할 수 있다. 예를 들어, 'good-bye'와 'ma'm'은 각각 고형(古形) 'God be with ye'와 'madam'에서 변했고, 스페인어 'usted'〔u'sted〕와 러시아어 〔s〕(〔da s〕(yes, sir))도 각각 고형 'vuestra merced'〔vwestra mer'θed〕와 〔sudar〕(주인님)에서 변했다. 그러나 이들 용례에는 정상적인 발음형태가 빠르게 흘린 발음의 언저리에 나란히 존재한다.

---

18) 'meadow'(목장)의 동의어로 시에서 주로 쓰인다.

19) 이것은 계열관계에서 일어나는 융합이고, 'fusion'은 통합관계에서 일어나는 융합이다.

이들 형태에서 일어난 과도한 약화는 아직까지 설명되지 않는데, 분명히 어떤 식으로든 이들 관용구의 준언어형태적 지위와 관련되었을 것이다. 어쨌든 이들 형태의 극단적 약화는 정상적인 음-변화와 매우 다르다.

음-변화는 처음부터 끝까지 특정한 시기에 특정한 화자들에게 국한되어 일어난 역사적 사건이다. 그렇기 때문에 어떤 음-변화가 일어났을 때, 원인을 보편적 논리에서 찾는다거나 그 음-변화가 일어난 시간과 공간을 떠나서 존재하는 화자를 관찰해서는 원인을 설명할 수 없다. 어떤 음성학자가 아베스타어의 선사시대에 일어났던 [azna > asna] 유형의 변화를 접하고 그 원인을 찾고자 했다. 그런데 이 음성학자는 자기 연구실에서 많은 사람들이 연속적으로 발음하는 [azna] 형태에서 그 해답을 찾고자 했던 것이다. 대부분이 프랑스어 화자였던 이들은 별다른 신통한 결과를 보여주지 못했는데, 마침내 마지막 한 사람의 입에서 [asna]라는 발음이 튀어나왔다. 이 음성학자의 기쁨은 상상을 초월할 정도였다. 그러나 이 마지막 피실험자는 성절음 앞에서만 [z]가 출현하는 독일어를 사용하는 독일인이었던 것이다. [20]

주어진 언어에서 어떤 음소가 일정한 상대적 빈도(8.7절)를 넘어서 출현한다면, 이 음소는 빠르게 조음이 되어서 변화를 겪게 될 가능성이 크다. 그 빈도의 한계는 대체로 음소 유형에 따라 다르다. 영어를 예로 들면 [t]는 발화된 전체 음소의 7%로 나타나고, 러시아어나 헝가리어, 스웨덴어, 이탈리아어 등 다른 언어에서는 무성 치폐쇄음이 이와 비슷한 수치로 나타난다. 반면에 비교적 낮은 빈도를 갖는 [d] (영어에서는 5% 미만임)는 이 이론에 따라 영어에서 [t]가 갖는 상대 빈도에 이를 때까지 어떤 언어에서든 변화를 겪게 될 것이다. 한 음

---

20) 그러므로 이 독일인 화자는 애초부터 [azna]라는 발음이 불가능했을 것이다.

소의 상대적 빈도는 이 음소를 담고 있는 유의미 형태의 사용빈도에 지배된다. 따라서 영어의 〔ð〕는 정관사 'the'의 높은 빈도 때문에 분명히 많은 화자들이 즐겨 사용할 것이다. 한 음소의 상대빈도는 실제 생활의 변화에 따라 끝없는 변동을 겪는다. 그러므로 이 이론에는 항상 존재하면서 고도로 가변적인 인자와 음-변화를 서로 관련시킬 수 있다는 장점이 있다. 만일 음소의 유형에 대해 절대적인 상한선을 알고, 주어진 언어에서 이 음소가 변화하기 직전에 측정한 이 음소의 실제 빈도(즉, havok > hawk 변화가 일어나기 직전의 영어에서 측정한 〔v〕의 빈도)를 확보할 수 있다면, 그와 같은 인자와 음-변화의 상관성을 어느 정도 밝혀낼 수 있을 것이다. 이제 우리는 음-변화의 구체적인 성격[21]을 설명하지 않으면 안 된다. 모든 일반적 유형의 음소는 다양한 언어의 역사에서 각기 다른 방식으로 변화했기 때문이다. 이론에 반해 우리는 언어들 사이의 음성적 차이가 크다는 점과 일부 언어에서 흔히 특수한 음성 유형으로 불리는 음소가 높은 빈도로 나타난다는 점을 중시해야 한다. 영어에서 큰 역할을 하는 음소 〔ð〕는 (선-서게르만어의 음-변화 〔ð〕 > 〔d〕에 의해) 한때 (음소목록에서) 제거되어, 네덜란드-독일어에 지금까지 그 상태(/d/)로 남아 있다. 이 음소 〔ð〕는 후대에 일어난 〔θ〕 > 〔ð〕 변화에 의해 다시 영어의 음소 체계로 들어왔다.

21. 10. 일반적으로 음-변화라고 불리는 변화 가운데는, 이를 음소 단위의 점진적 변경으로 보는 음-변화의 정의에 들어맞지 않는 경우가 있다. 예를 들어, 유럽의 다양한 지역에서는 이전에 사용되던 설첨 전동음 〔r〕가 근대에 접어들면서 목젖 전동음으로 치환되었다. 이

---

21) '구체적인 성격'이란 앞서 말했듯이 '특정한 시기에 특정한 언어'에서 일어난 음-변화의 성격을 가리키는 진술로 이해된다.

러한 변화는 노덤브리아 영어[22]와 덴마크어, 남부노르웨이어, 스웨덴어, 네덜란드-독일어 및 가장 널리 인용되는 프랑스어(특히 파리지역의 말)에서 일어났다. 차용에 의한 확산을 논외로 한다면, 언제 어느 지역에서 가장 먼저 발생했든 간에 이 새로운 발음습관은 한 전동음을 다른 전동음으로 바꾸는 갑작스러운 치환현상으로 시작되었을 것이다. 이런 종류의 치환은 점진적이고 감지가 불가능한 변경을 속성으로 하는 음성 변화와 확연히 다르다.

일부 음-변화는 음소 분포 재정립 과정에서 일어난다. 이러한 변화 가운데 가장 보편적인 유형은 이화(異化)현상이다. 어떤 음소나 음소 유형이 한 형태 내부에서 반복해서 출현할 때, 그 중의 하나는 다른 음으로 치환된다. 예를 들어, 라틴어 'peregrīnus'(외국인, 이방인)는 이탈리아어 'pellegrino'에서 보듯이 로망스 제어에서 *'pelegrīnus' 유형이 되었다. (이 형태를 로망스어에서 차용한 영어에는 'pilgrim'으로 남아 있다.) 그러니까 둘 중에서 첫째 [r]가 [l]로 치환된 것이다. 유럽의 언어들에서는 음성 [r, l, n]이 특히 이러한 치환의 희생자가 된다. 치환하는 음은 보통 같은 (음향 자질을 갖는) 집합에 속하는 음이다. 치환이 일어나는 자리에는 분명한 규칙이 적용되지만, 그렇다고 해서 치환현상 자체를 예측할 수 있는 것은 아니다. 이러한 변화는 일단 발생했다 하면 한 단어 내부에서 특정한 음(이를테면 [r]나 [l])의 반복 출현을 불허하는 상황을 만들게 된다. 이러한 상황이 실제로 현대 영어에서 상징어의 파생에 강력하게 작용하였다(14. 9절). (예) clatter, blubber (cf) rattle, crackle. [23]

유사 음소들 중의 하나가 탈락하는 또 다른 유형의 이화작용도 있다. 예를 들어, 라틴어 'quīnque' [kwi:nkwe] (5)는 로망스어에서

---

22) 노덤브리아 방언에 대해서는 6. 7절 참고.

23) 차례대로 '딸그락딸그락', '엉엉'(우는 소리), '달각달각', '바삭바삭'.

*[kiːnkwe] 유형으로 치환되었다. (예) 이탈리아어 cinque [činkwe], 프랑스어 cinq [sɛⁿk]. 이러한 변화는 일반적인 음-변화와 전혀 다른 것으로 보인다.

통상적인 음-변화의 차원에서 논의할 수 없는 기타 유형의 음성 치환현상도 더러 있다. 원격 동화에서는 한 음소가, 같은 단어 내부에서 이 음소와 떨어져 있으면서도 음향적으로 관련된 음소로 치환된다. 예를 들어, 원시 인도-유럽어에서 '다섯'을 뜻하는 *[penkʷe]와 산스크리트어 [panča] 및 그리스어 [pente]는 라틴어에서 *[pinkwe]가 아닌 'quīnque'로 나타난다.24) 선-게르만어에서는 이 단어가 (라틴어와) 반대방향의 동화작용을 겪어서 *[pempe]가 된 것으로 보인다. 왜냐하면 우리는 고트어와 고대 고지독일어 'fimf', 고대 영어 'fīf' 등의 형태에서 원시 게르만어 형태 *[fimfe]를 재구해낼 수 있기 때문이다. 산스크리트어는 [s - ç]가 기대되는 자리에 [ç - ç] 형태를 갖는다.

음운도치25)는 한 단어 내부에서 두 음소가 서로 자리를 바꾸는 현상이다. 고대 영어는 '묻다'를 뜻하는 단어로 (어원적으로 타당한) 'āscian' 형태와 함께 'ācsian' 형태도 갖고 있다. 타갈로그어의 일부 형태론적 교체는 이러한 종류의 변화에 기인하는 것으로 보인다. 그래서 [a'sin](소금) - [as'nan](짠 것)에 보이는 접미사 [-an]이 결합되면 가끔씩 두 자음 음소가 서로 뒤바뀌어 나타난다. (예) [a'tip](지붕 잇기) - [ap'tan](지붕이 이어진 것), [ta'nim](심어진 것) - [tam'nan](식물을 심은 곳). 유럽 언어에서는 [r-l]의 원격 음운도치가 상당히 보

---

24) 맨 앞에 있는 [p]가 뒤에 있던 [kʷ]에 의해 동화되었다.

25) 전위(轉位)라고도 하지만, 이 용어는 16.5절의 통사적 현상(dislocation)을 가리키는 데 사용하고, 여기서는 음운론적 현상이므로 음운도치라는 용어를 사용했다.

편적이다. 고대 영어의 'alor'(오리나무)에 대해 고대 고지독일어는 'elira' 이외에 'erila'(현대의 Erle) 형태도 대응한다. 고트어 〔werilo:s〕 (입술)에 대해 고대 영어는 'weleras' 형태를 가졌다. (그리스어에서 차용한) 라틴어 'parabola'(말〔語〕)는 스페인어에 'palabra'로 나타난다.

한 음소나 음소 집합이 한 단어 내부에서 반복해서 출현할 때, 그 하나가 중간에 있는 음과 함께 탈락할 수 있다. 이 변화를 동음탈락26)이라고 한다. 예를 들어, 라틴어 'nūtriō'(I nourish) 형태에서 얻어지는 규칙적인 여성 행위주 주격형은 *'nūtri-trīx'(간호사) 형태가 되겠지만, 실제 형태는 'nūtrīx'이다. 이와 유사하게 정상적으로는 *'stīpi-pendium'(봉급)이 되어야 할 합성어가 실제로는 'stīpendium' 으로 나타난다. 고대 그리스어 〔amphi-pho'rews〕(두 족자리가 달린 항아리)는 〔ampho'rews〕로도 나타난다. 이와 같은 변화는 음-변화의 가정으로 다룰 수 있는 현상과 그 변화의 성격이 사뭇 다르다. 이러한 변화는 언어 변화의 유형이라기보다 어쩌면 유추변화와 차용에 더 가까울 가능성이 있다.

---

26) 중음탈락(重音-)이라고도 한다.

제22장

형태 빈도의 동요

22. 1. 음성 변화의 가정은 언어의 변화를 두 가지 주요한 유형으로 나눈다. 음성 변화는 음소에만 영향을 미치며, 따라서 언어형태의 변화도 음성형태의 변화에 의해서만 일어난다. 영어의 'wolf'는 원시 게르만어 주격 *[ˈwolfaz], 대격 *[ˈwolfan]을 비롯한 대여섯 가지 다른 격 형태의 현대적 발음형인데, 이들 격 형태의 합류(융합)는 순전히 음성 변화의 결과이다. 영어의 발음형 [mijd](*meed, mead*)는 고대 영어 [mɛːd](목장, *meadow*)와 [meːd](보답) 및 [ˈmedu](꿀 술)의 현대적 발음형인데, 이들 단어의 동음이의어적 성격은 단순히 조음습관의 변화에서 비롯된 것이다. 역사적 변화의 결과에 나타난 음성적 상관관계를 목록화했을 때, 이 목록에는 적잖은 모순이 포함된다. 예를 들어, 고대 영어 [aː]가 현대 표준영어에 [ow]로 나타난다는 사실 (예: [baːt] > boat)에도 불구하고, 이 고대 영어 형태 [baːt]는 현대형 'bait'로도 이어지기 때문에 이 경우는 위의 변화과정과 일치하지 않는 자료가 된다. 고대 영어의 어두 자음 [f]도 'father, five, foot' 등에 보존되어 있다고 하지만, 고대 영어 [fɛt](현대형 vat), [ˈfyxen](현대형 vixen) 등의 형태를 보면 위와 같은 변화과정이 항상 적용되는 것이 아니라는 사실을 알 수 있다. 현대 영어 'house, mouse, out' 등이 고대 영어 [huːs, muːs, uːt]와 대응되는 것과 마찬가지로, 현대

의 형태 'cow'는 고대 영어 〔ku:〕와 통상적인 음성적 상관관계를 보이지만, '〔hwy:〕 > why, 〔fy:r〕 > fire, 〔my:s〕 > mice'와 같은 변화를 감안할 때 'cows'는 절대 고대 영어 복수형 〔ky:〕의 현대 발음 형태가 될 수 없다. 만일 규칙적인 음성 변화의 가정에 집착한다면, 우리는 이러한 일련의 예외 형태(bait, vat, vixen, cows)를 고대 영어 형태의 현대적 발음형으로 분류할 수 없고 단순한 전승 이외의 인자에 의한 변화의 결과로 간주하지 않으면 안 된다. 그러므로 문제는 이들 잔류형태에서 모종의 통일성 내지 상관관계를 발견하는 일이다. 만일 이러한 작업을 성공적으로 수행한다면, 우리는 음성 변화의 가정과 아울러, 특정한 음성대응 관계의 가치를 다시 한 번 확인하게 될 것이다. 소장문법학파에서는 음성 변화의 가정이 놀랄 만한 상관관계를 보여주는 잔류형태를 남기며, 이를 통해 음-변화 이외의 언어변화 인자를 이해하게 된다고 주장한다. 이와 같은 소장문법학파의 가설을 반대하는 학자들은 음-변화에 대한 상이한 가정이 더욱 이해하기 쉬운 잔류형태를 남기는데도, 소장문법학파 학자들이 자료의 재분류를 통해 이러한 양상을 제대로 조사해보지 않았다고 비판한다.

만일 주어진 잔류형태가 (음-변화에 의한 교체만 있는) 고대 형태의 승계형이라면, 이 형태는 개신형으로 이 언어에 들어왔음이 분명하다. 잔류형태를 설명하는 개신의 유형은 두 가지인데, 그 하나는 다른 언어(예: bait < 고대 아이슬란드어)나 방언(예: vat, vixen < 영어의 남부지역 방언)에서 받아들인 채택이고, 다른 하나는 새로운 복합형태의 조합(예: cow-s ← '단수명사 더하기 복수접미사 = 복수명사'의 패턴)이다. 이러한 두 가지 개신, 곧 차용과 유추변화는 다음 장에서 다루게 된다. 여기서는 음성적 상관관계로 설명이 불가능한 일련의 형태가 다양한 시점에 해당 언어로 편입되었다는 주장에 대해서만 논의하게 된다.

22. 2. 만일 (이를테면 'cows'가 'cow'의 통상적인 복수형으로 우위를 점하는 양상처럼) 어떤 언어에 들어온 형태가 일반적 용법에서 우세를 보인다면, 우리는 이 형태가 처음 들어온 이래로 대중의 인기를 획득했다고 추정할 수 있다. 반대로 (정상적으로 살아남아서 음성 발달을 겪었다면 오늘날 *〔kaj〕가 되었을) 고대 영어의 복수형 〔ky:〕처럼 고형(古形)이 자취를 감추게 되었다면, 우리는 이 형태가 시간이 지나면서 점차 사람들에게 덜 쓰이게 되는 쇠퇴기를 겪었다고 추정할 수 있다. '형태 빈도의 동요'는 모든 비음성적 변화에 나타나는 인자이다. 이러한 동요는 어느 정도까지 직접적으로나 기록을 통해 관찰이 가능하다. 예를 들면, 자동차가 들어오면서, 프랑스어에서 차용한 'garage' (차고)라는 단어가 매우 보편적으로 쓰이게 되었다. 'chortle, kodak, blurb'(깔깔 웃다, 코닥 필름/사진기, 과장광고) 등과 같은 단어는 실제로 처음 사용한 화자의 이름을 하나하나 열거할 수 있을 정도이다. 이런 단어는 모두 처음 사용되던 순간부터 널리 쓰이게 되었기 때문이다. 반면에 형태의 소멸은 직접적인 관찰이 불가능한데, 그것은 이 형태가 나중에 다시는 쓰이지 않을 것이라는 보장이 없기 때문이다. 예전의 문헌자료에는 지금 쓰이지 않게 된 언어형태가 많이 있다. 고대 영어의 〔ˈweorθan〕 (to become)은 당시에 보편적으로 사용되던 형태였다. (예) 〔heː ˈwearθ ˈtorn〕 (he got angry), 〔heː jeˈwearθ ˈmɛːre〕 (he became famous), 〔heː ˈwearθ ofˈslɛːjen〕 (he got killed), 〔heo ˈwearθ ˈwiduwe〕 (she became a widow). 네덜란드-독일어 권역에서는 이 동사가 지금도 사용된다. (예) 네덜란드어 worden 〔wurde〕, 독일어 werden 〔verden〕. 고대 영어에서 '크다'를 뜻하는 통상적인 단어 'mycel'은 스코틀랜드어에 'mickle'로 살아남았지만, 정작 표준영어에서는 자취를 감추었다. 성서의 고트어 번역본 편린을 보면, 'mother'는 〔ajθiː〕로 완전히 대체되었고 'father'는 딱 한 번 나타나고(갈라디아서 4:6) [1] 다른 문맥

에서는 모두 〔atta〕라는 형태로 대체되었다. (이 형태는 우리에게 낯설지 않은데, 고트어로 훈족의 한 왕을 '작은아버지'라는 뜻을 가진 'Attila'라고 불렀다.) 근원적으로 유아어적 함축을 갖는 이 형태는 '아버지'를 뜻하는 슬라브어 단어, 즉 원시 슬라브어 *〔oti'tsI〕, 러시아어 〔o'tets〕와 관련되어 있는데, 결과적으로 이 형태가 원시 인도-유럽어 *〔pə'te:r〕의 반사형을 밀어냈던 것이다.

두 가지 형태의 상보적 동요현상도 빈번하게 눈에 띈다. 예를 들면, 'it's me'와 'it's I' 혹은 〔ɛ〕를 가진 'rather'와 〔a〕를 가진 'rather' 등은 현대 미국영어에서 분명히 경쟁형태이다. 복수형 'kine'(암소 무리)도 'cows'의 한쪽에서 의고적 시어로 매우 드물지만 여전히 사용되고 있다. 엘리자베스 시대의 표기를 보면, 'vat'를 'fat'로 적은 자료가 나타나는데, 이는 'vat'에 밀려났던 고대 영어 〔fɛt〕가 당시까지 잔존했음을 입증해준다. 화자가 두 가지 경쟁형태를 알고 있을 때, 이들 사이에는 함축의 차이가 개입된다. 그 두 가지 형태를 각기 다른 화자에게서 들었거나 각기 다른 여건하에서 들었을 것이기 때문이다.

만일 조사하고자 하는 기간 동안에 해당 언어공동체에서 이루어진 모든 발화의 기록을 확보하고 있다면, 우리는 조사하려는 형태의 빈도 동요를 정확하게 관찰할 수 있을 것이다. 그러한 기록이 가능하다면, 우리는 개별 형태(예: 'he ran away; he fell down' 유형 vs. 'away he ran; down he fell' 유형과 같은 문법형태 포함)를 조사하기 위한 일정한 양식을 준비해서, 발화가 이루어질 때마다 해당 형태의 양식에 점수를 기입해 넣을 수 있다. 이런 식으로 하면, 우리는 기록이 진행되는 동안에 일어난 모든 형태의 빈도 변화를 한눈에 볼 수 있는 표

---

1) "이제 여러분은 하느님의 자녀가 되었으므로 하느님께서는 여러분의 마음속에 당신의 아들의 성령을 보내 주셨습니다. 그래서 여러분은 하느님을 '아빠, 아버지'라고 부를 수 있게 되었습니다." 공동번역(1974년).

나 그래프를 얻을 수 있을 것이다. 그와 같은 형태 빈도의 점수화 작업은 물론 우리의 능력 범위를 벗어나 있다. 그렇지만 이러한 가상의 장치를 통해서 우리는 모든 언어공동체에서 실제로 끊임없이 벌어지는 언어사건에 대한 개략적인 그림을 얻을 수 있다. 유행을 타는 속어의 성격을 띤 익살이 갑자기 나타났다가 사라지는 것처럼, 형태의 변동이 특히 급속하다면, 우리는 육안으로도 동요의 양상을 관찰할 수 있다. 크기는 작지만 공동체에서 일어나는 전체 변동에 기여하는 소규모 집단과 개인은 이와 유사한 동요를 보인다. 사람은 누구든 자신이나 가까운 동료가 언젠가 한 번 사용했던 과거의 단어나 어구를 다시 떠올릴 수 있다. 대부분의 형태 동요는 그다지 신속하지 않아서 직접적인 관찰의 시선을 빠져나가지만, 결과로 스스로를 드러낸다. 한 언어의 서로 다른 역사적 단계나 한 지역의 여러 방언, 혹은 친족 관계에 있는 언어들을 비교할 때, 형태의 동요는 어휘와 문법의 차이로 나타나기 때문이다.

다음 장에서 다루게 될 새로운 형태의 기원을 일단 젖혀두고, 지금은 언어형태의 빈도상으로 흥기나 쇠퇴를 가져오는 인자에 대해 고려해 보기로 하자. 최근까지 이 문제는 학자들의 주목을 끌지 못했으며, 그에 따라 우리의 지식도 그다지 만족스럽지 못한 상태이다.

22. 3. 언어학적으로 정의할 수 있는 특징이 주어진 형태의 용법을 우대하게 될지 냉대하게 될지는 분명히 흥미로운 문제이다. 문체론자와 수사학자는 일부 언어형태가 다른 언어형태보다 듣기 좋게 들린다고 말한다. 음성적인 유일한 기준은 사람들이 음소나 음소 연쇄의 반복을 회피하려는 경향이다. 이를테면 'the observation of the systematization of education'[2]과 같은 어구는 사람들이 좋아하지 않는다는 것이다. 그렇지만 일상 발화에서는 활음조 현상이 두드러져

보이지 않는다. 다루기 힘든 발음의 표준적 용례로는 다소 억지스럽지만 다음과 같은 형태가 있다. (예) Peter Piper picked a peck of pickled peppers. She sells sea-shells. 반면에 일정한 간격을 두고 출현하는 음소의 다양한 유형화, 이를테면 두운(hearth and home, cabbages and kings), 유운(a stitch in time saves nine), 각운, 리듬 반복(first come, first served) 등은 많은 언어형태를 우대하는 것으로 보인다.

모든 일상적인 경우에 형태의 호불호(好不好)에 기여하는 것은 형식인자보다 의미인자이다. 그러나 비교되는 의미를 가진 다른 형태들과 현격하게 다른 형태는 언중이 싫어한다. 일부 언어학자는 유사한 의미를 가진 통상적인 형태보다 단형인 형태가 폐용되기 쉽다고 추정하기도 했다. 질리에롱은 라틴어 'apis'(벌)가 프랑스 권역의 거의 모든 방언에서 소멸했는데, 이 단어의 현대 발음형이 단 하나의 음소 〔e〕로 이루어졌던 것이 원인이라고 생각했다. 프랑스어에 'et' 〔e〕처럼 이런 패턴을 갖는 문법어와 관계어가 있다는 진술에는 반론이 있을 수 없겠지만, 'eau'〔o〕(< aquam, '물')의 경우는 위의 이론을 심각하게 위협한다. 인도-유럽 제어의 이른 단계에서 일부 동사 형태는 통상적인 형태보다 단형이었던 관계로 폐용의 길을 걸었을 것으로 생각된다. 프랑스어와 영어처럼 메노미니어도 모든 크기의 단어를 감내하는 것으로 보인다. 메노미니어의 〔o:s〕(카누)는 통상적인 명사보다 짧고, 〔uah〕(he uses it)는 통상적인 동사 형태보다 짧다. 고대의 전승인 이들 형태는 자매어에서 대체로 다른 형태로 대체되었다. 원시 중부 알공키안어 *〔o:ši〕(카누)는 보다 장형인 파생명사(예: 폭스어 〔anakɛ:weni〕, 크리어와 오지브와어 〔či:ma:n〕)로 대체되었다.

---

2) 명사화 접미사 '-tion'〔-ʃən〕의 반복 출현을 가리킨다.

(그러나 크리어는 〔o:si〕이다.) 원시 중부 알공키안어 *〔o:wa〕(he uses it)는 중가된 형태(예: 폭스어 〔ajo:-wa〕)나 혹은 다른 단어(예: 크리어 〔a:pačihta:w〕)로 대체되었다. 그렇지만 이 모든 형태는 의문의 여지가 있다.

의미인자는 금기 형태와 동음이의어 관계에 있는 형태의 거부에서 분명히 나타난다. 이러한 이유 때문에 화자가 사용을 꺼리는 형태는 주변에서 그리 어렵지 않게 찾을 수 있다. 미국에서 'knocked up'은 '억지로 임신을 당한'을 뜻하는 금기어이다. 그래서 영국영어에서는 '피곤한, 지친'의 뜻으로 이 어구가 사용되지 않는다. 현대 이전의 프랑스어와 영어에는 '토끼'를 뜻하는 단어로 'connil, connin'과 'coney'가 각각 존재했다. 그런데 이들 단어는 양 언어에서 모두 소멸했는데, 그것은 외설스러운 금기어를 닮았기 때문이었다. 같은 이유로 미국영어에서는 'rooster'와 'donkey'가 'cock'과 'ass'를 대체하는 중이다.[3] 그런 경우에 실제적인 중의성은 없지만, 일부 청자는 금기어의 강한 자극에 민감한 반응을 보인다. 조롱이나 당혹감을 불러들일 가능성을 염두에 둔 화자는 '결백한' 동음이의어도 회피하게 된다. 금기어 자체가 무해한 동음이의어보다 훨씬 거친 생애를 겪는다는 것은 당연한 사실이다.

22. 4. 이들 용례가 암시하는 바는 일반적으로 동음이의어가 형태의 빈도에 부정적인 영향을 미친다는 사실이다. 많은 동음이의어는 문법적인 기능의 차이로 구분된다. (예) leader(명사), lead'er(부정사 구, =lead her) / bear(명사), bear(동사), bare(형용사). 프랑스어의 〔sɑⁿ〕도 마찬가지로 다수의 동음이의어를 갖는다. (예) sang

---

3) 대체되는 이들 단어는 속어에서 각각 남자와 여자의 성기를 의미한다.

(피), cent (100), sans (… 없이), sent (*smells*), s'en (*oneself of it*) [s'en va (*goes away*)]. 거의 유사한 문법적 기능을 갖는 다음과 같은 경우에도 동음이의어가 형태 빈도를 줄이는 것으로 보이지는 않는다.
(예) pear, pair / piece, peace / mead (목장, 꿀 술), meed (보수).

그렇지만 동음이의어가 의사소통에 장애를 가져와서, 결과적으로 형태의 폐용을 일으킬 수 있다는 증거도 없지 않다. 이와 관련된 고전적 용례로는 라틴어 'gallus' (수탉)가 프랑스 남서부에서 소멸한 데 대한 질리에롱의 설명을 들 수 있다 (〈그림 11〉). 프랑스 남부에서는 이 단어가 현대형 ([gal] 혹은 [žal])으로 모습을 바꾸어서 아직도 널리 사용되고 있다. 그런데 남단에 위치한 알맞은 크기의 한 지역에서는 '수탉'의 뜻으로 이와 전혀 계통이 다른 라틴어 단어 'pullus' (> [pul])를 사용하는데, 이 단어는 원래 '병아리'라는 뜻이었다. 프랑스어 권역의 남서부 모퉁이는 라틴어 [ll]이 어말에서 [t]로 바뀌는 음-변화를 겪었다. 그리하여 '예쁘다'는 뜻을 가진 라틴어 'bellus' (> 현대형 [bɛl][4])는 남서부 모퉁이 지역에서 [bɛt]로 나타난다. 이 음-변화의 등어선은 'pullus'-구역을 동부와 서부로 가르는데, 동부에서는 이 형태를 [pul]로 발음하고 서부에서는 [put]로 발음한다. 'pullus'-구역을 벗어나면 프랑스 남부의 통상적인 발음 [gal]에 따라 *[gat] 라는 발음형이 예상되지만, 실제로 이런 형태는 어디에도 나타나지 않는다. '어말 [-t]'-지역 전체는 '수탉'을 라틴어 'phāsiānus'에서 변화한 'pheasant'의 지역 방언형 [azaⁿ]이나 혹은 '농장의 조력자, 잡역부'를 뜻하며 라틴어 'vicārius' (대리인, 교구목사)에서 발달한 것으로 생각되는 [begej]를 사용한다.

질리에롱의 지적에 의하면, 이 구역에서는 *[gat] 형태가 '고양이'

---

4) [원주] 표준 프랑스어의 경우라면, 모음 앞에서 'bel' [bɛl]로 나타나고 자음 앞에서 'beau' [bo]로 나타난다.

를 뜻하는 라틴어 'gatus'에서 발달한 〔gat〕와 동음이의어가 되었을
것이라고 한다. 이러한 동음이의어는 실생활에서 틀림없이 문제를
일으켰을 것이고, 그에 따라 '수탉'을 뜻하는 *〔gat〕 형태가 다른 임
시단어로 대체되었을 것이라는 설명이다.

이 이론에 무게가 실리는 것은 '이상한' 단어 〔azaⁿ〕과 〔begej〕를 통
상적인 단어 〔gal〕과 분리하는 등어선이 〔-t〕와 〔-l〕을 가르는 등어선
과 정확하게 일치한다는 뚜렷한 사실 때문이다. 이러한 일치는 대단
히 중요한데, 그것은 (비록 밀접하게 관련된 자질을 나타내는 것이더라

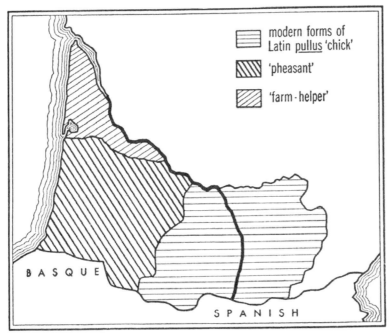

〈그림 11〉 프랑스 방언 지역의 남서부
굵은 선의 남서쪽으로는 라틴어 [ll]이 어말 위치에서 [t]로 나타난다. 빗금이 쳐지지 않은 부분
에서는 '수탉'을 가리키는 라틴어 'gallus'의 현대형을 사용한다. 빗금이 쳐진 부분에서는 '수
탉'을 가리키는 다른 단어를 사용한다. 도자의 조사에 의함.

도) 등어선이 상당한 거리를 두고 일치하는 경우란 거의 없기 때문이다.

이 구역의 옆을 보면, 〔-t〕와 〔-l〕 사이를 가르는 등어선은 〔put〕과 〔gal〕을 가르는 등어선과 일정구간에 걸쳐 일치를 보이고 있다.

이러한 일치 역시 놀라운 것으로, '어말 〔-t〕-구역에 속하는 이곳 화자들이 'gallus'를 사용하다가, 〔-ll〕이 〔-t〕로 바뀌는 변화의 물결을 맞이하자 인근 'pullus'-구역에서 〔put〕 형태를 차용하여 골치 아픈 *〔gat〕를 대체해버렸다고 가정해야만 이 현상에 대한 설명이 가능해지기 때문이다.

〔-t〕와 〔-l〕 사이의 등어선은 나머지 경로를 지나면서 'pullus'-구역을 안으로 뚫고 들어가서, 서부의 〔put〕 형태와 동부의 〔pul〕 형태를 서로 갈라놓는다. 'pullus'-구역에서는 음-변화가 아무런 동음이의어도 만들지 않았기 때문에 어휘부도 교란되지 않았다.

그렇다면 왜 〔gat〕(고양이)가 아닌 *〔gat〕(수탉)가 동음이의어에 의한 영향을 받아 희생되었는가에 의문을 가질 수 있다. 도자5)의 지적에 따르면, 이 형태소 *〔gat〕(수탉)는 짝이 되는 라틴어 'gallīna'(암탉)가 별도의 음-변화를 거쳐 〔garina〕가 되었기 때문에 오직 이 한 단어에만 출현했다는 것이다. 이와 대조적으로 〔gat〕(고양이)는 의미적으로 애매하지 않은 많은 파생형의 존재가 뒷받침되어 있었던 것이다. (예) 표준 프랑스어의 방언형: chatte(암코양이), chaton(새끼고양이), chatière(고양이집).

위의 경우처럼 유력한 사례는 거의 드물지만, 동음이의어가 형태의 폐용에서 일정한 역할을 할 가능성은 충분하다. 수세기 전만 해도, 영어에는 오늘날의 동사 'let'(고대 영어 〔'lɛːtan〕의 패러다임)과 아울러 이 동사와 동음이의어로 '방해한다'는 뜻을 가진 동사(고대 영어

---

5) 프랑스의 언어학자. ☞ 인명 약해 참고.

〔'lettan〕) 가 있었다. 현대의 영어 화자들도 'without let or hindrance' (아무 이상 없이) 라는 어구나 테니스 경기의 'a let ball'에서 이 후자의 동사를 사용한다. 셰익스피어가 쓴 〈햄릿〉의 대사 "I'll make a ghost of him that lets me"에서 후반부는 'of him that hinders me' (나를 방해하는 그) 의 뜻이었다. '허용하다'를 뜻하는 'let'과 동음이의어가 되고 나서, 이 동사는 특이하게 무력화되었다. 가령, 어떤 아이가 위험한 데로 걸어가거나 잘못해서 강도를 만나게 되었을 때, 자기 말을 듣는 사람들에게 이 아이를 멈추게 해 달라는 말을 하고 싶은 사람이 "Let him!" 하고 말했다고 하자. 그러면 아마도 옆에 서 있던 행인은 이 말을 듣고 길을 비켜주었을 것이다. 그렇게 되면 이 사람은 다시 "Stop him! Hold him!" (아니, 그 아이를 가지 못하게, 세워 달라니까요!) 하고 덧붙였을 것이다. 이런 일을 서너 차례 겪고 나면, 이 사람은 다음부터는 첫 번째 시도부터 가장 효과적인 형태 (stop, hold) 를 사용하게 될 것이다.

22. 5. 우리는 불규칙적인 복합형태 옆에서 규칙적이거나 최소한 덜 불규칙한 형태의 무리를 자주 목격하게 된다. (예) rooves, hooves, dwarves - roofs, hoofs, dwarfs / dreamt, learnt - dreamed, learned / you had better - you ought to. 어떤 경우에는 불규칙 형태가 결정적으로 낮은 빈도를 보인다. (예) 불규칙: kine, eyne, shoon, brethren - 규칙: cows, eyes, shoes, brothers. 이와 다른 용례도 있다. (예) 규칙: forehead 〔'fowr-ˌhed〕, gooseberry 〔'guws-ˌberij〕, seamstress 〔'simstres〕 (침모) - 불규칙: 〔'fɑred, 'guwzbrij, 'semstres〕. 역사적 관점에서 보면, 이런 경우에 불규칙 형태가 소멸하거나 특수한 의미로만 살아남는다. 예컨대 'seethe' (끓어오르다) 의 옛 분사인 'sodden'은 이전된 의미 ('흠뻑 젖은') 로만 살아남았다. 만일 고대 영어

형태 〔gɛːt, beːk, kyː〕를 계속 사용했다면, 'goat, book, cow'의 복수 형태는 오늘날 *〔gijt, bijč, kaj〕가 되었을 것이다. 상당한 기간에 걸친 언어의 역사를 조사해 보면 이런 유형의 용례가 적잖게 나타나겠지만, 이러한 변화에 작용한 인자는 뚜렷하게 드러나지 않는다. 규칙적 형태가 더 이상 진척되지 않는 사례도 많이 있기 때문이다. 불규칙 형태 'feet, brought' 대신 'foots, bringed'를 발화하는 장면은 대단히 드물기 때문에 규칙 형태의 발화는 나이 든 사람들의 입장에서 어린이의 유치한 '오류' 혹은 '발화 실수' 정도로 간주된다. 언어는 저마다 불규칙 형태의 용납에서 차이가 나지만, 일반적으로 시작만 호의적이면 규칙 쪽의 경쟁 형태가 생존확률이 높은 경향을 보이는 것으로 판단된다. 매우 흔한 형태, 이를테면 영어에서 과잉분화를 보이는 대명사 'I, we, he, she, they'와 동사 'be'의 패러다임은 심한 불규칙성에도 아랑곳하지 않고 지속적으로 사용되었다.

22.6. 대체로 형태 빈도의 동요는 형식 자질보다 의미 자질에 좌우되며, 따라서 순수한 언어학적 관찰에서 벗어나는 수가 많다. 언어 공동체의 실제 생활에서 일어나는 변화는 언어형태의 상대적 빈도에 영향을 미치게 된다. 철도와 자동차, 전동차의 등장은 말과 마차, 마구 등과 관련된 많은 용어의 빈도를 낮추고, 기계와 관련된 용어의 빈도를 높였다. 멀리 떨어진 보수적인 공동체에서도 입에 올리는 사물은 끊임없이 바뀌기 마련이다. 다른 모든 것이 그대로라 해도, 최소한 출생과 사망의 변화는 일어나기 때문이다.

유행의 물결을 탄 새로운 사물이나 생활패턴은 새것이든 묵은 것이든 언어형태의 사용빈도를 높이게 된다. 운전이나 비행, 무선 등의 용어처럼 이와 관련된 용례는 현대생활에서 많이 찾아볼 수 있다. 실제 상황이 소멸하게 되면, 그동안 해당 상황에서 사용되던 일련의 형태도 점차 덜 쓰이다가 마침내 소멸할 수 있다. 예를 들어, 매사냥 용어가 바로 이러한 운명을 겪었다. 그래서 〈오셀로〉의 아름다운 대사는 지금도 들을 수 있지만, 현대의 영어 화자는 그 의미를 이해하지 못한다.[6]

> If I do prove her haggard,
> Though that her jesses were my dear heart-strings,
> I'd whistle her off, and let her down the wind,
> To prey at fortune.

여기서 'haggard'라는 단어는 길들이지 않은 야생의 다 자란 매를 가리키는 말이고, 'jess(es)'는 매의 다리를 단단하게 묶는 가죽끈(젓갖)인데 매가 풀려날 때 이 가죽끈도 함께 떨어져 나간다. 만일 매가 뒤에 바람을 받고 날아가면, 거의 되돌아오지 않았다.

서력기원의 초기 수세기 동안, 일부 게르만 부족에는 〔laːt〕(남부 독일어 〔laːts〕)라 불리는 집단이 있었는데, 이들은 자유인과 노예의 중간계급을 점하고 있었다. 이 단어의 영어 형태 〔lɛːt〕는 기록상으로는 가장 오래된 영어의 법전[7]에 딱 한 번 나타나는데, 여기서조차도 〔θeːow〕(노예)라는 단어로 적혀서 제대로 설명되지 않았다. 영국에서 영어를 사용하는 부족의 새로운 사회조직에는 그런 계층이 없었으며, 그런 연유로 이 단어도 해당 제도와 함께 폐용의 운명을 맞이했던 것이다.

---

6) "만약 그 여인이 들에서 자란 거친 매라고 한다면,
   비록 그녀의 젓갖이 나의 생명줄이라 해도,
   나는 손을 놓아 공중에 도망치게 하고,
   운명에 맡기리라."

7) Laws of King Aethelbirht of Kent.

22. 7. 의식(儀式) 혹은 불길한 금기와 관련하여 사용되는 단어는 사라질 가능성이 높다. 인도-유럽 제어는 '달'을 가리키는 다채로운 단어를 사용한다. 특히 러시아어는 라틴어에서 고도의 식자층 단어를 전혀 차용하지 않았음에도 오직 이 라틴어 단어 [luːna] 하나만은 [lu'na]로 차용했다. 산스크리트어 [ɽkšah], 그리스어 ['arktos], 라틴어 'ursus'로 살아남았던 '곰'을 가리키는 원시 인도-유럽어의 단어가 게르만어와 발트-슬라브어에서 소멸한 것은 일종의 의식 내지 사냥꾼의 금기 때문이었다. 슬라브어에서는 이 단어가 원래 '벌의 포식자'를 뜻하는 투명한 러시아어 합성어 [med'vet]로 대체되었다. 이와 유사한 현상이 메노미니어에서도 발생했던 것으로 보인다. 즉, 폭스어 [mahkwa], 크리어 [maskwa]로 보존되어 있던 '곰'을 뜻하는 옛 단어가, 원래 '당신이 그라고 부를 수 있는 작은 것'을 뜻하던 지소사 [aweːhsɛh]로 대체되었다. 크리어 [maːčiːw] (그가 사냥을 나간다) 는 원래 단순히 '그가 밖에 나간다'는 뜻이었다. 아마도 짐승이나 영적인 제사장이 이 말을 엿들을까 봐 두려워했던 것으로 짐작된다. '왼쪽'을 가리키는 용어는 다양한 언어에서 다른 단어로 대체되었다. 인도-유럽 제어는 '왼쪽'을 의미하는 많은 단어를 사용하는데, 그 가운데 문자 그대로 풀이하면 '좋은 이름의'가 되는 고대 그리스어 [ew-'oːnumos] 는 분명히 완곡어법에 의한 단어이다. 사람들은 '죽는다, 죽음' 혹은 심한 질병의 이름과 같은 불유쾌한 단어를 회피하는 경향이 있다. 그래서 선-게르만어에서 '죽다'를 뜻하는 단어가, 라틴어 'morī' (죽다) 로 나타나는 원시 인도-유럽어 단어를 대체했다. 'undertaker' (장의업자) 라는 용어는 막연하게 회피의 대상이었는데, 현재 장의업 종사자들은 이 용어를 'mortician'이라는 용어로 대체하는 중이다. 이러한 용례처럼 불유쾌한 속성이 실제 상황에 내재된 경우에, 해당 언어형태는 고통을 주는 의미와 구체적으로 결부되는 즉시 기피 대상이 된다.

상스럽거나 야한 연상을 회피하는 금기는 단어의 폐용까지 가져오지는 않는 것으로 보인다. 금기 형태는 대부분의 사회적 장면에서 배척되지만 그런 금기 형태를 피할 수 없는 장면도 있다. 대치형태는 시간이 지나면서 해당(금기) 의미와 밀접하게 관련을 맺을 수 있고, 그렇게 되면 다시 금기의 대상이 된다. 라틴어 'cārus'(친애하는)와 동족어인 영어의 'whore'(매춘부)는 틀림없이 (예전에 한때 쓰였지만) 지금은 사라진 어떤 단어에 대한 공손한 대치형태였을 것이다. 그렇지만 이런 유형의 단어는 전반적으로 폐용까지 이르지는 않는 것으로 보인다.

실제 상황은 좋은 반응을 불러오는 단어를 호의적으로 대한다. 장사를 하는 사람은 물건을 팔 때 자기 물건을 매력적으로 보이도록 그럴듯한 꼬리표를 붙인다. 젊거나 어린 동물의 이름이 그 종의 일반적인 이름을 대체해버리는 이유도 바로 여기에 있다. (예) 암탉: hen-chicken. 프랑스어 'poule'〔pul〕(암탉)과 방언형 〔pul〕(수탉)은 '병아리'를 뜻하는 라틴어 단어의 승계형이다. '주택'을 가리키는 'home'도 틀림없이 주택 건축업자들에게 애용되었을 것이다. 독일어에서 '급행' 열차는 '완행' 열차를 가리키게 되었다. (예) Schnellzug 〔šnel-ˌtsuːk〕(축자적 의미는 '빠른-열차'임). 진짜 '빠른' 급행열차는 축자적으로 '번개 열차'를 뜻하는 'Blitzzug'〔blits-ˌtsuːk〕이다. 이는 미국에서 열차의 '일등칸'이 보통객실을 의미하는 것과 마찬가지이다.

청자에게 '듣기 좋은' 단어를 사용하는 데서 이득을 얻는 경우도 적지 않다. 단수 대명사 'thou' 대신에 복수형 'ye'를 사용하는 습관은 유럽의 중세에 전역으로 널리 퍼졌다. 영어에서도 'you'('ye'의 여격-대격형 고형)는 'thou'를 의고적 용법으로 밀어냈다. 네덜란드어에서는 'jij'〔jei〕가 'thou'의 완전한 폐용을 가져오고, 원래 훨씬 경칭인 'u'〔yː〕(예: Uwe Edelheid 〔yːwe 'eːdelhejt〕, '전하')의 침입을 맞이하여 다시 친밀한 관계를 나타내는 말이 되었다. 이러한 유형의 경칭어는 평칭의 이인칭 대명사를 대체하는 수가 많다(15. 7절). 이와 유사하게 사람들은 청자와 관련된 경칭어를 사용한다. 이탈리아어에서 '나의 아내'는 'mia moglie'〔mia 'moʎe〕이지만, '당신의 아내'를 가리킬 때 는 'la sua signora'〔la sua si'nora〕('당신의 숙녀')라고 한다. 프랑스어 와 독일어에서는 청자의 친족을 언급할 때 그 앞에다가 'Mr., Mrs., Miss' 등의 접두사를 붙인다. (예) madame votre mère 〔madam vɔtr mɛːr〕(당신의 어머니). 심지어 독일어에서는 청자의 남편이나 아내를 지칭할 때 특별한 호의를 담은 의고적 단어를 즐겨 사용한다. (예) meine Frau 〔majne 'fraw〕(*my wife*) ‑ Ihre Frau Gemahlin 〔iːre fraw ge'maːlin〕(*your Mrs. consort*) 8) / mein Mann 〔majn 'man〕(*my husband*) ‑ Ihr Herr Gemahl 〔iːr her ge'maːl〕(*your Mr. consort*). 중 부 알공키안 제어에서는 문자 그대로 '나의 아내'와 '당신의 아내'를 지칭하는 단어가 금기이다. (괴물이나 동화에서 이런 단어를 사용한 다.) 그래서 이들의 언어에서는 '늙은 여인' 혹은 '나와 같이 사는 이' 라 하고, 심지어 '나의 요리사'라고 말하기도 한다.

일반적으로 말해서 사람을 지칭하는 경칭어는 평칭어를 희생시키 고 확산되는 경향이 있다. 예컨대 '신사'(*gentleman*)와 '숙녀'(*lady*)는 '남자'(*man*)와 '여자'(*woman*)보다 예의바른 말이다.

22. 8. 폭력이나 재치에서 거두는 일반적 효과는 형태 빈도의 동요 에서 강력한 인자로 작용하지만, 유감스럽게도 언어학자의 통제범위 를 벗어나 있다. 그런 효과는 속어 표현의 급작스러운 흥기와 몰락을 낳는다. 1896년 어름에, '노려보다, 꼬치꼬치 캐다'라는 의미로 사용 되는 'rubber'의 이전된 용법은 속어에서 상당한 지위를 누렸다. 그

---

8) 여기서 'consort'는 보통 높은 사람의 배우자를 지칭한다.

러다가 이 용법은 10년 뒤에 폐용되고, 지금은 'rubberneck-wagon' (구경하는 마차) 만 꽤 높은 빈도로 사용되고 있다. 또한 1905년경, 감탄사 'skidoo'(도망치다, 떠나다) 와 동일한 의미의 감탄사 용법으로 사용되는 'twenty-three'도 갑자기 유행어가 되었다가 순식간에 자취를 감추었다. 그런 형태의 흥기는 분명히 청자에게서 일정한 반응을 이끌어낼 수 있는 효과 때문으로 보인다. 화자 입장에서 보면 참신하면서도 적당히 폭력적인 의미 이전으로 효과를 톡톡히 본다. 한편 청자는 호의적인 상황에서 호감이 가는 사람들에게서 들은 말이기 때문에 역시 호의적인 반응을 보인다. 이 모든 호의적 인자는 단순한 반복이 계속되면 사라져버린다. 참신성도 때가 묻고, 이전된 의미가 중심의미보다 더 친숙해지면 폭력적 은유도 빛이 바랜다. 이와 함께 해당 형태와 관련된 평범한 상황과 화자는 더 이상 관심의 대상이 되지 못한다. 사태가 여기까지 진전되면 해당 속어는 소멸된다. 그렇지만 옛 형태가 폐용되거나 의고형 혹은 특수형이 되는 동안, 핵심적 가치를 상실한 재치 있는 단어가 통상적인 형태로 남는 경우도 있다. 예를 들어, 라틴어 'caput'(머리) 는 이탈리아어와 프랑스어에 특수화되어 이전된 의미로 살아남았는데, 중심의미로는 라틴어 'testa'(단지, 질그릇) 의 반사형으로 대체되어 각각 이탈리아어 'testa'〔tɛsta〕와 프랑스어 'tête'〔tɛt〕가 되었다. 마찬가지로 독일어에서도 영어 'head'와 동족어인 'Haupt'〔hawpt〕가 이전된 용법으로 살아남아서 시적(詩的) 인 의고풍[9] 으로 사용되지만, '머리'라는 의미로는 영어 'cup'과 동족어인 'Kopf'로 대체되었다. 빈도상의 하락으로 약화된 난폭하거나 재치 있는 단어는 새로운 경쟁형의 도전을 받을 수 있다. (예) '머리'나 '남자', '소녀', '죽이다' 등을 가리키는 무수한 속어. 'awfully, terribly,

---

9) '(몇) 마리'. 본문에 지적되었듯이 간혹 사람의 '머리'라는 의미로 사용되기도 한다.

frightfully'(glad to see you) 등과 같은 단어 용법.

이러한 인자는 극단적인 경우에 쉽게 인식되지만, 우리의 관찰을 벗어나는 많은 용례, 특히 빈도의 동요가 오랜 시간 간격을 두고서만 확인할 수 있는 경우에는, 쉽게 인식되지 않는다.

22.9. 빈도의 동요에서 가장 강력한 힘은 언어학자의 능력범위를 훨씬 벗어나서 움직인다. 화자는, 모종의 특권의식 때문에 언어습관에 영향을 미치는 다른 화자에게서 들은 어형에 호의적이다. 이러한 경향은 바로 다음과 같이 끝없는 변이형 내지 거의 동음이의어에 가까운 목록을 통틀어 무수한 사례에서 화자의 선택을 좌우하는 기준이 된다. (예) it's me-it's I / 〔ɛ〕-〔a〕 'rather'의 경우 / 〔ij〕-〔aj〕 'either, neither'의 경우 / roofs-rooves / you ought to-you had better. 방언 지리학과 표준어의 역사를 통해 우리는 상대적으로 특권에서 소외된 집단이나 개인이, 중요한 공동체의 언어를 이런저런 자질에서 부단히 모방한다는 사실을 확인할 수 있다. 이러한 평준화 과정에서 가장 놀라운 국면은 언어 차용과의 관련성이다. 어휘부와 문법의 많은 자질과 일부 음성 자질에는 서로 다른 집단과 심지어 개별 화자에 따라 다른 사회적 함축이 담겨 있는 것으로 믿어진다. 의사소통 밀집도 (3.4절)를 표시하는 이상적인 도식에서, 우리는 각 청자를 언급할 때 화자의 특권이 드러나는 단계적 변이양상을 기준으로, 각 화자에게서 청자에게 날아간 화살표를 하나하나 구분해야 한다. 만일 그런 방식으로 가중치가 달리 결정된 도식이 확보된다면, 우리는 언어형태의 미래 빈도를 자신 있게 예측할 수 있다. 앞선 화자들의 권위에 가장 많은 영향을 받는 것은 물론 어린 시절이지만, 모든 화자는 태어나서부터 죽을 때까지 닮고 싶거나 따르고 싶은 사람의 말에 자신의 말을 끊임없이 맞추면서 살아가기 때문이다.

유추 변화

23. 1. 한 언어에서 많은 언어형태는 과거 단계에 존재하던 형태의 연속형이 아니다. 이러한 사실은 차용의 경우에 분명하게 드러난다. 아메리카 인디언의 언어에서 들어온 'toboggan'(썰매)과 같은 단어는 아메리카 대륙의 식민지화 이전에는 결코 사용될 수 없었을 것이며, 따라서 그 시기 이전으로 소급되는 영어의 문서에 이 단어가 나타나는 일도 없을 것이다. 그러나 많은 경우에 새로 등장한 형태는 외국어에서 차용된 형태가 아니다. 예를 들면, 복수형 'cows'는 고대 영어와 중세 영어에 나타나지 않는다. 고대 영어 'cu'〔ku:〕(> cow)의 복수형은 'cy'〔ky:〕인데, 이 형태는 근대 영어의 많은 방언에 〔kaj〕로 살아남았다. 1300년경의 자료에 'kyn'이라는 형태가 나타나는데, 이 형태는 현대에 들어와서 의고적 시어(詩語) 'kine'으로 살아남았다. 그로부터 몇 세기 지나지 않아서 우리는 'cows'라는 형태를 만나게 된다. 최초의 언급 기록이 보이는 1607년부터 사전(NED)에서는 이 형태를 옛 형태의 대치형으로 규정하고 있다. 이 'cows' 형태는 분명히 옛 형태 'kine'이 음성 변화를 겪은 결과, 곧 연속형이 아니다. 마찬가지로 'kine'도 'kye'와 아무런 관련이 없다. 두 경우 모두 새로운 언어형태가 영어에 들어온 것이다.

'cows' 형태가 음-변화에 의한 교체만을 겪은 옛 형태의 연속형이 아니라는 사실은 자명하다. 엄밀하게 말하면 이런 진술은 음성적 불일치라는 기본적인 사실에서 얻을 수 있는 추론에 불과하다. 고대 영어 〔y:〕는 현대의 표준영어에서 〔aj〕로 나타난다. (예) why, mice, bride < 고대 영어 〔hwy: / my:s / bry:d〕. 그리고 'cows'에 보이는 현대형 〔aw〕는 고대 영어 〔u:〕를 나타낸다. (예) cow, how, mouse, out < 고대 영어 〔ku: / hu: / mu:s / u:t〕. 나아가서 'cows'에 보이는 현대형 〔z〕는 음-변화에 의해 첨가된 것이 아니라, 고대 영어 〔s〕를 나타낸다. (예) stones < 고대 영어 〔sta:nas〕. 그러나 많은 경우에 언어형태의 참신성은 그리 뚜렷하지 않아서 오직 체계적인 음 비교에 의해서만 드러난다. 피상적으로 보면 'days'라는 형태는 고대 영어의 복수형 'dagas'와 닮았다. (이 형태의 발음은 마찰음 〔g〕를 가진 것으로 추정되는 〔dagas〕로 추정된다.) 그러나 고대 영어의 음 연쇄 〔ag〕의 음성적 발달은 다음과 같은 형태에 나타난다. (예) 〔'sage〕 > saw (톱), 〔'sagu〕 > saw (말하기), 〔'hagu-θorn〕 > hawthorn (산사나무), 〔dragan〕 > draw. 이와 같은 발달과정은 초기 중세 영어에서 'dei' (day)의 복수형이 'dauces, dawes'라는 철자로 적힌 사실로 확인된다. 현대형 'days'와 일치하는 표기는 1200년 무렵이 되어서야 나타난다. 위와 같은 음성적 대응관계가 정확하다면, (대응관계에서 벗어나는) 잔류형태는 새로운 형태를 포함할 것이다. 규칙적 음성 변화의 가정을 채택하는 가장 강력한 이유는, 잔류형태(다음 장에서 살펴볼 언어 차용 문제는 일단 논외로 함)의 구조가 새로운 형태의 기원에 중요한 암시를 던져준다는 점 때문이다. 시간이 흘러가는 와중에 출현하여 통상적인 음성적 대응관계에 들어맞지 않는 일탈로 자신의 존재를 드러내는 대부분의 단어 형태는 매끄럽게 정의된 단일한 유형에 속한다. 이는 절대 우연의 결과가 아니다. 이러한 현상은 음성 변화의 가정을 뒷받침해주는 한편, 신-형성의 과정을 연구할 수 있는 근거를 마련해준다.

역사적 과정에서 출현하는 대규모의 단어 형태는 복합형태의 새로운 조합으로 이루어진다. 'kye, kine'의 옆에서 출현한 'cows' 형태는 단수 'cow'(< 고대 영어 〔kuː〕)와 복수접미사 〔-z〕(< 고대 영어 〔-as〕)의 결합으로 이루어졌다. 마찬가지로 옛 형태 'daws' 옆에서 출현한 'days'도 단수형 'day'(< 고대 영어 〔dɛj〕)와 동일한 복수접미사의 결합으로 이루어졌다. 다양한 언어의 역사에서 발견되는 광범위한 용례를 통해, 우리는 유추습관(16.6절)이 치환된다는 사실을 확인하게 된다. 다시 말해서, 'cow'의 복수형이 불규칙 형태 'kine'이었던 시기에, 화자가 새로운 규칙형태 'cows'를 창조하고, 이 규칙형태가 불규칙 형태와 경쟁관계에 돌입하게 되었다는 것이다. 그러므로 우리는 이러한 유형의 개신을 유추변화라고 부를 수 있다. 언어학자는 보통 새로운 형태의 독창적 창조와, (그 형태가 예전 형태와 벌이는) 경쟁관계 모두를 아우르는 개념으로 이 용어를 사용한다. 엄밀하게 말하면 이 두 가지 사건은 구분해야 한다. 한 화자가 새로운 형태(이를테면 cows)를 듣거나 말했을 때, 그 이후에 새 형태나 혹은 옛 형태를 발화하는 것은, 앞서 제22장에서 보았듯이, (한 개인에게서 일어나는) 형태의 동요현상과 관련된 문제이다. 여기서 새롭게 고려하는 것은, 'kine' 대신 'cows'를 발화하는 것처럼, 새로운 형태를 전혀 들어본 적이 없는 누군가가 새로운 결합형을 발화하는 상황이다.

23.2. 우리가 이해하기 쉬운 대개의 경우에 새로운 형태의 발화과정은 통상적인 문법적 유추과정과 대단히 유사하다. 들어보지 않은 상태에서 새로운 형태 'cows'를 산출한 화자는, 다음 비례식에서 보듯이 다른 규칙 복수명사를 발화하는 것처럼 발화한 것이다.

sow ： sows = cow ： x.

이 도식에서 모델이 되는 집합(sow ： sows)은 일련의 모형(bough-boughs, heifer-heifers, stone-stones)을 대표하는데, 여기에는 영어의 규칙적인 모든 패러다임이 포함된다. 더욱이 등호 양쪽의 집합은 비단 두 구성원에만 국한되지 않는다. 'dreamt'〔dremt〕 대신 'dreamed'라는 형태를 독립적으로 발화했다면, 이 행위는 다음과 같은 도식으로 기술할 수 있다.

scream ： screams ： screaming ： screamer ： screamed
= dream ： dreams ： dreaming ： dreamer ： x

심리학자는 화자가 비례식 패턴이 의미하는 바를 추론할 능력이 없다는 사실을 근거로 이러한 공식에 반대한다. 만일 이러한 반론이 유효하다면, 언어학자는 아무런 문법적 진술도 내놓을 수 없을 것이다. 언어학자가 아닌 모든 일반 화자는 자기 언어습관을 기술하지 못하고, 따라서 어리석게 우리가 물어본다고 해도, 절대로 정확한 공식을 만들어내지 못한다. 학교문법을 통해 훈련을 쌓은 교양인들은 언어습관을 공식화하는 자신의 능력을 과대평가하지만, 이들도 자신의 이러한 능력이 사변적인 철학 전통 덕분이라는 사실을 망각하는 더욱 심각한 우를 범하고 있다. 교양인들은 이러한 배경을 제대로 알지 못하고 자신의 능력을 모든 사람들에게서 기대할 수 있는 천부적 재능으로 여기고, 아무 거리낌 없이 정상적인 화자가 만들어낼 수 없는 모든 언어학적 진술의 참다운 가치를 부정한다. 우리는 고도의 전문적 훈련을 받지 않은 화자가 자신의 언어습관을 기술할 수 없다는 사실을 한 시도 잊어서는 안 된다. 우리가 앞서 수립한 유추와 유추변화의 비례식은 다른 모든 언어학적 진술과 마찬가지로, 화자의 행동을 기술하는 것이지, 결코 화자 자신이 이와 유사한 기술을 행할 수 있다는 의미가 아니다.

과거 언어의 기록을 연구하거나 친족관계에 있는 여러 언어와 방언을 비교하면서, 언어학자는 단어 형태의 많은 차이점(이를테면 구형 'kine'과 신형 'cows'의 출현)을 발견하게 된다. 형태론의 습관은 비교적 굳건하다. 그래서 단어목록과 굴절 패러다임을 마련하면 어렵지 않게 개신 여부를 탐지할 수 있다. 구 형태는 그렇지 않다. (다분히 철학적인 접근방식 탓으로 그렇게 되었지만) 통사론의 불완전한 기술적(記述的) 기법을 논외로 한다면, 한 언어의 갖가지 통사적 위치(결합관계)는 매우 많은 상이한 형태로 채워질 수 있기 때문에 개괄적 조사가 곤란하다. 특정한 구가 과거의 통사적 습관을 벗어났다는 판단을 내린 언어학자도, 과거의 용법이 그 구를 배제했다고 자신 있게 단언하거나 낡은 용법과 새로운 용법의 정확한 경계선을 결정하지는 못할 것이다. 그럼에도 우리는 비례식 패턴에 근거해서 통사적인 개신을 인지할 수 있다. 16세기부터 영어에는 'like'가 이끄는 종속절이 등장하기 시작했다. 우리는 이 개신과정을 다음의 도식으로 그려볼 수 있다.

$$
\begin{aligned}
&\text{to do better than Judith} : \text{to do better than Judith did}\\
&= \text{to do like Judith} \qquad\quad : x,
\end{aligned}
$$

이 비례식에서 얻어지는 결과는 'to do like Judith did'라는 구성이다.

통사적 습관을 교란하지 않는 구의 개신은 새로운 어휘용법을 포함할 가능성이 있다. 이런 경우, 특히 과거의 언어가 관련된 용례에 대해 의미를 통제할 능력이 없는 우리로서는 거의 극복할 수 없는 장애물을 만나게 되는 셈이다. 언어형태의 의미를 구성하는 실제 상황은 엄격하게 정의할 수 없다. 그래서 한 언어형태를 발화할 때마다 해당 발화 각각에 미세한 의미적 개신이 포함되는 것이다. 현대의 일부 방언과 마찬가지로, 과거의 영어에서 'meat'는 'food'(음식)와 가까운 의미를 가졌고, 'flesh'는 다음 예문(1693년)에서 보듯이 먹는 것과 관련해서 자유롭게 사용되었다. (예) who flesh of animals refused to eat, nor held all sorts of pulse for lawful meat. [1] 합성어 'flesh-meat'는 한동안 절충적 의미로 사용되었다. 앞선 시기에 'meat'가 보편적으로 사용되던 문맥에서 'food'와 'fodder'(동물의 먹이)가 우세하게 되고, 또 앞선 시기에 'flesh'가 통상적인 단어로 사용되었을 문맥에서 'flesh-meat'와 'meat'가 우세하게 된 것은 틀림없이 점진적 용법추이 때문이었다. 언어학자는 이와 같은 추적작업의 난점 때문에 그러한 추이과정을 일종의 변덕스러운 오적용(*misapplication*)으로 간주해버린다. 어떤 화자에게든 언어형태의 의미란 그 자신이 이 형태를 들은 상황과 문맥의 산물이라는 점을 기억한다면, 우리는 여기서도 위와 같은 치환이 단순히 일정 패턴의 확장에 불과할 뿐이라는 사실을 확인할 수 있다.

leave the bones and bring the flesh : leave the bones and
                                                                bring the meat
= give us bread and flesh   : x,

이 비례식을 풀면, 'give us bread and meat'가 된다. 우리는 문법적 치환과 어휘적 치환 양쪽에 대해 모두 동일한 한 가지 일반적 개

---

1) 대략 다음과 같은 의미이다. "동물 고기를 먹지 않고, 어떤 종류의 콩도 법에 맞는 음식물로 간주하지 않았던 사람."

신의 유형을 가지고 설명해야 한다. 우리는 이 유형을 유추적 의미 변화라고 부를 수 있다. 이러한 변화의 어휘적 국면, 즉 의미 변화는 다음 제 24장으로 미루고, 여기서는 우선 문법적인 습관이 포함된 비교적 용이한 국면부터 고려해 보기로 한다.

23. 3. 우리는 화자가 전혀 들어본 적이 없는 형태를 사용하는 실제적 개신과, 새 형태와 옛 형태가 벌이는 (개신에 뒤이은) 후속 경쟁을 이론상으로 구분할 수 있다. 수년 전에 'radios'라는 형태를 들어본 관찰자는, ('radios'라는 형태를 발화한) 그 화자가 전에 들어본 적이 없는 형태인데도 통상적인 명사 복수형의 유추에 의해 그런 형태를 창조했다고 생각할 것이다. 그러나 관찰자가 이와 같은 자신의 추론을 입증하기란 어려운 일이다. 전에 들어본 적이 있는 화자이건 아니면 들어본 적이 없는 화자이건, 모두 이 새로운 형태를 제대로 발화하는 데는 아무런 문제가 없기 때문이다. 이 형태의 단수가 'radio'라는 사실만 안다면, 이들 두 종류의 화자는 적절한 상황에서 복수형을 발화할 수 있을 것이다.

분명한 문법적 범주가 포함된 이러한 경우에는, 우리가 의미를 정의할 수 없다는 사실이 그다지 큰 장애가 되는 것은 아니다. 다음과 같은 공식은, 비록 이들 범주의 의미(예: '하나'-'둘 이상')에 대한 정의가 정확하지 못하다 하더라도, 온전하게 효력을 발휘한다.

```
    단수      복수
    piano ： pianos
  = radio ： x
```

'radios'라는 형태는 여하한 옛 형태와도 충돌하지 않는다. 대부분의 유추변화에서 당면하는 난관은 옛 형태의 존재이다. 가령 1600년 무렵에 생존했던 어떤 화자가 'cows'라는 형태의 최초 발화를 들었다고 하자. 이 화자는 아마도 우리가 수년 전에 'radios'라는 형태를 두고 행한 것과 동일한 관찰을 행할 수 있었을 것이다. 많은 화자들은 틀림없이 독자적으로 이 형태를 발화했으며, 따라서 처음으로 발화한 화자들과 이미 들어본 적이 있는 상태에서 발화한 화자들을 구분하기란 불가능한 일이다. 그러나 'cows' 형태의 발화는 'radios' 형태보다 훨씬 듬성듬성 파종된 씨앗과 같았을 것이다. 전통적인 형태 'kine' 역시 그 자리에 있었기 때문이다. 그 이후의 경쟁에서 새로운 형태는 규칙형성이라는 장점을 가졌다. 그러므로 한 형태의 창안을 초래하는 인자는 기존 형태의 빈도를 선호하는 인자와 동일하다고 말할 수 있다.

무엇 때문에 화자들이 전통적인 형태 대신에 새로운 결합형을 발화하고, 또 무엇 때문에 새로운 결합형이 빈도의 증가를 보이는가는, 확실하게 알 수가 없다. 'feet' 대신 나오는 'foots'는 가끔씩 어린이들의 발화에서 들을 수 있다. 우리는 그러한 형태를 어린이의 '유치한 오류'라고 부르고, 그 아이가 곧 전통적인 습관을 획득하리라고 기대한다. 성인은 피곤하거나 몹시 당황했을 때 'foots' 형태를 발화할 가능성이 있다. 그러나 성인은 그런 형태를 반복하지 않고, 그런 형태를 받아들이지도 않는다. 우리는 이런 경우를 '발화 실수'라고 부른다.

어떤 언어든 어느 한 단계를 놓고 보면, 일부 자질은 상대적으로 안정적인 데 비해 다른 자질은 상대적으로 불안정한 양상을 보인다. 16세기 영어에는 앞선 시기에 이루어진 언어 발달의 결과로 양자택일이 가능한 복수형(예: eyen-eyes, shoon-shoes, brethren-brothers)이 충분히 생겨나 비교적 두드러지지 않으면서 쉽게 받아들일 수 있는 'cows'와 같은 개신이 가능하게 되었다. 현재, 'foots'와 같은 개신형은 이따금 생성되긴 하지만 생존가능성이 희박해 보인다. 우리는 형태의 개신과 빈도의 동요가 마찰음의 유성화와 관련된 복수형의 영역에서 일어나는 중이라는 추정을 내릴 수 있다. (예) hooves-hoofs, laths 〔leðz : leθs〕.

‘cows’와 같은 형태의 창조는 규칙적인 복수접미사 〔-ez, -z, -s〕의 빈도 증가에서 나타난 삽화에 불과하다. 유추적 의미 변화는 문법유형과 어휘유형을 치환하는 한, 빈도상의 동요일 따름이다. 한 형태가 새로운 형태를 동반하고 새로운 결합으로 뻗어나가는 형태의 확장이 화자들에게 선호되는 것은, 그 형태가 이전에 음성상으로나 의미상으로 관련된 형태와 함께 출현하던 습관 때문이다. 예를 들어, ‘cow’와 〔z〕의 조합이라는 용법은 ‘sows, brows’ 등의 〔-aw-z〕에 보이는 다른 복수형의 존재와 잘 어울렸을 것이다. 의미의 유사성은 중요한 역할을 한다. 즉, ‘sows, heifers, ewes’ 등이 ‘cows’를 견인하게 된다는 것이다. 문맥상의 출현빈도가 증가하면, 본보기가 되는 모형을 견인하는 힘도 덩달아 강해진다. 라틴어 명사 ‘senatus’〔se'na:tus〕(원로원)는 불규칙한 굴절체계를 가졌는데, 여기에는 속격 ‘senatus’〔se'na:tu:s〕도 포함되었다. 그런데 이들 형태의 옆에서 규칙적 모형에 근거한 새로운 속격형 ‘senati’〔se'na:ti〕가 나타났다. 이러한 개신의 주요한 모형은 규칙적인 명사 ‘populus’〔populus〕(인민), 속격형 ‘populi’〔populi:〕일 것으로 추정되었다. 왜냐하면 이들 두 단어는 ‘senatus populusque’〔se'na:tus popu'lus kwe〕(원로원과 인민)라는 구절에 습관적으로 함께 사용되었기 때문이다. 가장 강력한 인자는 분명히 수효와 빈도이다. 한편으로 규칙적 형태부류가 소규모 집단을 누르고 증가세를 보이면, 다른 한편으로는 매우 높은 빈도를 보이는 불규칙 형태가 개신에 저항하는 양상을 보인다. 불규칙 형태는 한 언어에서 가장 흔한 단어와 구에 주로 출현한다.

23.4. 유추변화의 규칙화 경향은 굴절 패러다임에서 뚜렷하게 나타난다. 영어에서 규칙적인 복수 형성의 역사는 확장과정의 기다란 연속이라고 할 수 있다. 접미사 〔-ez, -z, -s〕는 다음에서 보듯이 고대 영어 접미사 〔-as〕의 현대형이다. (예) 단수 stan 〔staːn〕 (*stone*) - 복수 stanas 〔staːnas〕 (*stones*). 고대 영어에서 이 접미사는 복수형의 주격과 대격에만 출현했다. 속격의 복수형 'stana' 〔staːna〕와 여격의 복수형 'stanum' 〔staːnum〕은 둘 다 오늘날의 형태 'stone'에 해당될 것이다. 통사적인 위치와 무관하게 모든 복수에 사용되는 주격과 대격 형태 'stones'가 속격과 여격 형태를 치환한 작용은 보다 큰 규모로 진행되던 변화과정, 즉 명사에서 격어미가 상실되는 과정의 일부였는데, 이 과정에는 음성 변화와 유추 변화가 모두 관련되었다.

고대 영어에서 주격과 대격에 나타나는 '-as'-복수형은 남성명사라는 오직 한 가지 유형(가장 큰 규모임)과만 결합하였다. 〔sunu〕 (*son*) - 〔suna〕 (*sons*)에서 보듯이, 위의 유형과 다른 방식으로 복수형을 형성하는 남성명사 부류도 일부 존재했다. 이들 가운데는 〔steorra〕 (*star*) - 〔steorran〕 (*stars*)에서 보듯이, 'n'-복수형도 있었다. 일부 명사는 〔feld〕 (*field*) - 〔felda〕 ~ 〔feldas〕 (*fields*)에서 보듯이, 동요를 보였다. 이와 같은 동요의 기원은 잘 알려져 있지 않지만, 일단 그 존재 자체를 받아들인다면 〔-as〕-복수형의 확산에 호의적이었던 조건을 찾아낼 수 있다. 만일 'field'와 같은 단어의 경우에 발생했던 낯익은 동요현상이 없었다면, 구형 〔suna〕를 대신한 〔sunas〕와 같은 신어는 현대형 'foots'만큼이나 성공의 확률이 희박했을 것이다.

고대 영어에서 중성과 여성명사는 's'-복수를 갖지 않았다. 중성명사 유형의 용례는 다음과 같다. (예) 〔word〕 (*word*) - 복수는 동음이의 어임, 〔spere〕 (*spear*) - 〔speru〕 (*spears*), 〔eːaje〕 (*eye*) - 〔eːagan〕 (*eyes*). 여성명사 유형의 용례는 다음과 같다. (예) 〔karu〕 (*care*) - 〔kara〕 (*cares*),

〔'tunge〕(*tongue*) - 〔'tungan〕(*tongues*), 〔boːk〕(*book*) - 〔beːk〕(*books*).

  's'-복수가 전통적 용법으로 사용되는 곳에서조차, 음-변화의 결과로 분기형이 나타나게 되었다. 예를 들면, 모음 간 마찰음의 유성화는 'knife-knives' 유형을 낳았다. 이런 종류에 속하는 다른 불규칙형은 신-형성의 세력에 압도당했다. 선-영어에서 〔a〕는 단음절인 경우와 후속 음절의 〔e〕 앞에서 〔ɛ〕가 되었다. 이 변화가 지나가고 난 다음, 〔g〕는 전설모음 앞과 전설모음 다음의 어말 위치에서 〔j〕가 되었다. 이러한 음-변화는 결과적으로 다음과 같은 'day'의 패러다임에서 보듯이, 일련의 교체형 집합을 낳게 되었다.

	단수	복수
주격-대격	〔dɛj〕	〔'dagas〕
여격	〔'dɛje〕	〔'dagum〕
속격	〔'dɛjes〕	〔'daga〕

  그 이후, 〔g〕 > 〔w〕 변화가 일어나서, 그로부터 중세 영어의 불규칙형 'dei'와 그 복수형 'dawes'가 생겨났다. 후자는 'day'와 〔-z〕의 결합이라는 새로운 규칙형태로 대체되었다.

  고대 영어 초기에 일어난 모음 간 〔h〕 소실과, 그에 뒤이은 모음 축약현상(21.6절)은 고대 영어에서 규칙적이었던 'shoe'와 동일한 패러다임을 낳았지만, 후속 음성 변화의 결과로 고도로 불규칙한 현대형의 집합이 생겨나게 되었다.

	고대 영어	현대형(음성 변화의 결과)
단수		
주격-대격	〔sko:h〕	*〔šof〕
여격	〔sko:〕	〔šuw〕
속격	〔sko:s〕	*〔šos〕
복수		
주격-대격	〔sko:s〕	*〔šos〕
여격	〔sko:m〕	*〔šuwm, šum〕
속격	〔sko:〕	*〔šuw〕

고대 영어에서 다른 유형의 패러다임 가운데, 'foot'의 패러다임을 보면 흥미로운 형태 재분포가 나타난다.

	단수	복수
주격-대격	〔fo:t〕	〔fe:t〕
여격	〔fe:t〕	〔'fo:tum〕
속격	〔'fo:tes〕	〔'fo:ta〕

여기서 〔o:〕를 가진 형태(현대형 foot)는 단수형에서 일반화되면서 여격형을 밀어냈으며, 〔e:〕를 가진 형태(현대형 feet)는 복수형에서 일반화되면서 여격형과 속격형을 밀어냈다.

소수의 경우에는 두 형태가 어휘적 차이로 살아남기도 했다. 영어의 'shade'와 'shadow'는 고대 영어의 단일 패러다임에 속했던 상이한 반사형들이다.

	고대 영어	현대의 음성적 대응형
단수		
주격	〔ˈskadu〕	〔šejd〕 shade
기타 격	〔ˈskadwe〕	〔šɛdow〕 shadow
복수		
여격	〔ˈskadwum〕	〔ˈšɛdow〕 shadow
기타 격	〔ˈskadwa〕	〔ˈšɛdow〕 shadow

두 형태 'shade'와 'shadow'는 단수 전반에 일반화되어 새로운 규칙적 복수형 'shades'와 'shadows'의 기저형태가 되었다. 그 결과로 발생한 두 패러다임의 경쟁은 어휘적 차이(그늘, 그림자)로 막을 내렸다. 두 단어 'mead'와 'meadow'도 동일한 방식으로 생겨났는데, 이 경우에는 빈도의 동요가 'mead' 형태의 폐용으로 막을 내렸다.

고대 영어에서 'gate'라는 단어는 주격-대격 단수형으로 'geat'〔jat〕, 복수형으로 'gatu'〔gatu〕를 가졌다. 살아남았다면 현대형 *'yat'가 되었을 단수형은 소멸하고, 복수형이 현대형 'gate'로 이어졌다. 새로운 복수형 'gates'는 규칙적인 모형에 근거해서 형성되었다.

유추적 창조는 복합형태에 국한되지 않는다. 복합형태와 단일형태가 나란히 존재하는 경우에는 단일형태도 이 용례의 유추에 근거하여 창조될 수 있다. 중세 영어에서 동음이의어의 복수형을 가진 명사 'redels'(수수께끼, *riddle*)는 패턴의 유추변화를 겪었다.

```
    복수     단수
   stones ： stone
 = redels ： x,
```

위의 유추관계에서 현대의 단수형 'riddle'이 나오게 된다. 이와 같은 단형이나 기저형태의 창조를 우리는 역-형성이라고 부른다. 또 다른 용례로는 고대 영어 〔pise〕(콩, *pea*)와 복수형 〔pisan〕을 들 수 있다. 이 단어의 패러다임에 나오는 모든 형태는 현대형 'pease, peas' 〔pijz〕가 되었으며, 이때 단수형 'pea'가 바로 역-형성으로 만들어진 형태이다. 마찬가지로 고대 프랑스어 'cherise'(버찌, *cherry*)는 'cheris' 형태로 중세 영어에 차용되었다. 여기서 현대형 'cherries'가 나왔으며, 단수형 'cherry'는 유추에 의한 창조이다.

23. 5. 단어-형성(조어법)에서 유추형태에 가장 호의적인 기반은 어느 정도 선명한 의미를 가진 파생유형이다. 예를 들면, 영어에서는 모든 종류의 새로운 '-er' 행위자 명사를 통상적인 문법적 유추에 근거해서 형성한다. 이 접미사는 선-영어 시기에 라틴어에서 차용되어, 다수의 고유어 유형을 대체해버렸다. 고대 영어에서 〔huntian〕(*to hunt*)의 행위자는 〔hunta〕였는데, 현재는 'hunter'로 대체되어 있다. 후대에 'webster'는 'weaver'(베 짜는 사람)로 대체되어, 오늘날에는 성(姓)으로만 살아남았다. 그리고 'boot-black(구두닦이), chimney-sweep(굴뚝 청소부)'에서는 구형이 합성어의 구성원으로 살아남았다. 화자들은 'camouflager(위장자), debunker(폭로자), charlestoner(찰스턴 곡을 추는 무희)' 등과 같은 새로운 행위자 명사만 만드는 것이 아니라, 역-형성에 의해 'chauffeur' 〔šowfr〕에서 'chauffe' 〔šowf〕(태우고 가다)라는 동사를 만들어내기도 한다. 새로운 형태의 형성을 허용하는 유추는 말하자면 '살아있는'[2] 유추인 셈이다.

'webster'에 보이는 옛 접미사 '-ster'는 아마도 '규칙적'이라거나 '살

---

2) '생산적'이라는 술어와 동의어로 이해된다.

아있는' 유형으로 기술될 수 없었겠지만, 그래도 확장의 시기가 있었다. 이 형태는 여성 행위자를 가리켰던 것으로 보인다. (네덜란드어에서는 지금도 그러하다.) '여성'이라는 의미는 원래 '실 잣는 여인'이라는 뜻을 가진 'spinster'[3]에 보존되어 있다. 확실히 '여성'이라는 의미가 모든 단어에서 분명히 드러나는 것은 아니었다. 이 여성 행위자 접미사는 성별과 무관하게 되어 다음 단어들에 나타난다. (예) tapster (바텐더), huckster (행상인), teamster (동물 조련사), maltster (엿기름 제조자), webster (직조공), dunster (채권 추심원). 다음 용례에서는 행위가 반드시 쓸모 있는 것도 아니었다. (예) songster (가수, 울새), rimester (시인), trickster (사기꾼), gamester (노름꾼), punster (익살 꾼). 또한 'lobster' (바닷가재)라는 단어에는 사람이 아닌 행위자도 나타나는데, 이것은 모름지기 '도약자'를 뜻하는 고대 영어 'loppestre'에서 왔을 것이다. 심지어 'roadster' (덮개가 없는 자동차)는 무정물이다. 'youngster' (청소년)는 동사나 명사 대신 형용사가 기저가 된 형태이다. 여성에만 국한되던 제약이 사라지면서, '-ster'를 가진 단어는 '-ess' 형태와도 결합하게 되었다. (예) huckstress, songstress, seamstress (침모, 여자 재봉사). 이 마지막 단어는 자음군 앞의 모음이 단모음화하여 〔semstres〕가 되었는데, 이보다 규칙적인 경쟁형태 〔siːmstres〕는 기저형태 'seam' (솔기)의 모음을 근거로 형성된 유추형이다. '-ster'와 같은 용례에서는, 일정한 형태의 형성이 형태에서 형태로 확산되어 나가면서도 살아있는 유형의 자유로운 팽창에 이르지는 못하는 상황을 목격하게 된다.

일부 형태는 의미 영역을 선점하지 않으면서도 광범위하게 효력을 발휘하게 된다. 영어에서 형용사를 파생시키는 접미사 '-y, -ish, -ly'

---

3) '미혼 여자'라는 의미로도 사용된다.

는 모두 역사적 과정을 두루 지나면서도 살아남아 단어에서 단어로 확산되다가, 다양한 의미의 편린으로 정착되었다. 예를 들어, 접미사 '-y'(고대 영어 -ig)를 가진 일부 단어는 고대 영어의 기록에 모습을 드러내지만(예: mighty, misty, moody, bloody, speedy), 다른 단어는 후대에 가서야 모습을 드러낸다(예: earthy, wealthy, hasty, hearty, fiery). 이 접미사가 외래어에 첨가되었다면, 해당 외래어의 차용시기가 새로운 조합의 상한 연대가 된다. (예) sugary, flowery, creamy. 현재 이 접미사는 일정한 의미지대 곧 '짐짓 … 척하는'의 용법으로 확장되는 중이다. (예) summery(여름철에 알맞은), sporty (운동선수다운, 야한), swanky(허세를 부리는), arty(예술가연 하는), booky(학자연하는). 마찬가지로 일부 조합에서 단순히 형용사를 형성하는 접미사 '-ish'(예: boyish, girlish)도 '바람직하지 않거나 부적절하게 닮은' 정도의 의미지대에 정착하는 양상을 보이고 있다. (예) mannish(어른티를 내는), womanish(나약한), childish(유치한) 〔(비교) manly, womanly, childlike〕. 의미적 특수화의 출발점은 기저단어가 특수한 가치를 가진 형태에서 찾을 수 있다. 이를테면 '-ish'에 담긴 불쾌한 어감은 'loutish(시골뜨기 같은), boorish(시골뜨기 같은), swinish(돼지 같은), hoggish(돼지 같은)' 등의 단어에서 비롯된다.

형태론적 구성성분의 모습은 특히 확대의 방향으로 유추변화에 종속되기 쉽다. 라틴어에서 'argentum'〔ar'gentum〕(은)과 'argentarius'〔argen'ta:rius〕(은 세공사)의 짝은 규칙적인 파생유형을 보인다. 프랑스어의 역사를 보면, 어말 음소의 상실이 반복적으로 일어났다. 그 결과로 위 단어의 현대형은 각각 'argent'〔arža^n〕과 'argentier'〔arža^{n}tje〕가 되었다. 파생의 공식도 접미사 〔-tje〕의 첨가로 바뀌었다. 그리하여 이 접미사는 경계위치에 〔t〕를 포함한 적이 없었던 단어에도 나타나게 된다. 프랑스어 'fer-blanc'〔fɛr-blɑ^n〕(이 단어의 라틴어 유형은 '흰 쇠'를 뜻하는 *'ferrum blankum'이 되는데, 이때 후반부는 게르만어의 형용사 'blank'임) 은 'ferblantier' [fɛr-blɑⁿtje] (주석 세공사)의 기저형태가 되고, 'bijou' [bižu] (< 브리타니어 bizun, '보석') 는 'bijoutier' [bižutje] (보석 세공사)의 기저형태가 되었다. 라틴어 형용사 'grandis'(대격형 grandem 등)는 음성학적으로 프랑스어에서 남성형과 여성형에 쓰이는 'grand' [grɑⁿ]을 낳는다. 새로운 여성형 'grande' [grɑⁿd]는 남성 굴절형(13. 7 참고)에서 어말 자음이 탈락하는 형용사의 유형에 따라 유추에 의해 생성된 것이다. 예전의 여성형은 일부 합성어(14. 3 참고)에서 선행 구성원으로 남아 있다. (이 마지막 용례는 제 14판 552쪽의 수정 보완 내용이다.)

시간이 흐르면서 접사가 완전히 첨가적 요소로만 구성되어서, 기원적 모습의 흔적을 전혀 남기지 않는 경우도 있다. 고대 영어에서 동사 패러다임은 [wund] (*a wound*, 상처) - [wundian] (*to wound*, 상처를 입히다)의 패턴에 따라 명사에서 파생되었다. 다음의 예에서 보듯이, 이런 파생관계는 지금도 살아있는 유형이다. (예) wound-to wound, radio-to radio. 그런데 소수의 용례에서 기저명사는 접미사 [-en]의 도움을 받아 형용사에서 파생되었다. (예) [fɛst] (튼튼한) - [fɛsten] (튼튼한 장소, 요새) - [fɛstenian] (튼튼하게 하다, 요새화하다). 의미와 빈도의 동요(명사 [fɛsten]의 쇠퇴나 특수화 등) 덕분에, [fɛst] (튼튼한) - [fɛstenian] (튼튼하게 하다)의 쌍이 다음과 같은 비례식에 입각한 신-형성의 모형으로 등록되었다.

fast : fasten = hard : x,

이 비례식을 풀면, 'harden, sharpen, sweeten, fatten, gladden' 등의 형태가 나오는데, 여기서 접미사 '-en'은 형용사에서 동사를 파생시킨다.

이보다 빈도는 덜하지만, 비교적 자립적인 형태가 접사의 지위로 격하되는 수도 있다. 예컨대 합성어의 구성원이 음-변화에 의해 접미사가 되기도 한다. 예를 들면, 접미사 '-ly'(예: manly)는 'like'의 약화된 형태이고, 접미사 '-dom'(예: kingdom)은 'doom'의 약화된 형태이다. 이런 현상은 특히 자립적 단어가 폐용될 때 자주 발생한다. 이를테면 접미사 '-hood'(예: childhood)는 고대 영어의 자립적 단어 [haːd](사람, 계급)의 잔존형이다. 독일어 'Messer' [meser](칼)는 원래 '식탁용 칼'을 뜻하는 고대 고지독일어 [messi-rahs]가 유추작용과 음성적 단모음화를 거쳐서 형성된 현대의 어형이다. 그런데 이때 이 합성어 [messi- rahs]의 제2구성원 [sahs](칼)는 베르너의 변화법칙(20. 8절)과 이어진 [z] > [r] 변화에 의해 형태가 바뀐 것이다. 독일어 'Schuster' [ˈʃuːster](구두장이)의 유일 접미사 [-ster]는 옛 합성어 구성원 [suˈtɛːre](신기료)를 반영한다. 두 단어가 한 단어로 합류하는 일은 극히 드물다. 가장 잘 알려진 용례로는 부정사와 'have'가 결합된 구로부터 발달한 로망스 제어의 미래시제 형태를 들 수 있다. (예) 라틴어 amare habeo [aˈmaːre ˈhabeoː] (I have to, am to love) > 프랑스어 aimerai [ɛmre] ([I] shall love); 라틴어 amare habet [aˈmaː re ˈhabet] (he has to, is to love) > 프랑스어 aimera [ɛmra] ([he] will love). 이러한 발달과정은 틀림없이 매우 범상치 않은 여건에서 발생했을 것이다. 무엇보다도 라틴어와 로망스어에 복잡한 동사 굴절형의 집합이 있었다는 사실이 중요한데, 이 집합은 단(單)-단어 시제 형태의 모형으로 작용했다.

　비록 알아보기 힘든 경우가 많더라도, 단어구조의 역-형성은 결코 보기 드문 현상이 아니다. 영어에서 외래어 어휘로 존재하는 많은 동사는 라틴어의 과거분사와 닮았다. 이러한 현상은 영어가 이들 단어를 프랑스어에서 차용했기 때문에 더욱 뚜렷하게 드러난다. 프랑스어에서는 라틴어의 과거분사가 음-변화에 의해 형태가 가려지거나 신-형성에 의해 대체되었다. (예) 라틴어: agere [ˈagere](to lead), 과거분사 actus [ˈaktus](led) / 프랑스어: agir [aʒiːr](to act), 분사(신-형성) agi [aʒi](acted) / 영어: to act. 라틴어: affligere [afˈfliːgere](afflict), 분사 afflictus [af fliktus〕 (afflicted) / 프랑스어: affliger 〔afliže〕, 분사 affligé 〔afliže〕 / 영어: to afflict. 라틴어 separare 〔se:pa'ra:re〕 (to separate), 분사 separatus 〔se: pa'ra:tus〕 / 프랑스어: séparer 〔separe〕, 분사 séparé 〔separe〕 / 영어: to separate. 영어에서 이런 습관의 출발점은 '-tion' 명사를 기반으로 한 역-형성이었던 것으로 보인다. 다시 말해, 영어의 동사 'act, afflict, separate'는, 라틴어 'actionem, afflictionem, separationem' 〔akti'o: nem, afflikti'o:nem, se:para:tio:nem〕에서 프랑스어 'action, affliction, séparation' 〔aksjo^n, afliksjo^n, separasjo^n〕을 거쳐서, 영어에 들어온 명사 'action, affliction, separation'에 근거한 것이다. 직접적인 모형은 'communion-commune'(고대 프랑스어 communion-comuner)과 같은 용례였을 것이다. 영어에서 이러한 모형의 일반적 배경은 'warm : to warm = separate : to separate'와 같은 용례에서 볼 수 있는 형용사와 동사의 동음이의어 관계였다. 이러한 추정은 '-tion' 명사가 전반적으로 말음 '-t'를 갖는 동사보다 빨리 문헌에 나타난다는 사실로 확증된다. 사전(NED)의 'a'로 시작하는 108쌍 중에서 74가지 경우에 명사가 동사보다 일찍 나타난다. 예컨대 'action'은 1330년에 나타나지만 'to act'는 1384년에 나타난다. 또 'affliction'은 1303년에 나타나지만 'to afflict'는 1393년에 나타난다. 더욱이 말음 '-t'를 갖는 동사가 후대에 부쩍 많아지는 현상도 목격할 수 있다. 이를테면 'aspiration : to aspire'의 경우에 우리는 지금까지 라틴어-프랑스어 패턴에만 집착했는데, 1700년경이 되면 신-형성에 의한 'to aspirate' 형태가 나타난다. 이러한 패턴으로 형성된 현대 어형으로는 'evolution'에 근거한 'evolute'가 있는데, 이 형태는 구형 'evolve'와 경쟁을 벌였다. 'elocution'(웅변)에 근거한 'elocute'도 마찬가지 경로로 형성되었다.

23.6. 단어 합성에서 유추의 흔적을 찾는 작업은 아직 시도된 적

이 없었다. 영어에서 오늘날의 단어 합성 습관은 합성어가 단순히 단어의 병치로 생성된다는 환상을 낳기에 충분하다. 현대 영어의 합성어 패턴을 보면, 대체로 합성어의 구성원으로 참여하는 자립형태들이 병치된 상태로 단어 강세만 받으면 합성어가 된다. 그렇지만 이러한 합성어 패턴은 규칙화를 지향하는 오랜 유추변화의 산물이다. 예를 들면, 음-변화의 결과로 불규칙한 음상을 띠게 된 〔ˈfared〕(이마, *forehead*)의 경쟁형태로 등장한 〔ˈfowr-ˌhed〕는 유추적 재-형성으로 만들어진 형태이다.

fore, arm ː fore-arm 〔ˈfowr-ˌarm〕
= fore, head ː x.

합성어와 자립적 단어들의 관계는 치환을 겪기도 한다. 원시 인도-유럽어는 동사 어간을 합성어의 구성원으로 사용하지 않았다. 영어의 합성어에는 오늘날까지 명사와 형용사 유형 'meat-eater, meat-eating'에 상응하는 *'to meat-eat'와 같은 동사 유형이 없다(14.3절). 그러나 대여섯 인도-유럽어는 동사를 구성원으로 갖는 합성어 유형을 발달시켰다. 영어에는 소수의 불규칙 형태로 이런 유형이 존재한다. (예) housekeep, dressmake, backbite(안 보이는 데서 헐뜯다). 우리는 'whitewash'(석회 칠)와 같은 합성어를 근거로 여기에 영-요소를 첨가해서 'to whitewash'(석회 칠을 하다)라는 동사를 파생시키고, 이 동사를 근거로 다시 행위자 명사 'whitewasher'를 파생시킬 수 있다. 'housekeep'과 같은 불규칙 형태는 이러한 모형에 입각한 역-형성에 의해 만들어졌을 것이다.

whitewasher ː to whitewash
= housekeeper ː x.

이제는 고전이 된 연구에서 헤르만 오스토프(Hermann Osthoff)는 이런 형태가 대여섯 인도-유럽 제어에 어떻게 발생했는가를 밝혀냈다. 고대 고지독일어에서 〔'beta〕(기도)와 같은 추상명사는 통상적 언어습관에서 합성어의 제1구성원으로 사용되었다. (예)〔'beta-,hu:s〕(기도원). 이 명사와 형태론적으로 관련된 동사 〔'beto:n〕(기도하다)은 (명사와) 다른 접미사 모음을 가졌고, 합성어에 (구성원으로) 참여하지 않았다. 그러나 중세를 거치는 동안에 무강세 모음들이 균일한 〔e〕로 약화되거나 부분적으로 소실된 결과, 중세 고지독일어(1200년 무렵)의 '〔'beten〕(기도하다) - 〔'bete〕(기도) - 〔'bete-,hu:s〕(기도원)'조합에서 합성어 구성원(〔'bete〕)은 명사와 거의 닮은 정도만큼 동사와도 거의 닮게 되었다. 만일 명사가 빈도상으로 소멸하거나 의미상으로 특수화된다면, 합성어의 구성원은 동사 어간과 동등하게 된다. 현대어에서 화자들이 다른 파생어 'Gebet'〔ge'be:t〕를 사용하는 데서 알 수 있듯이 〔'bete〕(기도)는 빈도상으로 소멸했으며, 의미상으로도 '공헌, 세금'으로 특수화되었다. 그 결과, 'Bethaus'〔'be:t-,haws〕(기도원), 'Bettag'〔'be:t-,ta:k〕(기도일), 'Betschwester'〔'be:t-,švester〕(수녀, 여성신도) 등과 같은 합성어는 이제 'beten'〔'be:ten〕이라는 동사의 어간 〔be:t-〕를 구성원으로 갖는 단어로 기술될 수밖에 없게 되었다. 그러므로 중세 이래로 이와 같은 새로운 합성어는 동사를 제1구성원으로 취해 형성되었다. (예) Schreibtisch 〔'šrajp-,tiš〕(writing-table) ← schreiben(to write) / Lesebuch 〔'le:ze-,bu:x〕(reading-book) ← lesen(to read).

불규칙적 합성어(예: 〔'fɑred〕forehead)와 유추로 형성된 규칙적 변이형(예: 〔'fowr-,hed〕) 사이의 동요는 미약한 형태를 합성어의 구성원으로 대체하는 신-형성을 위한 본보기 모형이 된다. 예를 들면, 'most'를 제2구성원으로 가진 'inmost, northmost, utmost, (제1구성원의 규칙화에 의한 형태 outmost)'등은 고대 영어의 〔'innemest, 'norθmest, 'u:temest〕 유형을 대체한 유추 형성이다. (위 고대 영어 형태에서 〔-mest〕는 최상급 접미사 〔-est〕의 특수형이다.) 이와 같이 (역사언어학자의 발견대로) 해당 언어형태의 옛 구조와 일치하지 않는, 규칙적 신-형성은 민간어원설 혹은 통속어원론이라 불릴 만하다.

23.7. 구에서 일어나는 유추적 개신은, 단일한 단어의 모습에 영향을 미칠 때 비교적 쉽게 눈에 띈다. 조건적 음-변화는 구에서 차지하는 음성적 위치에 따라 한 단어의 상이한 형태들을 산출할 가능성이 있다. 영어에서는 어말 위치와 자음 앞에서 〔r〕을 상실했지만 모음 앞에서 〔r〕을 보존한 유형에 'water'와 같은 단어의 연성 교체형이 나타났다. 다시 말해서, 'water'는 어말과 자음 앞에서 〔'wɔtə〕가 되었지만, 조밀한 구의 모음 앞에서는 〔r〕을 유지했다. (예) the water is 〔'wɔtər iz〕, the water of 〔'wɔtər ɔv〕. 이제, 'water'의 어말 모음은, 이전에 결코 어말 〔r〕을 가진 적이 없는 'idea' 〔aj'dijə〕의 어말 모음과 동일해진 셈이다. 여기서 발생한 신-형성은 다음과 같은 비례식으로 설명할 수 있다.

water 〔'wɔtə〕 : the water is 〔'wɔtər iz〕
= idea 〔aj'dijə〕 : x,

여기서 나오는 연성 형태는 'the idea-r is' 〔aj'dijər iz〕가 된다.

단어의 시작과 끝에 특수한 음성요소를 배치하는 현대 영어와 같은 언어에서는 이런 위치에 있는 음소들이 통상적인 조건적 음-변화의 조건을 만족시키는 경우가 거의 없고, 해당 음소들 자체의 조건적 변화에 따르게 된다. 무강세 단어를 가진 구만이 단어 안에 존재하는 조건과 평행을 이룬다. 따라서 영어의 연성 교체는 주로 위와 같은 용례(… of, …is) 혹은 'don't, at you〔ɛčuw〕, did you〔diǰuw〕' 등과 같은 용례에 국한된다. 더욱이 대다수 단어와 보통 강세를 받지 않는 단어의 일부 위치에서 일어나는 뚜렷한 위치(단어의 시작과 끝 등) 표시는, 절대(독립) 형태와 일치하는 신-형성 변이형이나 잔존 변이형에 호의적이다. (예) did not, at you〔ɛt juw〕, did you〔did juw〕.

단어 경계를 그다지 특별하게 취급하지 않는 언어에서는 연성 교체 형이 엄청난 수효로 나타나서 불규칙성을 유발하는데, 이러한 불규칙성은 다시 신-형성으로 평준화된다. 우리는 앞서 21.4절에서 아일랜드어 어두 연성의 기원을 살펴본 바 있다. 프랑스어에서는 명사가 대체로 연성 교체에서 자유롭다. 그래서 'pot'〔po〕(그릇), 'pied'〔pje〕(발)는 구에서도 일정하게 나타난다. 그러나 구와 유사한 합성어의 경우(14.2절)를 조사해 보면, 그와 같은 명백한 안정성이 유추적 규칙화 덕분이라는 사실을 알 수 있다. (예) pot-au-feu〔pɔt o fø〕('불 위의 그릇' = '고깃국'), pied-à-terre〔pjet a tɛːr〕('땅 위의 발' = '하숙'). 중세 영어 초기에 단음절이었던 삼인칭 단수 동사는 규칙적인 음성 발달에 의해 모음 앞의 연성에서 어말〔t〕를 갖게 되었다. (예) 라틴어: est > 프랑스어: est〔ɛ〕(is) / 라틴어: est ille > 프랑스어: est-il〔ɛt i〕(is he?). 이와 달리 2음절 이상의 동사 형태는 이〔t〕를 갖지 않았다. 그래서 라틴어 'amat'(he loves)는 프랑스어에서 모음 앞에서라도 'aime'〔ɛm〕로 나타난다. 그렇지만 다음의 비례식을 보자.

$$〔ɛ〕 : 〔ɛt i〕 = 〔ɛm〕 : x$$

이 패턴을 따르면, 현대의 연성 형태 'aime-t-il'〔ɛmt i〕가 나온다. 고대 영어의 후기에 접어들면서, 모음 앞의 연성을 제외하고 무강

세 모음 뒤에서 어말의 〔n〕이 소실되었다. 그래서 'eten'(먹다)은 'ete'
가 되고 'an hand'는 'a hand'가 되었지만, 'an arm'은 그대로 남았
다. 관사 'a-an'의 경우는 변화의 결과로 발생한 교체가 살아남았다.
현대 영어의 초기에는 여전히 'my friend - mine enemy'가 공존했다.
그렇다면 〔n〕의 소실이 일어났을 당시의 언어는 오늘날의 영어처럼
단어의 경계를 구분하지 않았다는 추정이 가능하다. 연성 〔n〕은 소수
의 용례에서 어두로 일반화되었다. 고대 영어 'efeta'〔eveta〕(도마뱀,
영원)는 중세 영어에서 'ewte'와 'newte'(> 현대형 newt)로 나타난
다. 'an ewte'와 같은 구는 틀림없이 〔a'newte〕로 발음되었을 것이고,
(빈도나 의미상으로 모종의 특수한 조건하에서) 신-형성의 물결에 휩쓸
렸을 것이다.

〔a'na ː me〕 'a name' : 〔na ː me〕 'name'

= 〔a'newte〕 'a lizard' : x,

그 결과는 'newte'였다. 마찬가지로 'eke-name'(부가적인 이름)은
/n/을 가진 부차형태 'nickname'을 낳았고, 'for then anes'는 현재
'for the nonce'(당분간)가 되었다. 이와 달리, 어두 〔n〕은 일부 형태
에서 연성 〔n〕처럼 취급되기도 했다. 예를 들면, 고대 영어 'nafogar'
〔navo-ˌga ː r〕(축자적으로 '회중석-창〔槍〕')는 중세 영어에서 'navegar'
가 되었다가 'auger'(송곳)로 대체되었다. 고대 영어 〔nɛ ː dre〕는 중세
영어에서 'naddere'와 'addere'가 되었는데, 후자에서 'adder'가 발달
해 나왔다. 고대 프랑스어 'naperon'은 'napron'으로 영어에 차용되었
다가 'apron'으로 대체되었다.

이와 같은 어말 〔n〕 소실현상이 지나가고 난 다음, 또 다른 음-변
화가 일부 어말 모음의 소실을 가져왔는데, 이 변화에 의해 어중 〔n〕

이 어말 위치에 놓이게 되었다. (예) oxena > oxen. 이들 새로운 어말 〔n〕은 어말 위치에 뒤늦게 들어왔기 때문에 탈락을 겪지 않았다. 그리하여 (중세) 영어는 오직 모음 앞에서만 발음되는 연성 〔n〕 옆에 안정된 〔n〕을 갖게 되었다. 이러한 양상은 다음과 같은 다소 복잡한 관계로 설명할 수 있다.

	고대 영어	초기 중세 영어	
		모음 앞	기타 위치
단수			
주격	oxa	ox	oxe
기타 격	oxan	oxen	oxe
복수			
주격-대격	oxan	oxen	oxe
여격	oxum	oxen	oxe
속격	oxena	oxen	oxen

이처럼 복잡한 습관은 단수 'ox' 및 복수 'oxen'이라는 현재의 분포로 다시 조정되었다.

대부분의 경우, 구의 개신은 새로운 단어 형태를 만들지 않고, 앞서 살펴본 접속사 'like'의 용법(23. 2절)과 같이 새로운 통사적 용법이나 어휘적 용법을 만든다. 독일어에는 'ein Trunk Wasser'〔ajn 'truᶇk 'vaser〕 (a drink of water)와 같은 동격 어구가 나타나는데, 친족어들을 고려하면 제 2명사에서 속격 형태 'Wassers'를 기대하게 된다. 그런데 이후에 여성명사와 복수명사의 속격 표시 격어미는 음성 변화에 의해 영 형태로 축소되었다. 그래서 'Milch'〔milx〕(우유)의 (여성명사) 속격은 주격 및 대격과 동음이의어가 되었고, 옛 어법 'ein Trunk Wassers'

도 현재 형태로 대체되었던 것이다. 이 과정은 다음 도식으로 설명할 수 있다.

Milch trinken 'to drink milk'   : ein Trunk Milch 'a drink of milk'
= Wasser trinken 'to drink milk' : x.

이러한 관계는 영(零)과 '-es' 사이를 떠돌던 속격형을 가진 명사의 존재와, 속격이 빈도상으로 쇠퇴 기미를 보인다는 여건 등과 잘 맞아 떨어졌을 것이다. 그래서 분명히 어려운 점이 있겠지만 연구가 심화 된다면 통사적인 측면과 어휘적인 측면을 모두 포함하여 구에서 일어 난 유추적 개신의 용례를 다량으로 확보할 수 있을 것이다. 지금까지 학문적인 선입견 탓에 연구자들은 개별 단어와 개별 단어의 의미에서 일어난 변화의 동기를 찾는 데 지나치게 많은 노력을 기울여왔던 것 이 사실이다.

23. 8. 수많은 신-형성 형태에 대해 일일이 합리적인 비례식의 모 형을 설정하기란 쉬운 작업이 아니다. 그렇지만 이런 상황이 꼭 모 형을 찾아내는 능력이 부족하기 때문에 벌어지는 일만은 아니다. 유 추변화를 닮았지만 아무런 모형이 없이 진행되는 언어 변화 유형도 실제로 존재하기 때문이다. 이와 같은 유형의 신-형성은 의미상으로 관련된 형태 쪽으로 구형(舊形)을 닮되, 약간의 변화를 입는다. 예컨 대 속어 형태 'actorine'(*actress*, 여배우)과 'chorine'(*chorus-girl*, 여성 합창단원) 중에서 전자만을 비례적 유추(예: Paul : Pauline = actor : x)의 결과로 설명할 수 있다. 그렇다면 'chorine'은 어쨌든 'actorine' 을 기반으로 생성된 것으로 보아야 하는데, 형태상으로나 의미상으로 'chorus : chorine' 집합은 'actor : actorine' 집합과 평행하지 않다.

'Josephus : Josephine' 〔jow'sijfos : 'jowzefijn〕 집합은 의미상으로 관계가 소원하고 음성상으로도 불규칙하므로 보편적 용례가 아니다. 많은 명사는 접미사 〔-ijn〕을 갖는다. (예) chlorine(염소), colleen (소녀). 이 접미사는 여자의 이름과, 특히 명사 'actorine'을 파생시킨다. 그리고 'chorus'의 접미사 '-us'는 형용사 'choral'을 고려하면 분명히 접미사 용법으로 사용된다고 말할 수 있다. 이러한 일반적 배경이 (비록 이 형태에 대한 정확한 유추의 기반이 없더라도) 'chorine' 형태의 발화를 가능하게 하는 바탕으로 작용했을 것이다.

전통적인 형태(예: chorus, chorus-girl)에 바탕을 두었으면서도 이 형태에서 벗어나서 의미상으로 관련된 일련의 형태(예: chlorine, colleen, Pauline, 특히 actorine) 쪽으로 방향을 잡은 새로운 형태(예: chorine)는 적응에 의해 생겨난 것으로 판단된다. 적응은 둘 이상의 인자에 의해 선택된 형태이지만, 모든 인자를 알았다고 해서 새로운 형태를 예측할 수 있는 것은 아니다. 우리의 용례에서 보듯이, 새로운 형태는 희화적인 함축을 갖는 일이 많다. 이런 함축은 새로운 단어가 가진, 예측이 불가능하고 무리한 모습과 연관된 것으로 생각된다. 이러한 사정은 'scrumptious, rambunctious, absquatulate'[4] 등과 같은 유사 외래어의 경우에도 그대로 적용된다. 이런 형태는 둘 이상의 화자에 의해 태어났다기보다, 어느 한 화자가 실제 언어생활에서 독특한 기지를 발휘해서 만들어낸 개인적인 창조의 결과로 보인다. 그렇지만 일단 다른 화자들이 받아들였다는 점을 고려하면, 이들 형태도 해당 언어공동체의 일반적 습관과 어느 정도 일치한 것으로 보아야 한다.

일부 적응현상은 그다지 무리 없이 의미상으로 관련된 형태와 더욱

---

4) 구어로 사전에 등재되어 있다. 뜻은 각각 '굉장한, 난폭한, 도망치다'이다.

잘 어울리는 새로운 형태를 산출하기도 한다. 영어는 'measure, censure, fracture'(측정, 비난, 분쇄) 등의 용례에서 보듯이, 접미사 '-ure'를 가진 많은 프랑스어 단어를 차용했다. 이밖에 다른 접미사를 가진 고대 프랑스어 단어 'plaisir, loisir, tresor' 등은 영어에 '-ure' 유형으로 적응되어 들어왔다. (오늘날 'pleasure, leisure, treasure' 등의 〔-ʒṛ〕은 옛 발음 〔-zju:r〕를 반영하기 때문이다.) 영어의 식자층-외래어 가운데 'egoism'(이기주의) 은 프랑스어의 모형을 따르지만, 'egoitism'(자기중심주의)은 'despotism(독재), nepotism(친족 편중 인사)' 쪽으로 적응된 형성 결과라고 할 수 있다.

로망스 제어를 보면, 라틴어 'reddere' 〔reddere〕(돌려주다)는 이탈리아어(rendere 〔rɛndere〕)와 프랑스어(rednre 〔rɑⁿdr〕)에서 전반적으로 *'rendere' 유형으로 대체되었다. 영어 'render'도 이런 유형에 속한다. 이 *'rendere' 유형은 다음과 같은 일련의 단어 쪽으로 일어난 'reddere'의 적응형이라고 할 수 있다. (예) 라틴어: prehendere 〔pre'hendere, 'prendere〕(가지다) > 이탈리아어: prendere 〔prɛndere〕, 프랑스어: prendre 〔prɑⁿdr〕 / 라틴어: attendere 〔at'tendere〕(주의하다) > 이탈리아어: attendere 〔at'tɛndere〕(기다리다), 프랑스어 attendre 〔atɑⁿdr〕(라틴어 'tendere'를 가진 기타의 합성어) / 라틴어: vendere 〔we:ndere〕(팔다) > 이탈리아어: vendere 〔vendere〕, 프랑스어: vendre 〔vɑⁿdr〕. 여기서 의미상으로 밀접한 관련성을 갖는 맨 앞 부류의 단어(prehendere)가 틀림없이 주요 인자였을 것이다.

가끔씩 단일 형태가 견인력을 행사하는 경우도 있다. 옛 단어 'gravis' (무거운) 옆에 라틴어는 동일한 뜻을 가진 또 다른 형태 'grevis'를 가졌는데, 이 단어는 'levis'(〔무게가〕 가벼운)의 영향 때문이었던 것으로 보인다. 이러한 유형의 형성은 이른바 '혼성'[5]으로 알려져 있다. 이 견인작용을 반드시 단일 형태 하나만 행사했는지는 확실하지 않다.

'brevis'(짧은)라는 단어도 'grevis'의 형성에 도움을 주었을 가능성이 있기 때문이다.

원시 인도-유럽어에서 'foot'에 상응하는 단어의 패러다임 *[po:ds] (속격 *[po'dos]) 및 산스크리트어 [pa:t](속격 [pa'dah])는 고대 그리스어의 한 방언에만 기대대로 [ˇpo:s]로 나타나고, 아티카(Attic) 방언에서는 기대와 달리 주격형 [pows]가 나타난다. 이 형태는 *[po:ds] 와 'tooth'에 상응하는 단어 [o'dows](속격 [o'dows])의 혼성 형태로 설명할 수 있다. 이 단어 [o'dows]는 음성적으로 원시 인도-유럽어 *[o'donts] 유형의 정상적인 반사형이다.

게르만 제어의 초기단계에서 인칭대명사는 분명히 불안정한 상태였을 것으로 믿어진다. 'ye'의 옛 형태는 원시 게르만어 유형 *[ju:z, juz] 이었던 것으로 보이는데, 이 유형은 고트어에 'jus' [ju:s](혹은 [jus]) 로 나타난다. 다른 게르만어 방언은 원시 게르만어 유형 *[jiz]를 반영한다. (예) 고대 아이슬란드어: [e:r], 고대 영어: [je:], 고대 고지독일어: [ir]. 이 형태는 *[juz](ye)와 'we'에 상응하는 원시 게르만 *[wi:z, wiz]의 혼성형태로 설명할 수 있다. 이 *[wi:z, wiz] 형태는 고트어 [wi:s], 고대 아이슬란드어 [ve:r], 고대 영어 [we:] 및 고대 고지독일어 [wir]에 각각 반영되어 있다.

마찬가지로 고트어에서는 'thou'에 상응하는 단어의 대격이 [θuk] 로, 여격이 [θus]로 나타난다. 이들 형태는 원시 게르만어 유형을 반영하는 다른 방언과 일치하지 않는다. (예) 속격: 원시 게르만어 *[θiki], 고대 아이슬란드어 [θik], 고대 영어 [θek], 고대 고지독일어 [dih] / 여격: 원시 게르만어 *[θiz], 고대 아이슬란드어 [θe:r], 고대 영어 [θe:], 고대 고지독일어 [dir]. 위의 고트어 형태는 주격 *[θu:](고트

제 23 장 유추 변화 225

어, 고대 아이슬란드어, 고대 영어 (θu:), 고대 고지독일어 (du:))와의 혼성형태로 설명할 수 있다. 이러한 현상의 모형으로 작용한 것은 세 가지 형태 모두 동일한 모음을 가졌던 'I'에 상응하는 단어(고트어 (ik, mik, mis))였을 것으로 보이지만, 두 패러다임을 아우를 수 있는 정확한 유추기제는 확인되지 않는다. 아마도 (mik, mis) 형태는 모두 *(θik, θis)에 호의적으로 작용했을 것이다.

수사는 다양한 언어의 역사에서 서로 뒤섞였던 것으로 보인다. 원시 인도-유럽어에서 'four'에 상응하는 단어는 *(kʷe'two:res)이고, 'five'에 상응하는 단어는 *('penkʷe)였다. (예) 산스크리트어: (ča'tva:rah, 'panča), 리투아니아어: (ketu'ri, pen'ki). 게르만 제어에서 이 두 단어는 (f)로 시작되는데, 이 형태는 원시 인도-유럽어의 (p)를 반영한다. (예) 영어: four, five. 더욱이 고트어 (fimf)와 같이 영어의 'five'는 원시 인도-유럽어의 둘째 음절 (kʷ)에 상응하는 (f)를 가진다. 반면에, 라틴어에서는 이들 두 단어가 (kw)로 시작한다. (예) quattuor, quinque (kwattuor, 'kwi:nkwe). 이러한 일탈형은 모두 원격 동화의 개념으로 설명할 수 있다. 그러나 이러한 용어로 기술되는 일련의 변화 (21.10절)는 사실상 혼성형태이거나 적응형태일 가능성이 더 높다. 고대 그리스어 (hep'ta) (seven)와 (ok'to:) (eight)는 방언에 따라 혼성형태 (op'to:) (eight) 혹은 (hok'to:)로 반영되었다. 'nine'과 'ten'에 상응하는 원시 인도-유럽어는 *('newn̥, 'dekm̥)이었다. (예) 산스크리트어: ('nava, 'daça), 라틴어: novem, decem. 이 두 단어는 슬라브어와 발트어에서 어두 (d)를 가진다. (예) 고대 불가리아어: (deveⁿtı, deseⁿtı).

심리학자들은 실험실 조건하에서 'four'와 같은 단어를 듣는 자극이 'five'와 같은 단어의 발화를 일으킬 수 있다고 주장하지만, 이런 이론은 결과적으로 혼성과정을 설명하지 못한다. 혼성적 '발화 실수'도 아주 드물지는 않다는 진술이 오히려 사실에 가까울 수 있다. (예) "I'll just grun(go + run) over and get it."

통사론의 개신이 혼성적 양상을 갖기도 한다. 예를 들어, 'I am friends with him'과 같은 유형은 'I am friendly with him'과 'we are friends'의 혼성현상으로 설명할 수 있다. 관계대명사의 '견인'(15.11절)과 같은 불규칙성은 본질적으로 이와 동일하다고 할 수 있다.

이른바 통속어원론(23.6절)은 대체로 적응형태나 혼성형태와 관련되어 있다. 불규칙하거나 의미상으로 흐릿한 형태는 한층 통상적인 구조와 의미적 내용물을 갖춘 새로운 형태로 대체된다. (후자는 부자연스러운 경우가 많다.) 이를테면 옛 형태 'sham-fast'('수치'〔shame〕-'중단'〔fast〕='얌전한')는 규칙적이지만 의미상으로 기묘한 합성어 'shame-faced'에 자리를 내주었다. 고대 영어에서 '절반'을 뜻하는 'sam'(이 합성어에만 화석으로 남아 있고 다른 모든 환경에서 폐용되었음)을 제 1구성원으로 가진 합성어 'sam-blind'는, 엘리자베스 시대의 'sand-blind'(반소경의)로 대체되었다. 고대 영어 'bryd-guma'〔bry:d-ˌguma〕('신부'〔bride〕-'남자'〔man〕)는 'guma'(남자)[6]의 폐용 때문에 'bride-groom'으로 대체되었다. 외래어는 특히 이런 유형의 적응에 쉽게 휩쓸린다. 고대 프랑스어 'crevisse'와 중세 영어 'crevise'는 'cray-fish, craw-fish'(가재)로 대체되었고, 프랑스어 'mousseron'은 영어 'mushroom'으로 나타났으며, 'mandragora'와 (예전의 준표준 발화에서 사용되던) 'asparagus'는 'man-drake'(지중해 원산의 유독 식물)와 'sparrow-grass'(아스파라거스)로 각각 대체되었다. 일부 방언에 남아 있는 'grozet'와 'groser' 등의 형태를 고려하면, 'gooseberry'는 옛 형태 *'groze-berry'를 대체한 형태로 생각된다. 이들 방언형은 현대 프랑스어 'groseille'〔grɔzɛ:j〕(까치

---

6) 프랑스어 'homme'와 비교된다.

밥나무 열매) 와 유사한 프랑스어 차용 형태를 반영한다.

영어의 상징어와 유아어, 단형 이름 등의 형태는 정확한 유추 모형 보다 일반적인 형식패턴에 근거해 창조된다. 그러나 'Bob, Dick'과 같은 형태는 상징적 함축을 담고 보통명사로 존재하다가, 'Robert, Richard'의 애칭 형태로 특수화되었다. 그러므로 이들 형태의 기원을 단순히 함축만 가지고 설명할 수 있다고 생각하는 것은 큰 오류이다.

일부 용례에 대해서는 해당 형태를 창안한 사람을 알고 있다. 가장 유명한 용례는 17세기 네덜란드 화학자 헬몬트[7]가 발명한 'gas'이다. 이 단어를 소개하는 자리에서 헬몬트는 'chaos'라는 단어와의 유사성 을 지적하고 있는데, 이 단어는 네덜란드어식 발음으로 'gas'와 그다 지 멀리 떨어져 있지 않다. (물론 음소상으로는 꽤 다르다.) 나아가서 헬몬트는 전문용어의 하나로 'blas'를 사용했는데, 이 단어는 네덜란 드어 동사 'blazen'(*to blow*)의 규칙적 파생형이다.

그러한 경우에 발명자의 사사롭고 개인적인 함축의 세계를 재구한 다는 것은 물론 불가능한 일이다. 우리는 다만 일반적인 언어적 배경 만을 추측할 수 있을 뿐이다. 도지슨[8]은 자신이 지은 유명한 시 〈허 튼 소리〉(*The Jabberwocky*)〔《거울 나라의 앨리스》(*Through the Looking Glass*)〕에서 이런 종류의 신-형성 형태를 다수 사용하고 있는데, 나 중에 그 책에서 그런 단어들이 자신에게 가졌던 함축적 중요성을 설 명하고 있다. 그 중에서 최소한 한 단어, 'chortle'(깔깔거리고 웃다) 은 널리 사용되고 있다. 최근의 용례로는 상표인 'kodak'과 'blurb'를 들 수 있는데, 전자는 이스트먼[9]이 발명한 것이고 후자는 버제스 (Gelett Burgess)가 발명한 것이다.

---

7) 네덜란드의 화학자 겸 의학자. ☞ 인명 약해 참고.
8) 필명 루이스 캐롤로 잘 알려진 영국의 동화작가. ☞ 인명 약해 참고.
9) 미국의 사진 기술자로 '코닥'의 창립자. ☞ 인명 약해 참고.

제24장

의미 변화

24. 1. 언어형태의 문법기능 대신 어휘 의미를 변화시키는 개신은 의미 변화 또는 의미상의 변화로 분류된다.

과거의 문자기록에 나타난 언어형태의 문맥과 구 결합을 조사해 보면, 이들이 과거에 다른 의미를 가졌다는 사실이 드러나는 경우가 적지 않다. 《흠정성서》(KJV, 1611년)의 〈창세기〉(1:29)에서는 풀과 나무를 가리키면서 "너희는 이것을 양식(*meat*)으로 삼으라"라고 말하고 있다. 이와 비슷하게 이 구절의 고대 영어 번역에서도 'mete'라는 단어를 사용했다. 여기서 우리는 이 단어 'meat'가 '양식'(*food*)의 뜻으로 사용되었음을 추론할 수 있고, 이들 영어 번역이 저본(底本)으로 삼은 외국어 텍스트를 조사해서 이와 같은 추론에 더욱 확신을 가질 수 있다. 고대의 표기자들이 주로 단어 주해를 통해 단어의 의미를 명쾌하게 증언하는 경우도 있다. 예컨대 고대 영어의 단어 주해에 의하면, 'mete'는 라틴어 'cibus'를 번역하는 데 사용되었으며, 따라서 '양식'이라는 뜻이다.

친족 언어들 사이의 비교를 통해서 (동족어로 간주할 수 있다고 생각한) 여러 어형의 의미가 다르다는 사실이 드러나는 수도 있다. 예를 들면, 'chin'(턱)은 의미상으로 독일어 'Kinn' 및 네덜란드어 'kin'과 일치하지만, 고트어 'kinnus'와 고대 아이슬란드어 'kinn'에서 현재에 이르기까지 스칸디나비아어에 나타나는 여러 형태는 '뺨'(cheek)을 의미한다. 다른 인도-유럽 제어를 보면, 그리스어 〔genus〕(턱)는 서게르만어와 일치하지만, 라틴어 'gena'(뺨)는 고트어와 스칸디나비아어와 일치한다. 한편 산스크리트어 〔hanuh〕(jaw)[1]는 제3의 의미를 갖는다. 결과적으로 과거의 의미가 어떤 것이었든 과거의 의미는 이들 언어의 일부나 전부에서 일정한 변화를 겪은 것이다.

조금 불확실한 세 번째 의미 변화의 지표는 형태구조의 분석에서 드러난다. 예를 들어, 'understand'라는 단어는 고대 영어 시기에 현재와 동일한 의미를 가졌는데, 이 단어가 'stand'와 'under'의 합성어이므로, 이 합성어가 (유추적 신-형성에 의해) 처음으로 형성되었을 당시에 'stand under'(…아래 서다)라는 뜻이었을 것으로 추정할 수 있다. 이러한 분석은 'under'가 한때 동족어인 독일어 'unter'와 라틴어 'inter'에 대해 'among'(~사이에)이라는 뜻을 가졌다는 사실에서 가능성을 엿볼 수 있다. 예컨대 'I understand these things'는 처음에 'I stand among these things'(나는 이런 사물들 사이에 서 있다)라는 뜻이었을 것이다. 또한 해당 언어의 현재 상태에서는 주어진 형태의 구조가 의미와 관련된 아무런 암시도 내비치지 않지만, 이전 단계에서는 이 형태가 의미상으로 분석될 수 있는 경우가 있다. 영어의 'ready'는 형용사화 접미사 '-y'가 유일 어근에 결합된 구조인데, (접미사의 유추적 재-형성이라는 관점에서 볼 때 'ready'의 조상으로 간주할 수 있는) 고대 영어 형태 〔jeˈrɛːde〕는 '신속한, 꼭 맞는, 솜씨가 좋은' 정도의 뜻으로 동사 〔riːdan〕(타다, to ride)의 파생어였다. (이 동사의 과거시제는 〔raːd〕이고 파생명사는 〔raːd〕였다.) 그러므로 우리는 처음에 만들어졌을 때 〔jeˈrɛːde〕가 '타기에 알맞은 내지 탈 준비가 된' 정

---

1) 전자 'chin'은 보통 외형적인 턱과 턱 끝을 가리키고, 후자 'jaw'는 아래턱과 위턱을 모두 포함하는 뜻으로 사용된다.

도의 뜻이었음을 추론할 수 있다.

　이와 같은 추론이 빗나갈 때도 있는데, 그것은 형태의 형성이 그 의미보다 나중에 이루어졌을 가능성이 있기 때문이다. 예컨대 각각 'crevise'와 *'groze-berry'(23. 8절)의 적용형태인 'crawfish'(왕새우)와 'gooseberry'는 과거의 의미에 대해 아무런 정보도 알려줄 수 없다.

　24. 2. 오늘날 우리는 언어형태의 의미에서 일어나는 변화가, 단순히 해당 형태와 아울러 이 형태와 의미상으로 관련된 여러 언어형태의 용법에서 일어나는 변화의 결과라는 사실을 잘 알고 있다. 그러나 이전의 언어학자들은 언어형태가 비교적 항구적인 대상이고 그 의미가 일종의 가변적인 위성처럼 이 언어형태에 부착되어 있는 것으로 생각하고 이 문제에 접근했다. 그래서 그들은 단일 형태의 계기적인 의미〔예: meat '양식'(food) > '살코기 양식'(flesh-food)〕를 조사해서 이러한 변화의 이유를 찾아내고자 했다. 그리하여 일련의 계기적 의미를 연결하는 논리적인 관련성에 따라 의미 변화의 유형을 분류했다.

축소:
고대 영어 mete '양식' > meat '식용 살코기'
고대 영어 dēor '짐승' > deer '특정한 종류의 야생 반추동물'
고대 영어 hund '개' > hound '특정한 품종의 사냥개'

확장:
중세 영어 bridde '어린 새' > bird
중세 영어 dogge '특정한 (고대) 품종의 개' > dog
라틴어 virtus '남자(vir)의 특질, 남자다움' > 프랑스어 vertu
(> 영어 virtue) '미덕'

은유:

원시 게르만어 *〔'bitraz〕 '깨물기'(< *〔bi:to:〕 'I bite') > bitter '떫은 맛'

환유: 여러 의미는 시간이나 혹은 공간에서 서로 접근한다.

고대 영어 cēase '턱'(jaw) > cheek

고대 프랑스어 joue '뺨' > jaw

제유: 여러 의미는 전체와 부분으로서 관련을 맺는다.

원시 게르만어 *〔'tu:naz〕 '울타리'(독일어에 현존 Zaun) > town

선-영어 *〔'stobo:〕 '난방'(cf. 독일어 Stube '따뜻한 방' > '거실') > stove

과장: 상대적으로 강한 의미에서 약한 의미로 변화한다.

선-프랑스어 *ex-tonāre '천둥으로 때리다' > 프랑스어 étonner '놀래다'(고대 프랑스어에서 차용된 영어단어 astound, astonish)

완서법: 상대적으로 약한 의미에서 강한 의미로 변화한다.

선-영어 *〔'kwalljan〕 '괴롭히다' (독일어 quälen) > 고대 영어 cwellan '죽이다'

타락:

고대 영어 cnafa '소년, 하인' > knave '악한'

향상:

고대 영어 cnight '소년, 하인' (cf. 독일어 Knecht '하인') > knight '기사'

위와 같은 용례를 수집해서 항목별로 분류해 보면, 어떤 의미 변화가 발생할 가능성이 높은지 쉽게 드러난다. 'chin'의 동족어에서 찾은 '턱', '뺨', '아래위 턱' 등의 의미는 경우에 따라 동요하고 있었다. 예컨대 'cheek'의 의미는 '아래위 턱'(고대 영어)에서 현재의 '뺨'으로 변화했고, 프랑스어 'joue'(뺨)에서 넘어온 'jaw'의 의미는 위와 반대방향으로 변화했다. 라틴어 'maxilla'(아래위 턱)는 대다수 현대 방언에서 '뺨'으로 변화했는데, 이러한 현상은 이탈리아어 'mascella'〔maˈšella〕(뺨)에서도 마찬가지이다. 여기서 'chin'이라는 단어가 원래 '아래위 턱'을 뜻하다가 나중에 '뺨'과 '턱'을 뜻하게 되었을 것으로 추정할 수 있다. 이러한 경우에 우리는 라틴어의 'molae'와 'maxillae'('아래위 턱'이라는 의미의 복수형)를 복수형 'kinne'으로 번역한 몇 개의 고대 고지독일어 단어 주해에서 이러한 추정에 대한 확증을 얻을 수 있다. 고대 영어 〔weorθan〕(to become)과 다른 게르만어 동족어(독일어 werden, 22. 2절)들은 산스크리트어 〔vartate:〕(he turns), 라틴어 'vertō'(I turn), 고대 불가리아어 〔vrete:ti〕(to turn), 리투아니아어 〔verču〕(I turn) 등의 형태와 일치한다. 'turn sour'(시어지다)나 'turn traitor'(반역자가 되다) 등의 용례에서 보듯이, 영어의 'turn'도 이들과 평행한 의미 발달과정을 보여주기 때문에, 우리는 이와 같은 어원론을 받아들일 수 있다.

24. 3. 이러한 관점에서 본다면, 실제 사물들 사이의 연관성이 의미 변화에 개재되어 있으며, 따라서 의미 변화는 이전 시대의 생활상을 알 수 있는 실마리가 될 수 있다. 영어의 'fee'는 '가축, 재산, 돈'을 뜻하는 고대 영어 'feoh' 패러다임의 현대 형태이다. 게르만어의 동족어 가운데서 유독 고트어 'faihu'〔fehu〕만이 '재산'을 뜻하고, 다른 모든 동족어는 '가축'의 뜻을 가진다. (예) 독일어 Vieh〔fi:〕, 스웨덴어 fä〔fe:〕. 이러한 사정은 산스크리트어 〔paçu〕와 라틴어 'pecu'

등과 같은 다른 인도-유럽 제어의 동족어에도 마찬가지로 적용된다. 라틴어에는 여기서 파생된 'pecūnia'(돈)와 'pecūlium'(저축, 재산) 등이 있다. 이러한 사실을 통해 우리는 고대에 가축이 교환의 매개물이 었다는 믿음을 확고히 갖게 된다.

영어의 'hose'(양말)는 형태상으로 네덜란드어 'hoos'〔ho:s〕와 독일어 'Hose'〔ho:ze〕와 대응하지만, 보통 복수형으로 사용되는 이들 단어의 뜻은 '양말'이 아니라 '바지'이다. 예컨대 고대 아이슬란드어 'hosa'와 같은 스칸디나비아어 단어는 '각반'(*stocking*)이나 '정강이받이'(*legging*)를 뜻한다. 서게르만어로 추정되는 고대의 단어가 서력 기원의 전반기에 로마 군단의 중개를 통해서 라틴어로 들어왔으며, 그래서 로망스 제어는 '각반'이라는 의미의 *hosa(예: 이탈리아어 uosa 〔wɔsa〕) 유형을 가지게 되었다. 이러한 사실을 확인하면, 우리는 고대 게르만어에서 이 단어가 발을 포함하든가 아니면 발목에서 끝나든가 하는 '다리 덮개'를 뜻했다는 결론을 내릴 수 있다. 우리는 허리의 둘레로 또 다른 옷(짧은 바지)을 걸치는데, 이를 영어로 'breeches' (고대 영어 brōc)라고 한다. 영어와 스칸디나비아어의 용법상에는 아무런 변화가 없지만, 독일어의 용법을 보면 대륙에서 사용되던 'hose'가 훗날 (대륙의) 북단에서는 바지와 비슷한 옷을 뜻하는 단어로 합류되었음을 알 수 있다.

이와 같이 의미상으로 특이한 어원과 문화적 흔적은 서로가 서로의 존재에 대한 증거가 된다. 독일어 'Wand'〔vant〕는 방의 벽을 지시하되, 두꺼운 돌담을 지시하지는 않는다. 두꺼운 돌담은 라틴어에서 차용한 'Mauer'〔mawer〕이다. 이 독일어 단어 'Wand'는 마치 동사 'winden' (*to wind* '감다')의 파생형(과거시제 wand)처럼 들리지만, 어원학자들은 이들 두 단어의 의미적 연관성을 한동안 알지 못했다. 메링거 (Meringer)에 의하면, 이 파생명사는 처음에 '잔가지를 꼬아서 뼈대

를 만들고 나서 겉을 진흙으로 바른 벽'에 적용되었다고 한다. 이와
유사하게 원시 게르만어 *〔wajjuz〕(벽), 고트어 'waddjus', 고대 아이
슬란드어 'veggr', 고대 영어 'wāg' 등도 '감다, 꼬다'를 뜻하는 동사
의 파생형에서 비롯된 것으로 받아들이고 있다. 앞서도 보았듯이 학
자들은 단어의 의미와 고고학적 자료의 결합에 의해 원시 게르만어
조어공동체(18. 14절) 와 같은 선사시대의 제반 상황에 대한 실마리를
찾으려고 노력한다. "말과 사물"이라는 금언은 어원론의 이와 같은
양상을 다루는 학술지 제목으로 사용되기도 했다.

　형식적 자질이 고도로 특정화되고 가변적인 인자에서 생겨나듯이
(23. 8절), 언어형태의 의미도, 재구가 불가능하고 오직 역사적인 전
통에 친숙해야만 알 수 있는 장면에서 비롯되는 경우가 있다. 독일어
'Kaiser' 〔kajzer〕(황제) 와 러시아어 〔tsar〕는 둘 다 차용에 의한 라틴
어 〔kajsar〕의 후손인데, 이 라틴어 단어는 특정한 로마인 곧 줄리어
스 시저(Julius Caesar) 의 이름에서 일반화되었다. 이 이름은 동사
'caedō' (I cut) 의 파생형이라고 하고, 이 이름을 처음으로 가진 사람
(시저) 이 외과수술의 도움으로 태어난 관계로 이런 전통에 따라 이
수술도 '제왕절개' (caesarian) 수술이라는 이름으로 불린다. 이런 전통
이외에도 시저와 로마제국에 관한 역사적 지식이 없으면, '황제'
(emperor) 라는 말이 성(姓) (family-name) 에서 시작되었다는 사실 역시
추측하기 힘들다. 지금은 거의 폐용된 동사 'burke' (누르다, to burke
opposition) 는 피해자를 목 졸라 살해한 에든버러(Edinburgh) 의 살인
강도 '버크' (Burk) 라는 이름에서 나왔다. 'pander' (뚜쟁이) 라는 말은
'판다루스' (Pandarus) 라는 이름에서 비롯되는데, 초서가 번안한 고대
의 이야기 《트로일루스와 크레시다》 (Troilus and Cressida) 2) 에서 판다

---

2) 14세기 말에 나온 이 작품은 보카치오의 《필로스트라토》를 소재로 한 작품
　으로, 연애의 정열을 둘러싼 인간의 환희와 고뇌, 사랑에서 볼 수 있는 시

루스는 중매인 역(役)으로 나온다. 'buncombe'(표를 얻기 위한 연설) 는 사우스캐롤라이나 주에 있는 군(郡, county)의 이름에서 비롯되는 데, 한 의회 의원의 익살스러운 행동 때문이었다고 한다. 'tawdry'(싸구려 티 나게 번쩍이는)는 성 오드리(St. Audrey)에서 비롯되는데, 사람들은 성 오드리 시장에서 이런 야한 레이스를 구입했다고 한다. 'landau' (구식 자동차)와 'sedan'(고급 자동차) 등은 제조사의 원래 소재지에서 연유한다. 화폐단위인 'dollar'는 최종적으로 독일어 'Taler'에서 차용되었는데, 이 독일어 단어는 보헤미아의 한 지명인 'Joachimstal'('요아힘 계곡')에서 나온 'Joachimstaler'의 축약형이다. 바로 여기서 16세기에 은화가 주조되었다고 한다. 로마의 동전 주조소는 주노 모네타 (Juno Monēta, 충고의 여신)[3] 사원에 있었으며, 그래서 로마 사람들은 'monēta'를 '주전소'(mint)와 '동전(coin), 돈(money)'을 가리키는 말로 사용했다. 영어의 'mint'는 이 라틴어 단어를 선-영어 시기에 차용한 것이고, 'money'는 이 라틴어 단어의 고대 프랑스어 승계형[4]에서 차용한 것이다.

의미 변화를 표면적으로 연구해 보면, 대개 세련되고 추상적인 의미가 비교적 구체적인 의미에서 생겨난다는 사실이 드러난다. '(어떤 사물이나 발화에) 대해 정확하게 반응한다'는 유형의 의미는 '가까운' (be near to) 혹은 '붙잡다'(get hold of)와 같은 의미에서 반복적으로 발달한다. 예를 들면, 앞에서 보았던 'understand'는 '가까이 서다'(stand close to) 내지 '사이에 서다'(stand among) 정도를 뜻했던 것으로 보인

간과 영원성이라는 주제를 추구한 걸작이다.

3) '주노 모네타'는 하늘의 여신을 가리킨다. 주노 모네타 사원은 이 여신을 모신 사원인데, 기원전 269년에 로마 사람들이 세계 최초의 주화(동전) 제조 공장을 여기에 설치했다고 한다.

4) 현대 프랑스어로는 'monnaie'이다.

다. 독일어 'verstehen'〔ferˈsteːen〕(이해하다, *understand*)은 '둘레에 서다'(*stand round*) 내지 '앞에 서다'(*stand before*)를 뜻했던 것으로 보인다. 이 단어와 상응하는 고대 영어 'forstandan'은 '이해하다'와 '방어하다, 지키다' 양쪽 모두의 의미로 나타난다. 고대 그리스어 〔eˈpistamaj〕(*I understand*)는 문자 그대로 풀이하면 '내가 위에 선다'(*I stand upon*)는 뜻이고, 산스크리트어 〔avaˈgaččhati〕는 '(그가) 안으로 내려간다'(*he goes down into*)와 '(그가) 이해한다'(*he understands*) 양쪽 모두의 뜻이다. 동일한 뜻을 가진 이탈리아어 'capire'는 라틴어 'capere' (붙잡다, 움켜쥐다)에 근거한 유추적 신-형성이다. 라틴어 'comprehendere' (이해하다, *understand*)는 '붙잡다'라는 뜻도 갖는다. 러시아어 〔poˈnat〕와 같이 '이해한다'라는 뜻을 가진 슬라브어 단어는 '움켜쥐다, 가지다'를 의미했던 고어(古語) 동사의 합성어이다. '이해하다'의 주변적인 의미는 영어의 'grasp, catch on, get〔I don't get that〕' 등에서 나타난다. 영어의 추상 어휘는 대부분 프랑스어나 프랑스어화한 형태를 통한 라틴어 차용어로 구성된다. 라틴어 원어는 대체로 구체적인 의미까지 추적할 수 있다. 라틴어 'dēfinīre'(정의하다)는 문자 그대로 풀이하면 '경계를 설정하다'(cf. *finis*, '끝, 경계')라는 뜻이다. 영어의 'eliminate'(배제하다, 제거하다)도 라틴어에서는 파생적 특성에 맞추어서 '집에서 쫓아내다'라는 구체적 의미를 갖는데, 그것은 라틴어 'ēlīmināre'가 구조상으로 'ex'(*out of, out from*)와 'līmen'(문턱, *threshold*)의 종합적 합성어이기 때문이다.

24. 4. 언어 외적 관심을 논외로 하면, 이 모든 사례를 통해 우리는 어원적 비교의 정당성 여부를 판정할 수 있는 일종의 개연성 척도를 마련할 수 있지만, 그렇다고 해서 하나의 언어형태가 시간의 흐름에 따라 어떻게 변화할 수 있는가 하는 문제에 대한 해답까지 얻는 것은

아니다. 어떤 시점에서 (갑)이라는 의미로 사용되다가 그 후의 시점에서 (을)이라는 의미로 사용된 언어형태가 있다고 할 때, 우리가 관찰할 수 있는 것은 분명히 최소한 두 가지 추이(*shift*)의 결과이다. 다시 말해 이 형태는 (갑) 유형의 상황에서 이보다 넓은 (갑-을) 유형의 상황으로 용법이 확장되었다가, 예전의 (갑) 유형에 가까운 상황에서 더 이상 사용되지 않는 부분적 폐용의 단계를 거쳐, 최종적으로 오직 (을) 유형의 상황에서만 사용되기에 이른 것이다. 보통의 경우, 첫째 과정은 경쟁형태가 (을)-상황의 용법에서 밀려나서 폐용되든가 제한적으로 사용되는 양상을 포함하고, 둘째 단계는 이 경쟁형태가 (갑)-상황으로 들어오는 침입양상을 포함한다. 이러한 과정은 다음과 같이 도식화할 수 있다.

의미	'음식물'		'식용'		'식용, 동물 몸의 일부'	'식용, 동물 몸의 근육 부위'
제 1단계	food		meat		flesh	flesh
제 2단계	food		meat	→	meat	flesh
제 3단계	food	→	food		meat	flesh

그러므로 통상적인 경우에는 여기서 유추변화의 경우처럼 빈도의 동요를 다루어야 한다. 유추 변화와 의미 변화의 차이는, 빈도의 동요가 문법적 치환 대신 어휘적 치환을 낳으며, 따라서 대개가 언어학자의 포착범위를 벗어나게 된다는 점뿐이다. 의미 변화가 확장과 폐용으로 구성되었다는 점을 최초로 파악한 언어학자는 폴이었다. 폴은 화자의 습관에 자리 잡은 형태의 의미가 자신이 들은 발화의 결과일 따름임을 알아냈다. 우리는 확실히 가끔씩, 단어의 정의(예: '읍내란 많은 사람들이 모여 사는 거주지이다')나 혹은 매우 일반적인 진술(예: '척추동물은 머리가 있다')의 경우처럼, 의미영역 전반을 무리 없

이 아우르는 상황에서 언어형태를 사용한다. 그런 경우에 언어형태는 일반적 의미로 나타난다. 그렇지만 보통 임의의 발화에 등장하는 언어형태는 이보다 훨씬 구체적이고 실질적인 자질을 나타낸다. 누가 "John Smith bumped his head, 존 스미스가 자기 머리를 부딪쳤다"라는 말을 할 때, '머리'(*head*)라는 말은 특정한 사람의 머리를 가리키는 데 사용되었다. 어떤 도시 인근에 거처하는 한 화자가 "I'm going to town, 읍내에 가는 중이야"라는 말을 할 때, '읍내'(*town*)라는 말도 특정한 도시를 뜻한다. 그런 경우에 이 언어형태는 임시적 의미로 나타난다. "하루에 사과 한 개를 먹어라, eat an apple a day"라는 말을 할 때, '사과'(*apple*)는 일반적 의미를 가진다. 그렇지만 "이 사과를 먹어라, eat this apple"라는 발화에서는 '사과'가 임시적인 의미를 가져서, 가령 껍질을 벗긴 커다란 사과일 수도 있다. 모든 주변적 의미는 임시적인데, 그것은 폴이 밝혀냈듯이, 주변적 의미와 중심적 의미가 다르고, 중심적 의미가 효력을 발휘하지 못하는 특수한 상황에서만 우리가 주변적 의미에 반응한다는 사실(9.8절)이 그 정확한 차이이기 때문이다. 해당 언어형태의 의미영역 전체와 들어맞는 이상적인 상황과 주어진 상황이 다를 때, 중심적인 의미는 언제나 임시적이다.

그러므로 어떤 화자가 한 가지 혹은 여러 가지 임시적인 의미로 사용된 어떤 언어형태를 들었다면, 그 화자는 그와 유사한 상황에서만 그 언어형태를 사용할 것이다. 그렇게 되면 이 사람의 습관은 다른 화자들의 습관과 다를 가능성이 높아진다. 예를 들어, 'meat'라는 말은 어느 시점에서 모든 종류의 음식(양식)을 가리키는 용법으로 사용되었다. 그러다가 'food'나 'dish' 같은 다른 말의 침입으로 인해, 실제로 많은 화자들은 어느 순간에 차려진 음식이 '고기'(*flesh*)로 조리한 상황에서만 특히 이 'meat'라는 말을 인상적으로 듣게 되었다. 결국 이들 많은 화자는 자신의 발화에서도 고기음식이 차려져 있을 때만 'meat'라는 말을 사용했을 것이다. 만일 어떤 화자가 주변적 의미로만 사용되는 언어형태를 들었다면, 이 화자는 이 주변적 의미와 동일한 의미를 해당 언어형태의 중심적 의미로 사용할 것이다. 다시 말해, 이 화자는 다른 화자들이 매우 특수한 조건하에서만 사용하는 의미를 가리키는 데 그 언어형태를 사용하게 된다는 것이다. 이는 마치도시 어린이들이 '돼지'(*pig*)란 동물은 불결한 습성 때문에 그런 이름 (*pig*)으로 불리는 것이 당연하다는 결론을 내리는 양상과 흡사하다. 중세 말엽에 이르러, 영어의 'cup'과 동족어인 독일어 'Kopf'는 '잔, 국자, 단지'라는 중심적 의미와 '머리'(*head*)라는 주변적 의미를 가졌다. 그런데 많은 화자들이 주변적 의미로만 사용되는 이 단어를 들은 때가 분명히 있었을 것이다. 현대 독일어에서 이 독일어 단어는 오직 '머리'만을 뜻하기 때문이다.

24. 5. 의미 변화에 대한 폴의 설명은 주변적 의미와 폐용되는 단어의 출현을 당연한 현상으로 받아들이고, 이러한 과정을 경쟁형태와 무관한 개별 언어형태의 '모험'으로 간주한다. 어떤 경우에는 경쟁형태가 모험하는 형태에 항복하기도 하고, 또 다른 경우에는 경쟁형태가 모험하는 형태의 영역을 침범해 들어가기도 한다. 이런 견해는 의미 차이에 대한 단순한 분류를 넘어서는 대단한 진보라고 할 수 있다. 특히 폴은 이런 견해에 입각해서 폐용현상이 단일한 의미영역을 깨트리는 방식을 상세하게 밝혀낼 수 있었다. 그러한 과정을 폴은 고립화라고 불렀다.

현재 '고기음식'을 뜻하는 단어 'meat'의 중심적인 의미 이외에, 우리는 오늘날 'meat and drink'(대단한 기쁨거리)와 'sweetmeats'(사탕과자)라는 어구에서 낯선 주변적(혹은 확장된) 용법 한 가지를 만나게 된다. 이 단어는 고기 이외의 음식을 가리키는 용법으로는 더 이상 쓰이지 않게 되었는데, 오직 이들 두 표현만은 (이 단어의) 중심적인 의미에서 멀리 떨어져 있었던 덕분에 폐용의 와중에서도 살아남을 수 있었던 것이다. 이러한 경우에 우리는 이들 두 표현이 (지금은 'food'와 'dish'가 아우르는) 중간적 의미영역의 침입으로 말미암아 '고립되었다'고 말할 수 있다. 마찬가지 방식으로 'knave'의 의미도 '소년, 어린이, 하인'에서 '악한'으로 옮겨갔는데, 카드놀이에서 석 장의 그림 중에서 가장 낮은 카드(Jack)를 가리키는 이름으로 사용되는 용법만은 과거 의미의 고립된 잔재로 남아 있다. 'charge'라는 단어는 원래 '마차에 짐을 싣는다, to load a wagon'는 뜻을 가진 고대 프랑스어 'charger'의 차용어이다. 현재 이 단어에 다수의 의미가 있는 것은 분명히 주변적인 영역으로 번진 의미용법의 확장과 그에 뒤이은 중간 의미군(-群)의 폐용 때문이다. 예컨대 행위자-명사 'charger'는 더 이상 '짐꾼, 짐 나르는 짐승'을 가리키는 뜻으로 사용되지 않고, 오직 '군마'(軍馬)라는 특수한 의미로만 사용된다. 그러므로 'charge'의 '기습하다'라는 뜻은 '군마'라는 뜻을 가진 'charger'에서 일종의 역-형성으로 만들어진 것이다. 'board'라는 단어는 고대 영어에서 분명히 오늘날과 동일한 '편평한 나무판자'라는 중심의미와 이에 덧붙여 대여섯 가지 특수한 의미를 가졌다. 이들 특수화된 의미 가운데 하나인 '방패'는 완전히 소멸했다. 또 다른 의미인 '뱃전'은 '배 위에(on board), 배로(aboard), (배를) 타다(to board)' 등과 같은 고립된 형태를 낳았으며, 이들 형태는 다시 의미용법이 확장되어 열차와 같은 다른 운송 수단에도 사용하게 되었다. 제3의 주변적 의미인 '식탁'은 'festive board'(축제의 식탁)에서 보듯이, 고상한 화법에서 살아남았다. 그런데 일반적인 폐용에 앞서 '식탁'의 의미로 사용되던 이 형태는 '정기적인 식사'라는 의미로 또 한 차례의 의미 이전 현상을 겪었다. 이 의미

용법은 '숙박과 식사(bed and board), 식사가 제공되는 하숙(board and lodging), 하숙을 치다(to board)' 등에서 보듯이 지금도 통용된다. 'board'의 이러한 용법은 오늘날 '판자'라는 의미를 갖는 'board'의 용법과 너무 크게 동떨어져 있어서, 두 형태를 동음이의어로 간주해야 할 정도이다.

고대 게르만어의 형용사 *〔hajlaz〕는 '상처를 입지 않은, 좋은, 번영하는'의 뜻이었는데, 독일어의 'heil'은 지금도 같은 뜻으로 사용된다. 현대 영어에서는 'whole'에 이전된 의미만 담겨 있다. *〔hajlaz〕에서 파생된 또 다른 형용사 *〔hajlagaz〕는 '복지, 건강, 번영에 도움이 되는' 정도의 뜻이었다. 이 단어는 종교적이거나 미신적인 의미로 사용되었던 것으로 추측된다. 이 단어는 룬 문자로 적힌 고트어 비문에 나타나지만, 울필라 대주교는 자신의 성서에 이 단어를 사용하지 않았다. 이로 미루어 볼 때, 이 단어가 모종의 이교도적 전통과 연관되어 있었던 것으로 믿어진다. 다른 게르만 제어에는 기록이 시작되던 당시부터 라틴어 'sanctus'(신성한)의 등가어로만 나타난다. 그러므로 'whole'과 'holy' 사이의 의미적 연관관계는 영어에서 완전히 사라져버린 것이다. 독일어에서도 'heil'(상처받지 않은, 건전한, 번영하는)과 'heilig'(신성한)는 소원한 의미적 연관관계와 (단순한) 어근의 동음성을 넘나드는 경계선에 놓여 있다.

고대 영어의 형용사 'heard'(단단한 > hard)는 두 형용사 'hearde'와 'heardlice'의 바탕이 되었다. 전자 'hard'는 과거 의미와의 관련성을 갖고 살아남았지만, 후자 'hardly'는 '아주 어렵사리'(only with difficulty) 등과 같은 중간 의미군의 소멸로 '겨우, 거의 … 없다'라는 멀리 이전된 의미로 고립되었다.

고립화는 일부 구성의 폐용으로 더욱 심화될 수 있다. 'understand'의 의미를 'under'와 'stand'의 결합의미와 연관을 짓는다는 것은 매우 어려운 일인데, 그것은 이 합성어가 만들어졌을 당시에 중심적 의미였던 '가까이 서다' 혹은 '사이에 서다'라는 의미가 선사시대 이래로 폐용되었기 때문만이 아니라, 동사에 강세가 얹히는 전치사와 동사의 결합이라는 합성어 구성방식 자체가 (불규칙형으로 살아남은 전통적 형태를 제외하고) 모두 소멸했기 때문이기도 하다. 불규칙적 잔존형태로는 'undertake, undergo, underlie, overthrow, overcome, overtake, forgive, forget, forbid' 등이 있다. 명사 'straw'(고대 영어 strēaw)와 동사 'to strew'(고대 영어 strewian)는 선사시대에 형태론적으로 연관되어 있었다. 원시 게르만어 유형은 *〔'strawwan〕(흩뿌림 *a strewing*, 흩뿌린 것 *that strewn*)과 *〔'strawjo:〕(〔내가〕 흩뿌리다, *I strew*)이다. 그 당시 '흩뿌린 장과(漿果)'(*strewn-berry*)라는 의미의 'strawberry'(고대 영어 strēaw-berige)는 틀림없이 땅바닥에 누워서 자라는 딸기나무(*strawberry-plant*)의 모습을 묘사하는 말이었을 것이다. 그런데 'straw'가 '마른 줄기'라는 뜻으로 의미가 특수화되어 'strew'와의 형태론적 연관성이 사라지자, 'strawberry'의 선행 구성원(고대 영어 strēaw)도 일탈된 의미를 가지고 'straw'의 동음어로 고립되었던 것이다.

　음성 변화는 고립을 촉진하거나 도와줄 수 있다. 이와 관련된 좋은 용례는 'ride'와 'road'에서 너무 멀리 벗어난 'ready'의 경우이다. 다른 용례로는 'holiday'와 'holy', 'sorry'와 'sore', 'dear'와 'dearth'(결핍), 그리고 특히 과거의 움라우트(21.7절)와 관련된 'whole'과 'heal', 'dole'(몫)과 'deal' 등이 있다. 'lord'(고대 영어 hlāford)라는 단어는 조어 당시에 '빵을 주는 사람' 정도의 의미를 갖던 'loaf-ward'였다. 'lady'(고대 영어 hlāfdige)는 'bread-shaper'였던 것으로 보인다. 'disease'는 예전에 '편안함의 결여(*lack of ease*) 내지 불편(*un-ease*)'이었다. 현재의 특수화된 의미 '질병'은, 접두사의 일탈형, 곧 무강세 모음 다음의 〔s〕대신 보이는 〔z〕의 존재 때문에 'dis-'와 'ease'의 결합 의미에서 멀리 떨어져 더욱 고립되었을 것이다(21. 4절).

또 다른 기여인자 하나는 유추적 신-형성의 침입이다. 보통 이들 유추적 신-형성은 중심적 의미를 공략해서 일부 주변적 의미만을 옛 형태에 남겨둔다. 예를 들어, 'sloth'(게으름) 는 원래 'truth'가 여전히 'true'의 특질-명사이듯이, 'slow'의 특질-명사였다. 그런데 특질-명사를 형성하는 '-th'-파생법이 쇠퇴하면서 현재 통용되는 '-ness'-파생법으로 형성된 'slowness'가 크게 일어나자, 'sloth'는 그만 고립되고 말았다. 고대 영어 *'hūs-wīf'(주부, *housewife*) 는 다양한 음성 변화를 통해서 'hussy'〔hozij〕(말괄량이) 라는 이전된 의미로만 살아남은 형태에 도달했다. 중심적인 의미로 사용되던 이 단어는 유추에 의한 새로운 합성어 형태 'hūs'와 'wīf'의 결합으로 대체되었다. 이 새로운 결합형은 다시 음성 변화를 거쳐 'hussif'〔hozef〕가 되는데, 이 형태가 (지금은 폐용되었지만) 이전된 의미 '반짇고리'로 살아남았다가 또 다시 새로운 합성어 형태 'housewife'〔haws-ˌwajf〕에 밀려 중심적인 의미에서 멀어졌다. 중세 독일어에서 움라우트를 동반하는 일부 형용사는 움라우트가 없는 파생 부사를 가졌다. (예) schoene 〔šøːne〕(곱다) - schone 〔šoːne〕(고이), feste(단단하다) - faste(단단히). 현대에 들어와 이들 부사는 규칙적으로 형성된 부사에 밀려났는데, 이들 새로운 부사는 형용사와 동음이의어 관계에 있었다. 그래서 오늘날에는 'schön'이 형용사(*beautiful*) 도 되고 부사(*beautifully*) 도 되며, 'fest' 역시 형용사(*firm, vigorous*) 도 되고 부사(*firmly, vigorously*) 도 된다. 이와 달리 구형(舊形) 부사는 중심적 용법에서 멀찍이 떨어진 주변적 용법으로 살아남았다. (예) schon(벌써, 기어이), fast(거의).

끝으로, 우리는 실제 세계에서 일어나는 변화를 고립화의 인자로 확인할 수 있다. 예를 들어, 독일어 'Wand'(벽) 가 'winden'(감다) 에서 멀어져 고립된 것은 '잔가지와 흙으로 만든 벽'이 실제 세계에서 자취를 감추었기 때문이다. 라틴어 'penna'(깃털 feather > 고대 프랑스어 penne)는 네덜란드어와 영어에서 빌려와서, 필기구 '펜'을 가리키는 말로 사용되었다. 프랑스어 'plume'〔plym〕과 독일어 'Feder'〔feːder〕를 보면, '깃털'을 가리키는 단어가 '펜'이라는 의미로도 사용된다. 거위 깃촉으로 만든 펜을 더 이상 사용하지 않게 되면서 그러한 실제세계의 용도폐기가 이들 단어의 의미를 고립시킨 것이다.

24. 6. 의미 변화에 관한 폴의 이론은 주변적인 의미의 흥기(興起)와, 의미영역의 일부에서 일어나는 형태의 폐용을 해명하지 못한다. 이러한 평가는, 변화의 결과를 쉽게 풀어주는 데 그친 이른바 심리적 설명방식에 대해서도 마찬가지로 적용될 수 있다. 심리적 설명방식을 제안한 분트는 중심의미를 지배적 의미요소로 정의하고, 주어진 형태가 새로운 전형적 문맥에 나타날 때 지배적 의미요소가 어떻게 옮겨가는가를 보여준다. 예를 들면, 고기음식이 관련된 상황에서 'meat'가 지배적으로 들렸던 경우에, 지배적 의미요소는 '음식'(food)이 아닌 '고기음식'(flesh-food)이라는 것이다. 이러한 진술은 문제를 다시 제자리로 돌려놓는 데 지나지 않는다.

많은 의미 변화에서 일정한 역할을 수행하는 폐용현상은 통상적인 빈도의 현격한 감소만을 두드러진 특징으로 갖는다. 보통 빈도의 감소(소실)라는 방향으로 일어나는 형태의 동요(22장)에 대해 우리가 아는 지식은 극히 일부인데, 여기서 다루는 내용도 마찬가지이다. 하나의 형태가 새로운 의미로 번지는 확장현상은 빈도 증가의 특수한 경우로, 대단히 다루기 어려운 문제이다. 엄밀히 말해서 어떤 발화든 어형의 발화는 거의 언제나 참신한 상황에 의해 유발되지만, 상황의 참신성이라는 인자가 정확한 측정이 불가능한 대상이기 때문이다. 과거의 언어학자들은 특정한 인자를 애써 찾으려 하지도 않고 그대로 주변적인 의미의 흥기를 받아들였다. 과거의 언어학자들은 모름지기 자신에게 친숙한 언어에서 일어났던 특정한 이전 현상〔예: 산의 '기슭' (foot), 병의 '목'(neck) 등, 9.8절〕을 당연한 사실로 받아들였던 것으로 보인다. 실제로 언어는 이 점에서 제각기 다르며, 따라서 의미 변화의 연구에서 우리가 관심을 갖는 사항은 정확히 하나의 형태가 새로운 의미로 번져가는 의미 확산과정이다.

의미가 새롭게 번져가는 의미 추이는, 실제 세계에서 일어나는 추이를 재생할 때만 이해가 가능하다. 'ship'이나 'hat' 혹은 'hose' 등과 같은 형태는 실제 세계에서 일어나는 변화 때문에 의미가 번져가는 일련의 사물을 지시하게 된다. 만일 가축이 교환수단으로 사용되었다면 'fee'(가축)라는 단어는 당연히 '돈'이라는 의미로 사용될 것이고, 거위 깃털로 글을 썼다면 '깃털'이라는 단어는 당연히 이런 필기구라는 의미로 사용될 것이다. 그렇지만 여기서 중요한 것은 언어의 어휘구조에서는 아무런 추이도 일어나지 않았다는 점이다. 이러한 사정은 식자층의 외래어인 'pen'이 'feather'와 뚜렷이 구분되거나, 혹은 'fee'가 가축이라는 뜻으로 사용되지 않으면서 '봉사나 특권의 대가로 지불되는 돈의 총합'이라는 특수화된 의미가치만을 갖게 되면서 마침내 '돈'이라는 의미영역에서 그 기반을 상실해버릴 때도 마찬가지이다.

비교적 이해가 쉬운 유일한 의미 확장 유형은 우연한 유형이라고 부를 수 있다. 형식적 변화, 곧 음-변화와 유추적 재-조성(re-shaping) 혹은 차용 등은 그다지 의미가 소원하지 않은 일부 옛 형태와 일치하는 어법(말씨, locution)을 만들어낸다. 예를 들면, 원시 게르만어 *〔awzo:〕는 사람이나 동물의 '귀'를 가리켰다. 이 형태는 고트어 〔awso:〕, 고대 아이슬란드어 'eyra', 고대 독일어 'ōra'(> 현대 네덜란드어 oor 〔o:r〕), 고대 영어 〔e:are〕로 나타나고, 라틴어 'auris', 고대 불가리아어 〔uxo〕와 같은 의미를 가진 동족어이다. 한편 원시 게르만어 *〔ˈahuz〕는 겉껍질을 가진 '낱알'을 가리켰다. 이 형태는 고트어 'ahs', 고대 아이슬란드어 'ax', 고대 독일어 'ah'로 나타나고, 사격형에 근거한 유추로 생성된 주격형과 함께 고대 독일어 'ahir'(> 현대 네덜란드어 aar 〔aːr〕), 고대 영어 〔ˈɛhher〕와 〔eːar〕로 나타나며, 라틴어 'acus'(낱알의 껍질, 왕겨)와 동족어이다. 영어에서 일어난 〔h〕와 무강세 모음의 소실은 두 형태를 음성적으로 유사하게 만들었는데, 두 형태의 의미에 유사성이 있었기 때문에 낱알의 '이삭'(*ear*)은 동물 '귀' (*ear*)의 주변적인 (이전된) 의미가 되었다. 고대 영어의 〔weːod〕(잡초, *weed*)와 〔wɛːd〕(옷가지)가 음-변화를 통해 발음이 일치하게 된 결과, 'widow's weeds'(과부의 상복)에서 보듯이, 후자의 잔존용법은 오늘날 전자의 주변적인 의미가 되었다. 물론 의미의 근사성 정도는 정확한 측정이 불가능하다. 단어의 기원을 잘 아는 사전편찬자나 역사학자는 그런 형태를 동음이의어의 쌍으로 기술하려 할 것이다. 그렇지만 많은 화자는 틀림없이 발의 'corn'(티눈)이 'corn'(낱알)의 주변적인 의미를 나타낼 뿐이라고 생각할 것이다. '낱알'을 뜻하는 후자는 옛 고유어의 승계형이고, '티눈'을 뜻하는 전자는 고대 프랑스어 'corn'(< 라틴어 'cornū'〔뿔〕, 영어의 'horn'과 동족어임)의 차용어이다. 프랑스어에서 'allure'는 동사 'aller'(걷다, 가다)에서 파생된 명사로, 일반적 의미로 '걸음걸이, 몸가짐'을 뜻하고 특수화된 의미로 '조신한 걸음걸이, 조신한 몸가짐'을 뜻한다. 영어에서는 이 'allure'를 차용했다. 그런데 이 단어의 발음이 동사 'to allure'와 일치하는 관계로, 우리는 이 단어를 '매력'이라는 의미로 사용한다. 'let or hindrance' (장애, 방해)의 'let'과 'a let ball'(네트를 스치고 들어간 서브)은 일부 화자에게 '허용'을 뜻하는 'let'의 이상한 주변적 용법으로 인식되겠지만, 엘리자베스 여왕 시대의 'let'(방해하다, 22.4절)도 이러한 의미

가치를 가졌다. 이런 문제에 뚜렷한 해답의 기준은 없다.

　그런 경우에 음성적 불일치는 신-형성으로 제거될 수 있다. 예를 들어, 스칸디나비아어 차용어 'būenn'(준비된, 채비를 갖춘)은 다른 사정이 없었다면 현대 영어에서 *[bawn]이 되었을 것이다. 그런데 이 형태 *[bawn]은 음성적으로나 의미상으로 '묶다'(to bind)를 뜻하는 동사 'binden'(> 현대형 bind의 과거분사 bound [bawnd])의 과거분사인 고대 영어 'bunden'의 반사형과 너무 가까운 관계로, 신-형성에 의한 'bound'가 *[bawn]을 대체해버렸다. 여기서 [-d]의 첨가는 연성습관 때문에 일어났을 것이다. 결과적으로 'bound for England, bound to see it' 등과 같은 구에서 'bound'는 과거분사 'bound'의 주변적 의미로 자리 잡게 되었다. 영어의 'law'와 그 합성어 'by-law'(내규, 정관)는 모두 스칸디나비아어의 차용어이다. 고대 영어 형태 'bir-law, bur-law'가 증언해주듯이, 이 합성어의 제1구성원은 고대 아이슬란드어 [by:r](영지, 읍내)이지만, 재-조성 형태 'by-law'는 이 형태를 전치사와 부사 'by'의 주변적인 용법으로 변화시켰다.

　영어에서 '기쁨이나 만족을 주다'라는 중심의미를 가진 'please'는 'if you please'라는 구에서 '기꺼운'이라는 주변적인 의미를 갖는다. 이 구는 중세 영어에서 '만일 [그것이] 당신을 만족시킨다면'(if it pleases you)을 뜻했다. 행위주가 없는 한정동사 용법의 폐용과 절 내부 한정동사의 후치(後置, postponement), 접속법(if it please you)의 준폐용 및 격 구분(주격 ye : 여격-대격 you)의 유추적 소멸 등으로 말미암아, 'if you please'라는 구는 'you'를 행위주로 가진 행위주-행위 절이 되는 동시에, 'please'의 변칙적인 주변 용법이 되었다. 이와 동일한 일련의 인자는 'if you like' 유형의 구에도 영향을 미쳐서 '맞춰주다, 만족시키다'를 뜻하던 동사 'like'의 의미에 결정적 전기를 마련했다. (예) 고대 영어 [he: me: wel 'li:kaθ] (he pleases me well, I like him).

어형의 부분적 폐용은 이상한 주변 의미를 낳기도 한다. 이미 앞에서 제시한 보기(meat, board) 이외에도, 이 자질이 더욱 커다란 추이를 일으킨 소수의 용례가 더 있다. 라틴-프랑스어 차용어 'favor'는 이전에 영어에서 두 가지 독립된 의미를 가졌다. '친절한 행위'라는 파생의미를 갖는 원래의 의미 '호의, 기분'은 여전히 중심적 의미로 사용된다. '안색'이라는 다른 의미는 일반적으로 폐용되었지만, 'ill-favored'(악의적인)이라는 단어에 주변적인 의미로 살아남았다. 경구 유형의 문장 'Kissing goes by favor'를 보면, 이 단어는 이전에 위와 같은 주변적 의미가치('호감이 가는 사람에게 입을 맞추고 싶어하다')를 가졌지만, 지금은 중심적인 의미가치('기분의 문제')를 갖는다. 이와 마찬가지로 'prove, proof'는 오늘날 'The proof of the pudding is in the eating'(百聞不如一見)이라는 경구에 살아남은 '시험'이라는 중심적인 의미를 가졌다. 이와 같은 용법은 'The exception proves the rule'에서도 동일한 의미를 가졌지만, 그런데 지금은 이들 단어의 의미가 '결정적인 증거'라는 쪽으로 옮겨갔으며, 그에 따라 위의 두 번째 경구도 일종의 역설(예외가 있다는 것은 규칙이 있다는 증거이다)이 되고 말았다.

　인도-유럽어와 게르만어에서 부정(否定)을 나타내는 예전의 부사 *〔ne〕(not)는 'no, not, never' 등과 같은 단어에 그 흔적을 남겼는데, 이들 단어는 예전의 구 결합을 반영하지만 그 후에 독립적인 용법으로 대체되었다. 다양한 게르만 제어에서 일어난 이 형태의 소실은 부분적으로 음-변화 때문이었는데, 이로 인해 일부 특이한 의미적 상황이 생겨났다. 노르웨이어에서는 이 형태가 원래의 구 구조 때문에 부정어가 아닌 형태에 흔적을 남겼다. 그래서 *〔ne 'wajt ek hwerr〕 (not know I who = I don't know who)는 음성 변화에 의해 고대 아이슬란드어 〔'nøkurr, 'nekkwer〕(someone, anyone)가 되었다. 다른 음성환경을 가졌던 선-노르웨이어에서는 *〔ne〕가 완전히 소실되었다. 습관적으로 부정법과 함께 사용되던 일부 형태는 이런 방식으로 두 가지 상반되는 의미를 갖게 되었다. 예컨대 *〔'ajnan〕(once)과 *〔ne 'ajnan〕(not once, not) 등은 동일한 음성적 결과를 가져온 것이 분명하다. 실제로 고대 아이슬란드어에 존재하던 이런 유형의 다양한 표현은 부정적인 가치로 살아남았다.

(예) *〔ne 'ajnan〕 > 고대 아이슬란드어 a(not), *〔ne 'ajnatoːn〕(not one thing) > 고대 아이슬란드어 at(not), *〔ne 'ajnaz ge〕(not even one) > 고대 아이슬란드어 einge(no one), *〔ne 'ajnatoːn ge〕(not even one thing) > 고대 아이슬란드어 etke, ekke(nothing), *〔ne 'ajwan ge〕(not at any time) > 고대 아이슬란드어 eige(not), *〔ne 'mannz ge〕(not even a man) > 고대 아이슬란드어 mannge(nobody).

이 부사 'ne'가 'nicht'〔nixt〕(원래 '조금도 아니다'라는 의미였음)로 대체된 독일어에서는 일부 음성 환경에서 이 형태의 소실로 생겨난 이중적 의미가 여전히 기록상으로 나타난다. 중세 말엽의 자료를 보면, 예외를 표시하는 절(unless …)이 접속법 동사를 가지고 사용되었는데, 분명히 동일한 의미이지만 어떤 때는 부사 'ne, en, n' 등을 동반하고 어떤 때는 이들 부사를 동반하지 않는다.

ne 동반함 : ez en mac mih nieman troesten, si en tuo z
(there may no one console me, unless she do it)
ne 동반하지 않음 : nieman kan hie fröude finden, si zergē
(no one can find joy here, that does not vanish)

위에서 첫째 용례는 통상적인 용법을 보인다. 둘째 용례는 접속법의 변덕스러운 용법, 즉 동일한 문맥에서 일어난 'ne'의 음성적 소멸에 의해서만 그 존재를 유지하는 용법을 포함한다. 또한 위의 용례를 잘 보

250

면, 주절에서 'nieman'(*nobody*)과 함께 'ne, en'이 나타나기도 하고 나타나지 않기도 하는 현상을 발견하게 된다. 이러한 변화 역시 중의적 유형을 남겼다. 과거의 어형 'dehein'(*any*)과 'ne dehein'(*not any*)은 둘 다 일정한 음성 환경에서 'dehein'(*any/not any*)이 되었다. 'dehein'의 두 가지 의미는 'ne dehein'(*not any*)과 함께 예전의 문헌에 나타난다. 이들 세 가지 가능성 가운데 'dehein'(〔not any〕 > kein)만 현대 표준 독일어에서 살아남았다.

프랑스어에서 동사와 부정 부사를 동반하면서 널리 사용되는 일부 단어는 동사가 없는 경우에도 부정적 의미를 갖는다. 예를 들면, 'pas'〔pɑ〕(걸음 step < 라틴어 passum)는 다음과 같은 두 가지 용법을 갖는다. (예) je ne vais pas 〔žə n ve pɑ〕(나는 가지 않는다 / 원래는 'I go not a step'의 뜻임). pas mal 〔pɑ mal〕(나쁘지 않은). 그리고 'personne'〔pɛrsɔn〕(사람 person, < 라틴어 persōnam)도 역시 'je ne vois personne'〔žə n vwa pɛrsɔn〕(아무도 안 보인다)과 'personne'(아무도 없다, 아무도 아니다) 양쪽에 나타난다. 또 'rien'〔rjɛⁿ〕(< 라틴어 rem 'a thing')은 통상적인 명사의 가치를 상실하고, 'je ne vois rien'〔žə n vwa rjɛⁿ〕(아무것도 안 보인다)과 'rien'(아무것도 없다, 아무것도 아니다)으로 나타난다. 이와 같은 발달은 전염 혹은 응축이라는 용어로 알려져 있다. 높은 강세 및 모음 약화를 특징으로 하는 중세 프랑스어 시기에, 'ne'가 일정한 환경에서 음성적으로 소실되었다고 생각하면 이러한 의미 변화 과정을 더욱 선명하게 이해할 수 있을 것이다.

이러한 과정의 역방향은 내용의 소실이다. 일련의 라틴어 형태 'canto (I-sing), cantās (thou-singest), cantat (he-she-sings)'는 프랑스어에서 영어의 동사형태처럼 행위주만 동반하고 'chante(s)'〔šɑⁿt〕(sing〔s〕)로 나타나는데, 보족적 발화에 나타나는 일은 거의 없다 (12.9절, 상호참조). 이와 같이 동사가 겪은 대명사 행위주 의미의 상실은 틀림없이 'ille cantat'(〔that-one sings〕) > 프랑스어 il chante 〔i šɑⁿt〕) 유형으로 'cantat'(he-sings) 유형을 대체한 유추변화의 결과다. 이러한 변화는 프랑스어의 경우에 다양한 라틴어 굴절형이 음-변화에 의해 동음이의어가 된 결과로 설명할 수 있다. 영어와 독일어에서는 동음이의어가 없지만 'sing, singest, singeth' 등과 같은 형태가 행위주를 요구하게 되었다.

24. 7. 이와 같은 특수한 인자는 모든 언어에 존재하는 풍부한 주변적 의미의 극히 적은 부분만을 설명할 수 있다. 이 문제에 직면한 현대 언어학자 한스 스퍼버(H. Sperber)는 의미의 확장이 결코 당연한 현상이 아니며, 이 현상을 이해하기 위한 첫 걸음은 가능하다면 새로운 의미가 처음으로 출현하는 문맥을 발견하는 일이 되어야 한다고 지적했다. 이와 같은 작업은 언제나 난제에 속하는데, 그것은 주어진 형태가 이전에 출현한 모든 문맥의 의미를 매우 정밀하게 관찰해야 하기 때문이다. 나아가서 소극적 인자, 가령 어느 시기까지 어떤 의미의 미차(微差)가 나타나지 않았다가 어느 시기부터 나타난다든가 하는 현상의 관찰은 특히 수행하기 힘들다. 대부분의 경우, 결정적인 화법이 기록에 담기지 않으므로 이러한 시도는 실패하기 마련이다. 그럼에도 스퍼버는 독일어 'kopf'(컵, 국자, 단지)의 의미가 '머리'로 확장된 결정적인 문맥을 발견해내는 데 성공했다. 이 단어의 새로운 가치(의미)가 문헌상으로 처음 나타나는 것은 중세 말엽의 전쟁 장면이었는데, 여기서 문제가 되는 'kopf'를 가지고 누군가의 머리를 세차게 때려서 깨트렸다는 것이다. 영어에서 이와 유사한 용례를 찾는다면, 의미가 'bead'의 현재 용법(묵주)으로 확장된 'bede'(기도)를 들 수 있을 것이다. 이 의미확장은 로사리오 기도(*rosary*)[5]와 관

---

5) 묵주기도라고도 하며, 성물인 묵주를 갖고 묵상하며 하는 기도이다.

련하여 발생했다고 하는데, 어떤 사람이 자신의 기도(bedes) 횟수를 헤아렸다고 한다.

일반적인 의미 확장의 경우에는 문제의 형태가 이전의 의미와 새로운 의미 양쪽 모두에 적용될 수 있는 문맥을 찾을 수 있다. 다른 문맥(예컨대 '질그릇'이라는 의미로 사용된 독일어 'kopf'나 '기도'라는 의미로 사용된 'bead'의 경우)이 폐용되면, 새로운 (의미) 가치가 모호하지 않은 중심적 의미로 남게 된다. 그렇지만 의미 확장의 이유는 이와 별개의 문제이다. 중세 독일의 시인이 왜 하필 적의 '그릇'을 부시는 병사를 언급해야 했고, 경건한 영국인이 왜 하필 '진주구슬'이 아닌 '기도'의 횟수를 헤아려야 했는지는 여전히 의문으로 남는다. 스퍼버는 강렬한 감정상태(강력한 자극)가 그러한 의미의 이전현상을 낳는다고 추정한다. 강한 자극은 무관심한 문맥에서 여태까지 들어온 형태를 버리고 참신한 언어형태를 선호하게 만든다(22.8절). 그러나 이러한 일반적 경향이 특수한 주변적 의미의 흥기까지 설명할 수 있는 것은 아니다.

자꾸만 문제를 비언어적 용어, 즉 형태가 아닌 의미로 설명하려는 습관이야말로 이러한 작업을 방해하는 방법론상의 오류이다. 단어 'meat'의 의미가 '음식'에서 '식용고기'로 변화했다는 말은, 언어 사용 과정의 실제 결과에 대한 진술에 불과하다. 사실은, 두 단어가 모두 적용가능했던 상황에서 단어 'meat'가 'flesh'를 밀어내고 선택되었으며, 그러한 용례를 근거로 해서 예전에는 오직 'flesh'만이 적용될 수 있었을 상황에서도 'meat'가 사용되기에 이르렀던 것이다. 'food'와 'dish'가 'meat'를 침범한 과정도 이와 마찬가지 상황으로 설명할 수 있다. 이 두 번째 치환은 첫 번째 치환의 결과로 발생했을 가능성이 높은데, 그것은 'meat'의 중의성('음식'과 '고기음식')이 실제 식탁에서 적지 않은 혼란을 불러일으켰을 것이기 때문이다. 어쩌면 앞으로 왜

'flesh'라는 단어가 부엌이라는 상황에서 사람들의 선택을 받지 못하고 밀려났는가, 그 이유를 알게 될 날이 올지도 모른다.

문제를 용어 차원으로 환원하면, 우리는 통상적인 의미의 확장이 문법기능의 확장과 동일한 과정이라는 사실을 알게 된다. 무슨 이유에서든 'meat'가 호응을 얻고 'flesh'가 사양길에 접어들게 되었다면, 여기서 틀림없이 비례적 확장현상(23. 2절)이 일어났을 것이다.

뼈(bone)를 놔두고 'flesh'를 가져오라 : 뼈를 놔두고 'meat'를 가져오라
= 빵과 'flesh'를 우리에게 달라   : x

이 비례식을 풀면 새로운 구 ⟨빵과 'meat'를 우리에게 달라⟩가 나온다. 'flesh'를 포함하는 왼쪽 형태는 'meat'를 포함하는 오른쪽 형태에 없는 조금 거슬리는 함축을 낳았을 것이 틀림없다.

그렇다면 의미의 변화는 복합적인 과정이라고 할 수 있다. 여기에는 '인기'와 '냉대'의 문제도 관련되어 있고, 그 중대한 전환점으로 인기를 얻은 형태가 여태까지 냉대를 받던 형태에 속했던 실제 사용현장으로 용법을 넓히는 확장과정 따위가 관련되어 있기 때문이다. 이와 같은 중대한 확장과정을 관찰하려면, 그런 확장을 일으킨 어법(말씨) 자체를 발견하거나, 혹은 두 가지 형태가 선택적으로 사용된 본보기 어법(말씨)을 발견하거나 재구하는 데 성공해야만 한다. 기록은 실제 발화의 극히 미미한 파편에 불과하고, 또한 거의 언제나 새로운 어법(말씨)을 회피하는 고상한 발화로 구성된다. 독일어 'kopf'('그릇(단지)' > '머리')를 다룬 스퍼버의 사례에서, 우리는 의미의 개신이 이루어진 문맥(전장에서 머리를 부순 일)을 알고 있다. 본보기 용례를 발견하는 일은 여전히 문제로 남아 있다. 어쩌면 전쟁과 기사도를 통해 라틴어 'testam, testum'('도기(단지)' > '머리')의

용법에 익숙한 독일인들이 이러한 의미의 개신을 일으켰다고 생각하는 사람도 있을 수 있다. 〔이 라틴어 단어는 프랑스어와 이탈리아어에서 'caput'(머리)를 이전된 의미로만 쓰이도록 밀어내버렸다.〕 모종의 음성적 사건에 기인하는 우연한 변화를 제외한다면, 모든 의미 변화에는 이처럼 복합적인 문제가 내재되어 있다고 할 수 있다.

함축의미와 실제 배경이 알려져 있는 현대의 의미 추이 사례는 어느 정도 확실하게 이해할 수 있다. 최근 수 세대 사이에 도시가 발달하면서 땅과 주택을 취급하는 활발한 거래가 일어나고, 외곽지역의 토지를 택지로 개발하고 투기적 건축이 시행되었다. 그와 동시에 도시에 거주하는 사람들의 특권이 점차 높아져서, 이들의 여러 가지 행동양식은 (언어는 모방적으로 사용하지만 화자의 대다수를 점하는) 근로자들과, 허구적인 선도의식을 즐기는 '교육받은' 사람들에게 전파되었다. 그렇다면 판매용 건물을 지은 개발업자는 장래의 구매자가 가진 감상성을 비롯한 모든 약점을 파고들어 끈질기게 공략하는 방법을 터득한 셈이다. 이런 맥락에서 개발업자는 듣는 사람이 '올바른' 방향으로 판단을 내리도록 부추기는 내용을 담은 언어형태를 사용하게 된다. 많은 어법(말씨)에서 보면, 'house'는 아무런 색깔이 없는 단어이지만, 'home'은 매우 감상적인 단어이다.

색깔 없음	감상적이고 유쾌한 함축
아담한테는 예쁜 'house'가 있다	: 아담한테는 예쁜 'home'이 있다
= 엄청 좋은 방 여덟 개짜리 새 'house'	: x

여기서 주택판매 사원이 아직 사람이 아무도 살고 있지 않은 빈 건축물에 대해 'home'이라는 말을 사용하자, 나머지 사람들도 이 용법을 흉내 내게 되었다. 그렇게 되면 특히 영업사원의 준-표준적 언어

용법상으로 'house'라는 단어가 중의성을 겪게 되는데, 이는 '상업시설'(믿을 만한 'house'), '호텔', '매춘업소', '청중'(절반이 빈 'house') 등의 의미 때문이다.

식자층의 단어인 'transpire'는 라틴어와 프랑스어에서 '숨이나 분비물을 (⋯를 통해서)(라틴어 trans) 내보낸다(라틴어 spīrāre)'는 뜻이었다. 예컨대 프랑스어 'transpirer'(trã"spire)는 '증발시키다, 발산하다, 숨쉬다, 내보내다'의 의미인데, 의미의 이전현상을 거치면 '(뉴스가) 일반에게 퍼져서 알려지다' 정도의 뜻을 갖게 된다. 그러므로 'of what really happened, very little transpired'(실제 일어난 사건에 대해 알려진(드러난) 것은 거의 없다)라고 말한다면, 그것은 이 단어가 예전의 용법으로 사용된 것이다. 그런데 이 단어가 'it transpired that the president was out of town'와 같은 표현에 나타난다면, 그것은 중의적인 용법으로 볼 수 있다.

	색깔 없음		품위 있는 식자층
	it happened that the president was out of town	:	it transpired that the president was ⋯
=	what happened, remains a secret	:	x

우리는 위의 비례식에서 예전에 불가능했던 유형의 표현 'what transpired, remains a secret'를 얻게 된다. 그리하여 이 단어는 이제 '일어나다, 발생하다'를 뜻하는 'happen, occur'의 품위 있는 동의어로 자리 잡게 된 것이다.

이와 같은 의미 이전의 평행성은 의미영역에서 일어나는 연속적인 침입현상을 설명해준다. '공포를 일으킬 정도로'를 뜻하는 'terribly'라는 형태가 'very'의 강력한 동의어로 용법을 확장하면서, 'awfully, frightfully, horribly'등 일련의 형태가 유사한 경로를 통해 의미의 이전을 경험하게 되었다.

주변적 의미의 탄생이 최근인 경우에도, 그 기원을 항상 추적할 수 있는 것은 아니다. 그러한 주변적 의미의 생성현상은 우리가 모르는 매우 특수한 여건하에서 일어났을 수도 있고, 어떤 화자가 개인적인 여건하에서 성공적으로 신조어를 창조했을 수도 있기 때문이다. 25년 전만 해도, 사람들은 '나가다, 꺼지다'를 뜻하는 'twenty three'의 속어 용법이 운동경기나 도박, 범죄 등 조금 일탈적인 우연한 상황에서 생겨났다고 생각했다. 그러니까 이 용법이 이런 영역에서 어떤 사람의 기지로 시작되었다는 추론이었다. 모든 실제상황이란 사실상 예전에 없던 상황이므로, 재치 있는 화자의 적절한 반응은 언제나 의미개신의 경계선에 놓여 있다. 재주꾼과 시인은 모두 이러한 경계를 넘나들기 때문에 이들의 개신은 대중적 인기를 얻게될 가능성이 충분하다. 그러나 대체적으로 이러한 개인적 개신은 현재 통용되는 형태를 본보기로 삼고 있다. 시적인 은유는 대개 일상언어의 이전된 용법이 발전한 것이다. 널리 알려진 사례를 하나 소개해 본다. 워즈워스[6]는 다음과 같이 썼다. [7]

The gods approve
The depth and not the tumult of the soul,

여기서 워즈워스가 쓴 어구는 'deep (생각이 깊은), ruffled (마음에 파도가 치는), stormy (감정이 폭풍처럼 맹렬하게 몰아치는)' 등의 표현에 유포되어 있던 비유적 용법의 연장선상에 있는 것이었다. 그리하

---

6) 영국의 서정시인. ☞ 인명 약해 참고.
7) Laodamia (1815). 1. 74.

여 워즈워스는 이들 옛 형태를 본보기 삼아 새로운 의미 이전을 창조하여, '그림(심상)'을 소생시켰던 것이다. 그림을 닮은 격언, 곧 "언어란 빛바랜 비유를 적어놓은 기록일 뿐"이라는 말은 사실 잘못된 진리이다. 시란 모름지기 언어를 빛나게 하는 기록이기 때문이다.

제**25**장

문화적 차용

25. 1. 말을 배우는 아이는 자신의 언어습관을 대부분 한 사람, 곧 자기 어머니에게서 얻지만, 다른 화자들의 말을 듣고 그네들로부터 얻기도 한다. 그렇지만 아이가 이때 획득하는 기본어휘와 문법 자질조차 성인의 습관을 그대로 재생하는 것은 아니다. 화자는 전 생애에 걸쳐 지속적으로 주변 사람들에게서 언어 자질을 받아들이는데, 비록 근본적이지는 않지만 이들 자질은 매우 풍부하며 각양각색의 원천에서 나온다. 이런 원천 가운데 일부는 공동체 전체에 영향을 미치는 대규모의 평준화 작용에서 나타나는 사건이다.

그러므로 유추적-의미 변화를 무시할 수 있다면, 비교언어학자나 역사언어학자는 사람들 사이나 집단들 사이에서 언어형태 이전(移轉)으로 교란된 음성적 상관관계를 찾아내려는 기대를 여전히 버리지 않을 것이다. 한 화자의 언어에 나타나는 다양한 자질의 실제적 전승은 (추적이 가능하다면) 엄청나게 다채로운 개인과 공동체로 거슬러 올라간다. 역사언어학자는 전승의 흔적을 형식적 불일치에서 알아낼 수 있다. 가령, 예전 시기의 영어에서 일정한 음성 환경에서 단모음 〔a〕를 가졌던 형태가 'man, hat, bath, gather, lather(비누거품)' 등의 용례에서 보듯이, 중서부 미국영어에 〔ɛ〕로 나타난다고 하자. 비록 개별 형태는 매우 상이한 이력을 간직하고 있다 해도, 이와 같은 대응관계는 기본적인 전승을 나타낸다. 따라서 'father'와 'rather'의 품위 있는 변이형에서 동일한 옛 음소에 대해 〔a〕를 사용한다면, 역사언어학자는 이들 형태가 상이한 습관을 가진 화자들에게서 모종의 전달경로를 따라 이 지역의 어딘가로 들어왔을 것으로 추정한다. 주된 전승 자질과 다른 자질을 채택하는 것을 우리는 언어의 차용이라고 부른다.

차용의 영역은 내부적으로 방언적 차용과 문화적 차용으로 나뉘는데, 전자는 차용된 자질이 동일한 언어지역 안에서 들어온 경우이고 (예: 〔ɛ〕-방언권의 〔a〕 father, rather), 후자는 차용된 자질이 다른 언어에서 들어온 경우이다. 이러한 구분이 항상 가능한 것은 아닌데, 그것은 방언경계와 언어경계(3.8절)의 절대적 구분이 존재하지 않기 때문이다. 제 25장과 제 26장에서는 외국어의 차용에 대해 살펴보고, 제 27장에서는 한 지역의 방언들 사이에서 일어나는 차용에 대해 살펴보기로 한다.

25. 2. 모든 언어공동체는 이웃에게서 배운다. 자연적인 것이든 인공적인 것이든 사물은 언어공동체를 넘나들고, 전문기술이나 호전적 관습, 종교의식, 개인의 행위양식 등과 같은 행동패턴도 언어공동체를 넘나든다. 이와 같은 사물과 습관의 전파는 인종학자들이 주로 연구하는데, 이들은 이런 현상을 문화적 확산이라고 부른다. 우리는 문화적 자질의 확산, 가령 콜럼버스가 발견하기 이전의 북아메리카에서 일어난 옥수수의 경작 등과 같은 사건을 하나의 자질로 지도상에 표시할 수 있다. 일반적으로 상이한 문화적 자질의 확산지역은 서로 일치하지 않는다. 사물과 관습을 따라, 이들 사물과 관습의 이름으로 사용된 언어형태는 사람에서 사람으로 전파되는 수가 많다. 예컨대 완전한 이중언어를 구사하든 아니면 약간의 프랑스어에 관한 지식만

을 갖추었든, 영어 화자가 프랑스의 물건을 자기 나라로 들여온다고 하자. 이때 이 화자는 다음과 같은 프랑스어 이름으로 그 사물을 지칭하게 될 것이다. (예) rouge 〔ru:ž〕, jabot 〔žabo〕(앞가슴 주름장식), chauffeur 〔šofœ:r〕, garage 〔gara:ž〕, camouflage 〔kamufla:ž〕. 대부분의 경우에 우리는 실제적인 개신의 순간을 확인할 수 없다. 화자 자신도 모국어를 말하면서 해당 외국어 형태를 직접 사용했는지 아니면 남이 사용한 그 외국어 형태를 들어보았는지 분명하게 말할 수 없다. 일부 화자는 남들한테 전혀 들어보지 않은 상태에서 독자적으로 외국어를 들여올 수도 있다. 이론상으로는 외국어를 실제로 소개하는 사건과, 소개한 사람을 비롯한 여러 화자들이 그 외국어를 반복적으로 사용하는 사건을 구분해야 한다. 새로운 형태는 빈도상의 동요과정에 관여하기 때문이다. 그러나 역사언어학자는 차용된 형태가 겪게 되는 사건이 외국어의 특성에 기인하는 것으로 본다.

만일 원래의 소개자나 나중의 사용자가 해당 외국어를 능숙하게 구사할 수 있다면, 그 화자는 모국어로 말하는 가운데서도 외국어 형태를 외국어 발음 그대로 사용할 것이다. 그렇지만 그 화자는 모국어와 외국어 두 언어를 동시에 말하는 근육운동을 아껴서 외국어 발화운동의 일부를 모국어 발화운동으로 대체하게 된다. 예를 들면, 영어문장 안에서 프랑스어 단어 'rouge'를 발음할 때, 프랑스어의 목젖 떨림소리(전동음) 대신에 영어의 〔r〕을 발음하고 이중모음이 아닌 프랑스어의 긴장모음 〔u:〕 대신에 영어의 〔uw〕를 발음하게 된다는 것이다. 이러한 음성적 대치는 화자나 상황에 따라 그 정도가 다르게 나타난다. 프랑스어 음소를 산출하는 법을 배우지 않은 화자는 거의 어김없이 음성적 대치를 사용해서 프랑스어 단어를 발음한다. 역사언어학자는 이런 현상을 적응유형(23.8절)으로 분류하는데, 이때 외국어 형태는 모습을 바꿔서 모국어의 근본적인 음성적 습관을 만족시키게 된다.

음성적 대치현상에서 화자는 외국어의 음을 자기 언어의 음소로 대체한다. 만일 두 언어의 음성체계가 평행하다면, 대치현상은 사소한 차이를 무시하는 발음으로 나타난다. 예를 들면, 영어 화자는 유럽 제어에 나타나는 다양한 〔r〕과 〔l〕 유형을 영어의 〔r〕과 〔l〕로 대체하고, 프랑스어의 무기 폐쇄음을 영어의 유기 폐쇄음으로 대체하며, 프랑스어의 후치음을 영어의 치은음으로 대체하고(예: tête-à-tête), 프랑스어의 장모음을 영어의 이중모음 유형으로 대체한다. 음성체계에 유사성이 적을 때, 대치현상은 해당 외국어의 원산지 공동체 구성원들을 놀라게 할 가능성이 충분하다. 예를 들면, 영어를 모르는 메노미니어의 노인 화자들은 'automobile'을 〔atamo:pen〕으로 발음한다. 메노미니어에는 무성음 계열의 폐쇄음이 하나만 있고, 유음이나 전동음이 없다. 〔f〕-유형이 없는 타갈로그어 화자는 스페인어의 〔f〕를 〔p〕로 대체한다. (예) 스페인어 fiesta 〔ˈfjesta〕(축제) - 타갈로그어 〔piˈjesta〕.

고대 언어의 경우, 음성적 대치는 두 언어의 음소들 사이에 존재하는 음향적 상관관계에 관한 정보를 알려주기도 한다. 그리스의 라틴어 국명 'Graeci' 〔ˈgrajki:〕(> 〔ˈgrɛːki:〕)는 서력기원의 초기에 게르만 제어에 차용되어, 이들 언어에서 초성 〔k〕로 나타난다. (예) 고트어 krēkōs, 고대 영어 crēcas, 고대 고지독일어 kriahha. 라틴어의 유성 폐쇄음 〔g〕는 음향적으로 분명히 우리가 〔g〕로 전사하는 게르만어 음소(예: 고대 영어 grēne〔 > green〕)보다 게르만어의 무성 폐쇄음 〔k〕와 가까웠을 것이다. 'Greek'를 가리키는 옛 단어가 차용되었을 당시, 이 게르만어 〔g〕는 마찰음이었다. 이처럼 이른 시기의 라틴어 〔w〕는 게르만어에서 〔w〕로 재현되었다. (예) 라틴어 vinum 〔ˈwiːnum〕(포도주) > 고대 영어 win 〔wiːn〕, (고트어와 독일어도 유사함). 중세 초기에 라틴어 〔w〕는 〔v〕 유형의 유성 마찰음으로 변화했다. 따라서 기독교 전파의 시대에 들어가서 외래어에서 사용된 이 라틴어 음소는 17세기 이후부터 게르만어의 [w]가 아닌 [f]로 재현되기 시작했다. 가령, 라틴어 'versus' [vɛrsus] (< [wersus], 운문)는 고대 영어와 고대 고지독일어에 'fers'로 나타난다. 세 번째 단계는 현대에 들어와서 모습을 드러낸다. 앞선 시기의 [w]를 마찰음 [v]-유형으로 변화시킨 독일어와 또 다른 방식으로 [v]-유형의 음소를 획득한 영어는 현재 라틴어 [v]를 상당히 정확하게 재현한다. (예) 프랑스어 vision [vizjoⁿ] (< 라틴어 visionem [wiːsiʼoːnem]) > 독일어 [viʼzjoːn], 영어 [vižn]. [1] 모든 단어가 첫째 음절에 강세를 받는 보헤미아어에서는 이 악센트가 외래어에도 부가된다. (예) [ʼakvarijum] (수족관), [ʼkonstelatse] (별자리), [ʼšofeːr] (자가용 운전기사).

25. 3. 만일 차용하는 민족이 원어에 비교적 친숙하거나 차용된 단어가 상당히 많으면, 모국어의 어떤 음소와도 음향적으로 가깝지 않은 외국어의 음이 모국어의 음성체계를 깨뜨리면서까지 어느 정도 정확하게 보존되기도 한다. 예를 들면, 프랑스어의 비음화한 모음은 프랑스어를 전혀 모르는 영어 화자들 사이에서도 광범위하게 유지되고 있다. (예) 프랑스어 salon [saloⁿ] > 영어 [saʼloⁿ, ʼsɛloⁿ], 프랑스어 rendez-vous [rɑⁿde-vu] > 영어 [rɑⁿdevuw], 프랑스어 enveloppe [ɑⁿv(ə)lɔp] > 영어 envelope [ʼaⁿvelowp]. 그렇지만 프랑스어의 비음화한 모음을 모음과 [ŋ]의 결합으로 대치하는 영어 화자도 있고 (예: [raŋdevuw]), 모음과 [n]의 결합으로 대치하는 영어 화자도 있다(예: [randevuw]). 독일어 화자도 이와 유사하다. 스웨덴어 화자는 프랑스어의 비음화한 모음을 항상 모음과 [ŋ]의 결합으로 대체한다. 일부 형태에 대해서는 영어 화자가 비음화한 모음을 재현하지 않

---

1) [원주] 이 항목을 비롯해서 유사한 보기에서 나타나는 불일치는 다양한 언어가 차용 이래로 겪은 변화에 기인한다.

는다. (예) 프랑스어 chiffon 〔šifo͞ⁿ〕(모슬린) > 영어 〔ˈšifɑn〕, ‘envelope’
의 도시적 변이형 〔ˈenvlowp〕.

이와 같은 외국어 음의 적응은 고착화되기도 한다. 영어에서 자음
군 〔sk〕는 스칸디나비아어 외래어 때문에 생성된 것이다. 고대 영어의
〔sk〕는 고대 영어 후기에 〔š〕가 되었다. (예) 고대 영어 〔sko:h〕 > 현
대 영어 shoe. 이 스칸디나비아어의 자음군은 차용된 단어(예: sky,
skin, skirt〔cf. 고유어 shirt〕)뿐만 아니라, 신-형성 단어(예: scatter,
scrawl, scream)에도 나타난다. 이제, 이 자음군은 영어 음성체계의
통합적 일부가 된 것이다. 어두 자음 〔v-, z-, ǰ-〕는 ‘very, zest, just’
등과 같은 프랑스어 단어로 영어에 들어왔다. 이들 세 음성은 모두 고
유어처럼 느껴지고, 〔z-, ǰ-〕는 신-형성에 나타난다. (예) zip, zoom,
job, jounce(덜거덕거리다). 결국 음성체계는 차용에 의해 끊임없이
변경되는 것이다.

음성적 대치가 일어나면, 해당 외국어에 친숙해져서 외래어 형태
가 더욱 새롭고 정확하게 수정될 수 있다. 그래서 영어를 조금 아는
메노미니어 화자는 ‘automobile’을 〔atamo:pen〕처럼 발음하지 않고
〔atamo:pil〕로 발음한다. 그렇지만 옛 차용형태가 파생형과 같은 특
수한 용법으로 살아남는 수도 있다. 예컨대 현대 타갈로그어의 화자
는 ‘축제일’을 뜻하는 스페인어를 〔kapijesˈta:han〕처럼 발음하는데, 이
발음을 보면 접두사와 접미사 및 악센트가 고유어 용법을 따르고 있
다. 그리고 영어의 화자는 앞서 본 프랑스어 차용어 파생동사의 첫째
음절을 항상 모음과 〔n〕의 결합으로 ‘envelope’〔enˈvelop〕처럼 발음한다.

이와 유사한 조정과정은 어느 정도의 시간간격을 두고, 차용하는
언어에서 해당 외래어 형태를 제대로 발음할 수 있는 새로운 음소가
발달하게 되었을 때 일어나기도 한다. 예를 들면, 영어의 ‘Greek’와
독일어의 ‘Grieche’〔ˈgri:xe〕는 이 두 언어가 유성 폐쇄음 〔g〕를 발달

시킨 다음에 정확하게 수정되었다. 마찬가지로 영어의 'verse'는 옛 형태 'fers'의 수정된 형태이다. 독일어는 옛 형태 'Vers'〔feːrs〕에 그대로 머물러 있다. 특히 문학어가 관련된 이런 종류의 수정과정에서 영향력을 행사하는 주체는 주로 식자층 화자들이다. 가령, 옛 형태 〔kr-〕를 후대의 형태 'Greek'로 대체한 사건은 분명히 교육을 받은 화자들 덕분이었다.

그러나 교육을 받은 화자의 역할은 대체로 충실한 음역(音譯, *rendering*)에 반하여 작용한다. 우선, 외국어 자체는 모르지만 문어로 표기된 외국어 형태를 본 적이 있는 사람(교육을 받은 교양인)은 이런 표기를 모국어 철자법에 맞추어 해석한다. 만일 'u'라는 철자가 없다면, 프랑스어 형태 'puce, ruche, menu, Victor Hugo 〔pys, ryš, məny, viktɔr ygo〕' 등에 있는 프랑스어 모음 〔y〕는 틀림없이 영어에서 〔ij〕로 발음되었을 것이다. 영어에 철자 'u'가 있기 때문에 교육을 받은 영어의 화자는 이 철자로 적힌 프랑스어 모음 〔y〕를 〔(j)uw〕로 발음했으며, 그에 따라 위의 프랑스어 단어도 각각 〔pjuws, ruwš, 'menjuw, 'viktr 'hjuwgow〕로 발음하게 되었다. 스페인어 'Mexico'(〔'mešiko〕 > 현대형 〔mexiko〕)는 영어에서 〔ks〕로 발음되는데, 그것은 교육을 받은 사람들이 부호 'x'를 〔ks〕로 해석하기 때문이다. 마찬가지로 예전에는 'Don Quixote'(스페인어 〔don ki'xote〕)에 대한 영어 음역(音譯)이 〔dan 'kwiksat〕였다. 이 음역 형태는 나중에 식자층의 영향으로 〔dan ki'howtij〕로 수정되었지만, 영어의 파생어 목록에는 예전 모습 그대로 'quixotic' 〔kwik'satik〕('돈키호테식')으로 보존되어 있다. 영어의 화자는 'tsar(황제), tse-tse-fly(체체파리)' 등의 단어에 나오는 어두 〔ts〕를 재현하지만, 독일어 단어에 나오는 어두 〔ts〕는 재현하지 않는다. (예) Zeitgeist 〔'tsajt-gajst〕 > 영어 〔zajtgajst〕(시대정신), Zwieback 〔'tsviːbak〕 > 영어 〔zwijbak〕(비스킷). 이들 용례에서 철자 'z'는 오직

〔z〕만을 표상한다. 독일어 'Dachshund 〔daks-ˌhunt〕, Wagner 〔vaː gner〕, Wiener 〔viner〕' 등과 같이 음성 대응상의 문제가 일어나지 않는 경우에까지, 영어의 독자는 철자 때문에 이들 단어를 각각 〔ˈdɛš-ˌhawnd, ˈwɛgnr̩, ˈwijnr̩〕로 재현한다.

이런 관계는 외국어의 발음과 철자법에 대한 지식을 가진 교양인들이 개입하면 한층 복잡해진다. 'jabot'의 철자와 영어의 발음형 〔žɛbow〕 (프랑스어 발음 〔žabo〕)를 아는 화자는 'tête-à-tête'의 발음형 〔ˈtejteˌtejt〕 (< 프랑스어 발음 〔tɛːt a tɛːt〕)를 어말 자음 〔t〕가 없는 과도한 외국어 형태 〔ˈtejtetje〕로 수정하게 된다. 'parlez-vous français?' 〔ˈparlej ˈvuw ˈfransej?〕 (< 프랑스어 〔parle vu fraⁿsɛ?〕)를 아는 교양인 화자는 'Alliance Française'[2) 〔aliˈjaⁿs ˈfraⁿsej〕에 등록하기로 결심할지도 모른다! (물론 프랑스어 화자는 이때 다음과 같이 어말 자음 〔z〕를 발음한다. 〔aljaⁿs fraⁿsɛːz〕).

25. 4. 외국어 본래의 정확한 음을 차치하고라도, 차용어는 음성 패턴을 파괴하는 수가 많다. 가령, 독일어의 어두 자음 〔ts〕는 철자법을 떠나서도 많은 영어권 화자에게 부담을 줄 수 있다. 일반적으로 음성 패턴의 적용은 형태론적 구조의 적용과 함께 일어난다. 예를 들면, 영어의 음성 패턴을 깨트리는 'garage'의 어말 자음 〔ž〕는 〔j〕로 대체되고 악센트 위치도 이동해서 〔garej〕가 되었다. 이렇게 되면 이 발음 형태는 'cabbage, baggage, image' 등에 보이는 접미사 유형과 어긋나지 않는다. 마찬가지로 영어에는 통상적인 음성적 대치를 보이는 'chauffeur' 〔šowˈfejr〕 옆에 더욱 완전하게 적용된 〔ˈšowfr̩〕 형태가 있다.

그러므로 언어를 기술하다 보면, 다음과 같은 이른바 외국어 형태 층위를 확인하게 된다. (예) salon 〔saˈloⁿ〕, rouge 〔ruwž〕, garage

---

2) 세계 각지에 개설되어 있는 국외 프랑스어 교육기관. 여기서는 어말 자음의 발음 여부를 보여주는 가벼운 익살로 인용되었다.

〔ga'raž〕. 이들의 음성은 통상적인 음성체계에서 일탈해 있다. 일부 언어의 기술에서는 반(半)외국어 형태 층위가 확인되기도 하는데, 이들의 음성은 관습적인 수준까지 적응되었지만 아직까지 어느 정도 외국어의 특징을 보유하고 있다. 예를 들어, 프랑스어 ‘préciosité’ 〔presiɔsite〕는 ‘preciosity’〔pre'sjɑsitij〕로 어느 정도 영어화되었지만, 무강세 접두사와 바로 앞에 강세를 가진 접미사 ‘-ity’ 및 형식상으로나 의미상으로 ‘precious’〔prešos〕와 특별한 관계를 맺고 있는 점3) 등은 더 이상의 적응을 거부하고 있다. 이 단어를 사용하는 소수의 영어 화자들은 보편적인 단어구조에서 일탈한 습관의 집합에 이 단어를 포함시킨다. 이와 같은 두 번째 언어습관 층위는 역사적으로 과거에 지나간 차용의 물결로 생성된 것이다. 이에 대해서는 나중에 다시 다루게 된다.

‘chair’(고대 프랑스어에서 고대에 차용됨)나 ‘chauffeur’〔šowfr̩〕 등의 용례에서 보듯이 적응이 완료되면, 해당 형태의 외국어적 특성은 자취를 감추게 된다. 이 단계에 접어들면, 화자도 그렇거니와, ‘정직한’ (공시적) 기술에서는 더 이상 이 형태를 고유어 형태와 구분할 수 없다. 그러나 단어의 기원에 관심을 가진 역사언어학자는 이 형태를 차용형태로 분류하게 된다. 따라서 ‘chair’와 ‘chauffeur’〔šowfr̩〕는, 현재 상태로는 보통의 영어단어이지만, 과거를 고려하는 역사언어학자의 입장에서는 차용어가 된다는 것이다.

외국어 단어의 동화는 모든 단계에서 많은 문제를 드러낸다. 음성적 이화(21. 10절) 유형에 속하는 현상(예: 프랑스어 marbre > 영어 marble)은 상당히 빈번하다. 우리는 여기서 개별 화자의 습관에 근거한 적응을 비롯하여 고도로 가변적인 여러 인자를 계산에 넣어야 한

---

3) 형용사 ‘precious’는 중심의미로 ‘귀중한, 예쁜’ 등을 갖지만 명사 ‘preciosity’는 ‘까다로움’을 중심의미로 갖는다.

다. 차용형태의 지위에 이르는 과정과 그 이후의 기간을 통틀어, 그 구조는 (일반적인 모국어 화자의 입장에서) 이해가 어려울 가능성이 높다. 언어 자체와, 한 언어 안에서 외국어 형태와 반(半)외국어 형태에 익숙한 화자 집단은 이런 상황을 인내하게 된다. 그렇지 않으면 통속어원론(민간어원설)이라는 맥락에서 더 철저한 적응과정이 시작되어 해당 형태를 구조상으로나 어휘상으로 (일반적인 모국어 화자 입장에서) 이해가 가능하도록 변환시킨다. (예) *groze > *grozeberry > gooseberry, asparagus > sparrow-grass, crevise > crayfish >crawfish. (23.8절). 이와 관련된 고전적인 용례는 중세 독일어에서 적응적 신-형성 'Armbrust' 〔arm-ˌbrust〕(축자적으로 '팔-가슴')가 고대 프랑스어 'arbaleste'(석궁)를 대체한 사건을 들 수 있다.

차용된 형태는 차용 이후에 일어나는 음성 변화에 따른다. 이 인자는 음성적 대치나 기타의 적응적 변화와 구분된다. 예컨대 'vision' 〔viˈzjoːn〕(< 라틴어 〔wiːsiˈoːnem〕)과 같은 고대 프랑스어 형태는 추적이 어려울 정도의 가벼운 음성적 대치만을 겪은 상태로 중세 영어에 들어와서, 첫째 음절에 강세를 가진 성공적인 적응 변이형을 낳았다. 그렇지만 현대 영어 〔vižṇ〕을 낳은 그 이상의 변화는, 이 단어가 차용된 이후에 영어에서 일어난 음성 변화이다. 이들 두 가지 인자가 항상 구분되는 것은 아니다. 다수의 차용이 일어나고 나서, 적응된 영어 형태와 프랑스어 원어 사이에는 상당히 규칙적인 관계가 생겨났다. 그리하여 새로운 프랑스어 차용어는 앞선 차용어의 모형에 따라 영어의 패턴에 적응될 수 있었다. 그러므로 프랑스어 'préciosité' 〔presɔsite〕와 영어 'preciosity' 〔preˈsjasitij, preˈšjasitij〕 사이의 편차는 차용 이후에 영어에서 일어난 음성 변화의 결과가 아니라, 프랑스어 유형과 영어 유형 사이의 일반적 관계를 반영하는 사실일 뿐이다. 프랑스어를 아는 영어의 화자들은 이 일반적 관계에 근거해서 프랑스어

형태를 영어에 적응시키는 일정한 습관을 수립한 것이다.

25.5. 이러한 적응인자의 개념을 받아들인다면, 우리는 차용된 형태의 음성적 발달을 통해 차용 당시의 음성 형태와 다양한 음-변화의 개략적인 시기를 추정할 수 있다. ‘Caesar’라는 이름은 그리스어에 ‘k, a, i’라는 글자를 가진 철자로 나타나는데, 이 철자는 초기에 〔ˈkajsar〕로, 후기에 〔kɛːsar〕로 해석할 수 있다. 그리고 이 이름은 고트어에도 유사한 철자로 나타나는데, 여기서는 이중자 ‘-ai-’의 음가가 불확실하지만 대체로 〔ˈkajsar〕 혹은 〔kɛːsar〕로 추정된다. 이들 형태를 통해 우리는 차용 당시의 라틴어에서 어두 자음 〔k〕가 발음되었고, 따라서 현대 이탈리아어 ‘casere’ 〔ˈčezare〕(21.5절)를 낳은 음성 변화가 아직 일어나지 않았다는 사실을 확인할 수 있다. 서게르만어 쪽을 보면, 이 외국어 단어가 고대 고지독일어와 고대 색슨어 및 고대 영어에 각각 ‘keisur, kēsur, casere’ 등의 철자로 나타나는데, 마지막 표기는 〔kaːseːre〕를 나타내는 것으로 추정된다. 이들 표기 형태는 라틴어의 〔k〕 발음을 다시 한 번 확증해줄 뿐만 아니라, 더 나아가 첫째 음절에 있던 이중모음 〔aj〕 유형까지 입증해준다. 남게르만어 ‘ei’와 북게르만어 〔eː〕 및 영어 〔aː〕의 대응관계는 원시 게르만어 이중모음의 통상적인 반사형이기 때문이다. (예) *〔ˈstajnaz〕 > 고대 고지독일어 stein, 고대 색슨어 〔steːn〕, 고대 영어 〔staːn〕. 그리하여 로마와 게르만 민족이 최초로 접촉하던 당시, 라틴어 ‘caesar’의 첫째 음절 음가는 〔kaj-〕 정도였을 것으로 확신하게 된다. 한편, 서게르만어에서는 고대 색슨어 〔eː〕와 고대 영어 〔aː〕에서 보듯이, 로마 사람들과의 초기 접촉 이후에 이중모음 〔aj〕가 다양하게 변화했다. 고대 영어에서 둘째 음절 모음과 셋째 음절의 첨가는 확실히 모종의 적응이 일어난 결과였다. 특히 영어의 형태는 로마의 단어가 *〔kajˈsoːrius〕 >

선-영어 *〔ˈkajsoːrjaz〕인 것처럼 받아들여졌음을 암시한다. 이 단어는 고트어로 믿어지는 게르만어에서 슬라브족에 의해 차용되었다. 이 단어는 고대 불가리아어에 〔tseːsarɪ〕로 나타난다. 슬라브어 고유어의 대응관계를 통해 잘 알고 있듯이 선-슬라브어 시기에 이중모음 〔aj〕는 단모음 〔eː〕가 되고, 그 〔eː〕 앞의 〔k〕는 〔ts〕가 되었다. 그래서 원시 인도-유럽어 *〔kʷojna〕(벌금), 아베스타어 〔kaenaː〕, 그리스어 〔pojˈneː〕는 고대 불가리아어에 〔tseːna〕(값)로 나타난다. 그러므로 이와 같은 슬라브어의 차용 양상을 통해 우리는 고대 게르만어 형태의 재구에 대한 확신을 얻을 뿐만 아니라, 초기 차용 이후에 선-슬라브어에서 발생한 〔kaj〕 > 〔tseː〕 변화의 연대를 대략 서기 250년부터 450년 사이로 추정할 수 있다. 나아가 슬라브어 형태의 둘째 음절과 셋째 음절에는 고대 영어와 동일하게 게르만어 유형 *〔ˈkajsoːrjaz〕로 동화된 적응양상이 드러나 있다. 그리하여 식자층의 언어를 대변하는 고트어의 성서에 '정확한' 라틴어 어형 'kaisar'가 있지만, 우리는 이 적응형태가 고트어에도 존재했다는 결론을 내릴 수 있다.

라틴어 'strāta(via)'(포장된 길)는 고대 색슨어에 〔straːta〕, 고대 고지독일어에 〔straːssa〕, 고대 영어에 〔strɛːt〕로 나타난다. 이 단어도 'caesar'와 마찬가지로 영국인이 이주해 나가기 전에 차용된 것으로 추정할 수 있다. 독일어 〔aː〕와 영어 〔ɛː〕의 대응관계는 고유어 단어의 경우에 다음과 같이 원시 게르만어 〔eː〕를 반영한다. (예) 원시 게르만어 *〔ˈdeːdiz〕(deed), 고트어 〔ga-ˈdeːθs〕, 고대 색슨어 〔daːd〕, 고대 고지독일어 〔taːt〕, 고대 영어 〔dɛːd〕. 그러므로 우리는 라틴어 'strāta'가 차용되었을 때 서게르만 제어의 화자들이 이미 〔eː〕 > 〔aː〕 변화를 완수했다는 사실을 알 수 있다. 이들은 이 모음 음소를 사용해서 라틴어의 〔aː〕를 발음했기 때문이다. 그런데 고대 영어 〔ɛː〕처럼 이 〔aː〕가 전설모음으로 바뀐 앵글로-프리슬란드어의 변화는 분명히 'street'의 차용보다 시간적으로 나중에 일어났다. 이러한 추정은 고대 프리슬란드어 형태 'strete'(훨씬 후대의 기록일 것이다)를 통해서 확증할 수 있다. 게르만어 단어의 어중 〔t〕는 차용 당시 라틴어의 발음이 〔straːta〕였고, 따라서 〔strada〕(이탈리아어 strada)로 발달하기 이전이었음을 알려준다. 이러한 양상은 〔ˈseːda, ˈkreːda〕 (< 〔ˈseːta, ˈkreːta〕)에 나타난 후대의 라틴어 발음과 일치하는 〔d〕를 갖는 고대 고지독일어 〔siːda〕(비단)나 〔kriːda〕(분필) 등과 같은 후대의 차용어가 보여주는 양상과 좋은 대조가 된다(21.4절). 마지막으로 고대 고지독일어 형태 〔ss〕는 게르만어의 어중 자음 〔t〕가 남게르만어에서 파찰음과 치찰음 유형으로 변화하는 추이(19.8절)가 라틴어 'strāta'의 차용 이후에 발생했다는 사실을 증언해준다. 마찬가지로 라틴어 〔teːgula〕(타일)는 고대 영어에 〔ˈtiːgol〕(> 현대 영어 tile)로 나타나지만, 고대 고지독일어에는 〔tsiagal〕(> 현대 독일어 Ziegel 〔tsiːgel〕)로 나타난다. 이 차용은 남게르만어의 자음 추이 이전에 발생했으며, 또한 유용한 사물과 기술분야에서 전반적으로 일어난 경우에 해당한다. 이와는 대조적으로, 기독교 전파의 시기, 곧 7세기 이후부터 차용된 것으로 추정되는 문학과 과학분야의 라틴어 단어는, 시기적으로 늦게 유입되어 남게르만어의 자음 추이에 휩쓸리지 않았다. (예) 라틴어 templum(사원) > 고대 고지독일어 〔tempal〕, 라틴어 tincta(잉크) > 고대 고지독일어 〔tinkta〕. 라틴어 〔teːgula〕는 다시 한 번 차용되어 고대 고지독일어에 〔tegal〕('냄비, 도가니', 현대 독일어 Tiegel 〔tiːgel〕)로 나타난다. 이 마지막 단어와 동일한 반복 차용현상은 고대 영어 〔tijele〕에 나타나지만, 여기서는 두 번에 걸친 차용의 연대기적 층위를 구분할 만큼 뚜렷한 음-변화가 발견되지 않는다.

남게르만어에서 〔t〕가 파찰음과 치찰음으로 바뀐 유형의 음-변화는 사실상 차용된 형태에 의한 연대 측정의 특출한 용례라고 할 수 있다. 원시 게르만어의 *〔mo:to:〕는 고트어 단어 〔mo:ta〕로 표상되는데, 이 고트어는 그리스어에서 '세금' 또는 '세관'(《로마서》13:7, 4) 《마태》9:9-10⁵⁾)을 뜻하는 단어의 번역에 사용되었다. 그리고 여기서 파생된 단어 〔mo:ta:ri:s〕(세금징수원)도 등장한다. 고대 영어의 동족어 〔mo:t〕는 '세금'(《마태》22:19⁶⁾)의 의미로 한 번 나타난다. 중세 고지독일어 〔'muosse〕(방앗삯)는 〔t〕가 치찰음으로 변화하고 〔o:〕가 〔uo〕로 변화한 규칙적인 고지독일어 음성 추이를 보여준다. 독일어 권역의 남동부로 가면, 고대 고지독일어 〔mu:ta〕('세금' > 현대 독일어 Maut)와 다뉴브 강 유역의 한 읍을 가리키는 지명 〔mu:ta:run〕(축자적으로 '세금 징수인이 있는 곳에서' > 현대 독일어 Mautern)을 만나게 된다. 이들 형태에는 〔t〕의 추이가 보이지 않고, 게르만어의 〔o:〕 대신 전혀 다른 〔u:〕가 보인다. 우리는 고트어의 〔o:〕가 게르만어의 〔u:〕와 가까웠고 그 때문에 후대에 양자가 합류되었다고 믿고 있다. 역사적으로도, 6세기 전반에 이탈리아의 고트족 왕이었던 테오도리쿠스 대왕(Theodoric the Great)⁷⁾은 실제로 당시에 통치영역을 다뉴브 강 유역까지 확장했다. 결과적으로 이 독일어 단어는 고트어에서 들여온 차용어이고, 따라서 차용 당시에 바바리아 독일어 방언에서 원시 게르만어 〔t〕는 이미 치찰음으로 변한 다음이었다. 이 고

---

4) 국세를 바쳐야 할 사람에게는 국세를 바치고 관세를 바쳐야 할 사람에게는 관세를 바치고 두려워해야 할 사람은 두려워하고 존경해야 할 사람은 존경하십시오. 공동번역(1974년).

5) 예수께서 그곳을 떠나 길을 가시다가 마태오라는 사람이 세관에 앉아 있는 것을 보시고 "나를 따라오라" 하고 부르셨다. 공동번역(1974년).

6) "… 세금으로 바치는 돈을 나에게 보여라." 공동번역(1974년).

7) 동고트의 왕으로 서기 488년에 이탈리아를 침략하여 493년까지 이탈리아 반도 전역과 시칠리아를 사실상 정복한 뒤, 이탈리아의 왕(493년~526년)이 되어 라벤나에 수도를 세웠다.

트어 단어의 〔t〕는 원시 게르만어 〔d〕의 독일어 반사형으로 재현되었
다. (예) 고대 고지독일어 〔hluːt〕(> 현대 독일어 laut), 원시 게르만
어 *〔ˈhluːdaz〕/ cf. 고대 영어 〔hluːd〕(> 현대 영어 loud). 고트어 〔moː
ta〕내지 *〔ˈmuːta〕의 확산은 원시 슬라브어로 들어간 차용어 *〔myto,
ˈmytarɪ〕에 의해서 확인된다. (예) 고대 불가리아어 〔myto〕(선물),
〔mytarɪ〕 (세금징수원).

25.6. 문법적으로 볼 때, 차용된 형태는 차용하는 언어의 체계에
순응한다. 이러한 현상은 통사론(예: some rouge, this rouge)에서
도 그러하고, 필수적 굴절(예: garages)과 완전하게 살아있는(생산적
인) 합성어 구성(예: rouge-pot) 및 단어-형성(예: to rouge, she is
rouging her face)에서도 마찬가지이다. 자주 일어나는 일은 아니지
만 대여섯 외국어 형태를 동시에 차용하게 되면, 이러한 적응과정이
절감될 수 있다. 예컨대 영어는 러시아어에서 단수명사 'bolshevik'
와 복수명사 'bolsheviki'를 동시에 차용해서, 영어의 복수 파생형
'bolsheviks'와 나란히 사용한다. 반면에, 차용 당시에 소수의 전통
적인 형태에서만 일어나던 고유한 문법적 구성은 외래어 전체를 아
우를 만큼 확산되는 일이 거의 없다. 완벽한 적응을 거치고 난 차용
어는 유사한 고유어 단어와 동일한 유추작용에 순응한다. 가령, 완
벽하게 귀화한 〔ˈšowfr〕 (chauffeur)에서 우리는 역-형성에 의해 동사
'to chauffe'를 얻게 된다. (예) I had to chauffe my mother around
all day.
많은 형태가 한 언어에서 차용될 때, 이 외래어 형태는 그들 고유
의 문법적 관계를 드러낼 수 있다. 예컨대 영어의 라틴어-프랑스어
반(半)-식자층 어휘는 그 나름의 형태론적 체계(9.9절)를 갖는다. 이
러한 체계적 유추는 신-형성을 낳기도 한다. 가령, 영어에서 'mutinous

(반역적인), mutiny(반란), mutineer(반란자)'는 프랑스어 'mutin'에서 들어온 옛 차용형태 'mutine'로부터 라틴어-프랑스어 형태론에 근거해서 파생되었다. 프랑스어에는 이런 유형의 파생어가 없다. 마찬가지로, 'due'는 프랑스어 차용어이지만, (영어의 고유어 접미사가 첨가된 'dutiful'을 포함해서) 'duty, duteous, dutiable'은 프랑스어에 근원을 둔 형태가 아니라, 영어에 들어온 프랑스어-차용 접미사가 첨가되어 형성된 형태였다. 유사-프랑스어 동사('-ate'-말음 동사, 23.5절)의 역-형성이 바로 그러한 경우이다.

어떤 접사가 외국어 형태에 충분히 나타날 때, 이 접사는 용법을 확장하여 고유어 형태와 결합하는 신-형성에 참여하기도 한다. 예를 들면, 라틴어-프랑스어 접미사 '-ible, -able'(예: agreeable, excusable, variable)은 기저동사가 고유어인 'bearable, eatable, drinkable' 등의 형태까지 확장되었다. 영어 고유의 기저형태와 프랑스어 접미사가 결합된 기타의 용례는 다음과 같다. (예) breakage, hindrance, murderous, bakery. 라틴어에서 '이러저러한 일에 전념하는 사람'을 뜻하는 명사는 다른 명사에 접미사 '-āriu-'가 결합되어 파생되었다. (예) monētārius(동전 주조자) < monēta(동전), gemmārius(보석상) < gemma(보석), telōnārius(세금징수원) < telōnium(세관). 이들 단어의 대다수는 고대 게르만 제어로 차용되었다. (예) 고대 영어 myntere, tolnere, 고대 고지독일어 gimmāri. 그런데 영어의 초기 기록을 보면, 이 라틴어 접미사의 결합범위가 벌써 고유한 게르만어 기저명사까지 확장되었음을 확인하게 된다. '양털-양털 빗겨주는 사람'을 뜻하는 라틴어 단어 쌍 'lāna-lānārius'는 고트어에 'wulla-wullareis'[wullaːriːs]로 나타난다. '책'과 '필경사'를 뜻하는 'bōka-bōkāreis' 혹은 '세금'과 '세금징수원'을 뜻하는 'mōta-mōtareis' 및 고대 영어에서 '마차'와 '마부'를 뜻하는 '[wejn]-[wejnere]'도 이와 유사한 양상을 보인다. 형태론적

으로 관련된 동사 〔re:avian〕(약탈하다, 훔치다)이 존재하는 고대 영어 〔re:af〕(약탈품)-〔re:avere〕(도둑)의 경우는 〔re:avian : re:avere〕를 모형으로 하는 신-형성을 유발해서, 〔rɛdan〕(읽다)-〔rɛ:dere〕(독자) 혹은 〔wri:tan〕(쓰다)-〔wri:tere〕(작가)처럼 기저명사가 없는 경우에도 새로운 동사와 명사의 파생관계가 만들어졌다. 바로 여기서 모든 게르만 제어에 나타나는 행위자 파생접미사 '-er'이 생겨났다. 이와 아주 유사한 양상으로 이보다 한참 후에 '은행'과 '은행가'를 뜻하는 스페인어 단어 쌍 'banco 〔banko〕-banquero 〔ban'kero〕'에 보이는 동일한 행위자 접미사가 타갈로그어의 고유어에 첨가되었다. (예) 〔si:paʔ〕(축구)-〔si'pe:ro〕(축구선수) / cf. 고유어 파생어 〔ma:ni'ni:paʔ〕(축구선수).

만일 많은 차용어가 한 언어에서 들어온다면, 이 외국어의 구조가 고유어 단어를 적응의 방향으로 견인하기도 한다. 표준 독일어를 비롯한 독일어의 일부 방언에는 라틴어-프랑스어 악센트 체계에 동화된 일련의 고유어 단어가 존재한다. 가령, 고대 고지독일어 〔forhana〕(민물숭어), 〔holuntar〕(라일락), 〔wexxolter〕(노간주나무) 등은 현대 표준 독일어에 각각 'Forelle' 〔fo'rele〕, 'Holunder' 〔ho'lunder〕, 'Wacholder' 〔va'xolder〕 등으로 나타난다.

25.7. 외국의 사물을 들여오는 화자들은 해당 사물을 지칭할 때 고유어에 존재하는 관련 사물의 이름을 사용하기도 한다. 기독교를 받아들일 때 여러 게르만 부족은 이교도적 종교용어를 다수 가지고 있었다. 여기서 'god, heaven, hell' 등의 단어는 그대로 새로운 종교로 이전되었다. 이들 용어가 다양한 게르만어에 균일하게 선택된 것은 일종의 평준화 때문이었는데, 이 평준화가 차용의 또 다른 용례임은 말할 필요도 없다. 이교도의 용어인 'Easter'(부활제)는 영어와 독일어에서 사용된다. 네덜란드어와 스칸디나비아어는 히브리어-그

리스어-라틴어 용어인 'pascha'(덴마크어 *paaske*)[8]를 받아들였다.

고유어에 적당하게 등가가 되는 용어가 없더라도, 사람들은 외국의 사물을 고유어 단어로 기술하기도 한다. 예를 들면, 그리스어-라틴어의 전문용어인 'baptize'는 차용되지 않고 당시의 게르만 제어로 쉽게 풀이가 되었다. 고트어에서는 'daupjan'이라 했고, (고트어의 영향이 어느 정도 미쳤던 것으로 보이는) 독일어에서는 'taufen'(적시다)이라 했으며, 고대 영어에서는 〔full-jan〕(< *〔'full-wiːhjan〕 '완전히 신성하게 만들다')이라 했고, 고대 아이슬란드어에서는 〔skiːrja〕('밝거나 순수하게 만들다')라 했다. 이러한 현상은 고유어 용어의 의미적 확장으로 볼 수 있다. 아메리카 인디언의 여러 언어에서는 차용보다 설명적인 용어 사용을 선호한다. 가령, 인디언들은 'whiskey'를 '불-물'이라 하거나 'railroad'를 '불-마차'라고 변환해서 부른다. 메노미니어에서는 영어의 'read'를 받아들여 〔riːtewɛw〕라는 형태를 사용하기도 하지만, 이보다는 고유어로 기술한 표현인 〔waːpahtam〕(축자적으로 '그가 그것을 바라본다'의 뜻임)을 훨씬 자주 사용한다. 메노미니 인디언은 'electricity'(전기)에 대해 '그(천둥)의 시선'이라고 말하고, 'telephoning'(전화 걸기)은 〔tɛlefoːnewɛw〕라고 하기보다 '작은-전선 대화'라고 변환해서 표현한다. 합성어 '고무-마차'는 차용어 〔atamoːpen〕보다 훨씬 흔하게 사용된다. 연장과 주방기구는 기술적인 고유어 용어를 사용해서 가리킨다.

만일 외국어 용어 자체가 기술적(記述的)이라면, 차용자는 그러한 기술의 내용을 그대로 재현하기도 한다. 이런 현상은 특히 추상적인 영역에서 일어난다. 영어에서 상당수의 추상적 전문용어는 라틴어와 그리스어의 기술적 용어를 그대로 번역한 것이다. 예를 들면, 그리스

---

8) 이 단어는 영어에 'paschal'로 들어와 있다.

어 〔sun-'ejde:sis〕(연합지식, 의식, 양심)는 전치사 〔sun〕(함께, with) 이 첨가된 동사 〔ej'denaj〕(알다)의 파생어이다. 로마 사람들은 이 철학용어를 'conscientia'로 번역했는데, 이 번역어는 'scientia'(지식, *knowledge*)와 'con-'(함께, *with*)의 합성어이다. 게르만 제어에서는 다시 이 용어를 재현했다. 고트어 〔'miθ-wissi:〕에서 제 1구성원은 '함께' (*with*)를 뜻하고 제 2구성원은 그리스어 모형에 근거해서 '알다'라는 동사에서 파생된 추상명사이다. 고대 영어 〔je-'wit〕와 고대 고지독일어 〔gi-'wissida〕와 같은 어형에서는 접두사가 예전에 '함께'(*with*)라는 의미를 가졌다. 고대 아이슬란드어 〔'sam-vit〕와 같은 북부 독일어와 스칸디나비아어의 어형에 나타나는 접두사는 고형 〔ga-〕의 규칙적 대치형태이다. 마지막으로 슬라브 제어는 이 용어를 '함께'(*with*)와 '지식'으로 번역한다. (예) 러시아어 〔'so-vest〕(양심). '차용 번역'이라 불리는 이러한 과정에는 의미 변화가 포함된다. 즉, 고유어 용어나, 고유어 용어를 창조하기 위해 통합된 일련의 구성성분은 분명히 의미 확장을 겪게 된다. 유럽의 모든 언어에 나타나는 가장 교양 있고 고상한 양식은 주로 고대 그리스어의 모형에 근거해 라틴어에서 일어난 이런 종류의 의미 확장으로 가득 차 있다. (프랑스어와 독일어가 매개자 역할을 하는 경우도 있었다.) 스토아 철학자들은 모든 심오한 정서를 병적인 것으로 보고, 여기에 〔pathos〕(고통, 질병)라는 용어를 적용했는데, 이 단어는 동사 〔paskho:〕(I suffer, 〔epathon〕의 부정시제)의 추상명사이다. 로마 사람들은 이 용어를 'passiō'(고통)로 번역했는데, 이 단어는 동사 'patior'(I suffer)의 추상명사이다. 그리고 우리는 보통 차용된 단어 'passion'을 바로 이 의미[9]로 사용한다. 17세기의 독일 작가들은 라틴어 용법 혹은 프랑스어 용법을 모방해서

---

9) 현대의 사전에는 'passion'의 의미로 '정열'을 '고통'보다 우위에 두고 있다.

'Leidenschaft'라는 표현을 사용했는데, 이 단어는 동사 'leiden'(고통을 겪다)의 추상명사이다. 슬라브 제어에서도 동일한 모형을 따랐다. (예) 러시아어 [strast](< 동사 [stra'dat]의 추상명사). 고대 그리스어 [pro-'ballo:](I throw [something] before [someone])도 역시 중간태 형태의 이전된 용법을 가졌다. (예) [pro-'ballomaj] (I accuse [someone] of [something]). 이와 유사한 라틴어의 합성어 용법도 차용 번역일 가능성이 높다. (예) canibus cibum ob-jicere (*to throw food to the dogs*) - alicuī probra objicere (*to reproach someone for his bad actions*). 이 용법은 독일어에도 모방되었다. (예) er wirft den Hunden Futter vor (*he throws food before the dogs*) - er wirft mir meine Missetaten vor (*he reproaches me for my misdeeds*). '전문직업'을 가리키는 'call, calling'의 용법은 기독교 신학에서 친숙한 개념이다. 이 용어는 동사 'vocāre'(*to call*)의 추상명사 'vocātiō'를 이런 의미로 사용한 후기 라틴어의 용법을 모방한 것이다. 마찬가지로 독일어 'Beruf'(소명, 직업)도 동사 'rufen'(*to call*)에서 파생되고, 러시아어 [zvanije](소명, 직업)도 동사 [zvat](*to call*)에서 파생되었다. 수많은 문법 용어는 이러한 과정을 겪었다. 매우 특이한 확장용법을 적용한 고대 그리스의 문법학자들은 [ˇpto:sis](낙하)라는 용어를 사용해서 처음에는 '굴절 형태'를 가리키다가, 나중에는 특히 '격 형태'를 가리켰다. 이 과정은 라틴어에도 그대로 모방되었는데, 라틴어 'cāsus'(축자적으로 '낙하'인데, 영어의 차용어 'case'가 여기서 나왔음)도 동일한 방식으로 사용되었다. 라틴어의 이 용어는 차례로 독일어 'Fall'(낙하, 격)로 재현되고, 슬라브어에도 적용되었는데, 러시아어 [pa'deš](격)는 [pa'doš](낙하)의 식자층-외래어(고대 불가리아어) 변이형이다. 영어의 경우에는 차용 번역이 대체로 라틴어-프랑스어로 된 반(半)-식자층 차용어로 대체되고 있는 상황이다. 예컨대 지금은 차용된 'common'이 아우르는

278

라틴어 'commūnis'의 복합적인 의미영역은 고대 영어에서 평행적인 형성기제를 가진 고유어 단어 〔je-'mε:ne〕의 확장으로 모방되었다. 이런 양상은 이 단어가 현재 독일어에서 고유어 형태 'gemein'과 'gemeinsam'으로 존재하는 것과 매우 유사하다. 러시아어에서는 차용 번역이 고대 불가리아어 형태로 존재하는 수가 많은데, 그것은 고대 불가리아어가 신학적인 글쓰기의 수단이었기 때문이다.

영어에는 비교적 덜 고상한 영역으로 다음과 같은 이른바 '프랑스어식 어법'(*gallicism*)이 존재한다. (예) a marriage of convenience (정략결혼), it goes without saying(말할 것도 없이), I've told him I don't know how many times(몇 번인지 모를 정도로 그 사람한테 말했다). 이들 형태는 프랑스어 구의 단어 대 단어 모방(번역)이다. '초인'(超人, *superman*)은 니체10)가 만든 독일어 용어의 번역이다. 프랑스어와 독일어에서는 '상투적인'이라는 뜻으로 명사 'style'의 파생어를 사용한다. (예) 프랑스어 stylisé 〔stilize〕. 이 프랑스어 단어가 영어로 모방된 'stylized'라는 형태를 발화하는 화자도 있다.

이들 이전현상이 서투르게 이루어지는 경우에 모방된 형태의 오해가 포함되었다는 말을 듣기도 한다. 고대 그리스의 문법학자들은, 궁극의 기저명사 〔ajtia:〕(원인)가 포함된 분사 〔ajtia:'tos〕(효과가 나타난)에서 파생된 형용사를 원용하여, 동사의 목표 격(=직접목적어)을 〔ajtia:ti'ke: ˇptosis〕('효과가 나타난 것과 관련된 격')라는 용어로 지칭했다. 이 용어는 분명히 'he built a house'와 같은 구성체 때문에 선택되었는데, 이 구성체에서 'house'는 인도-유럽어의 통사론에서 동사의 목표위치를 갖는다. 그러나 명사 〔ajtia:〕는 '실수, 비난'이라는 이전된 의미도 가지고 있었기 때문에, 여기서 파생된 동사 〔ajtiaomaj〕

---

10) 독일의 사상가. ☞ 인명 약해 참고.

도 '내가 비난한다'(*charge / accuse*)는 의미를 가지고 있었다. 그런 사정 때문에 로마의 문법학자들은 이 그리스어 문법 용어를 'accūsō'(*I accuse*)에서 파생된 'accūsātīvus'로 잘못 번역했던 것이다. 'accusative'라는 이 불가해한 용어는 다시 러시아어로 번역되었는데, 여기서도 직접목적격을 가리키는 용어의 이름이 동사 [vi'nit] (*to accuse*)에서 파생된 [vi'nitelnoj]이다. (무성) 폐쇄음 계열 하나만을 갖는 메노미니어에서는 영어단어 'Swede'(스웨덴 사람)를 'sweet'로 해석했는데, 이 잘못된 차용 번역 때문에 스웨덴의 벌채 노동자를 [saje:wenet] (축자적으로 '달콤한 사람'의 뜻)라고 부른다. 또한 [l, r] 유형도 없고 유성음 [z] 유형도 없는 이 언어에서는 'Phlox'(위스콘신 소재)라는 도시의 이름을 'frogs'로 해석해서, [uma:hkahkow-mɛni:ka:n] ('개구리-도시')라고 번역했다.

25. 8. 문화적 차용어가 보여주는 것은 지금까지 서로 다른 민족끼리 서로 가르치고 배웠다는 사실이다. 20세기 들어 영어가 프랑스어에서 받아들인 차용어는 주로 여성의 의복과 화장품, 사치품 등의 영역에 집중되어 있다. 독일어에서는 거친 음식물[粗食] 종류(예: frankfurter, wiener, hamburger, sauerkraut, pretzel, lager-beer[11])와 일부 철학 및 과학용어(예: zeitgeist, wanderlust, umlaut[12])를 주로 받아들인다. 이탈리아어에서는 음악용어를 받아들인다. (예) piano (약하게), sonata(주명곡), scherzo(해학곡), virtuoso(거장). 인도에서는 'pundit(산스크리트 학자), thug(암살단원), curry(커리), calico (옥양목)'를 받아들이고, 아메리카 인디언의 언어에서는 'tomahawk

---

11) 프랑크소시지, 비엔나소시지, 햄버거, 독일김치, 소금 뿌린 비스킷, 저온저장맥주.

12) 시대정신, 방랑벽, 움라우트.

(도끼), wampum(조개껍질 염주), toboggan(인디언 썰매), moccasin
(뒤축이 없는 인디언의 신발)'을 받아들인다. 영어는 다른 언어에 'roast
beef'와 'beefsteak'를 전달해 주었고(예: 프랑스어 bifteck 〔biftɛk〕, 러
시아어 〔bifšteks〕), 고상한 생활과 관련된 일부 용어(예: club, high
life, five-o'clock 〔tea〕, smoking 〔for 'dinner-jacket'〕, fashionable13))
와 특히 스포츠 용어(예: match, golf, football, baseball, rugby14))를
공급하고 있다. 이런 종류의 문화적 차용어는 상품과 함께 언어에서
언어로 광범위한 영역으로 전파될 가능성이 크다. 'sugar, pepper(후
추), camphor(장뇌), coffee, tea, tobacco' 등과 같은 단어는 이미
세계 전역에 퍼져 있다. 'sugar'라는 단어의 궁극적 근원은 산스크리
트어 〔çarkara:〕(홍설탕)일 것으로 짐작된다. 여러 언어에 나타나는
이 단어의 다양한 모습은 단어를 주고받는 양 언어와 관련된 지극히
다양한 상황에서 발생한 대치와 적응의 결과이다. (예) 프랑스어 sucre
〔sykr〕, 이탈리아어 zucchero 〔tsukkero〕 (> 독일어 Zucker 〔tsuker〕),
그리스어 〔'sakkharon〕 (> 러시아어 〔saxar〕). 그리고 스페인어 'azucar'
〔a'θukar〕는 정관사와 결합된 아랍어 형태 〔as sokkar〕의 차용이다.
(아랍어 정관사 〔al〕(the)은 'algebra, alcohol, alchemy'15) 등에도 나타
난다.) 이와 동일하게 광범위하게 전파된 문화적 차용인자는 원시 인
도-유럽어 어휘, 가령 'hemp'와 같은 단어의 재구과정(18. 14절)에도
관여한다. 'axe(도끼), sack(마대), silver' 등과 같은 단어는 다양한
인도-유럽 제어에 나타나는데, 여러 언어에 보이는 음성적 편차를 고
려하면 이들 단어는 동양에서 고대에 차용된 것으로 추정된다. 'saddle'

---

13) 동호회(클럽), 상류생활, (오후의) 간단한 식사, 약식 야회복 상의, 유행을
   선도하는.
14) 시합, 골프, 미식축구, 야구, 럭비.
15) 대수, 알코올, 연금술.

(안장)은 모든 게르만어에 균일한 모습(원시 게르만어 *〔sadulaz〕)으로 나타나는데, 이 단어에는 자음 추이를 겪지 않은 원시 인도-유럽어의 〔d〕(예: 라틴어 sedeō 〔I sit〕)가 포함된 어근 'sit'이 들어 있다. 이를 근거로 우리는 'saddle'이 남동쪽의 어느 기마민족에게서, (다른 인도-유럽어에서 일어난 자음 추이(〔d〕 > 〔t〕)가 지나가고 난 다음에), 선-게르만어로 차용되었던 것으로 추정할 수 있다. '100'을 가리키는 슬라브어, 가령 음성적으로 볼 때 이란어로 추정되는 유사한 근원(아시아 계통)에서 들어온 차용어임을 알 수 있는 고대 불가리아어 〔suto〕는 동일한 지리적 영역에 속한다. 이른 시기에 이루어졌던 게르만 민족과 로마민족의 접촉은 시기적으로 영국인의 이주를 앞서는 문화적 차용어의 층위에 나타난다. (예) 라틴어 vīnum > 고대 영어 〔wiːn〕 > wine, 라틴어 strāta(via) > 고대 영어 〔strɛːt〕 > street. 라틴어 'caupō'(포도주 장수)는 고대 영어에 〔keːapian〕('〔물건을〕 사다' / 독일어 kaufen)으로, 현대 영어에 'cheap(저렴한), chapman(행상인)'으로 반영되어 있다. 라틴어 mangō(노예상인, 행상인) > 고대 영어 〔mangere〕('장수' / fishmonger), 라틴어 monēta(동전, 조폐소) > 고대 영어 mynet(동전). 이 층위에 속하는 다른 단어로는 'pound, inch, mile' 등이 있고, 고대 영어에는 〔kirs〕(버찌), 〔persok〕(복숭아), 〔pise〕(콩) 등이 있었다. 반면에, 로마의 전사들과 상인들이 게르만민족에게서 배운 것도 적지 않았다. 이런 사실은 가끔씩 로마 작가들이 게르만어 단어를 사용했다는 것에서뿐만 아니라, 아주 오래된 게르만어 차용어가 로망스 제어에 나타난다는 점에서도 입증된다. 예컨대 고대의 게르만어 *〔werroː〕('혼란' / 고대 고지독일어 〔werra〕)는 게르만어 〔w-〕에 대한 통상적 대치형태 〔gw-〕로 라틴어에 *〔gwerra〕('전쟁' / > 이탈리아어 guerra 〔gwɛrra〕, 프랑스어 guerre 〔gɛːr〕)로 나타난다. (영어의 'war'는 프랑스어에서 영어로 역-차용된 형태이다.) 고

대 게르만어 *〔ʹwiːsoː〕('방식, 수단' / 고대 영어 〔wiːs〕)는 라틴어에 *〔ʹgwiːsa〕(> 이탈리아어와 스페인어 guisa, 프랑스어 guise〔giːz〕)로 나타난다. 영어의 'guise'는 프랑스어에서 들어온 차용어로 고유어 'wise'와 나란히 사용된다. 게르만어 *〔ʹwantuz〕('장갑' / 네덜란드어 want, 스웨덴어 vante)는 라틴어에 *〔ʹgwantus〕(> 이탈리아어 guanto, 프랑스어 gant)로 나타난다. 영어의 'gauntlet'는 프랑스어에서 들어온 차용어이다. 서력기원 초기에 라틴어로 들어간 기타의 게르만어 단어는 다음과 같다. (예) hose(양말) > 이탈리아어 uosa(각반, 24.3절), soap > 라틴어 sāpō, *〔ʹθwahljoː〕(수건) > 프랑스어 touaille (> 영어 'towel'로 역-차용됨), roast > 프랑스어 rôtir > 다시 영어 roast, helmet > 프랑스어 heaume, crib(구유) > 프랑스어 crèche, flask > 이탈리아어 fiasca, harp > 프랑스어 harpe. 차용 번역의 보기로는 라틴어 'compānio'(친구, 동무)가 있는데, 이 단어는 게르만어 *〔ga-ʹhlajboː〕 (고트어 〔gaʹhlajba〕)를 모형으로 'con-'(with, along)과 'pānis'(빵)를 결합시켜 만든 종합적 합성어이다. 이와 같이 접두사 *〔ga-〕(with, along)와 *〔ʹhlajbaz〕('빵' / > 영어 loaf)를 결합시킨 것은 게르만어의 특징적인 단어 형성 방법이다.

제26장

내부적 차용

26. 1. 언어형태의 문화적 차용은 보통 상호적이다. 문화적 차용에 방향성이 있다면 그것은 어떤 언어가 상대방 언어 쪽에 상대적으로 더 많은 용어를 전해주었다는 그러한 한도와 분량의 문제에 지나지 않는다. 7세기경부터 시작된 기독교 선교의 시기에 고대 영어는 기독교와 관련된 라틴어 용어(예: church, minister, angel, devil, apostle, bishop, priest, monk, nun, shrine, cowl(수도사의 옷), mass)를 차용하고, 차용 번역의 방법으로 라틴어 의미를 모방했다. 그러나 이 시기의 고대 영어는 라틴어에 아무것도 돌려주지 않았다. 스칸디나비아 제어에는 저지독일어에서 들어간 광범위한 통상과 항해용어가 담겨 있는데, 이들 용어의 차용시기는 한자 도시들이 무역의 패권을 장악한 중세 후반기로 거슬러 올라간다. 마찬가지로 러시아어에도 저지독일어와 네덜란드어에서 들어간 많은 항해용어가 담겨 있다.

우리는 이와 같이 통상적인 문화적 차용과, 두 언어가 지형학적으로나 정치적으로 단일 공동체에 속할 때 일어나는 내부적 차용을 구분할 수 있다. 내부적 차용 상황은 대체로 평화적인 이주의 방식보다, 정복에 의해 발생한다. 내부적 차용은 일방향적이다. 우리는 정복자나 많은 특권을 가진 집단이 사용하는 상위 언어 내지 지배언어와, 피지배자나 미국의 이민자처럼 사회적 약자가 사용하는 하위 언어를 구분한다. 차용은 뚜렷하게 상위 언어에서 하위 언어로 일어나며, 문화적 참신성과 연관되지 않은 언어형태까지 확장되는 일이 많다.

내부적 차용의 극단적 유형은, 미국에서 이민자의 언어가 영어와 접촉하는 양상에서 나타난다. 상위 언어인 영어는 이민자의 언어에서 가장 뚜렷한 문화적 차용어만 받아들인다. (예) 이탈리아어 spaghetti, 독일어 delicatessen(조제 식품점), hamburger, (번역 차용어 liver-sausage[간소시지] 포함). 이민자는 우선 문화적인 차용어를 받아들인다. 이민자는 자기 모국어를 사용하면서도 미국에 들어오고 나서 하나, 둘 알게 된 이런저런 것, 가령 'baseball, alderman(시의회 의원), boss, ticket(투표용지)' 등을 영어로 가리킬 기회를 갖게 된다. 이때 이민자는 최소한 차용 번역을 하게 된다. (예) 독일어 erste Papiere ← 영어 first papers (*naturalization*) '(귀화를 위한) 제 1차 서류'. 또 'policeman, conductor(역무원), street-car, depot(정차역), road, fence, saloon' 등과 같은 경우에는 문화적 이유가 그다지 분명하지 않지만, 적어도 미국이 가진 이들 사물의 변종이 유럽과 어느 정도 다르다는 이유는 말할 수 있다. 그렇지만 매우 많은 경우에 이러한 설명은 유효하지 않다. 독일인이 미국에 오면 우리는 그가 쓰는 독일어에서 'coat, bottle, kick, change' 등과 같은 다수의 영어 형태를 듣게 된다. 이 독일인은 또 말을 하면서 다음과 같이 영어식 발음을 사용하게 된다. (예) ich hoffe, Sie werden's enjoyen [ix 'hofe, ziː 'verden s en'tšojen] (당신도 그걸 즐기기를 바란다), ich hab' einen kalt gecatched [ix haːp ajnen 'kalt ge'ketšt] (감기에 걸렸다). 한편 이 독일인 이민자는 다음과 같은 차용 번역도 한다. (예) ich gleich' das nicht [ix 'glajx das 'nixt] (*I don't like that*). 이 구문을 보면, 영어의 'like'라는 본보기 모형에 근거해서 '좋아 한다'라는 의미를 가진 동사를 '동등한, 닮은'이라는 형용사 'gleich'에서 파생시키고 있다. 이 마지막 용례를 비롯한 일부 어법은 이미 미국의 이민자 독일어에서 관습적으로 정착된 상태이다. 이러한 차용이 보여주는 어휘적, 음성적, 문법적 국면은 앞으로 더욱 많은 조사와 연구의 대상이 될 만한 충분한 가치가 있다. 독일어나 스칸디나비아어에서 영어단어에 성(性)을 할당하는 방법은 매우 의미 있는 관찰주제가 되었다.

이러한 과정의 실제적인 배경은 자명하다. 상위 언어를 사용하는 집단은 지배적이고 특권을 가진 사람들이다. 하위 언어의 화자는 상위 언어를 사용하도록 몰아세우는 여러 종류의 압력을 받는다. 하위 언어의 화자는 '불완전한' 언어구사에 대한 일종의 징벌로 조소와 극심한 불이익을 받는다. 그렇기 때문에 그는 자기 동료들의 하위 언어를 사용하면서도 지배적인 언어에서 빌려온 각종 차용요소로 자기 어법을 치장하게 된다.

대다수 내부적 차용의 경우, 하위 언어는 토착어이고 상위 언어는 정복자와 함께 들어온 언어이다. 정복자들은 소수일 때가 적지 않으며, 그래서 미국의 경우처럼 차용이 그렇게 급속도로 진행되는 일도 거의 없다. 차용의 속도는 다수의 인자에 좌우되는 것으로 보인다. 만일 하위 언어의 화자들이 정복당하지 않은 지역의 '언어적 동지들'과 지속적으로 접촉하고 있다면, 그런 언어는 그다지 빠르게 변화하지 않을 것이다. 침입자의 수효가 적으면 적을수록, 차용의 속도는 그만큼 느려진다. 차용의 진행을 늦추는 또 다른 인자는 지배받는 사람들이 실제로 가졌거나 가졌다고 느끼는 문화적 우월성이다. 미국에 온 이민자들 가운데서 교육을 받은 가족은 여러 세대 동안 영어와 거의 섞이지 않은 상태로 자기네 언어를 보존하기도 한다.

기본적으로 동일하지만 비중에서 뚜렷한 차이를 보이는 각종 인자는 결국에 가서 한두 언어의 폐기(사멸)를 낳기도 한다. 언어의 사멸 문제에 관한 한, 화자의 수효는 차용의 경우보다 훨씬 중요하다. 미국에 들어온 이민자들 사이에서는, 차용과 마찬가지로, 언어의 사멸이 엄청난 속도로 진행되고 있다. 이민자가 언어적으로 고립되어 있거나, 문화적 수준이 높지 않거나, 무엇보다도 다른 언어를 사용하는 사람과 결혼하게 되면, 이 이민자는 자기 모국어를 완전히 사용하지 않게 되고, 그에 따라 모국어를 알아듣게 구사할 능력까지 잃어버릴 가능성이 크다. 이렇게 되면 비록 불완전한 구석이 많지만, 영어가 이 이민자의 유일한 언어가 되고, 나아가서 자녀들의 모국어도 영어가 된다. 자녀들은 처음에 외국어 자질을 담은 영어를 구사하지만, 집 밖에서 영어를 사용하는 토박이들과 자주 접촉하게 되면 완벽하거나 거의 완벽에 가까운 교정을 받게 된다. 한편 이와 달리 이민자가 자기 모국어를 가정에서 계속해서 사용하는 경우도 있다. 그러면 이 언어가 역시 자녀들의 모국어로 전승되지만, 자녀들은 학교에 들어갈 나이가 되거나 어떤 때는 더 일찍부터 모국어를 사용하지 않고, 영어를 유일한 성인 언어로 받아들인다. 자기가 구사하는 영어에서 약간의 외국어 색채가 묻어나지만 자녀들은 이제 부모의 언어를 거의 구사하지 못하거나 전혀 구사하지 못하게 된다. 정복의 상황에서는 사멸의 과정이 상당기간 늦춰지기도 한다. 한두 세대에 걸친 이중언어 사용 화자가 중간에 개재될 수 있기 때문이다. 그러다가 어느 단계에 이르면 성인이 되어서 하위 언어를 사용하지 않고 오직 상위 언어만을 자녀들에게 전달하는 세대가 나타나게 된다.

하위 언어가 살아남고 상위 언어가 사라지는 경우도 있다. 만일 정복자가 수적으로 열세이고, 특히 여자를 데려오지 않는다면, 상위 언어가 사멸할 가능성이 더 커진다. 이보다 덜 극단적인 경우에는 정복자들이 여러 세대에 걸쳐 자기네 언어를 계속해서 말하면서도, 갈수록 피정복자의 언어를 사용해야 할 필요성을 점점 더 절감하게 된다. 일단 이들이 이중언어를 구사하는 상층계급을 형성하게 되면, 상위 언어는 점점 더 무용지물이 되고 만다. 영국에서 노르만-프랑스어가 종말을 맞이한 것도 바로 이러한 사례의 하나이다.

26. 2. 언어 간의 투쟁은 여러 가지 상이한 양상으로 나타날 수 있다. 우선 그런 투쟁이 전체 영토에서 상위 언어를 말하는 상태로 끝나는 경우가 있다. 서력기원이 시작될 무렵에 로마의 정복자들이 갈리아(Gaul) 지역으로 들여온 라틴어는 채 몇 세기도 지나지 않아서 골족이 사용하던 켈트어를 밀어냈다. 그런가 하면 그런 투쟁이 전체 영토에서 하위 언어를 말하는 상태로 끝나는 경우도 있다. 노르만인의 영국 정복(1066년)에 의해 영국으로 들어온 노르만-프랑스어는 3백 년 만에 영국에서 밀려났다. 한편 언어들 사이의 투쟁이 영토의 분할 분포로 끝나는 경우도 있다. 서기 5세기에 영국에 들어왔을 때, 영어는 고유한 켈트어를 섬의 외곽지대로 밀어냈다. 그런 경우에는 경계선을 따라 지리적인 경쟁이 뒤따른다. 영국에서는 콘월어가 1800년경에 소멸하고, 최근까지 남아 있는 웨일스어도 그 기반을 상실해가는 중이다.

그러나 모든 경우에 하위 언어는 분명히 상위 언어에서 차용한다. 따라서 상위 언어가 살아남는다면, 그 언어는 어떤 이웃 언어에서든 빌려옴직한 소수의 문화적 차용어를 제외하면 예전과 동일하다. 로망스 제어에는 로마의 정복 이전에 해당 영토에서 사용되던 여러 언어에서 들여온 소수의 문화적 차용어만 포함되어 있다. 영어도 브리튼 섬의 켈트 제어에서 소수의 문화적 차용어만 받아들였다. 미국영어도 인디언 언어나 19세기 이민자의 언어에서 소수의 문화적 차용어만 받아들였다. 정복이 일어난 경우, 살아남은 상위 언어에 편입된 문화적 차용어는 주로 지명이다. 예컨대 아메리카 인디언의 지명을 들면 다음과 같다. (예) 매사추세츠, 미시건, 일리노이, 시카고, 밀

워키, 오시코시(Oshkosh), 셰보이건(Sheboygan), 워키건(Waukegan), 무스키건(Muskegon). 북아메리카에서 영어가 네덜란드어와 프랑스어 혹은 스페인어의 식민 언어 지위를 빼앗은 경우에, 다른 하위 언어와 마찬가지로 이들 옛 언어가 흔적을 남겼다는 점은 매우 흥미롭다. 네덜란드어에서 온 문화적 차용어는 'cold-slaw(양배추 샐러드), cookie, cruller(도넛의 일종), spree(연회), scow(거룻배), boss' 등인데, 특히 '슈일킬(Schuylkill), 캐츠킬(Catskill), 할렘(Harlem), 더 바워리(the Bowery)' 등의 지명도 있다. 지명은 사어(死語)에 대해 귀중한 증언을 한다. 예컨대 켈트어 지명의 넓은 띠는 보헤미아에서 영국까지 유럽을 가로질러 뻗어 있다. 비엔나(Vienna), 파리(Paris), 런던(London) 등이 바로 그러한 켈트어 지명이다. 슬라브어 지명은 독일 동부를 아우른다. (예) 베를린(Berlin), 라이프치히(Leipzig), 드레스덴(Dresden), 브레슬로(Breslau).

반면에, 하위 언어가 살아남는다면, 그 하위 언어에는 상위 언어와 벌인 투쟁이 풍부한 차용이라는 모습으로 각인된다. 노르만-프랑스어로부터 들어온 차용어와 광대한 반식자층(라틴어-프랑스어) 어휘를 가진 영어가 이러한 경우의 고전적인 사례라고 할 수 있다. 1066년에 벌어진 헤이스팅스 전투(*Battle of Hastings*)가 그 시작이었다. 프랑스어 단어가 영어의 기록에 처음으로 나타나는 것은 대체로 1250년부터 1400년까지이다. 아마도 실제 차용은 이보다 수십 년 정도 빨랐을 것이다. 1300년경이 되면, 상위 계층의 영국인은 이중언어 사용자가 되었거나, 그 정도까지는 아니더라도 최소한 프랑스어를 꽤 능숙하게 구사했을 것이다. 다수의 언중은 영어만을 사용했다. 1362년에는 법정에서 영어를 사용하도록 법제화가 이루어졌으며, 같은 해에 의회도 영어로 열렸다. 1100년에서 1350년까지 지속된 두 언어의 갈등은, 어두 [v-, z-, j]와 같은 소수의 음소적 자질과 프랑스어 형태구조의 많은 자질이 차용형태로 보존된 점을 제외하면, 영어의 음성과 문법 구조에 별다른 영향을 미치지 않은 것으로 보인다. 그러나 어휘에 미친 영향은 지대했다. 영어가 차용한 정부 관련 용어는 다음과 같다. (예) state, crown, reign, power, country, people, prince, duke, duchess, peer, court. 영어가 차용한 법률 관련 용어는 다음과 같다. (예) judge, jury, just, sue, plea, cause, accuse, crime, marry, prove, false, heir. 영어가 차용한 전쟁 관련 용어는 다음과 같다. (예) war, battle, arms, soldier, officer, navy, siege, danger, enemy, march, force, guard. 영어가 차용한 종교와 도덕 관련 용어는 다음과 같다. (예) religion, virgin, angel, saint, preach, pray, rule, save, tempt, blame, order, nature, virtue, vice, science, grace, cruel, pity, mercy. 영어가 차용한 사냥과 스포츠 관련 용어는 다음과 같다. (예) leash(개를 묶어두는 가죽끈), falcon(매), quarry (사냥감), scent, track, sport, cards, dice, ace, suit(카드 짝 한 벌), trump, partner. 영어에는 일반적 문화요소와 관련된 용어의 차용도 많다. (예) honor, glory, fine, noble, art, beauty, color, figure, paint, arch, tower, column, palace, castle. 그리고 하인이 주인에게서 배움직한 가정사와 관련된 용어의 차용도 있다. (예) chair, table, furniture, serve, soup, fruit, jelly, boil, fry, roast, toast. 특히 방금 살펴본 가정사와 관련된 영역의 어휘는 발굽을 가진 동물을 가리키는 고유어 이름(예: ox, calf, swine, sheep)과 그 동물의 고기를 가리키는 프랑스어 차용어 이름(예: beef, veal, pork, mutton)이 대조를 보인다. 영어의 인명이 'Richard, Roger, Henry' 등과 같이 궁극적으로 게르만어에서 비롯된 이름을 비롯해서, 'John, James, Frances, Helen' 등과 같이 주로 프랑스어라는 사실은 주목할 만하다.

26. 3. 문화적 참신성보다 광범위한 의미영역에 나타나는 차용어의 존재를 통해서 우리는 살아남은 하위 언어를 확인할 수 있다. 그리고 이러한 확인과정은 역사적 상황뿐만 아니라, (차용어 자체의 증거 덕분으로) 고대의 언어 자질에 대한 모종의 암시를 던져줄 수 있다. 게르만어의 초기단계에 대한 대부분의 정보는 한때 게르만어를 사용하는 부족의 지배 아래 놓였던 언어에 남아 있는 차용어에서 얻은 것이다.

핀란드어와 라플란드어 및 에스토니아어에는 기원적으로 분명히 게르만어에 속하는 수백 개의 단어가 들어 있다(18. 6절). (예) 핀란드어: kuningas(왕), lammas(양), rengas(반지), niekla(바늘), napakaira (송곳), pelto(들). 이들 차용어는 정치제도와 무기, 연장, 의복 등과 같은 의미영역뿐만 아니라, 동물과 식물, 인체의 각 부위, 광물, 추상적 관계, 형용사적 특질 등과 같은 의미영역에도 출현한다. 핀란드어에서 일어났던 음-변화가 게르만 제어에서 일어났던 음-변화와 달랐던 관계로, 이들 차용어는 비교연구의 방법을 보완해준다. 특히 이들 가운데 가장 오래된 차용어는 틀림없이 게르만어에 관한 최초의 기록이 나오기 수세기 전인 서력기원의 개막 무렵에 이루어졌을 것이다.

모든 슬라브어에서는 분명히 선-슬라브어 시기에 유입된 일련의 게르만어 차용어가 발견된다. 그래서 이들 언어에는 핀란드어의 게르만어 차용어를 닮은 오래된 층위가 존재한다. (예) 고대 불가리아어 [kuneⁿdzɪ](왕자) < *['kununga-], 고대 불가리아어 [xle:bʊ](곡식 낟알, 빵) < *['hlajba-](고트어 hlaifs, 영어 loaf), 고대 보헤미아어 [neboze:z](송곳) < *['nabagajza-]. 그리스-로마에 기원을 둔 문화 용어를 포함하는 이보다 후대의 층위는 특히 고트어의 특징을 보여준다. 이 층위에 속하는 단어는 다음과 같다. (예) 고대 불가리아어 [kotɪlʊ](주전자) < *['katila-], 고대 불가리아어 [myto] < *['mo:ta], 고대 불가리아어 [tse:sar] < *['kajso:rja-](25. 5절), 고대 불가리아

어 〔usereⁿdzɪ〕(귀고리) *〔ˈawsa-hringa-〕. 이상의 사실을 근거로 우리는 초기의 언어 층위가 선-고트어 단계로서 서력기원의 개막 이전으로 거슬러 올라가며, 후기의 언어 층위는 4세기 자료에 나타나는 고트어 단계로부터 발달했다는 추론을 이끌어낼 수 있다.

게르만 민족의 대이동으로 잘 알려진 이주를 감행하면서 이들 부족은 로마제국의 다양한 지역을 정복했다. 이때 이미 라틴어에는 게르만어에서 수많은 문화적 차용어가 들어온 상태였다(25.8절). 대이동 시기의 새로운 차용어는 지역적 분포나 혹은 정복자의 방언을 가리키는 형식적 특징으로 (이전의 차용어와) 구분될 수 있다. 예를 들면, 이탈리아어 'elmo'〔ˈelmo〕(헬멧)는 과거의 〔i〕를 반영하고, *〔ˈhelmaz〕(고대 영어 helm)와 같은 단어의 게르만어 〔e〕는 고트어에서만 〔i〕로 나타난다. 고트족은 6세기에 이탈리아를 통치했다. 반면에, 남게르만어의 경우처럼 자음 추이를 가진 게르만어 단어의 층위는 롬바르드족의 침략과 통치를 반영한다. 가령, 이탈리아어 'tattera'〔ˈtattera〕(쓰레기)는 고트어에서 들어온 차용어로 추정되지만, 'zazzera'〔ˈtsattsera〕(긴 머리)는 동일한 게르만어 단어의 롬바르드어 형태를 반영한다. 이탈리아어 'ricco(부유한), elso(자루), tuffare(뛰어들다)' 등은 롬바르드어에서 들어온 차용어와 동일한 표지를 갖는다.

게르만어에서 로망스어로 들어간 가장 광범위한 차용어의 유입현상은 프랑스어에서 발견된다. '프랑스'라는 국호와 함께 시작되어 프랑스어에서 프랑크족 통치자들로부터 받아들인 언어요소의 차용은 전체 어휘영역에 걸쳐 널리 퍼져 있다. 그 용례는 다음과 같다. (예) 프랑키아어 *〔helm〕(헬멧) > 고대 프랑스어 helme (현대 프랑스어 heaume 〔oːm〕), 프랑키아어 *〔ˈfalda-ˌstoːli〕(접는 의자) > 고대 프랑스어 faldestoel (현대 프랑스어 fauteuil〔fotœːj〕), 프랑키아어 *〔bruːn〕(갈색의) > 프랑스어 brun, 프랑키아어 *〔blaːw〕(청색의) > 프랑스어

bleu, 프랑키아어 *〔ˈhatjan〕(미워하다) > 프랑스어 haïr, 프랑키아어 *〔ˈwajdano: n〕(얻다) > 고대 프랑스어 gaagnier (현대 프랑스어 gagner > 영어 gain). 마지막 용례는 영어에 있는 상당수의 프랑스어 차용어가 궁극적 기원을 따지면 게르만어로 소급된다는 점을 알려준다. 가령, 영어의 'ward'는 고유어로 고대 영어 〔weardjan〕을 반영한다. 그런데 이 단어와 동족어인 프랑키아어 *〔ˈwardo:n〕이 프랑스어에 'garder'〔garde〕로 나타난다. (영어는 이 단어를 'guard'로 차용했다.)

로망스어로 된 인명이 주로 게르만어에서 비롯되었다는 사실은 그리 놀랍지 않다. (예) 프랑스어 인명: Louis, Charles, Henri, Robert, Roger, Richard, 스페인어 인명: Alfonso (< 고트어 *〔ˈhaθu-funs〕'조롱을 퍼붓는 사람'), Adolfo (< 고트어 *〔ˈaθal-ulfs〕'대지의 늑대'). 상위 계급의 작명방식은 상위 언어가 사라진 경우에도 살아남는다.

반복된 지배 탓으로 차용어를 넘치도록 받아들인 언어도 있다. 알바니아어는 수백 개에 불과한 고유어 단어의 기층만을 가지고 있다고 하는데, 나머지는 모두 라틴어와 로망스어, 그리스어, 슬라브어, 터키어 등 지배집단에서 들어온 차용어로 채워져 있다. 유럽의 집시족은 인도-유럽어를 사용한다. 이들은 다양한 거주지에서 다른 부족과 확실하게 격리되어 자기네 언어를 지킬 수 있었지만, 이 언어는 항상 하위 언어인 동시에 차용어의 수입자였다. 특히 집시어의 모든 방언에는 그리스어 차용어가 들어 있다. 핑크(F. N. Finck)는 독일의 집시어를 '어휘부에 없는 모든 표현', 예컨대 〔ˈflikerwa:wa〕('I patch' < 독일어 flicken)나 〔ˈštu:lo〕('의자' < 독일어 Stuhl) 등이 독일어 단어로 대체된 집시 언어의 방언으로 정의한다. 그러나 굴절체계는 그대로 남아 있고, 음성구조도 독일어와 눈에 띄게 다르다.

상위 언어의 모형은 하위 언어의 문법형태에까지 영향을 미칠 수 있다. 미국 이민자의 독일어에 나타나는 영국영어풍 어법은 피지배

민족의 언어에서 많은 유사성을 보인다. 예컨대 라딘어(Ladin)는 라틴어 형태소를 가지면서도 통사론만큼은 주로 인접한 독일어의 통사론을 갖는다고 알려져 있다. 영어에는 'eatable, murderous'(25. 6절) 등과 같은 라틴어-프랑스어 접사뿐만 아니라, 음성 패턴상 'zoom jounce' 등에 보이는 일부 외국어 자질도 들어 있다. 비변별적 음소 특징은 차용되지 않은 것으로 보인다. 독일계 미국인이 미국영어의 〔l〕과 〔r〕을 사용하는 모습을 보면, (그 화자에게) 마치 독일어가 외국어인 것처럼 느껴진다.

정치적 여건이나 문화적 여건의 변화가 일어나면, 하위 언어의 화자들은 더 이상의 차용을 그치고 오히려 차용을 되돌리려고 노력하기도 한다. 예컨대 독일인들은 라틴어-프랑스어 차용어를 반대하는 오랜 기간에 걸친 대체로 성공적인 캠페인을 벌여왔고, 슬라브어 권역의 국가들은 독일어 차용어에 반대하는 캠페인을 벌여왔다. 보헤미아어에서는 차용 번역까지 회피한다. 그래서 독일어 'Eintragung'(기입, 등록)의 차용 번역어로 '기입하다'를 뜻하는 동사의 추상명사인 〔zana:šuka〕를 순수한 고유어 〔za:pis〕(안에 써넣기, 표기)로 대체하는 중이다.

26. 4. 상위 언어가 살아남으면 온전하게 보존되고 하위 언어가 살아남으면 차용어와 차용 번역 및 통사론의 습관까지 대량으로 흔적을 남기는 것이 통상적인 언어 간의 갈등이다. 그런데 분명히 이와 다른 어떤 사건이 일어난 다수의 사례를 발견할 수 있다. 이론상으로 보통과 다른 결과를 보일 가능성은 여러 가지이다. 신비스러운 저층이론의 설명(21. 9절)을 논외로 하면, 불완전하게 상위 언어를 습득한 대규모 인구집단은 그 불완전한 상태를 영속화하고, 심지어는 상위 계층이 사용하던 본래적 특징까지 밀어내버릴 가능성이 높다. 반면에,

하위 언어가 어느 정도까지 환골탈태되면서 살아남을 수 있는지는 아무도 모른다. 마지막으로 언어 간의 투쟁이 적절하게 균형 잡힌 혼합 상태로 막을 내리게 되어, 역사언어학자도 어디까지가 고유어의 주요한 습관 자산이고 어디서부터가 차용된 자산인가를 판단할 수 없게 되는 경우도 있을 수 있다. 이런 사례나 혹은 상상할 수 있는 다른 복잡한 사례를 통틀어 실제로 어떤 사건이 발생했는지는 알 수 없으며, 정상에서 벗어난 구체적인 혼합형 사례를 성공적으로 설명한 학자는 아무도 없었다.

8세기 말엽부터, 덴마크와 노르웨이의 바이킹들은 영국을 침입해서 그곳에 정착했다. 1013년부터 1042년까지 영국을 통치한 것은 덴마크의 왕이었다. 그러나 영어에 있는 스칸디나비아어 요소는 상위 언어가 남긴 유형과 들어맞지 않는다. 이런 요소는 어휘부의 본질적인 부분에 국한된다. (예) egg, sky, oar, skin, gate, bull, bait, skirt, fellow, husband, sister, law, wrong, loose, low, meek, weak, give, take, call, cast, hit. 부사와 접속사 'though'도 스칸디나비아어이고, 대명사 'they, their, them' 등도 마찬가지이다. 'I saw 'em'에 보이는 고유어 형태 [m](< 고대 영어 him, 여격 복수형)은 현재 차용어 'them'의 무강세 변이형으로 취급되고 있다. 스칸디나비아어 지명은 영국 북부에 많이 남아 있다. 구체적으로 어떤 여건 때문에 이처럼 특이한 결과가 발생했는지는 알려지지 않고 있다. 접촉 당시의 언어들이 이미 상호이해가 가능할 정도로 서로 닮아 있었는지도 모른다. 화자의 수효와 지배 여부에 관한 두 언어의 관계는 지역마다 달랐고, 시간이 흐르면서 다양하게 모습을 바꾸어 나갔을 것이다.

통상적 역학관계를 벗어난 대다수 차용 사례를 조사해 보면, 상위 언어가 하위 언어의 영향을 받은 것으로 보인다. 가장 선명한 사례는 칠레의 스페인어이다. 칠레에서는 용감무쌍한 원주민 전사들 때문에 스페인 병사들이 대규모로 들어왔는데, 스페인 병사들은 이 지역에 정착해서 원주민 여인들과 결혼했다. 다른 라틴아메리카 지역과 대조적으로 칠레는 인디언 언어를 모두 잃어버리고 오직 스페인어만을 사용한다. 이 스페인어는 아메리카의 여타 지역에서 상류 지배층이 사용하는 스페인어와 음성적으로 다르다. 이런 차이는 스페인어로 대체된 원주민 언어들의 방향과 일치한다. 요컨대, 최초의 혼혈로 태어난 자녀들은 어머니가 사용하던 불완전한 음성체계를 (모어로) 획득했던 것이다.

통상적 유형의 로망스 제어에 담긴 일부 자질은 라틴어로 대체된 여러 언어의 반영으로 설명할 수 있다. 그러한 설명이 타당성을 얻으려면, 불완전하게 라틴어를 획득한 앞선 언어의 화자들이 자신의 언어를 그처럼 불완전한 상태로 자녀들에게 전해주었을 당시까지 문제의 자질이 거슬러 올라간다는 사실을 입증하지 않으면 안 된다. 만일 이런 논리가 타당하다면, 우리는 라틴어를 사용하는 원주민 화자로 구성된 식민 관리 계층의 규모가 그다지 크지 않아서 (불완전성의 평준화를 낳을 수 있는) 상시적인 모형을 제공할 수 없었다고 추정하게 된다. 실제로, 로망스 제어의 특이한 자질은 시기적으로 너무 늦게 출현하기 때문에, 저층이론(21. 9절)의 (격세유전 등을 끌어들이는) 신비한 해석에 의지하지 않는 한, 위와 같은 설명은 아무래도 설득력이 떨어져 보인다.

인도-아리안어는 틀림없이 비교적 소규모의 침략자 집단과 함께 인도로 들어와서, 오랜 지배의 진행과정을 거치면서 통치계급에 의해 (피지배 계층에) 강요되었을 것이다. 대체된 여러 언어 중의 최소한 일부는 현재 인도에서 사용되는 비아리안계 어족과 관련이 있었을 것이다. 이들 어족 가운데 주요한 언어의 하나인 드라비다어는 치음 〔t, d, n〕과 함께 전도음 계열의 폐쇄음 〔T, D, N〕을 사용한다. 인도-

유럽 제어 가운데 인도-아리안어만이 두 계열을 갖는데, 이 언어의 역사를 보면 전도음의 수효가 후대로 내려갈수록 많아졌음을 알 수 있다. 인도-아리안 제어는 고대에 일어난 〔l〕과 〔r〕의 혼란을 드러내기도 하는데, 이런 양상은 두 유음 중의 하나만 가졌거나 아예 하나도 안 가졌던 저층의 존재에 기인하는 것으로 설명되고 있다. 후대의 인도-아리안어 명사 격 변화(*declension*)는 일종의 신-형성을 보여주는데, 이 신-형성에 의해 드라비다어에서 보듯이 일련의 동일한 격어미가 서로 다른 어간에 첨가되어 단수와 복수를 실현한다. 이러한 특성이 상이한 격어미 집합을 사용하는 인도-유럽어의 특징적인 습관(즉, 하나의 동일한 어간에 첨가되어 단수와 복수를 구분하는)을 대체했던 것이다.

슬라브어, 특히 러시아어와 폴란드어는 비인칭 구성체와 부분적(*partitive*)[1] 구성체가 핀란드어의 습관과 매우 유사하다. 발칸 반도의 여러 언어는, 인도-유럽어의 4개 지파(그리스어, 알바니아어, 슬라브어〔불가리아어, 세르비아어〕, 라틴어〔루마니아어〕)를 대표하지만, 서로 간에 다양한 유사성을 보여준다. 예를 들면, 알바니아어와 불가리아어 및 루마니아어는 모두 명사 뒤에 놓이는 정관사를 사용한다. 발칸 제어는 일반적으로 부정사가 없다. 물론 세계의 다른 지역에서도 음성적 자질이나 문법적 자질이 서로 무관한 언어들 사이에 널리 퍼져 있는 경우가 발견된다. 코카서스 지역에서 발견되는 일부 음성 자질이 그런 우연에 해당되는데, 이들 음성 자질은 대여섯 비인도-유럽어족 언어와 아르메니아어 및 이란어계의 오세트어에 보편적으로 나타난다. 북아메리카의 북서부 연안에는 음성적 특이성과 형태적 특이성이 동일한 범위에 걸쳐 나타난다. 가령, 키유트어(Quilleute)와

---

1) 문법적인 부분을 나타내는 말로, 이와 결합된 문법 용어로는 부분관사, 부분속격, 부분수사 등이 있다.

콰키우틀어(Kwakiutl) 및 침시안어(Tsimshian)[2]는 모두 보통명사와 이름에 상이한 관사를 사용하고, 지시대명사의 용법에서 '보이는 것'(*visibility*)과 '보이지 않는 것'(*invisibility*)을 구분한다. 이 후자의 특이성은 인근의 치누크어(Chinook)와 샐리시어(Salish) 방언에도 나타나지만, 내륙 오지의 방언에는 나타나지 않는다. 이러한 양상을 종합해 볼 때, 여러 부족이 서로 상대방 부족의 여인을 약탈하고, 이런 상황에서 다른 부족 출신의 어머니가 (자기가 쓰던) 관용적 어법의 흔적이 담긴 언어를 다음 세대로 전해주었을 것으로 당시의 상황을 미루어 짐작할 수 있다.

역사적 과정을 관찰할 수 있는 지역에서, 음성적 습관과 문법적 습관이 언어에서 언어로 전해지면서도 실제적인 지배관계가 나타나지 않는 경우도 가끔씩 있다. 현대를 지나면서 목젖 전동음 〔r〕은 유럽 서부의 광활한 지역으로 전파되어 설첨음 〔r〕을 대체했다. 그리하여 오늘날 프랑스와 네덜란드-독일어 권역에서는 전자가 도시형 발음으로 정착했고, 후자는 시골뜨기의 발음 내지 구식 발음으로 정착했다. 중세 말기가 되자, 사회적으로 혜택을 누리는 방언을 비롯한, 영어와 네덜란드어 및 독일어 권역의 대부분 지역에서는 음장을 가진 고모음을 이중모음화했다. 관사의 발생과 아울러, 'have, be, become'과 과거분사의 결합으로 이루어진 (완료와 수동의 가치를 가진) 구 동사형태의 발생사건은 라틴어 지역과 게르만어 지역 양쪽에서 중세 초기에 일어났다.

26.5. 비록 상세한 진행과정이 베일에 가려 있긴 해도 최소한 상위 언어가 변개를 입었다는 사실만큼은 확신할 수 있는 이상(異狀)

---

2) 알래스카 아래 캐나다 브리티시컬럼비아 주에 거주하는 인디언 부족의 언어.

차용의 유형이 남아 있다.

영어를 말하는 집시족은 자기 언어를 잃어버리고 음성적으로나 문법적으로 준표준 영어의 통상적 변종을 사용한다. (이런 양상은 현재 미국에 있는 집시족도 마찬가지이다.) 그런데 이들은 어디서든 자기들끼리 말을 할 때 수십 개에서 수백 개에 이르는 옛 집시어 단어를 사용한다. 이들 단어는 영어의 음소와 굴절 및 통사론의 모습을 띠고 나타난다. 이들은 매우 흔한 사물을 가리키는 용어인데, 대명사와 같은 문법 단어도 포함한다. 그리고 이들 단어는 등가인 영어단어와 서로 교체되어 사용되기도 한다. 오래된 기록을 보면 이런 단어가 다수 나타난다. 기다란 발화가 거의 전적으로 영어의 음성과 문법을 입힌 집시 단어로 이루어질 수도 있다. 현대의 사례를 들면 다음과 같다. (예) 〔ˈmɛndij〕(*I*), 〔ˈlɛdij〕(*you*), 〔sɔ〕(*all*), 〔kejk〕(*not*), 〔pon〕(*say*), 〔ˈgraȷr〕(*horse*), 〔aj 'dow nt 'kam tu 'dik e 'muš e-ˈčumrn e 'gruvn〕(*I don't like to see a man a-kissin' a cow*). 가끔씩 집시어의 굴절형을 듣게 되는 수도 있다. (예) 〔ruk〕(나무) - 〔ˈrukȷr〕(나무의 복수). 집시어 단어의 음성과 문법은 영락없이 영어를 모국어로 하는 화자들이 외국어에서 들여온 차용어라는 표시가 드러난다. 아마도 이런 단어는 집시언어의 모어 화자들이나 혹은 이중언어 사용자들로부터 그 자녀들이나 혹은 집시어가 더 이상 모어가 아닌 다른 사람들의 영어로 들어갔을 것으로 생각된다. 그러나 후자에 속하는 화자들은 틀림없이 영어를 사용하면서 오래된 하위 언어에서 빌려온 차용어를 섞었을 것이다. 일반적 격리여건하에서라면 이런 차용어는 필경 희화적 가치, 그러니까 국외자(局外者)가 자신의 말을 이해할 수 없도록 하는 장치로 사용되었다는 것이다. 자기 부모의 언어를 사용하지 않는 비영어권 출신 미국인들은 가끔 가다 농담 삼아 이런 언어의 단어를 사용하면서, 영어의 음성과 굴절을 입힌다. 예컨대 독일계 미국

인은 〔šwits〕('땀 흘리다' < 독일어 schwitzen) 혹은 〔klač〕('잡담하다' <
독일어 klatschen) 와 같은 형태를 사용하기도 한다. 이런 트릭은 상당
한 격리생활을 한 유태인들 사이에서도 매우 흔한 것으로 보인다.
더욱이 이런 차용어는 독일어에서도 특히 유태다운 것으로 간주되는
단어, 즉 히브리어 문어에 뿌리를 둔 다음과 같은 반(半)-식자층 단
어이다. (예) 〔ganef〕(도둑), 〔gɔj〕(유태인이 아닌 이교도), 〔me'šuga〕
(미친), 〔me'zuma〕(돈). 유태-독일어 방언형도 있다. (예) 〔nebix〕
('poor fellow' < 중세 고지독일어 〔n eb ix〕 'May I not have the
like'). 영어의 집시어 형태는 이런 습관이 특별히 효용성을 발휘하는
여건하에서 연장된 결과에 지나지 않는다.

하위 언어의 화자(하인)가 지배언어를 배우는 속도가 너무 더딘 나
머지 주인이 이들 하위 언어의 화자와 대화를 나눌 때 '아기의 말'
(baby-talk)에 의존하게 되는 경우가 있다. 이 '아기의 말'은 주인이
하인들의 부정확한 언어를 모방한 것이다. 그렇지만 그런 모방이 결
코 정확하지 않고, '아기의 말'에 나타나는 일부 자질이 하인들의 실
수가 아닌 상위 언어 자체에 내재한 문법적 관계에 근거하는 것으로
믿어진다. 그러면 정확한 모형을 박탈당한 하인들은 하는 수 없이 아
기의 말처럼 단순화한 방식으로 상위 언어를 습득하게 된다. 그 결과
는 일종의 양식화된 혼성어(jargon)3)가 될 가능성이 높다. 지난 수세
기에 걸쳐 식민화가 진행되는 동안, 유럽 사람들은 자기네 언어를 혼
성어로 만들어서 노예들과 식민지 부족들에게 반복적으로 주입시켰
다. 포르투갈어의 혼성어는 아프리카와 인도 및 극동의 다양한 장소
에서 발견되고, 프랑스어의 혼성어는 모리셔스와 베트남에서 발견된

---

3) 통속적으로는 알아들을 수 없는 말이라는 뜻을 갖지만, 언어학적으로는 다
음의 세 가지 용법을 갖는다. (가) 전문용어, (나) 혼성어, (다) 비현실적
인 문체. 여기서는 (나)의 뜻으로 사용되었으므로 '혼성어'로 옮겼다.

다. 스페인어의 혼성어는 한때 필리핀에서 사용되었다. 영어의 혼성어는 남태평양의 서부 제도(현재 '비치 라 마르'[Beach-la-Mar][4]로 알려져 있음) [1]와 중국의 항구(피진[5]) 영어(*Pidgin English*)), 시에라리온 (Sierra Leone) [6]과 라이베리아[7]에서 발견된다. 이들 혼성어는 불행하게도 제대로 기록으로 보존되지 못했다. 비치 라 마르의 용례를 들면 다음과 같다.

What for you diss belonga master in fire? Him cost plenty money and that fellow kai-kai him. (Why did you put the master's dishes into the fire? They cost a lot of money and it has destroyed them) (은그릇을 오븐에 넣은 요리사에게 한 말)

What for you wipe hands belonga you on clothes belonga esseppoon? (Why did you wipe your hands on the napkin?)

Kai-kai he finish? (Is dinner ready?)

You not like soup? He plenty good kai-kai. (Don't you like the soup? It's very good.)

What man you give him stick? (To whom did you give the stick?)

Me savey go. (I can go there.)

기록은 빈약하지만, 우리는 위와 같은 언어형태의 창조과정을 어느 정도 재구성할 수 있다. 이런 혼성어의 기반은 영어를 익히려는 외국인의 필사적인 노력이다. 그다음에는 영어의 화자가 이런 언어형태를 경멸적으로 모방하게 되는데, 이 영어 화자는 그렇게 함으로

---

4) 영어에 바탕을 둔 피진어로서 멜라네시아에서 무역과 선교의 언어로 사용된다.
5) 원래 통상영어를 뜻하는 'business English'의 전와(轉訛)라고 한다.
6) 아프리카 서쪽 해안에 있는 공화국으로 1961년에 영국에서 독립했다.
7) 아프리카 서부 사하라 사막 남서쪽의 공화국. ☞ 지명 약해 참고.

써 이런 언어를 사용하는 사람들과 의사소통하려고 한다. 이 단계의 언어는 말하자면 미국인들이 빈민가를 방문하거나 해외를 여행할 때 외국 사람들과 의사소통하기 위해 영어 대신 사용하는 이른바 '링고'(lingo)라고 할 수 있다. 앞서 든 혼성어의 용례에서 특히 눈에 띄는 것은, 영어의 화자가 들여오는 외국어 단어(예: 폴리네시아어에서 온 '먹는다'는 뜻을 가진 'kai')가 자신이 어떻게든 배우려는 말이고, 다른 외국어(예: '안다'는 뜻을 가진 'savey'는 스페인어에서 온 말인데 대체로 모든 영어 혼성어에 나타남)를 차별하지 않는다는 점이다. 언어 변경의 세 번째 층위는 영어 화자의 단순화한 말을 외국인이 불완전하게 재현하기 때문에 생기는데, 해당 외국인이 사용하는 언어의 문법과 음성에 따라 다양한 양상을 띠게 된다. 비록 빈약한 철자법으로 적혔지만 앞서 든 용례만 봐도, 'dish'의 〔š〕가 〔s〕로 대치되어 있고, 'belonga'의 어말 〔ŋ〕과 '숟가락'을 가리키는 'esseppoon'의 어두 자음군 〔sp〕가 발음되지 못하고 있음을 알 수 있다.

혼성어는 다양한 국적을 가진 사람들 사이의 일반적 통상을 위한 목적으로 사용되기도 한다. 우리는 이러한 용법으로 사용되는 혼성어를 특히 '혼성적 국제어'(lingua franca)라고 부르는데, 이 용어는 현대의 초기에 지중해 동부지역에서 사용되던 이탈리아어의 혼성어에 적용되었던 것으로 보인다. 예컨대, 피진 영어는 영어 이외의 언어를 사용하는 유럽 사람들과 중국 사람들 사이의 통상무역에 매우 널리 사용된다. 워싱턴과 오리건(Oregon)에서는 한때 프랑스어나 영어를 사용하는 상인들뿐만 아니라, 다양한 인디언 부족도 '치누크 혼성어'(Chinook Jargon)로 알려진 혼성적 국제어를 사용했다. 이 치누크 혼성어는 이상하게도 혼성어로 재편된 치누크어 형태를 기반으로 인디언 언어와 영어에서 받아들인 요소를 혼합해서 형성되었다.

자주 무시되는 측면이지만, 혼성어나 혹은 혼성적 국제어가 어느 누구의 모국어도 아니고, 다만 한 언어에 대한 외국인 화자의 해석과 다시 그 해석에 대한 모국어 화자의 해석이 타협한 결과일 따름이며, 따라서 어느 쪽이든 상대방의 말을 불완전하게 재현할 수밖에 없다는 사실은 잊어서는 안 될 중요한 문제이다. 많은 경우에 혼성어나 혼성적 국제어는 '치누크 혼성어'처럼 여하한 화자 집단의 모국어도 되지 못한 채 소멸하고 만다.

그러나 일부 경우에는 종속적(하위) 집단이 자신의 모국어를 포기하고 혼성어를 사용하기도 한다. 종속적 집단이 상이한 언어공동체로 구성되어, 혼성어에 의해서만 구성원들 사이의 의사소통이 가능할 때, 특히 이러한 상황이 일어날 가능성이 높다. 미국 각처의 흑인 노예들 사이에서도 이런 상황이 벌어졌던 것으로 짐작된다. 혼성어가 종속적 집단의 유일한 언어가 되었을 때, 이 혼성어는 혼합언어이다. 혼합언어는 주인 언어의 열등한 방언이라는 지위를 갖는다. 그래서 혼합언어는 주인 언어 쪽으로 진행되는 끊임없는 평준화와 개선의 압력을 받는다. 미국에서 관찰되는 다양한 유형의 흑인 방언(Negro dialect)은 이러한 평준화의 최종단계를 보여준다. 사회적 여건이 개선되면, 이러한 평준화 작용도 더욱 가속화된다. 그 결과는 일종의 계급방언으로 나타나는데, 이 계급방언의 화자는 언어적 인자에 관한 한 준표준어 화자만큼 쉽게 표준어를 습득할 수 있다.

이와 같은 과정이 진행되는 동안 혼합언어의 색채를 탈피하는 방언이, 과연 공동체의 언어에 영향을 미칠 것인가에 대해서는 의문의 여지가 있다. 예컨대 남부 흑인의 혼합영어가 준표준어 유형의 지역 방언이나 혹은 표준영어에 영향을 미쳤을지도 모른다는 것이다. '아프리칸즈'(Afrikaans)로 아려진 남아프리카의 공용 네덜란드어는 혼합언어를 떠올리게 하는 일부 자질, 이를테면 극단적으로 단순화된 굴절 체계 등을 보여준다. 공동체의 전체 구성원이 이 공용 네덜란드어를 사용하기 때문에, 우리는 네덜란드 정착민들이 아프리카 원주민들과 의사소통하기 위해 혼합언어의 형태를 갖춘 네덜란드어를 발달시켰고, 이 혼성어가 원주민 하인(특히 유모)을 매개로 주인의 언어에 영향을 미쳤다고 추정할 수 있다.

종속적 집단이 고유어를 잃고 혼합언어만을 말하다가 본보기 언어의 지배에서 벗어나는 아주 특별한 경우에는, 해당 혼합언어가 동화(同化)를 피해 독자적인 이력을 밟기 시작하기도 한다. 이와 관련된 소수의 사례가 관찰되고 있다. 예를 들면, 서아프리카 해안에서 멀리 떨어진 상투메(San Thomé) 섬에 정착한 탈출 노예의 후손들은 포르투갈어의 혼합언어를 사용했다. 네덜란드어의 혼합언어는 버진 제도(Virgin Islands)[8]에서 오랫동안 사용되었다. 혼합언어가 된 두 가지 영어가 수리남(네덜란드령 기아나[Guiana])에서 사용되는데, 그 하나는 해안가를 따라 정착한 노예의 후손이 사용하는 '닝그레-통고'(Ningre Tongo) 혹은 '타키-타키'(taki-taki)이고 다른 하나는 통상적 영어의 유형에서 상당히 벗어난 '유태-통고'(Jew-Tongo)이다. 후자는 사라마카 강(Saramakka River) 연안에 정착한 부시 흑인(Bush Negro)이 사용하는데, 이들은 반란과 도망으로 18세기에 자유를 쟁취한 노예의 후손이다. 이들의 혼합언어에 이런 이름이 붙게 된 것은 이들 노예의 일부를 소유했던 주인이 포르투갈의 유태인이었기 때문이다. 부시 흑인의 영어에서 발견되는 두드러진 자질은 서아프리카 제어의 음성과 구조에 극단적으로 적응되었고, 서아프리카의 어휘가 상당부분 존치되어 있다는 점이다. 만일 노예들이 아직도 아프리카어를 사용한다면, 이들이 왜 자신의 언어를 버리고 영어의 혼성어를 채택했는지가 재미있는 수수께끼가 될 것이다.

---

8) 카리브 해 동부의 섬으로 행정구역상 영국령과 미국령으로 나뉘어 있다.

다음 자료는 헤스코비츠[9]가 채록한 텍스트에서 발췌한 닝그레-통 고어의 용례이다.

〔'kom na 'ini:-sej. mi: sɛ 'gi: ju wan 'sani: fo: ju: de 'njam.〕
(*Come inside. I shall give you something to eat.*)
〔a 'taki: , 'gran 'taɦgi: fo: 'ju:〕 (*He said, "Thank you very much."*)
〔mi: 'njam mi: 'bɛre 'furu.〕 (*I have eaten my belly full.*)

헤스코비츠 교수가 친절하게 제공한 다음 부시 흑인의 영어 속담에 서, 성조는 숫자로 표시되어 있다. 그리고 숫자의 결합은 복합 성조 를 표시한다. (예) ^{1}상승, ^{2}수평, ^{3}하강 / ^{13}상승-하강, ^{23}수평-하강.

〔fu^{13} kri^{21} ki^{23} a^{n1} taɦ^{13} hɔɦ^2 wi^{21}〕 (*full creek not stand uproot weeds = A full creek doesn't uproot any weeds.*) 이 속담은 자기가 성취하려는 일을 떠벌리는 사람에게 하는 말이다.
〔ɛfi: ju: sei: ju: hɛdɛ, tɛ ju: baj hati:, pɛ ju: pɔti: ɛɦ〕 (*If you sell your head, then you buy hat, where you put him? = If you sell your head to buy a hat, where will you put it?*)
〔pi:ki: mačaw faa ga^n paw〕 (*Small axe fell great stick = A small axe can cut down a large tree.*)

---

9) 미국의 인류학자. ☞ 인명 약해 참고.

제27장

방언적 차용

27. 1. 유아는 자신을 돌봐주는 사람들의 언어습관부터 습득하기 시작한다. 유아는 대부분의 습관을 어느 한 사람, 보통 어머니에게서 얻지만, 그렇다고 해서 어머니의 말을 정확하게 재현하는 것은 아니다. 다른 사람들에게서도 여러 가지 언어형태를 얻기 때문이다. 통상적인 경우에 상용하는 언어습관이 과연 단순한 모방의 부정확성으로 생겨나는가의 문제는 아직 논란거리이다. 아이는 자라면서 유아 시절보다 더 많은 사람들에게서 언어형태를 습득한다. 아이는 직계가족의 범주를 벗어나 이루어지는 최초의 접촉에서 특히 모방적인 성향을 발휘한다. 시간이 흐르면서 모방의 대상이 되는 사람들의 범위는 점점 확대된다. 화자는 전 생애를 살아가면서 지속적으로 주변 동료들에게서 언어습관을 받아들인다. 어느 순간이든 모든 화자의 언어는 다양한 사람들에게서 획득한 각종 습관으로 구성된 개성적인 구조를 갖추고 있다.

화자의 전체 집단에서는 흔히 어떤 언어형태를 채택하거나 그 언어형태에 대해 호불호를 표시하는 데 동의한다. 연령집단, 직업집단, 이웃집단 안에서 일어나는 언어의 전환은 사람에서 사람으로 전달된다. 공동체 내부에서 일어나는 언어습관의 차용은 대체로 일방향적이다. 즉, 화자가 특정한 일부 사람에게서만 새로운 형태와 언어취향을 받아들이는 것이다. 어떤 집단에서든 다른 사람들보다 더 많이, 더 자주 모방의 대상이 되는 사람들이 분명히 존재한다. 이런 사람들은 보통 권력과 특전을 가진 지도자이다. 막연하게 정의된 감이 있지만, 상이한 집단끼리는 이와 비슷하게 일방향적 차용현상을 보인다. 모든 개인은 최소한 하나 이상의 소규모 언어집단에 속한다. 한 언어집단은 모종의 다른 분할선을 따라 (그 언어집단 내부에서) 지배적인 계층에 소속된 개인들의 영향을 받는다. 예컨대 직업상의 동료들 가운데서 화자는 최고의 '사회적' 지위를 가졌다고 믿는 사람들을 모방하게된다. 극단적인 경우, 화자는 막대한 특권을 누리는 사람들과 접촉할때 그 사람들의 일반적 행동양식뿐만 아니라 말씨까지 적극적으로 모방하려고 애쓴다. 여기서 일어나는 평준화의 방향은 너무도 분명하다. 미천한 하위계층의 화자가 쓰는 언어는 모방되지 않는다. 귀족이나 지도자는 그네들의 말을 듣는 사람들 대부분이 닮으려고 하는 본보기이다. 보통 사람은 그런 사람과 대화를 나눌 때 가능하면 기분을 상하게 하거나 웃음거리가 되는 행동을 피하고, '특이하게' 보일지도 모르는 자신의 습관을 억제하면서 상대방이 말하는 방식 그대로 말을 해서 상대방의 비위를 맞추려고 한다. 높은 사람과 한번 대화를 나눠보았기 때문에 이제 그 보통사람도 자기 집단 안에서는 자신과 같은 특권을 갖지 못한 사람들이 닮고 싶어 하는 본보기가 된 것이다. 그러므로 모든 화자는 다양한 집단들 사이의 중재자이다.

언어습관의 수정작용은 대체로 미세하고, 새로운 형태를 전적으로 받아들이기보다 특정한 형태에 조금씩 더 호의를 보이는 방향으로 이루어진다. 수많은 수정작용은 비변별적 변이음과 관련되어 있을 것이다. 반면에, 경쟁형태가 거의 동등한 대접을 받을 때는 선택의 문제가 대두된다. 예컨대 이런 경우에 화자는 'it's I'라고 해야 할지 아니면 'it's me'라고 해야 할지 혹은 'either, neither'를 발음할 때 〔ij〕

음을 사용할지 아니면 〔aj〕음을 사용할지 신중하게 고민하게 된다. 언어형태의 '규범적 정확성'에 관한 전통을 간직한 언어공동체에서는, 화자가 '내가 어떤 사람의 말씨에 동의해야 하는가?'를 묻는 대신 '어떤 형태가 더 좋은가?'를 묻는다. 그러나 대체적으로 그런 과정이 논쟁수준까지 발전하는 일은 별로 없다.

모든 화자와, 규모를 확장하여, 모든 지역이나 사회집단은 모방자인 동시에 모방의 대상자로 행동하면서 평준화 과정의 행위자 역할을 한다. 개인이든 집단이든 항상 어느 한쪽으로만 행동하는 경우는 없다. 다만 특권을 가진 계급과 중심지에서 사회를 지배하는 공동체는 본보기 역할을 하는 경우가 더 많고, 미천한 계급과 멀리 떨어진 외지는 모방자 역할을 하는 경우가 더 많을 것이다.

27. 2. 이런 평준화에서 중요한 의미를 갖는 역사적 과정은 광범위한 지역으로 전파되는 중심적 어형의 성장이다. 가령, 지리적으로 분화된 언어지역에서 어떤 소도시가 그곳에 거주하는 주민들이나 혹은 지형적인 호조건 덕분에 자주 열리는 종교의식이나 정치모임 혹은 시장의 터전이 되었다고 하자. 그러면 주변 마을에 거주하는 사람들이 이 중심 소도시를 주기적으로 찾아오게 된다. 이런 방문을 하면서 사람들은 자기 고장에서 사용하던 눈에 띄게 이 소도시 말씨와 다른 형태를 피하고, 문제가 될 만한 말씨를 오해나 조롱을 불러오지 않도록 대체하는 법을 배우게 된다. 이처럼 호의적인 대접을 받는 언어형태는 전체 혹은 대부분의 지역집단에 널리 퍼지게 된다. 만일 뚜렷하게 두드러진 언어형태가 없다면, 중심 도시에서 사용되는 언어형태가 선택될 것이다. 주변 마을 사람들은 집으로 돌아가서도 이들 한두 가지 새로운 어법을 지속적으로 사용하게 된다. 그러면 그런 형태의 근원을 알고 있거나 혹은 중심 소도시를 방문한 화자가 자기 고장에서

모종의 특권을 얻었기 때문에, 이웃사람들도 새로운 어법을 모방하게 된다. 이렇게 해서 이 새로운 어법은 제 2, 제 3의 중개자를 거쳐 멀리 떨어져 있는 사람과 장소까지 전파된다. 이제 앞서의 그 중심 소도시는 언어의 중심지(speech-center)가 된 것이다. 그리하여 이 중심지의 언어형태는, 이에 반하는 비중 있는 형태가 나타나지 않는 한, 인근 지역 전체에서 '더 나은' 형태가 된다.

상업이 발달하고 사회적 조직이 증가하면서, 이런 과정은 더욱 큰 규모로 반복된다. 각각의 중심지는 일정한 지역에 걸쳐 모방된다. 정치권력의 새로운 집중현상이 일어나면 이런 중심지의 일부 지역이 더욱 높은 순위로 격상된다. 그렇게 되면 이보다 작은 중심지들도 이제 이 새로운 주요 중심지를 모방하고, 지속적으로 자신의 형태와 주요 중심지의 형태를 자신의 소구역으로 전파한다. 이러한 발달과정이 중세 유럽에서 실제로 일어났다. 중세 말엽에 영국과 프랑스 및 독일과 같은 국가는 수많은 지역적 언어 중심지를 가졌다. (물론 당시까지 영국과 프랑스에서는 수도가 국가 전체에 대해 언어 중심지로서의 최고 지위를 확보한 상태가 아니었다.) 이러한 평준화 작용은 대규모로 일어나는 경우에 해당 지역에서 문화적 체계의 갈등을 표시하는 커다란 등어선 다발로 반영된다. 예컨대 이런 등어선 다발은 저지독일어와 고지독일어 혹은 북부 프랑스어와 남부 프랑스어를 분리한다. 소규모 지역 내지 지구의 평준화는 덜 중요한 등어선들로 나타난다. 가령, 1789년에 프랑스의 침입을 받았던 라인 강 하류 연안 소공국(小公國)들 사이의 경계는 오늘날 그다지 굵지 않은 등어선 다발로 반영되어 있다. 만일 정치적 경계와 중심지의 상대적 영향력이 빈번한 이동을 겪지 않는다면, 이 모든 과정이 보다 분명할 것이다. 가장 가변적인 인자는 무엇보다 언어형태들 자체의 편차이다. 의미적인 이유 때문이든 아니면 (빈도는 높지 않지만) 형식적 구조 때문이든, 일부 형태는 다른 형태에 비해 훨씬 강력하게 전파되기 때문이다.

규모를 막론하고 모든 구역에서 나타나는 언어형태의 유사성은 해당 언어공동체가 처음으로 이 구역에 그 언어형태를 전파했을 당시로 거슬러 올라갈 가능성이 높다. 예컨대 'house'는 색슨족의 영국 정복 당시에 영어의 유입과 함께 영국 전역으로 전파되었다. 당시에 이 단어는 〔hu:s〕라는 발음형을 가졌는데, 아직도 이 발음형을 사용하는 북부 방언에서는 현대 형태가 옛 형태의 직접적인 연속이다.

그러나 균일성이 정착 당시로 거슬러 올라가지 않는 사례도 매우 많다. 예를 들면, 'house, mouse' 등에 나타나는 이중모음 〔aw〕는 색슨족의 영국 정착이 이루어지고 나서 한참 후에 구형 〔u:〕에서 발달했다. 이런 경우에 과거의 학자들은 광대한 지역에 걸친 균일한 언어 변화를 당연한 사실로 받아들여, 거대한 지역의 영어가 〔u:〕 > 〔aw〕라는 음성 변화를 일으켰다고 추정했다. 현재는 실제적 언어 변화가 비교적 소규모 화자집단에서 일단 일어나고, 그다음에 새로 등장한 형태가 광범위한 지역에 걸친 언어 차용을 통해 퍼져나갔다고 믿고 있다. 우리는 평행한 형태에 대한 등어선이 일치하지 않는다는 사실에 근거해서 이러한 관점이 사실에 가까울 것으로 생각한다. 네덜란드에서 볼 수 있는 'mouse'와 'house' 모음 등어선의 분기(19.4절)와 같은 현상은 우리가 수립한 언어 차용의 분류체계에 들어맞지 않지만, 음성 변화의 분류체계에는 잘 들어맞는다. 일부 언어학자는 여기서 우리의 분류체계를 포기해야 하는 이유를 찾고, 음성 변화가 불규칙한 방식으로 전파되었다고 주장한다. 그렇지만 이러한 진술은 일련의 동족어 언어형태에 나타나는 음소적 평행성에 적용되는 음성 변화의 원초적 정의(20.4절)와 일치하지 않는다. 그러므로 우리는 새로운 분류체계를 고안해서, 음성 변화라는 용어의 새로운 용법에 포함된 두 가지 현상을 절충할 수 있는 방안을 찾아야 한다. 이러한 작업을 시도한 사람은 아직까지 아무도 없었다. 균일한 음성 변화와, 결과로 나타난 변이형의 차용에 의한 확산을 구분하는 방법이야말로 사실을 사실대로 바르게 설명하기 위해 여태까지 고안된 유일한 공식이다.

균일한 자질이 원래의 정착지에 수입된 유형을 대표할 수 있는 경우에도 우리는 더욱 정밀한 조사를 통해 이 자질이 단순히 예전의 다양성을 덮어놓았다는 사실을 밝혀낼 수 있다. 이러한 문제는 고립된 잔류형태(19.5절)나 혹은 과도교정 형태라는 특징적 현상에 의해 드러날 가능성이 높다. 가미스쉐크는 이와 관련된 훌륭한 보기를 제시한다. 돌러미트 산맥(Dolomite Mountains)[1]의 라딘어에서 라틴어 [wi-]는 [u:-]가 되었다. 그래서 라틴어 [wiˈkiːnum](이웃)은 [užin]으로 나타난다. 그런데 이 구역의 한쪽 구석인 라우 계곡(Rau Valley)에서는 이 변화가 일어나지 않았다. 그래서 [vižin]에서 보듯이 라틴어 [wi-]가 [vi-]로 나타난다. 여기에는 이상하게 보이는 불일치 현상이 있다. 이탈리아어에서 [učˈčello]로 나타나고 돌러미트 산맥의 라딘어에서 [učel](새)로 나타나며 어두에 [wi-]를 갖지 않았던 라틴어 단어 [awˈkɛllum](새)이 라우 계곡에서 [vičel] 형태로 나타나는 것이다. 만일 라우 계곡에서 라틴어 [wi-]를 [vi-]로 보존했다면, [vičel] 형태는 절대 설명할 수 없을 것이다. 이 현상은 다른 돌러미트 방언처럼 라우 방언도 [wi-]를 [u-]로 변화시킨 다음에, 좀더 도시적인 이탈리아어 [vi-]를 차용해서 고유어 [u-]를 대체했다고 가정해야만 설명이 가능해진다. 이런 과정에서 라우 화자들은 한 걸음 더 나아가서 *[učel](새)이라는 단어의 [u]까지 [vi-]로 대체해버렸던 것이다. (이탈리아어는 [u-]가 아닌 [vi-]를 갖는다.)

---

1) 오스트리아 티롤 지방의 백운석 산지.

등어선이 우리에게 알려주는 정보는 오직 어느 시점에 어떤 공간에서 음-변화와 유추-의미적 변화 혹은 문화적 차용현상이 일어났다는 사실뿐이다. 등어선은 이러한 변화가 구체적으로 언제 어디서 일어났는가는 증언하지 못한다. 변화의 결과로 나타난 형태가 외부로 확산되었다가, 우리가 알지 못하는 변천의 역사를 거쳐, 방언 차용과정에서 되돌아왔는데, 바로 그 결과가 현재의 등어선으로 반영될 수 있는 것이다. 한 형태가 차지하는 현재 지역에는 이 형태가 발생했던 지점조차 포함되지 않을 수 있다. 그러므로 등어선을 단순한 언어 변화의 한계로 오해하는 것은 매우 순진한 오류이다. 방언 지리학의 결과가 우리에게 알려주는 사실은 언어의 차용이다.

27. 3. 만일 어떤 언어형태의 지리적 영역분포가 차용에 기인한다면, 우리는 과연 누가 최초의 변화를 일으켰는가를 결정해야 하는 문제에 당면하게 된다. 문화적 차용이나 유추-의미적 개신은 단일 화자가 일으킬 수도 있다. 물론 서로 떨어진 둘 이상의 화자가 독자적으로 개신을 일으킬 가능성이 더 크다. 궁극적으로 음-변화를 낳는 비변별적 일탈에도 동일한 사정이 적용되지만, 이 문제는 한층 불확실하다. 언어학적으로 관찰가능한 실제적 변화가 여기서는 미세한 변이형이 축적된 결과로 나타나기 때문이다. (그런 변이형을 채택하는 화자도 그러하지만) 모종의 음향적 변이형을 선호하거나 과장하는 화자는 단지 비변별적 자질만을 변경시켰을 뿐이다. 그와 같은 선호현상이 연속적으로 일어나서 그 결과 음소구조에 변화가 일어날 때까지, 차용과정은 틀림없이 오래도록 진행될 것이다. 가령, 미국영어 공동체의 일부에서 'hot, cod, bother' 등과 같은 단어에서 더 낮고 원순화가 덜 일어난 변이형 모음을 선호하는 시점이 분명히 있었을 것이다. 어떤 사람이나 어떤 개별 집단이 최초로 그런 변이형을 선호

했는가는 별로 도움이 안 되는 질문이다. 우리는 다만 누군가가 화자 집단 안에서 특권을 누렸고, 그러자 이 집단이 다른 집단에 영향을 미쳤으며, 그렇게 해서 이 개신이 범위를 넓혀나갔다고 추정할 수밖에 없다. 새로운 변이형은 다행히도 일정기간을 거쳐 반복적으로 사용되는 상황에서 한층 지배적인 화자와 집단에 속할 수 있게 되었다. 이와 같은 변이형의 우대과정이 계속되다가, 마침내 (동시에 모든 지역에서 일어나지는 않았겠지만) 해당지역 전체에 걸쳐 'hot, cod, bother' 등의 모음이 'far, palm father' 등의 모음과 일치하게 된 것이다. 이 순간이 되어야 관찰자는 비로소 음-변화가 발생했었다고 말할 수 있다. 그러나 이 순간까지는 화자, 집단, 지역에서 드러나는 변이형의 분포란 차용이 가져온 결과였다. 우리는 예전에 둘이었던 음소가 하나로 합류하는 순간을 정확히 판정할 수 없다. 동일한 화자라도 어떤 때는 두 음소를 다르게 발음했다가 또 어떤 때는 같게 발음할 수 있기 때문이다. 음-변화가 관찰가능하게 될 때까지, 그 효과는 각각의 공동체 안에서 진행되는 평준화 과정에 의해 분산되는 것이다.

언어 변화를 크게 세 가지 유형, 즉 음성 변화와 유추-의미 변화 및 차용으로 나누는 언어학자의 분류체계는 미세하고 복합적인 과정에서부터 결과로 나타나는 제반 사실에 대한 분류수단이다. 이 과정 자체는 대체로 우리의 관찰을 벗어난다. 우리는 오로지 해당 과정의 결과가 창조한 일련의 인자와 그런 결과가 모종의 관련을 맺고 있다는 단순한 확인밖에 할 수 없는 것이다.

모든 화자는 자신이 속한 집단들 사이의 중재자로 작용하므로, 어떤 방언지역 안에서 언어의 차이가 나타난다는 것은 그런 중재 화자가 없기 때문이라고 말할 수 있다. 언어 중심지의 영향력은 언어형태를 모든 방향으로 확산시키다가, 의사소통 밀집도의 취약한 선을 만나면, 더 이상 그런 형태를 채택하는 화자를 만나지 않게 된다. 상이

한 의미와 형식적 조건 및 상이한 경쟁형태를 가진 일련의 언어형태는 제각기 다른 속도로 제각기 다른 거리까지 퍼져나간다. 더욱이 새로운 형태의 도래는 이웃 언어 중심지에서 발생한 경쟁형태가 들어오거나 혹은 이웃 언어 중심지가 변화되지 않은 형태를 사용한다는 사실 때문에 중단될 수도 있다.

이와 다른 한 가지 가능한 언어 분화의 원천은 외래어 지역의 흡수와 함께 생각해야 한다. 이 지역의 주민은 새로운 언어에 특정한 속성을 담아서 발화한다. 그러한 사례가 발견되지 않은 관계로 우리는 앞서 (26. 4절) 이런 현상이 다분히 이론적이라는 사실을 살펴본 바 있었다. 그렇다면 방언지역 안에서 일어나는 언어의 분화는 대체로 불완전한 평준화의 결과일 따름이라고 말할 수 있다.

27. 4. 빈도의 증가와 이를 바탕으로 하는 강렬한 통합력은 다수의 인자에 기인하는데, 그러한 일련의 인자는 경제와 정치단위의 점진적 성장과 의사소통 수단의 개선이라는 말로 요약할 수 있다. 우리는 이러한 중앙집권화 과정의 상세한 내용에 대해 거의 알고 있지 못하다. 증거는 거의 전적으로 문헌자료로 구성되어 있는데, 문헌자료란 이런 문제에서 특히 연구자를 혼란에 빠트리는 수가 많기 때문이다. 우선 문헌자료는 유럽에서 거의 대부분 라틴어로 표현되어 있지, 그 지방의 말로 표현되어 있지 않다. 우리는 애초부터 영어와 네덜란드-독일어 지역의 비라틴어 (자국어 *vernacular*) 기록에서 8세기 이후의 지역 방언을 찾는 것이다. 내적인 증거를 분석해 보면 이들 방언이 어느 정도의 통합을 통해 성장했다는 사실을 알 수 있지만, 이러한 통합이 실제 언어에 얼마만큼 존재했는가는 알 수 없다. 중세 말엽에 우리는 거대한 중앙집권화의 발단을 목격하게 된다. 특히 네덜란드-독일어 지역에서는 세 가지 균일한 언어유형을 보게 되는데, 플랑드

르어(중세 네덜란드어) 유형과 결정적으로 균일한 한자 도시 지역의 북부 독일어(중세 저지독일어) 유형 및 남부 공국들의 귀족적 문어인 남부 독일어(중세 고지독일어) 유형 등이 그것이다. 이들 문헌의 언어는 넓은 지리적 지역에 걸쳐 상당히 균일하다. 어떤 점에서는 지역적 특색이 어떻게 배제되는가를 확인할 수 있다. 북부 독일어 유형은 주로 뤼벡(Lübeck)의 도시형 언어에 기반을 둔다. 남부 유형은 오늘날의 방언에 나타나는 지역성의 일부를 배제하고 난, 지방 방언들 사이의 평균적인 종류를 대표한다. 고대 게르만어에서는 인칭대명사가 양수(兩數)와 복수에 대해 별개의 형태를 가졌다. 일반적으로 그러한 구분은 복수형이 두 사람만이 관련된 경우에까지 확장되면서 자취를 감추었다. 그러나 일부 지역에서는 옛 양수의 형태가 복수 용법까지 확대되기도 했다. 대부분의 독일어 지역에서는 옛 복수 형태, 즉 중세 고지독일어 'ir'(영어의 2인칭 'ye', 여격 iu, 대격 iuch)가 살아남았지만, 특히 바바리아(바이에른)와 오스트리아를 포함한 일부 구역에서는 제2의 대안이 살아남았다. 현대의 지역 방언에서는 옛 양수 형태 'ess'(여격과 대격 enk)를 사용한다. 그런데 제2의 대안이 살아남은 구역에서 나온 중세 고지독일어 문헌자료에는 이들 지역 방언형이 거의 나오지 않고, 오로지 일반적인 독일어 형태 'ir'만이 보인다. 반면에, 자료를 정밀하게 조사해 보면, 남부 독일어에서 발생했다고 알려진 형태가 나타나기도 한다. 그것은 당시에 사용하던 언어가 다수의 세부사항까지 표준화된 상태가 아니었기 때문이다. 특히 시인의 각운은 한편으로 특정한 관습을 따르면서도, 다른 한편으로는 자신의 출신 지방 음성체계를 드러낸다. 근대의 여명기인 15세기와 16세기 초반에 이 남부 독일어의 관습이 이미 무너져서 문헌자료는 결정적으로 지방적 속성을 띠게 된다. 그러다가 근대 국민국가의 표준어가 등장하게 되는 것이다.

전체 국가의 테두리 안에서 세력을 떨치는 근대의 표준어는 지방의 언어유형을 대체한다. 그리하여 이들 표준어는 시간이 흐르면서 더욱더 균일해진다. 대체로 표준어는 나중에 통일 국가의 수도가 된 도시 중심지의 상류층에서 우세하던 지방 방언에서 발달했다. 근대 표준 영어는 런던 지방 방언에 기초를 두고, 근대 표준 프랑스어는 파리 지방 방언에 기초를 둔다. 근원의 중심지가 불확실한 경우도 있다. 근대 표준 독일어는 여하한 지역 방언에도 기초를 두지 않고, 동부의 국경지역에서 발달한 공식 통상 언어 유형에서 결정화된 것으로 보인다. 그것은 창조된 것이 아니라, 다만 루터[2]의 성서 번역에 힘입어서 우월한 지위를 획득했다. 이러한 근원은 표준 독일어의 문헌이 18세기에 이르기까지 그다지 균일하지 않고, 영어나 프랑스어보다 더 많은 지역적 특색을 보여준다는 사실에 반영되어 있다. 오늘날 사용되는 현대 표준 독일어도 마찬가지 양상을 보인다.

근대국가는 표준어를 갖는다. 표준어는 모든 공식적 담화는 물론, 교회와 학교 및 모든 문자기록에 사용된다. 정치적 독립을 획득하거나 모색할 때 혹은 문화적 자주성을 주장할 때, 해당 언어집단에서는 표준어 제정에 힘을 기울이게 된다. 예를 들면, 터키의 지배에서 벗어난 세르보-크로아티아 국민들은 표준어를 갖지 못했다. 이때 언어학자 카라드지치(1787년~1864년)[3]는 자기 고장의 지역 방언을 기반으로 표준어롤 제정하고, 문법서와 사전을 편찬했다. 독일어권 중심지에서 밀려오는 통제력을 무시할 수 없는 보헤미아는 종교개혁 당시까지 이렇다 할 표준어를 갖지 못한 상황이었다. 위대한 종교개혁가 후스(1369년~1415년)[4]는 훌륭한 철자법 체계를 고안해냈다. 17세기

---

2) 독일의 성서학자이자 언어학자. ☞ 인명 약해 참고.
3) 세르비아의 언어학자이자 민속학자. ☞ 인명 약해 참고.
4) 15세기 체코의 종교개혁가. ☞ 인명 약해 참고.

와 18세기에 접어들면서 이 운동은 수그러들었지만, 18세기 말에 시작된 국가의 부흥과 함께 주로 도브로프스키(1753년~1829년)[5]라는 문헌학자의 노력으로 옛 표준어에 기반을 둔 새로운 표준어가 창조되었다. 현재 생존한 사람들의 기억에 의존할 때, 오늘날 이 국가의 국경 안에서 공식적으로 널리 통용되는 리투아니아 표준어는 혼란스러운 지역 방언들에서 발달했다. 슬로바키아나 카탈로니아, 프리슬란드 등과 같이 정치적 독립을 획득하지 못한 집단에서도 표준어를 발달시키고 있다. 노르웨이의 경우는 특히 흥미롭다. 수세기 동안 노르웨이는 정치적으로 덴마크에 속해서 표준 덴마크어를 국어로 사용했다. 덴마크어는 노르웨이어와 매우 유사해서 학교교육만 받으면 덴마크어를 사용하는 데 별 지장이 없을 정도였다. 노르웨이 사람들은 이 표준 덴마크어를 조금 수정해서 노르웨이어로 만들었다. 이 덴마크-노르웨이어, 즉 '릭스말어'(Riksmaal, '국어')는 교육을 받은 상류층의 모국어가 되었다. 지역 방언을 사용하고 교육을 받지 않은 다수의 화자들에게는 이 릭스말이 거의 외국어나 다름이 없었다. 1813년, 덴마크에서 정치적으로 분리된 다음에도, 이 릭스말은 점점 더 고유어 방언에 동화되어 갔다. 1840년대에 들어서, 오센(1813년~1896년)[6]이라는 한 언어학자가 노르웨이의 지역 방언들을 기초로 표준어를 구축하고, 이를 덴마크-노르웨이어 대신에 사용할 것을 주창했다. 많은 변화와 변이형을 가진 이 새로운 표준어, 즉 '란츠말어'(Landsmaal, '모국어')가 폭넓게 채택되어 노르웨이는 오늘날 두 가지의 공식 표준어를 갖게 되었다. 두 표준어는 서로에게 일정 부분씩 양보하면서 점점 더 비슷해지는 방향으로 발전하고 있다.

---

5) 체코의 언어학자이자 슬라브어학자. ☞ 인명 약해 참고.
6) 노르웨이의 언어학자이자 시인. ☞ 인명 약해 참고.

27. 5. 영어와 같은 대규모 표준어의 흥기에 관한 세부적인 내용은 잘 알려져 있지 않다. 문헌자료가 이 과정을 만족스럽게 담아내지 못하고 있기 때문이다. 지역 방언 유형과 (그 이후의) 지방 방언 유형으로 존재하다가, 나중에 표준어가 되는 언어는 초기단계에서 다른 언어의 자질을 광범위하게 차용했을 가능성이 높다. 그 이후에도 우월적 지위를 차지할 때까지, 이 언어는 외부 형태의 유입을 받아들인다. 고대 영어 〔y〕가 런던 고유어에서 발달한 형태는 〔i〕로 추정된다. (예) fill, kiss, sin, hill, bridge. 또 'bundle, thrush'에 나타나는 〔o〕는 서부 영어 유형을 대표하는 것으로 보이고, 'knell, merry'에 나타나는 〔e〕는 동부 영어 유형을 대표하는 것으로 보인다. 'bury' 〔berij〕의 철자에는 서부의 발달과정이 담겨 있지만, 실제 발음은 동부의 〔e〕이다. 'busy' 〔bizij〕의 철자는 서부 유형이지만, 실제 발음된 것은 고유어 형태이다. 외국어의 〔o〕와 〔e〕는 아주 이른 시기에 런던의 공식어에 들어왔을 것으로 추정된다. 영국영어의 발음 'heart, parson, far, dark, varsity (대학), clerk'에 나타나는 〔er〕 > 〔ar〕 변화는 지방적 특색이었던 것으로 보인다. (이 발음은 'earth, learn, person, university' 및 미국영어 'clerk'의 발음과 대조된다.) 이 〔ar〕-형태는 14세기 이래로 런던 상류층의 언어로 유입되었다. 초서는 동사의 삼인칭 단수 현재 어미로 '-th'를 사용한다. (예) hath, giveth. 현재의 어미 〔-ez, -z, -s〕는 16세기가 이슥할 때까지 북부 지방어였다. 특히 동부 내륙지방 (East Midlands) 은 영어가 우세하던 초기에 런던 영어에 많은 영향을 미쳤다. 나중에 표준어는 다른 방언에서 오직 전문용어 (예: vat, vixen 〔19. 1절〕, laird (영주), cairn 〈스코틀랜드어〉) 와 희화적인 표현 (예: 'hoss, cuss' ← 각각 'horse, curse'의 농담) 만을 차용한다. 여기서 *'berse (< 고대 영어 bears)'를 대신한 'bass' (물고기의 일종) 는 이른 시기에 일어난 가볍지 않은 차용을 나타낸다. 표

준어는 광범위한 지역에 걸쳐 주변 방언에 영향을 미치면서, 점점 더 넓게 퍼져나가 특권을 획득하게 된다. 표준어는 특히 지방의 중심지에 영향을 미치고, 이를 통해 그 위성 방언들에 영향력을 행사한다. 이런 움직임은 비교적 늦다. 우리는 앞서(19. 4절) 표준어가 본고장에서 대체된 다음에도 그 자질이 외곽의 방언에 영향을 미치는 경우를 살펴본 바 있다. 수도의 인접지역에서는 표준어가 매우 강력하게 작용한다. 인근 방언은 표준어에 흠뻑 젖어서 자기 개성을 모두 상실하기도 한다. 런던 주변 50㎞ 이내에는 지역 방언으로 기술될 만한 언어형태가 존재하지 않는다고 한다.

표준어는 지방 방언과 지역 방언[7]에서 화자를 끌어당긴다. 미천한 사람들은 솔직하게 표준어를 획득하지만, 표준어는 교육과 부요(富饒)를 누리면서 더욱 큰 규모의 계층에 점차 친숙해진다. 서유럽 국가에서는 오늘날 대부분의 사람들이 최소한 피상적으로라도 표준어를 구사한다. 세계 어디서든 사람들은 표준어를 성인 언어로 사용하고 표준어를 아이들에게 물려준다. 표준어는 성장하는 상류층 화자들의 모국어 방언이 되는 셈이다.

작은 방언의 점진적인 동화와 개인과 가족의 표준어 사용 전환에서 그 결과는 모두 불완전하며, 따라서 준표준어로 기술되거나, 혹은 사정이 조금 나은 경우에는 지방색이 묻어나는 표준어(3. 5절)가 되기도 한다. 이들 유형에 대한 평가는 국가마다 다르다. 영국에서는 이들 유형이 열등하게 취급되고, 따라서 그런 화자들도 더욱 확고한 표준화를 향한 압력을 느낀다. 그러나 표준어가 어떤 지역 집단에 속하지 않은 미국이나 독일에서는 표준어의 개념이 그다지 경직되어 있지 않

---

7) 전자는 'provincial dialect'이고 후자는 'local dialect'의 번역이다. 구역의 크기로 보아 전자가 훨씬 큰 개념이다. 방언과 이어(俚語) 혹은 지역어로 옮겨도 될 듯하다.

고 막연하게 정의된 여러 변종 유형이 동등한 특권을 누린다. 최초의 정착자들이 미국에 가져온 영어는 분명히 작은 지역 방언이 아니라, 표준어와 준표준어가 지방적 색채를 갖춘 유형으로 구성되었다. 준표준 미국영어의 특징적인 자질은, 어떤 특수한 영국 지역 방언에서 들어온 것이라기보다, 영국영어 방언과 준표준 영국영어의 일반적 자질로 보인다.

27. 6. 문자기록의 연구가 언어의 중앙집권화와 표준어의 흥기에 대해 밝혀낼 수 있는 정보는 거의 없는데, 그것은 표기체계의 변화가 대체로 실제 언어와 무관하게 발달하기 때문이기도 하지만, 표기관습이 급속도로 표준화되어 언어의 표준화에 실질적으로 영향력을 행사하기 때문이기도 하다. 우리는 가장 이른 시기의 표기도 곧 전통화되는 균일한 철자를 사용하는 경향(17. 7절)이 있음을 확인한 바 있다. 중세 필사본의 철자는 현대의 언어학자들에게 매우 복잡하게 보이지만, 잘 조사해 보면 대체로 일정한 관습에 따라 표기되어 있음을 알 수 있다. 중세 말기에 문자의 사용이 늘어나면서, 지방 유형의 철자법이 더욱 고착되었다. 인쇄술의 발명과 문식(文識) 능력의 확산으로 표기관습은 지속적으로 통일과 고착을 지향하게 된다. 그러다가 마침내 문법학자들과 사전편찬자들이 출현하는데, 이들의 가르침을 통해 누구나 인쇄된 책자의 형태로 자기 앞에 두고 본보기로 삼을 수 있는 용례를 활용할 수 있게 된 것이다. 더욱이 학교교육은 점점 더 보편화되어, 관습적인 양식을 더욱 집요하게 가르친다.

이러한 발달은 구어의 실제적인 중앙집권화를 겉으로 드러나지 않게 안으로 숨긴다. 역사언어학자는 부단히 두 가지 가능성을 다루지 않으면 안 된다. 표기관습은 근본적으로 실제 언어에서 특권을 향유하는 형태를 반영한다. 그런 이면에서, 표기관습은 경쟁 구어 형태를 급속도로 관습화하고 끊임없이 영향을 미친다. 결정적인 사건은 구어에서 일어나지만, 표기양식은 일단 형태를 붙잡게 되면 더욱 배타적으로 이 형태를 지키면서 표기자들에게 사용을 요구하는 무언의 압력을 가하게 된다. 우리는 산발적인 이상(異狀) 철자나 각운을 통해 구어에서 일어나는 상황을 편린이나마 알 수 있다. 예를 들면, 산발적인 철자의 일탈과 각운을 통해 우리는 표준영어의 발음 〔aj〕와 〔ɔj〕 사이의 경쟁관계(예: oil, boil, join)를 알 수 있는데, 지난 두 세기를 지나는 동안 후자의 유형이 결정적인 승리를 거둔 것은 바로 철자 덕분이다. 우리는 철자가 압력을 행사하지 않는 유사한 경쟁상황에서 아직 정착되지 않은 동요 양상을 위의 사건과 대조할 수 있다. (예) 〔a〕-〔ɛ〕: father, rather, gather, command / 〔ɑ〕-〔ɔ〕: dog, log, fog, doll.

통사론과 어휘부에서 문자기록의 메시지는 확연하고, 표준어에 엄청난 영향력을 행사한다. 고대 영어와 오늘날의 준표준영어에서는 일부 부정(否定) 형태가 한정동사와 부정 부사를 요구한다. (예) I don't want none. 표준영어의 습관은 라틴어 문법을 모방해서 문어에서 처음 발생한 것으로 보인다. 사람은 누구나 어떤 단어를 말하기 시작하다가 문득 자신이 어떻게 말을 해야 할지 모른다는 생각이 든 경험을 가지고 있을 텐데, 그것은 글로만 그 단어를 봤기 때문이다. 일부 단어는 실제 구어에서 폐용되었는데도, 문헌자료를 통해 다시 용법을 회복하는 수도 있다. 예컨대 'sooth(진실), guise(복장), prowess (용기), paramour(애인), behest(명령), caitiff(비겁자), meed(보답), affray(싸움)' 등은 18세기 시인들의 노력으로 부활한 단어이다.

우리는 표기가 실제 언어의 변화를 일으키는 경우에 표기의 영향력에 대한 명쾌한 개념을 얻게 된다. 고형을 살려내는 사람들은 가끔씩 자신의 텍스트를 잘못 해독해서 유령 형태를 만들어낸다. 예를 들면,

'anigh'와 'idlesse'는 19세기 시인이 만든 유사 의고적 형태이다. 햄릿의 명대사에서 'bourne'는 '한계'라는 뜻인데, 현대의 독자들은 이 구절을 잘못 읽고 이 단어를 '영역'이라는 의미로 사용한다. 초서의 명구 'in derring do that longeth to a knight'(*in daring to do what is proper for a knight*)에 나오는 'derring-do'를 스펜서[8]라는 시인이 '용감한 행동'이라는 합성어의 의미로 잘못 읽었는데, 이 오독사건은 고상한 영어에 이 유령 형태가 유입되는 계기가 되었다. 옛 글자의 오독은 'the'를 가리키는 유령 형태 'ye'(17. 7절)를 낳기도 했다.

실제 언어의 변화를 낳는 것은 비단 고형 표기뿐만이 아니다. 일련의 언어형태가 경쟁관계에 있다면, 표기관습의 인정을 받은 형태가 살아남을 가능성이 높다. 결과적으로 표기관습이 구어형태에서 일탈하면, 사람들은 문어형태에 들어맞는 더 나은 변이형이 실제로 존재한다고 추정하게 된다. 특히 지난 19세기에 문식능력이 확산되고 방언 화자와 준표준어 화자들이 표준어 계층으로 대거 유입되면서, 문어형태의 영향력은 부쩍 증대되었다. 나아가서 이 화자들은 자신이 결국 이질적인 방언을 사용하고 있다는 사실조차 모르는 상태에서 표기관습에 의지해서 이질적인 방언에 적응하게 된다. 보통 하위 계급 출신인 관계로 상위 계급의 언어양식에 익숙지 않은 학교교사들은, 자라나는 새로운 표준어 화자 세대에 대해 일종의 권위를 행사한다. 영어와 프랑스어에 널리 퍼진 다량의 철자식 발음은 바로 여기서 비롯된다. 원래 어떤 한 계급이나 구역에 기반을 두지 않은 독일어와 같은 표준어에서는 이러한 인자가 더욱 뿌리 깊게 도사리고 있다. 그리하여 구어 표준어는 대체로 문어 표준어에서 유도된다.

표준영어에서는 'sure 〔šuwr〕, sugar 〔šugr〕'에서 보듯이, 옛 형태

---

8) 영국의 시인. ☞ 인명 약해 참고.

〔sjuː〕가 〔šuw〕로 발달했다. 이 변화는 1600년 이래로 'shuite' (> suit)
에서 보듯이 산발적인 철자로 반영된다. 1701년에 발간된 존 존스
(John Jones)의 《실용 표음 철자》(*Practical Phonography*)에서는 'assume,
assure, censure, consume, ensue, insure, sue, suet, sugar' 등의
단어를 〔š〕를 사용해서 발음하도록 규정하고 있다. 이들 단어의 일부
에 보이는 현대의 〔s〕나 〔sj〕는 의심할 바 없이 철자식 발음의 결과이
다. 정통적인 〔č, ǰ〕를 대체하는 〔t, d〕 혹은 〔tj, dj〕(예: tune, due)에
도 동일한 논리가 적용될 수 있다. ('virtue' 〔vr̥čuw〕, 'soldier' 〔sowlǰr̥〕
등의 발음이 참고가 된다.) 'India'에 대한 영국영어의 표준발음 〔inǰə〕
는 아마도 미국영어의 발음 〔indja〕보다 구형일 것이다. 예전의
'lamb, long'에서 보듯이 어말 〔mb, ŋg〕가 폐쇄음을 상실했기 때문
에, 'hand'에 보존된 폐쇄음은 철자식 발음에 기인한다. 15세기와 16
세기, 17세기에 우리는 'blyne (> blind), thousan, poun' 등과 같은
산발적 표기를 확인할 수 있다. 'often, soften, fasten' 등과 같은 형
태의 옛 〔t〕는 표준어 화자가 하위 언어와의 접촉을 통해 꾸준히 들여
오고 있는 중이다.

문어의 영향에 관한 가장 설득력 있는 증거는 순수한 자소의 연쇄
(표기)가 새로운 언어형태를 낳는 경우에 나타난다. 'prof., lab.,
ec.'과 같이 표기된 약어(略語)는 'professor, laboratory, economics'
를 가리키는 학생들의 속어에서 〔praf, læb, ek〕 등의 구어형태를 낳
는다. 이런 형태는 그 밖의 개신에서 본보기 모형으로 작용한다. (예)
〔kwɔd〕 - quadrangle, 〔dorm〕 - dormitory. 〔ej em, pij em〕 형태는
열차 시각표의 A. M.과 P. M. 표기에서 비롯되었다. 기타의 용례는
다음과 같다. (예) 〔juw es ej〕 - United States of America, 〔aj sij〕 -
Illinois Central (Railroad). 학위와 관련된 약어형태 〔ej bij, ej em,
em dij, pij ejč dij〕의 완전한 철자형태(Bachelor of Arts〔학사〕, Master

of Arts〔석사〕, Doctor of Medicine〔의학박사〕, Doctor of Philosophy〔철학박사〕) 는 실제로는 별로 사용되지 않는다. 그리고 위에서 원어와의 대조에서 보듯이 이들 약어는 원래의 라틴어 용어가 가졌던 어순을 그대로 따른다. 프랑스어에는 〔te ɛs ɛf〕(télégraphe sans fil, '전보') 와 같은 형태가 있다. 러시아어에서는 새로 생겨나는 많은 공공기관이 자소로 표시된 약어로 읽힌다. (예) 〔komso'mol〕 - 〔kommuni'stičeskoj so'jus molo'dozi〕(공산주의 청년동맹), 〔ftsik〕 - 〔fseros'sijskoj tsen'tralnoj ispol'nitelnoj komi'tet〕(전〔全〕러시아 중앙집행위원회).

표기의 영향력은 표준어를 통해 작용하지만, 그렇게 해서 도입된 자질은 시간이 지나면서 다른 차원의 언어로 스며들기도 한다. 이러한 영향이 피상적인 의미에서만 보수적이거나 규칙적이라는 점은 자명하다. 표기에서 빌려온 차용어는 통상적 발달의 결과에서 벗어나기 때문이다.

27. 7. 문헌에서 들어온 차용의 총체적 효과는 실제 언어에서 크게 일탈하는 언어형태로 된 표기가 이루어질 때 뚜렷하게 드러난다.

로마인들 사이에서는 기원전 1세기의 상류계급 방언, 즉 시저와 키케로의 저술에서 볼 수 있는 라틴어가 표기와 격식적 담화를 위한 적절한 양식으로 확립되었다. 시대가 지나면서 실제 언어가 이런 표기관습과 많이 달라진 데다가, 교양을 갖춘 사람들의 수효가 줄어들었기 때문에 표기관습도 그대로 유지하기가 어려웠다. 글을 쓸 줄 아는 사람은 누구나 학과목의 일부로 고전 라틴어의 용법을 배웠다. 서기 5세기까지 보통 화자는 상당한 학교교육을 받아야만 전통적인 관습대로 글을 쓸 수 있었다. 그 당시는 큰 소리로 책을 읽고 격식을 갖춰서 말을 할 때, 문어형태를 좇아서 글자 하나하나에 (해당 언어에서 통용되는 형태가 암시하는) 음가를 부여하는 것이 일종의 습관처럼 되어 있었다. 그래서 고대에 〔kentum〕을 표상하던 'centum'과 같은 철자는 차례로 〔kentum, ᵗʃɛntum, tsɛntum〕으로 발음되었는데, 실제 언어의 음성발달에 따라 이 철자는 각각의 경우에 〔ˈkentu, ᵗʃɛntu, ˈtsɛntu〕로 발음되었다. 오늘날까지 라틴어를 읽으면서 서로 국적은 달라도 사람들은 이 관행을 따른다. 이탈리아 사람은 자기 나라 말에서 'cento'으로 쓰고 〔ᵗʃɛnto〕라고 발음하기 때문에 라틴어 'centum'을 〔ᵗʃɛntum〕으로 읽는다. 프랑스 사람은 자기 나라 말에서 'cent'으로 쓰고 〔sɑ̃〕이라고 발음하기 때문에 이 라틴어 단어를 〔sɛntɔm〕으로 읽는다. 독일 사람은 철자 'c'를 〔ts〕로 읽었던 (로망스어의 전통에서 들어온) 라틴어 독법의 전통을 받아들여, 이 라틴어 단어를 〔tsentum〕이라고 읽는다. 영국에서는 아직도 라틴어의 '영어식' 발음을 들을 수 있다. 그래서 영국 사람은 위의 라틴어 단어를 〔sɛntɔm〕으로 읽는데, 그것은 이 방식이 프랑스어의 전통에서 유래하기 때문이다. 이러한 라틴어의 전통적 발음은 현재 고대의 발음을 재구하려는 일정한 체계로 대체되고 있는 중이다.

이와 같이 문어와 격식어 또는 식자층의 담화를 라틴어로 수행하려는 관습은 기독교와 함께 비라틴어권 국가로 전해졌다. 실제 로망스 제어 혹은 켈트어나 게르만어의 기록은 서기 700년경부터 시작된다. 이들 기록은 처음에는 소략하지만, 12세기와 13세기가 되면 어느 정도 풍부해진다. 그러다가 인쇄술이 발명되고 나서 어느 정도의 시간이 지나면, 라틴어로 된 책자가 대량으로 나오게 된다. 라틴어가 아직도 로마 교황청의 공식 언어이므로, 문어와 격식어로 사용되는 라틴어의 용법도 오늘날까지 지속되고 있는 것이다.

고전 라틴어가 고어가 되기 시작하면서, 충분한 학교교육을 받지 못한 사람들은 라틴어를 쓰는 데서 적잖은 실수를 범하게 되었다. 비라틴어권 국가에서는 물론 이런 현상이 라틴어 쓰기가 도입되는 순간

부터 일어났던 일이다. 철저한 교육이라는 측면에서는 시간과 공간
에 따라 적잖은 편차가 존재했다. 6세기부터 8세기에 이르는 프랑스
메로빙거 왕조시대에 쓰여진 라틴어는 분명히 고전적이지 않으며,
작가가 사용하던 구어의 특징을 많이 드러낸다. (물론 이 구어는 훗날
우리가 프랑스어라고 부르는 언어로 발달한다.) 9세기 찰스 대제(샤를마
뉴) 하에서는 학교교육이 부활되었다. 그리하여 영어의 문헌은 다시
관습적인 라틴어로 되돌아간다. 어느 정도 다른 국가들도 그렇지만,
로망스어 권역의 국가에서는 라틴어 표기의 오류란 곧 작가가 사용하
는 실제 언어에 관한 정보와 마찬가지이다. 앞서 보았듯이(1. 4절),
초기의 학자들은 이런 상황을 오해해서 라틴어 표기의 변화를 언어
변화로 오인하고, 언어의 변화란 무지와 부주의에서 비롯되며, 따라
서 일종의 부패를 나타낸다는 도덕주의를 표방했다. 또 다른 오류는
이보다 더욱 끈덕진 모습을 보이는데, 그것은 문헌에 나타난 '중세기
의 라틴어'를 통상적 언어로 간주하는 태도이다. 이들 문헌자료에서
새로운 형태를 발견할 때, 이 형태가 고전 라틴어 형태의 실제 전통
을 나타낼 가능성은 매우 적다. 대부분의 경우에 그런 형태는 고전
라틴어에 근거한 신-형성이거나 아니면 모종의 구어형태가 라틴어화
한 것이기 때문이다. 예컨대 중세기 라틴어 표기에 나타나는 'quiditas'
(특질)라는 어형은 대략 고전 라틴어의 유추에 근거해 형성된 것이므
로 고전 라틴어든 중세기 라틴어든 여하한 구어형태도 반영하지 않는
다. 또 'mansionaticum'(봉건영주의 숙박장소, 가정)은 고전 라틴어에
서 이 형태의 용법에 대한 아무런 증거도 확보할 수 없다. 그것은 실
제로 발화되었던 고대 프랑스어 구어형태 'masnage'(혹은 선-프랑스
어 시기의 조상일 수도 있음)가 라틴어화한 것에 지나지 않는다. 위의
고대 프랑스어 형태는 후대에 'mesnage'(> 현대형 ménage 〔menaːʒ〕)
로 나타난다. 영어의 'manage'는 프랑스어 파생동사 'ménager'에서

차용된 형태이다. 만일 'masnage'라는 형태론적 결합체를 고전 라틴어 형태로 환원한다면, 구성원들의 결합체가 *'mansiōnāticum'이 될 것이라는 의미에서, '라틴어화'는 확실히 정확한 용어라고 할 수 있다. 비록 고전 라틴어가 실제로는 아무런 결합체도 형성하지 않지만, 중세기의 필사자는 역사적으로 정확한 라틴어의 등가형태를 떠올렸던 것이다. 메로빙거 시대의 문헌에서 'presit'(*he took*) 라는 완료시제 형태를 읽을 때, 우리는 곧잘 이 형태를 이탈리아어 'prese'〔prese〕나 프랑스어 'prit'〔pri〕 등의 조상으로 잘못 생각한다. 사실, 고전 라틴어 형태 'prehendit'(*he took*) 에 익숙하지 못한 상태에서 자신의 구어 지식에 근거한 유사 라틴어 형태를 표기한 필사자가 범한 이 형태는 단순한 오류이다. 이 오류가 우리에게 알려주는 것은 이 필사자의 언어가 이미 (로망스어 형태의 기저를 이루고 매우 이른 시기로 거슬러 올라가는) 라틴어 *'prensit' 유형의 신-형성을 받아들이고 있었다는 점이다. 그렇지만 로망스어의 여러 형태가 '중세기 라틴어 형태'에서부터 파생된다고 말하는 것은 심각한 방법론상의 혼란을 초래할 수 있다. 독일어 문헌에서 'muta'(통행세)를 발견할 때, 이 '중세기 라틴어' 단어에서 고대 고지독일어 'muta'(25.5절)의 기원을 찾는 것도 순진한 오류가 되고 만다. 이 필사자는 정확한 등가형태를 몰랐기 때문에 독일어 전문용어를 그냥 라틴어 표기법으로 적었던 것이다. 어떤 필사자는 'nullum teloneum neque quod lingua theodisca muta vocatur'(*no toll or what is in German called muta*) 라고 말하기도 한다. 더욱이 우리는 이 단어의 파생어 'mutarius'와 'mutnarius'(통행세 징수자)를 만나게 되는데, 후자에는 독일어 형태론에 특징적인 유추적 '-n-'(> 현대형 Mautner) 이 들어 있다. 요컨대, 고전 라틴어 용법에서 벗어난 중세기 라틴어 필사자의 일탈 표기는 실제 언어 상태를 밝히는 빛이 될 수 있지만, 필사자가 정확한 라틴어화를 성공시킨 경우에도 이들 표기를 실제 언어의 조상과 혼동해서는 안 된다는 것이다.

27. 8. 모든 시대에 걸쳐, 특히 교육의 근대적 확산과 함께, 로망스 민족은 철자식 발음이 가능한 전통적 표기방식으로 쓰인 라틴어 서적에서 찾은 표현을 자신들의 격식어로 들여오고, 이어서 일상어의 수준으로도 확산시켰다. 이와 같이 문어에서 빌려오는 차용어를 식자어(識者語) 혹은 프랑스어로 'mots savants'[9] 〔mo savɑⁿ〕이라고 한다. 서적 라틴어 단어는 구어로 들어와서 그 이후에 해당 언어에서 일어나는 정상적인 변화에 따랐다. 그러나 이들 형태는 서적 라틴어 형태 쪽으로 진행되는 재-조성 작용의 영향을 받기도 했다. 로망스어에 나타나는 많은 라틴어 단어는 정상적으로 발달한 형태의 대중어와 반(半)-근대화한 라틴어(혹은 유사 라틴어) 형태의 식자어 두 가지 유형으로 구분할 수 있다.

라틴어 'redemptionem' 〔redempti'o:nem〕(갚음)은 정상적인 발달에 의해 근대 프랑스어 'rançon' 〔rɑⁿsoⁿ〕(되찾음)으로 나타나지만, 문어형태에서 차용한 형태로 근대 프랑스어 'rédemption' 〔redɑⁿpsjoⁿ〕으로 나타나기도 한다. 서적 차용의 시기에 프랑스 사람들은 라틴어를 읽을 때 'redemptionem'과 같은 철자를 〔redɛmp(t)si'o:nem〕이라는 발음으로 변환해주는 (실제 언어적 대응관계에 근거한) 발음법칙을 이용했다. 이 발음과 오늘날의 프랑스어 발음 〔redɑⁿpsjoⁿ〕 사이의 차이는 프랑스어에서 일어난 후속 변화에 기인하는 것이다. 아주 소규모였을 것으로 짐작되는 일부 식자어만 실제로 이 발달과정을 거쳤는데, 그와 같은 모형에 근거해서 사람들은 책에서 얻는 모든 새로운 형태를 재-조성 과정의 입력으로 삼았다. 예컨대 교육을 받은 프랑스

---

9) '교양어' 혹은 '문학어'라고도 한다.

사람이 라틴어 'procrastinationem'(지연)을 취하고 싶다면, 그 사람은 위의 모형에 따라 이 형태를 'procrastination' [prɔkrastinɑsjoⁿ]으로 변환할 것이다.

양방향적 발달을 보이는 기타의 용례는 다음과 같다. (예) 라틴어 fabricam [ˈfabrikam] (공장) > 프랑스어 forge [fɔrž] (대장간), 식자어 fabrique [fabrik] (공장) ; 라틴어 fragile [ˈfragile] (깨지기 쉬운) > 프랑스어 frêle [frɛ:l] (연약한), 식자어 fragile [fražil] (깨지기 쉬운) ; 라틴어 securum [se:ˈku:rum] (안전한) > 프랑스어 sûr [sy:r] (확실한) ; 라틴어 securitatem [se:ku:ˈri'ta:tem] > 프랑스어 sûreté [sy:rte] (보장), 식자어 sécurité [sekyrite] (안전).

서적 단어는 가끔씩 언어에 깊숙이 침투해 들어가서 음-변화를 겪는 수가 있는데, 이렇게 음-변화를 거치고 나면 겉으로 보기에 정상적인 단어라는 인상을 주게 된다. 라틴어 'capitulum' [kaˈpitulum] (표제)은 일찍이 프랑스어로 들어가서 [ka > ča > ša] 발달을 공유한 다음, 근대 프랑스어에 'chapitre' [šapitr] (장(章))로 나타난다. 라틴어 [l]이 [r]로 나타나는 것은 보통 비정상적 음-변화(21. 10절)로 분류되는 유형의 적응과정이 틀림없다. 다수의 그러한 변화가 비정상적 양상을 드러내는 서적 단어의 재-조성에 기인한다는 것은 분명하다. 이와 달리, 음-변화 이후에 차용된 서적 단어가 적응에 의해 다시 부분적으로나 전체적으로 이 변화의 효과를 모방하는 형태로 탈바꿈하는 경우도 있다. 이를테면 라틴어 'discipulum' [disˈkipulum] (사도, 제자)은 정상적인 발달에 의한다면 근대 이탈리아어 *[deˈšeppjo]를 낳을 것이다. 그러나 이런 형태는 존재하지 않고 이탈리아어에 나타나는 이 식자층 차용어는 부분적으로 이들 모음의 변화를 흉내 낸다. 그 형태는 *[diˈšipulo]가 아니라 'discepolo' [diˈšepolo]이다. 서부 로망스 제어에서 식자어와 반(半)-식자어의 수효는 매우 큰데, 그것은 특히 거의 모든 라틴어나 그리스-라틴어 단어가 근대화될 수 있을 만큼 표준어가 유추의 세력을 확장했기 때문이다.

노르만인의 영국 정복 이후에 영어가 차용한 프랑스어 형태 가운데는 라틴어 서적에서 차용한 이와 같은 프랑스어 식자어가 많았다. 프랑스어와 라틴어 모두에 익숙한 교양 있는 영국인은 라틴어 단어를 '식자어'로 사용하는 습관을 갖게 되었다. 우리는 앞서 그런 영국인이 어떻게 적응형태를 만드는가를 살펴보았다(25.4절). 나중에 이 영국인 작가는 계속해서 라틴어 단어를 사용했다. 우리는 이들 단어를 차용하면서 라틴어 철자를 변경해 매우 잘 확립된 습관에 따라 발음한다. 이런 일련의 습관은 다음과 같은 유형으로 구성되어 있다. (1) 1200년경의 서적 라틴어 단어의 프랑스어 용법에서 관습적이던 적응형태와 음성적 변환형태. (2) 라틴어-프랑스어 형태의 영어 용법에서 관습화한 적응형태. (3) 노르만인의 영국 정복 이후에 일어난 영어의 음-변화에 기인하는 음성적 변환. 예컨대, 프랑스어에서 통용되지 않는 라틴어 'procrastinationem'은 라틴어 서적에서 위에 제시한 유추 집합에 맞추어서 'procrastination' 〔proˌkræsti'nejšən〕으로 영어에 차용된 단어이다. (1)번에서 프랑스어는 자신의 라틴어 단어를 주격 단수 형태(라틴어 procrastinatio)로 차용하지 않고, 어미가 탈락한 대격이나 탈격형태로 차용한다. 만일 이 단어가 서적 차용에 의해 1200년 내지 1300년 무렵의 고대 프랑스어에 사용되었다면, 이 단어는 약간의 음성 변화를 입은 *'procrastination' 형태로 나타났을 것이다. (이 음성 변화는 격 형태의 선택처럼 궁극적으로 비식자층 프랑스어 단어의 모형에 기인한다.) 실제 영어단어에서 볼 수 있는 나머지 일탈, 즉 제2음절 'a'에 대한 〔ɛ〕 발음과 제4음절 'a'에 대한 〔ej〕, 모음 앞의 'ti'에 대한 〔š〕 및 어말음의 〔-n〕 약화 등은 실제로 노르만인의 영국 정복기간에 차용된 다음과 같은 유사구조의 단어들이 겪은 음성 변화를 모형으로 삼고 있다. (예) 라틴어 nationem > 고대 프랑스어 〔na'sjoːn〕 > 영어 nation 〔'nejšn〕. 마지막으로 접미사 앞의 위치로 악센트가 옮겨간 추이는 영어가 프랑스어에서 가져온 실제 차용어에서 수행했던 적응과정을 그대로 복사하고 있다. 마찬가지로 라틴어 서적에서 동사 'procrastinare'를 차용할 때 영어에서는 이미 영어의 습관이 된 적응과정에 맞춰서 접미사 '-ate'를 첨가한 'procrastinate' 로 변환한다(23. 5절).

로망스 제어와 영어는 모두 이런 방식으로 실제 라틴어 단어뿐만 아니라, 스콜라 철학자의 'quiditas'에서 차용한 영어 'quiddity'(궤변) 와 같은 중세기 필사자의 신조어까지도 차용할 수 있다. 영어에서는 심지어 라틴어 형태론의 일반적 모형에 근거해서 새로운 단어를 만들기도 한다. 'eventual, immoral, fragmentary' 등은 식자층 단어의 사례인데, 이들의 모형은 라틴어에 나타나지 않는다. 로마 사람들이 그리스어에서 단어를 차용했듯이, 영어의 화자도 동일하게 로마인의 라틴어화 습관과 프랑스인의 (라틴어 서적 단어에 대한) 프랑스어화 습관 및 영국인의 (프랑스어 식자층 단어에 대한) 영어화 습관에 맞추어서 그리스어 단어를 변개할 수 있다. 예컨대 고대 그리스어 〔philoso'phiaː〕는 영어의 〔fi'lɑsofij〕 'philosophy'가 된다. 라틴어의 경우와 마찬가지로 영어에서는 자유롭게 그리스어 단어를 만들 수 있다. 가령, 'telegraphy'는 동일한 수정을 거치면 실존하지 않는 고대 그리스어 단어 *〔teːlegra'phia〕(원거리 쓰기)가 된다.

우리는 여러 가지 유추를 혼동하는 수가 많다. 우리는 고대 그리스어 〔th〕를 영어로 음역할 때 로망스 제어의 관습에 반하여 〔θ〕로 표기한다. (예) 〔muːtholo'gia〕 > mythology. 고대 그리스어 〔th〕가 근대 그리스어에서 〔θ〕로 변화한 것은 사실이지만, 영어의 습관은 이런 변화와 무관하고 단순히 철자 때문에 생긴 것이다. 더욱이 'th'를 이해하기 어려운 그리스어 철자로 알고 간단히 't' 〔t〕로 발음한 중세기의 필사자는 이 철자를 가끔씩 전혀 그리스어가 아닌 단어에 집어넣었다. 가령, 고트족을 가리키는 명칭인 고대 게르만어 *〔'goto:z〕는 중세기 라틴어 표기에 'goti'로 나타나기도 하고 'gothi'로 나타나기도 한다. 영어에서 고트족과 관련된 단어를 〔θ〕가 포함된 'Goth, Gothic' 등으로 발음하는 것은 바로 이 후자의 철자를 따른 방식이다. 'Lithuanian'의 〔θ〕 용법도 이와 동일한 유사 식자어와 관련된 현학 취향의 현대적 사례이다. 동일한 과정이 영어에 들어온 통상적 라틴어 단어에도 적용되었다. (예) 라틴어 auctorem > 프랑스어 autor (> 현대형 auteur 〔otœ:r〕) > 중세 영어 autor. 영어에서 이 단어는 'author'로 철자되었다가 마침내 〔θ〕를 가진 철자식 발음을 얻게 되었다.

고전적인 언어에서 식자어를 차용하는 습관은 유럽의 다른 언어에도 전파되었다. 각각의 언어에서 식자어 차용은 해당 언어가 직접적이든 간접적이든 로망스어 화자의 서적 라틴어 용법과 어떻게 만났느냐 하는 접촉의 여건을 반영하는 적응과정을 수반한다. 예컨대 'Nation' 〔na'tsjo:n〕, 'Station' 〔šta'tsjo:n〕과 같은 발음을 갖는 독일어 화자는 모름지기 *'Prokrastination' *〔prokrastina'tsjo:n〕으로 차용할 것이다. 실제로 이와 유사한 습관이 유럽의 다른 언어에 존재한다.

이와 같은 전반적인 역사는, 중세기 필사자의 'mansionaticum, presit' 등과 같은, 철자에 의한 구어형태의 철자 의고화까지 포함해서, 인도에서 사용되는 산스크리트어 용법에 거의 유사하게 나타난다. 인도의 여러 언어는 산스크리트어에서 철자로 차용한 형태를 갖는데, 이를 'tatsama'(유사 단어)라고 부른다. 유럽의 식자어처럼 이들 형태도 표기가 언어에 미치는 영향력을 잘 보여준다.

제28장

응용과 전망

28. 1. 정상적인 화자는 함축의미에서만 차이가 나는 일련의 변이형, 가령 'it's I'와 'it's me'와 같은 형태를 만날 때마다 언어문제에 직면한다. 이런 상황은 곧잘 다음과 같은 물음으로 대변된다. "대체 어떻게 말해야 하지?" 사회적인 함축이 분명하고, 화자 자신도 일부 변이형(예: I done it)에 바람직하지 않은 함축이 들어 있어서 남들이 그런 변이형을 쓰는 사람을 곱지 않은 시선으로 바라본다는 사실을 잘 알고 있기 때문에, 대개는 큰 어려움이 없다. 우리는 전통적으로 바람직하지 않은 변이형을 '규범적으로 부정확한 영어' 혹은 '좋지 않은 영어' 내지 심지어는 아예 '영어가 아니'라고까지 말한다. 물론 이러한 진술은 사실과 다르다. 바람직하지 않은 변이형은 외국인의 실수가 아니라 완벽하게 좋은 영어이다. 이런 형태는 다만 사회적으로 상당한 특권을 누리는 사람들의 언어에서 사용되지 않고, 따라서 표준적 언어형태의 목록에 등재되지 못했을 따름이다. 규모가 작고 계층 구분도 그다지 심하지 않아서 표준적인 언어형태를 격리시키지 않은 언어공동체에서조차, 화자는 대개 어떤 변이형이 자신에게 더욱 유리할 것인가를 잘 알고 있다.

변이형들 사이에 뚜렷한 차이가 존재하지 않을 때는 아무런 문제도 일어나지 않는다. 화자가 어떤 변이형을 사용하든 결과는 마찬가지이기 때문이다. 그렇지 않고 'it's I'라고 말해야 할지, 'it's me'라고 말해야 할지 망설이는 화자는 예전에 비슷한 유형의 동료 화자들에게서 이들 두 가지 변이형을 분명히 들은 적이 있는 사람이다. 만일 그렇지 않다면, 사회적인 함축효과에 대한 명쾌한 기준을 가지고 있을 것이기 때문이다. 동료들이 두 가지 형태를 모두 사용하기 때문에, 이 화자의 위치는 어떤 변이형을 사용하든 영향을 받지 않을 것이다. 그럼에도 사람들은 시간과 에너지를 투자해서 굳이 그런 문제를 풀려고 하고, 그런 문제 때문에 걱정과 근심을 감내하기도 한다.

언어에 관한 대중적인 관념은 18세기 '문법학자들'의 공상적인 교리를 배경으로 한다. 아직도 학교교육에서 맹위를 떨치고 있는 이 교리는, 사실과 무관하게 모든 방식의 언어형태에 '부정확하다'는 딱지를 붙인다. 바람직하지 않은 함축이 없는 변이형에 '부정확하다'는 낙인이 찍히는 상황을 겪은 화자는 그런 어형을 사용할 때 차츰 머뭇거리게 되고 급기야는 거의 모든 '규범적으로 부정확한' 어형을 의심하기에 이른다.

설령 그런 생각을 가졌다고 해도 '문법학자들'이 언어공동체의 대다수 구성원을 속이는 일은 불가능했을 것이다. 다시 말해서 언중이 그런 '속임수'를 받아들일 태세가 되어 있지 않았다면, 문법학자들도 우리를 속이려고 하지 않았을 것이기 때문이다. 표준어를 사용하는 대부분의 고유어 화자를 비롯한 거의 모든 사람은 누군가의 언어유형이 더욱 높은 특권을 가진다는 사실을 알고 있다. 물론 그 꼭대기에는 최고의 특권을 누리는 집단이 있을 것이다. 이 집단의 구성원들은 다른 모든 판에 박힌 습관과 마찬가지로 자신의 언어에 대해서도 확신을 갖는다. 영어를 사용하는 공동체에서, 여기에 해당하는 집단은 남부 영어의 '사립학교' 변종을 사용하는 영국 상류층이다. 그런데 이런 집단 안에서도 많은 화자들은 인쇄된 서적의 본보기와 사소한 유행의 변이 때문에 자기 말씨에 확신을 갖지 못한다. 상당한 특권을 가진 집단에 속하는 것처럼 행동하는 속물근성은 부자연스러운 화법을 띠고 나타나는 경우가 적지 않다. 이런 경우에 화자는 동료들 사이에서 통용되지 않는 형태를 사용하는데, 그것은 그 스스로 이런 형태가 '더 좋은' 계층 화자들의 호평을 받는다고 잘못 믿기 때문이다. 이런 화자는 곧잘 권위주의의 제물이 되고 만다.

'문법학자들'이 역사의 특정 순간에 모습을 드러낸 것은 결코 우연이 아니다. 18세기와 19세기 동안 우리 사회는 극심한 변화를 겪었다. 많은 개인과 가족이 상대적으로 특권을 누리는 지위로 상승하여, 비표준어에서 표준어 화자로 변화해야 했다. 이러한 변화를 겪는 화자가 직면하는 문제에 대해서는 나중에 다시 다루게 될 것이다. 지금은 권위적인 교리가 비표준어의 배경을 갖는 언중, 다시 말해서 부모와 조부모에게서 들어보았던 언어형태를 신뢰하지 못하고 사용을 망설이는 화자들의 심리를 어떻게 잠식하는가를 살펴보게 된다. 미국에서는 이런 문제가 상당히 복잡한데, 그것은 표준어를 사용하는 다수의 모국어 화자조차 외국을 배경으로 가지고 있어서 자신들에게 자연스러운 형태가 실제로는 '전혀 영어가 아니'라고 생각하기 쉽기 때문이다.

사실상, 자기 화법에 대해 주저하는 태도는 거의 보편적인 특성이다. 낯선 언어나 낯선 지역의 방언을 조사하기 시작한 관찰자는 이상하게도 제보자들에게서 자기네끼리 사용하는 말과 다른 자료를 얻는 경우가 흔히 있다. 제보자들은 결국 자기들끼리 사용하는 형태를 열등하다고 생각해서 관찰자에게 꺼내놓기가 부끄러웠던 것이다. 이렇게 되면 관찰자는 찾고자 하는 자료와 전혀 무관한 언어형태를 기록하게 되고 만다.

자신의 언어를 수정하려는 경향은 보편적이지만, 그러한 수정은 통상 자신이 동료에게서 듣는 형태를 채택하는 과정이 된다. 문법학자의 교리는 특정한 언어형태를 추방하거나 확립하는 데 거의 영향을 미치지 못했으면서도, 식자층에는 자기가 들어보지 않은 형태가 실제로 말하거나 듣는 형태보다 '더 좋을' 수도 있다는 개념을 심어놓았다. 표준어를 사용하는 모국어 화자를 위협하는 유일한 위험요소는 인위성이다. 만일 어떤 화자가 속물적이고 잘난 척이 심하거나 소심하다면, 그는 자신의 언어를 철자식 발음과 함께, 괴상하지만 '규범적으로 정확한' 형태로 채운다. 표준어가 모국어인 화자는 자기한테 자연스러운 형태를 굳이 대체할 합당한 이유를 찾기 힘들다. 'it's I'와 'it's me'와 같은 변이형은 영어의 상층계급에서 수세기 동안 사용되었다. 굳이 어느 한 형태를 고르느라고 스스로를 불편하게 만들 이유가 전혀 없는 것이다.

화자가 표준어 내부에서 순수하고 비교적 정의가 잘된 변이형을 선택해야 하는 경우는 흔치 않다. 미국에서, 'man, mad, mat'와 'laugh, bath, can't'를 가리지 않고 모음 〔ɛ〕를 사용하는 중서부 표준영어의 화자는, 'laugh, bath, can't'에서 모음 〔a〕를 사용하면서 더 높은 음조를 갖는 표준어 유형을 만나는 경우가 있다. 이 화자가 좀더 품위 있는 이 자질을 획득하려고 노력할지 말지는, 이 화자가 그런 자질을 사용하는 사람들과의 일치를 얼마나 중요시하는가에 달려 있다. 만일 이 화자가 뉴잉글랜드나 영국에 거주하면서 새로운 발음유형을 사용하는 정통 상류층 화자들 내부에 들어가 있다면, 그는 자연스럽게 새로운 습관을 받아들이게 될 것이다. 변화는 쉽게 일어나지 않으며, 초심자는 새로운 자질을 그 자질이 없던 곳으로 가져가서 〔mɛn〕 대신에 〔man〕을 사용하는 지나치게 도시지향적인 이국풍 발음을 산출할 가능성이 높다는 사실을 잊어서는 안 된다. 자기 동료들이 선호하는 유형을 끊임없이 듣지 않는 한, 화자는 그런 문제에 관여하지 않는 것이 좋다. 부자연스러운 언어는 유쾌하지 못하다. 지방색이 묻어나는 표준어 유형이 '사립학교' 유형에 비해 열등하다고 생각되는 영국에서는, 이런 문제가 다른 양상을 띠게 될 가능성도 있다.

비변별적 언어 자질에 관해서라면 상황은 사뭇 다르다. 비변별적 자질은 습관적이지만, 신호체계의 일부를 형성하지 않고 분화와 개선의 여지가 충분하다. 일상적인 다른 습성에 신경을 쓰고 기분을 맞추듯이, 우리는 가능하면 유쾌한 '어조', 즉 비변별적 음향 자질과 아울러 '양식'이라고 부르는 의미 자질을 유쾌한 방향으로 조절해서 사용할 가능성이 크다. 여기서도 당연히 화자는 가식이 없이 적절하고 부드러운 형태를 사용하면 되는 것이다. 유감스럽게도 수사학 교재에서는 이런 문제를 '정확성'이라는 어리석은 화제와 혼동한다.

준표준어나 방언을 사용하는 모국어 영어 화자에게는 표준영어의 습득이, 외국어를 구사하는 능력의 습득과 유사한, 대단히 현실적인 문제이다. 자신의 언어습관이 '무지'나 '부주의' 때문이라거나 '영어답지 않다'는 말을 듣는 것은 결코 기분 좋은 일이 아니다. 학교는 이 문제에 대해 크게 책임이 있다. 비표준어 화자는 자신이 사용하는 언어형태의 일부(예: I seen it)를, 보다 큰 특권을 누리는 사람들 사이에서 통용되는 다른 언어형태로 대체할 '책무'를 느낀다. 또한 지나친 겸손과 같은 비현실적 태도가 이들 화자의 발전을 방해하게 될지도 모른다. 어린 시절부터 자신에게 피해를 입혔던 불평등한 특권의 배분은 그 화자가 살고 있는 사회의 실책이다. 화자는 당황하지 말고, 비표준어라고 알고 있는 형태 대신에 자신이 실제로 들어서 알고 있는 표준형태를 사용하도록 노력해야 한다. 처음에 화자는 'I have saw it'(이 형태는 [I seen it : I saw it = I have seen it : x]의 비례식에서 나온 것임)과 같이 과도한 도시지향적 형태를 사용하는 위험을 감수하다가, 나중에는 과장된 말씨와 아울러 과도교정과 관련된 통사론의 영역으로 들어가 자신의 소박한 방언을 벗어나려고 애쓰게 된다. 이런 화자는 그러기보다 소박한 자기 언어에 자부심을 가지고 그 언어야말로 비표준어 배경에서 획득하는 장점의 하나로 보아야 할 것이다.

28. 2. 사회는 학교를 통해 언어문제를 다룬다. 언어적 행동과 비언어적 행동을 구분하는 데 익숙한 사람은 누구나 학교가 언어적 행동을 지나치게 많이 다루는 나머지 산술, 지리, 역사 등과 같은 언어적 반응과 연관된 국면에서만 학생들을 교육하고, 실제적 환경을 지향하는 행동교육을 무시하고 있다는 비판에 동의할 것이다. 공동체가 훨씬 단순했던 얼마 전만 해도 기술과 과학의 문제는 거리가 멀었고, 기술과 사회의 제반 과정이 작동하는 원리는 아이들을 직접적인 일상의 관찰권역 안에 배치한 척도에 따랐다. 그리하여 아이들은 학교의 도움이 없이 실제 문제를 배웠다. (아이들이 학교의 필요성을 느끼는 것은 오로지 세 가지 R〔reading, writing, arithmetics〕, 곧 읽고 쓰고 셈하는 능력을 학습할 때뿐이었다.) 학교에서는 현대 생활의 복잡다단한 양상을 무시하고 이런 패턴에만 너무 집착하고 있다. 개선의 시도는 아직 고무적이지 못하다. 실제적, 즉 비언어적 문제는 부적절한 유행의 모습으로 소개되고 있다. 학교가 언어논리의 훈련에만 집중한다는 사실을 고려하면, 그러면서도 학교가 언어문제에 뒤처져 있다는 것은 놀라운 사실이다. 어떻게 해야 훈련이 최적의 균형을 맞출 수 있는가 하는 문제는 마땅히 교육자가 결정해야 할 사항이다. 그렇지만 무슨 주제를 가르쳐야 할지도 알지 못하는 교사를 도울 수 있는 교육기법이란 있을 수 없다.

표준어('규범적으로 정확한 영어')와 비표준어 문제를 바라보는 불행한 태도는 학교에 고스란히 간직되어 있다. 학교에서 사용하는 방법은 권위주의적이다. 무엇이 '좋은 영어'인가에 관한 공상적인 독단, 가령 'will-shall'의 규칙이나 확고하게 정착된 어법(예: I've got it)이나 구성(예: the house he lived in)을 '부정확하다'고 단정짓는 태도는, 교육당국은 물론, 문제의 핵심이 무엇인가를 알지 못하는 개별 교사에 의해 계속적으로 전해져 내려온다. 그러는 동안에 표준어 형태와 우세한 비표준어 형태(예: I saw it : I seen it)의 차이는 합리적인 연습의 주제라기보다 '무지'와 '부주의', '좋지 않은 연상' 등에 관한 설교의 주제가 되고 말았다. 더욱이 이 모든 것이 유사 문법 교리의 배경이 되어버리는데, 이런 유사 문법 교리 탓에 언어의 범주도 철학적 용어(예: '명사는 사람이나 장소, 사물의 이름이다', '주어는 말하는 대상이다' 등)에 의해 철학적 진리로 정의되는 영역이 되고 만다.

물론 학교교육의 주요한 목적은 글을 읽고 쓸 줄 아는 문자 해독 능력이다. 영어의 표기법은 자모적(음소적)이지만, 자모적 원리에서 벗어나는 많은 일탈형을 포함하고 있기 때문에 현실적으로 적잖은 문제가 발생한다. 그런데도 말과 글의 관계에 대해 무지한 교육자들은 이 문제의 해결을 차일피일 미루고 있다. 아이들에게 읽기를 가르치는 방법을 다룬 '교육학자'의 논문을 읽어 보면, 상황이 너무나 절망적으로 느껴진다. (이 책의 지면관계상 이 주제에 관한 교육학자들의 다양한 혼동을 조목조목 비판할 자리가 허락되지 않는 것이 유감이다.) 이들의 교리를 구현하는 입문서와 독본은 합리적인 전개과정이 없이 글자를 그냥 뒤범벅된 상태로 제시한다. 한쪽 극단에는, 마치 이들 부호가 언어음이 아닌 사물이나 상황과 서로 관련되어 있기라도 한 것처럼, 철자 부호를 직접 '사상'이나 '관념'과 연관시키는 형이상학적 교리가 있다. 다른 쪽 극단에는, 읽고 쓰기를 배우는 것과 말하기를 배우는 것을 혼동하고 아이들에게 음의 산출을 훈련시키는 이른바 '발음식' 교리가 있다. (그렇지만 기초적인 음성학에 대한 무지 때문에 문제가 더욱 복잡해진다.)

　교육자는 읽기와 쓰기를 어떻게 가르쳐야 하는가를 판단해야 한다. 안구운동에 관한 연구가 이 방면에서 이룩된 진보의 좋은 사례이다. 반면에, 교육자는 쓰기의 본질을 제대로 알기 전까지 성공을 낙관해선 안 된다. 읽기를 배우는 사람은, 글자를 보는 행동에 반응하는 습관을 음소의 발화에 의해 획득한다. 이 말이 곧 음소를 발화하는 법을 배우고 있다는 뜻은 아니다. 음소적 습관이 철저하게 확립된 다음에라야 읽는 법을 배울 수 있기 때문이다. 물론 이 학습자는 고립된 음소를 발화할 수 없다. 가령, 글자 'b'에 대해, 영어의 음성 패턴상 홀로 발화될 수 없는, 음소 〔b〕를 발화하는 반응을 보이게 하는 것은 또 다른 어려움을 야기한다. 따라서 글자와 음소 사이의 체계적 관계는 부호가 균일한 음가를 갖는 다음과 같은 단어에 대한 연습을 통해 유추적 과정으로 확립되어야 한다. (예) bat, cat, fat, hat, mat, pat, rat, sat‐can, Dan, fan, man, pan, ran, tan, van‐bib, fib, rib. 진정으로 어려운 인자는 아무리 음가를 규칙적으로 배당해도 남게 되는 불규칙 철자의 무리이다. 이에 대해서는 다음의 두 가지 방안을 시도해 볼 수 있다. 하나는 어린이들에게 음성 전사를 읽는 법을 가르치고, 필수적인 읽기 습관이 자리를 잡은 다음에 전통적인 쓰기에 의지하는 방법이다. 다른 하나는 각각의 글자에 대해, 위에서 제시한 보기와 같이, 오직 하나의 음소적 가치만을 갖는 단어부터 시작하고, 다른 단어는 기초적인 습관이 형성된 다음으로 미루든지, 아니면 비교적 이른 시점에 합리적으로 설계된 방식으로 도입해서 가르치는 방법이다. 불규칙한 단어의 철자 연쇄는 체계적으로 제시되어야 한다. (예) 묵음 gh: fight, light, might, night, right, sight, tight / l 앞에서 〔ɔ〕로 발음하는 a: all, ball, call, fall, gall, hall, tall, wall, halt, malt, salt, bald, false. 불규칙한 음가를 갖는 글자와 소리가 나지 않는 글자에 대해서는 약간의 구분기호나 다른 색깔을 사용해서 표시하는 방안도 유익할 것이다. 절차의 방법론과 제시순서, 다양한 보조장치 등은 반드시 실험에 의해 결정되어야 한다. 그러나 중요한 것은 가르치는 사람이 처음부터 자신이 하고자 하는 일의 성격을 분명하게 알아야 한다는 점이다.

28. 3. 영어 철자의 난점은 초등교육을 크게 지연시킬 뿐만 아니라 성년기의 상당한 시간까지도 낭비하게 한다. 감탄할 정도로 철자와 발음의 관계가 일관된 스페인어와 보헤미아어 혹은 핀란드어의 철자법을 보면, 누구든 당연히 유사한 체계가 영어에도 채택되기를 바라게 될 것이다. 철자법을 바꾸는 것이 곧 '언어를 바꾸는 것'이라는 생각은 사실과 다르다. 영어는 우리가 어떻게 적든 영어 그대로이다. 철자법은 종국에 가면 틀림없이 적잖은 언어적 변경(27.6절)을 야기한다. 여기서 고려할 사항은 이것밖에 없지만, 심미적인 관점에서 볼때, 모양이 흉한 철자식 발음의 인자를 배제하면 매우 효과적일 것이다. 자모식 표기에 의해 부호가 일관되게 음가를 표상하지 못한다는 사실을 두고, 영어가 '비음성적 언어'라고 추단하는 것도 역시 잘못이다. 다른 모든 언어와 마찬가지로, 영어도 정확하게 정의할 수 있는 음소단위의 영역 안에서 움직인다. 굳이 손을 댄다면, 지역적으로 다른 표준영어의 몇 가지 발음유형 사이의 타협 정도가 필요할 뿐이다. 예컨대 중서부 미국영어의 〔r〕 유형은 보존되어야 하는데, 그것은 이 발음이 'red 〔red〕, far 〔faː〕, bird 〔bəːd〕, bitter 〔ˈbitə〕'와 같은 영국영어 형태에 대한 가장 간략한 음소분석을 제공하기 때문이다. 또한 영국 남부 영어에서 목격되는 〔ɛ〕(bad)와 〔a〕(bath) 구분도 분명히 유지되어야 한다. 동음이의어(예: pear, pair / piece, peace)가 비슷한 철자를 가지면 표기 자체가 이해할 수 없게 된다고 추정하는 것

은 잘못이다. 해당 언어의 음소를 산출하는 표기는 언어만큼이나 충분히 이해가 가능하다. 나아가서 영어의 불규칙한 철자는 음소적으로 상이한 형태에 대해 동일한 철자를 사용함으로써 정확히 이 점에서 문제가 된다. (예) read [rijd, red], lead [lijd, led], tear [tijr, tejr]. 문인들은 'ghost'나 'rhyme'의 철자 연쇄처럼 철자의 기묘한 모습이 단어의 함축에 기여한다는 개념을 즐긴다. 지나칠 정도의 문식능력을 가진 극소수 집단에는 그런 철자가 (좋은 작가들은 피하려고 하는) 모종의 '학구적인' 함축을 생성해 낼 것이다. 모든 유형의 표준영어를 위한 간단하고 효율적인 철자법을 고안하는 작업에 심각한 난관은 있을 수 없을 것이다. 그런 철자법을 사용하면 엄청난 시간과 노력이 절감될 것이며, 그렇게 되면 영어에 해를 끼치기는커녕, 비표준어 화자에게 자신감을 주고 철자식 발음을 따르려는 경향을 제거하게 되어, 오히려 표준어의 일반적 수준을 향상시킬 것이다.

진정한 난관은 경제 및 정치와 관련되어 있다. 새로운 철자법이 제정되면 50년 남짓한 시간이 지나는 동안에 현재 쌓여 있는 모든 인쇄물이 이해하기 어렵고 낡은 유물로 전락하고 말 것이다. 그리하여 우리의 손자에게는 오늘날의 인쇄형태가 마치 초서의 철자가 우리에게 기묘하게 다가오는 것과 동일한 효과를 일으킬 것이다. 물론 유용한 텍스트를 재생산하는 데 들어가는 비용과 그에 따른 혼란은 실로 엄청날 것이다. 더욱이 공무원은 말할 필요도 없고 모든 인쇄업자와 학교 교사에까지 미치는 변화 자체는, 현재의 정치력과 행정력을 훨씬 초월하는 뿌리 깊은 습관을 변화시키는 과정에서 일사불란한 협동을 요구할 것이다. 수년 전 일련의 소폭적 변화를 가지고 영어의 철자법을 '개혁'하려는 움직임이 있었다. 작은 변화는 스페인어와 독일어, 네덜란드어, 스웨덴어, 러시아어 등과 같은 언어의 철자법에 대해서도 작용했는데, 이런 언어는 불규칙이 양적으로 많지 않아서 약간의 간단한 조정만 거치면 불규칙이 모두 제거되거나 눈에 띄게 줄어들 수 있다. 그러나 영어의 경우에는 단편적인 변화로는 오히려 불편만 가중시킬 뿐이다. 예컨대 오늘날 영어의 철자법으로 표기된 단어 가운데서 글자 'v'로 끝나는 단어는 하나도 없다. 그래서 일부 단어에서만 'v' 다음의 소리가 안 나는 글자 'e'를 생략하고(예: 'have'를 'hav'처럼 적는 방안) 다른 단어에서는 그대로 두는 것은 효과가 의심스러운 수단이다. 영어 화자의 중요한 습관이 그대로 보존되어 있는 한, 사소한 변경은 문제를 더욱 어렵게 만들 따름이다. 우리는 미래의 어느 시점에서 사회조직이 일정한 정도의 협조와 유연성을 보이는 수준에 도달해서, 모두의 힘이 합쳐진 변화가 가능해지기를 기대한다. 그렇지 않으면 언어를 산출하는 기계적인 장치가 글을 쓰고 인쇄를 하는 현재의 습관을 대체하게 될지도 모른다.

28.4. 학교생활의 후반기에 이르면 우리는 외국어 교육과 관련된 다방면의 문제와 만나게 된다. 문화적인 전통 내지 연속성을 위하여 일정 부분의 인구는 고대의 언어, 특히 라틴어와 그리스어에 익숙해져야 한다. 외국과의 접촉을 위해, 특히 기술과 과학의 진보를 따라가려면, 꽤 많은 개별 집단은 현대의 외국어를 이해해야 한다. 중·고등학교와 대학교에서 지금까지 외국어 학습에 투자된 수업시간의 상당부분은 사실상 엄청난 노력의 낭비였다. 외국어의 자의적인 언어형식소를 배우는 단순한 학과목상의 가치나 '이전' 가치는 거의 전무하다고 해도 과언이 아니다. 이 모든 상황을 바르게 인식한다면 특히 외국어 교수법에 대한 많은 논의가 있어야 할 것이다. 지금까지 개발된 다양한 교수방법은 단순한 설명에서만 크게 차이가 나지, 실제적인 수업현장에서는 거의 차이가 나지 않는다. 결과는 설명의 이론적 기반에 좌우되는 것이 아니라, 교사의 능력과 교육여건에 크게

좌우되는 것이다. 우리의 전통이 심하게 쏠려 있는 그러한 오류는 반드시 피해야 한다.

소수의 인구는 학교에 오랫동안 다니면서 외국어 교수를 시작하는 단계에 도달한다. 예전 같으면 이런 소수는 모두 라틴어와 그리스어를 강제로 학습해야 했다. 이런 관습의 포기와 벌이는 신산한 투쟁은, 이들 두 언어를 읽는 법을 배운 학생들이 아무도 없다는 사실을 생각해 보면, 오히려 부당하게 느껴질 정도이다. (영미권에서) 중·고등학교 4개년에 걸친 라틴어 과정은 상당히 널리 보급되어 있다. 다른 인자는 고사하고라도, 라틴어를 제대로 읽을 수 있는 지식을 갖춘 교사가 거의 없다는 사실만으로도 이런 교육과정의 효율성이 어떠할지는 설명되고도 남는다. 현대의 외국어는 라틴어와 그리스어보다 훨씬 잘 배울 수 있는데, 그것은 일부 교사가 가르치는 외국어를 잘 알고 있기 때문이다. 그러나 여기서도 역시 과목 자체를 폐지하자는 움직임을 무력화할 만큼 결과가 그다지 좋은 편은 아니다. 사정이 그렇더라도 중산층 인구 중에서 극소수는 어떤 외국어든 필요한 외국어를 유용하게 구사한다. 그런 사람의 수효가 과연 늘어날 것인지, 또 만일 늘어난다면 어떻게 외국어를 선정해야 하는지 등의 문제는 커다란 교육적 주제이다. 이것은 어디까지나 우연이나 변덕이 개입된 부모의 경제적 능력이 아닌, 학생의 소질에 따라 결정될 문제이다. 특히 외국의 배경을 가진 자녀들에게 집에서 들었던 언어를 학습하도록 하면 효과적일 것이다.

일반적 관련성을 갖는 또 다른 사항은 학생들의 연령문제이다. 8년제로 된 미국의 문법학교 과정은 분명히 어린이 각자의 시간으로 볼 때 낭비요소가 크다. 유럽에서는 4년 혹은 5년간의 초등학교 교육을 이수한 다음에 8년 혹은 9년간의 중등학교에 들어가서 일반교육을 이수한다. 이 과정을 마치면, 전문적인 연구를 시작하게 된다. 동일한 연령대의 미국인은 4년간의 중·고등학교 공부를 마치고 나서, 일반교육을 받으려면 4년간의 대학과정을 거쳐야 하게 되어 있다. 공식적인 교육을 제외한 모든 면에서 미국인 학생은 나이가 너무 많아서 일반교육과 초등교육의 학문에서 만족을 찾기가 쉽지 않다. 그러므로 미국인 학생은 미국의 대학을 조롱거리로 만드는 속물적이고 우둔한 인간형이 될 수밖에 없다. 전문적인 연구의 영역으로 들어선 학생들의 개인적인 이력에서 뚜렷하게 드러나는 4년간의 지체는 (전문적인 연구의 영역으로 들어서지 않는) 대다수 학생들만큼이나 심각하고, 또한 외국어 교육의 효율성에 부정적으로 작용한다. 8년간의 문법학교 과정은 행정관료와 교육 전문가들에게 기득권을 지키는 방패막이가 되어 있다. 이런 제도하에서는 5년 혹은 6년간의 학교교육에서 중등학문을 시작하거나 특히 외국어 교육을 시작할 수 있는 가능성은 거의 없다. 유럽에서 외국어 교육이 엄청난 성공을 거둔 것은 조기교육 덕분일 가능성이 크다. 이 학문의 형식적이고 반복적인 본질, 필연적으로 단순한 읽기문제, 흉내 내기의 필요성 등은 모두 어린 학생들에게 유리한 요소이다. 최초의 외국어 학습을 중·고등학교나 그 이후의 연령대에 시작하는 학생들은 단순한 반복 대신 분석을 선호하고, 그에 따라 외국어를 직접 사용하는 대신 외국어에 대한 이야기를 하기만 하는 무능한 교사와 적당히 타협하게 된다. 그리하여 학생과 교사 사이에서는 18세기식의 유사 문법적 교리와 수수께끼를 푸는 것과 같은 번역활동이 버젓이 활개를 치고 있다.

고전 언어의 학습과, 많은 학생들의 경우에 현대 언어의 학습에서 추구하는 목표는 읽을 줄 아는 능력이다. 지리멸렬한 교수법이 곧잘 변명으로 내세우는 이유가 바로 이러한 교육여건이다. 언어의 음을 모르는 학생은 읽기를 배우기가 매우 어렵다. 그런 학생은 외국어 형태가 단순한 글자의 배열로 보이기 때문에 외국어 형태의 기억이 불가능하다. 심미적인 인자는 그만두고라도, 유창하고 정확하게 외국어를 읽으려면, 정확하든 그렇지 않든 간에, 분명한 음성습관의 집합이 반드시 필요하다. 외국어를 말하려는 학생들(지금보다 수효가 더 많아져야 한다)에게 이 문제는 이론의 여지가 없을 것이다.

학생들이 당면하는 문제, 곧 수천 개가 넘는 외국어의 형태소와 문법소는 부단한 반복에 의해서만 정복될 수 있다. 한층 광범위한 어휘국면은 더욱 큰 어려움을 던져준다. 머릿속으로 들어오는 모든 형태는 여러 번 반복되어야 한다. 많은 교재는 새로운 단어의 도입에 지나치게 낭비적이어서, 나중에 이 단어가 후속 단원에 다시 등장하지 못하는 현상도 빈번하다. 최근의 경험은 어휘문제의 통제에서 얻는 엄청난 효과를 입증하고 있다. 교재 집필자와 교사는 언제 새로운 어휘단위(단어)가 도입되어야 하는가를 정확하게 알고, 어디서 다시 나타나야 하는가를 정확하게 기억하고 있어야 한다. 전통적인 학교문법에서 의붓아들 취급을 받던 단어-형성은 라틴어나 독일어와 같은 일부 외국어를 학습자료로 제시할 때 중요한 역할을 수행해야 한다. 외국어 형태의 의미는 전달하기 힘들다. 모국어로 옮기는 번역은 학습자를 오도하기 쉽다. 상이한 언어의 의미단위끼리는 서로 맞지 않고 또 모국어 형태의 익숙한 자극하에 있는 학생들은 거의 틀림없이 외국어 자체의 의미를 잊어버리기 때문이다. 외국어의 핵심은 실제 사물과 상황, 가령 교실이나 그림과 연계되어 제시되어야 한다. 모국어 형태가 배경에서 가능한 한 멀리 떨어져 있을수록, 우리는 읽기의 문맥에서 커다란 효과를 획득할 수 있다.

문법교리는 유용성의 시험을 통과하는 경우에만 수용되어야 하고, 그럴 경우라도 실제 수요에 맞추어 재정비되어야 한다. 라틴어나 독일어에 나오는 격 형태와, 라틴어나 프랑스어에 나오는 동사 형태는 이해에 필수적인데도, 전통적 교육방식은 비경제적이고 혼란스럽다.

특히 패러다임의 암기는 실제 언어와 무관해서 거의 무용지물과 다름 없는 연어 형태만을 양산할 따름이다.

　모든 언어교육의 국면에서 우리는 반드시 실용적인 태도를 견지해야 한다. 외국어에서 읽기의 내용은 외국어를 사용하는 국가의 생활과 역사를 보여주어야 한다. 무엇보다도 읽기와 말하기가 학습자의 능력에 제대로 갈무리되어야 한다. 수수께끼를 푸는 일이 외국어 학습이 될 수는 없기 때문이다.

　28. 5. 속기와 부호의 경우처럼, 언어의 기록과 전달에 언어학을 응용하는 것은 주로 음소원리에 좌우되며, 특수한 논의를 필요로 하지 않는다. 그러나 우리가 가진 모든 지식자원과 그 이상을 요구하는 과제가 있는데, 그것은 바로 보편언어의 수립이다. 국제적인 의사소통 수단의 장점은 자명하다. 국제어는 어느 누구의 모국어도 포기하게 만들지 않는다. 국제어의 존재는 다만 모든 국가에 국제어를 구사하는 외국인 화자가 많다는 의미일 따름이다. 우리는 모든 국가에서 학습되는 단 하나의 언어에 동의할 필요가 있다. 실제로 존재하는 언어로는 어렵고, 새로운 언어의 채택은 질시를 불러일으킬 것이며, 따라서 인공언어가 고안되어야 한다는 것이 지금까지 나온 주장이다. 지금까지 성공을 거둔 유일한 유형은 라틴어 혹은 로망스어를 단순화한 에스페란토 유형이다. 이런 종류의 언어는 반(半)-인공적이다. 여기에는 서유럽 제어의 주요 문법 범주가 포함되어 있다. 이런 언어는 실존하는 언어보다 형태론적으로 단순하다. 통사론과 의미패턴은 균일성을 확보하기 위한 충분한 분석을 거치지 않고 서유럽 언어에서 매우 소박한 상태로 빌려왔다. 특히 의미영역에서는 합리적이거나 안정된 체계를 설정하기가 거의 불가능하다. 그렇지만 우리가 결정을 내리는 데 도움을 받을 수 있는 모국어 사용자도 존재하지 않는

다. 세계 전역에서 상당수의 인구가 가령 에스페란토와 같은 국제어를 학습하는 데 따르는 정치적인 난점 역시 적지 않아서, 일부 자연언어에 밀릴 수밖에 없을 것이다. 영어가 가장 확률이 높은 대안이다. 다만 불규칙한 표기체계가 주된 장애라면 장애이다.

28. 6. 보편언어를 향한 운동은 언어를 더욱 광범위하게 유용한 존재로 만들려는 시도이다. 언어학자가 실제 생활에서 귀중한 반응을 낳는 언어형태를 만들어내서 언어의 유용성을 크게 높일 수 있으리라는 기대도 물론 가능하다. 그러나 모든 언어는 충분히 유연해서 인위적인 도움이 없이도 그런 언어형태를 충분히 제공할 수 있을 것으로 보인다. 우리는 과학용어를 임의로 만들어서 정의할 수 있다. 수학의 추론은 여하한 언어에도 이전될 수 있다. 문제는 언어의 구조가 아니라 실제적 응용에 있다. 고대와 중세에 유행했던 논리학과 변증법은 엄청나게 유용한 담화의 공식에 도달하고자 했던 실패한 노력을 대변한다. 그러는 동안 이러한 종류의 진지한 체계가 수학의 모습으로 성장했다. 만일 주어진 상황을 수학적 용어로 진술할 수 있다면, 수학은 우리가 그 상황을 다양하게 단순화된 모습으로 다시 진술할 수 있게 하고, 이런 모습은 궁극적으로 유용한 실제적 반응을 낳게 될 것이다. 그러나 이와 같은 절차는 실제 세계에 대한 우리의 이해에 좌우된다. 상황을 수학의 용어(보통은 '수'〔數〕임)로 진술하고 어떤 유형의 재진술이 일관된 것인가, 즉 정확한 반응을 낳는가를 결정하는 과제는 언어적 자질과 무관하다. '2'를 '1 더하기 1'로, '3'을 '2 더하기 1'로, '4'를 '3 더하기 1'로 정의할 때, '2 더하기 2는 3과 같지 않다'는 진술에 입각해서 행동하지 않으면 곤란에 처하게 된다는 사실을 알려줄 수 있는 주체는 언어학자가 아니다. 언어학이 할 수 있는 전부는 수학이 가진 언어논리적 속성을 드러내서, 이러한 수에 관한 신비한

관념에서 우리를 구원해주는 역할뿐이다.

이러한 상황이 만일 수학적 담화에 포함된 비교적 단순한 언어형태에 적용된다면, 한층 애매하고 복잡한 언어형태에도 역시 그대로 적용될 수 있다. 어휘분석과 문법분석은 교리의 참과 거짓을 드러낼 수 없다. 언어학은 다만 우리로 하여금 언어논리적 반응습관을 비판적으로 바라볼 수 있게 도와줄 따름이다. 부모가 결혼식을 치르지 않았다고 해서 공동체에 태어난 아이들의 십분의 일에 대해 치명적인 불이익을 주는 것이 유익한지 아닌지는 언어학이 알려줄 수 없다. 언어학은 다만 이런 문제가 아직까지 논의된 적이 없고, 최근까지 그에 대한 언급조차 금기에 묶여 있다는 사실만을 주목할 뿐이다. 그런 관행이 해롭다고 생각하는 언어학자는 그런 문제에 대해 언어로 반응하지 못하는 것(회피)이 특징적인 징후라고 말한다. 보다 차원이 높아져서, 그런 관행이 논의 단계로 접어들면, 우리는 분명히 중요하지만 다소 엉뚱한 제재를 불러오는 언어반응을 목격하게 된다. 예컨대 크리족의 인디언은 자기 누이를 너무나 '존경하기' 때문에 자기 누이의 이름을 부르지 않는다고 한다. 이처럼 상위 제재에 호소하는 어법은 나중 단계에서 합리화, 즉 관행을 합리적('상식적' 혹은 '논리적') 용어로 논의하는 습관과 합류한다.

언어학의 실용적 응용과 같은 문제는 실제로 언어 때문에 발생하는 현상을 설명하는 대중적(혹은 스콜라철학적) 신념을 분석하는 작업에서도 유효할 수 있다. 대중적 신념은 세계 전역에서 미신적인 방식(주문, 마력, 저주, 이름 금기 등)으로 언어의 효과를 과장하면서도, 이와 동시에 분명하고 정상적인 효과는 고려하지 않는다. 어떤 사람이 말로 남을 자극할 때, 대중적인 신념은 그 말만을 부적절하다고 간주하고, 어떤 비물리적인 실재, 곧 관념이나 사고(思考)의 이전이 존재한다고 가정한다. 어떤 사람이 실제로 행동을 수행하기 전에 말로 그 행동을 기술한다면, 이때 대중적 신념은 말과 행동의 분명한 연관관계에 만족하지 않고, 한 발 더 나아가 말이야말로 뒤따르는 행동을 결정하는 형이상학적 의지나 의도의 보다 직접적인 구현으로 본다. 그렇게 되면 이와 같은 유추가 목적론적 설명의 형태로 나타나는 무정물의 행동에도 이전된다. 가령, 사람들은 나무가 빛을 향해 나아가려고 애를 쓴다든가, 물이 스스로 수평을 구한다든가, 자연이 진공을 싫어한다고 말한다.

28. 7. 비록 실제적 사항에 대해 설명하는 단계까지 나아갈 수 없다고 해도 언어학자는 언어형태의 의미가 다른 과학에 의해 결정될 때마다 해당 언어형태를 분류하는 작업을 수행할 수 있다. 예를 들면, 지금까지 연구된 모든 언어에서 기수(基數) 집합의 존재를 확인하고, 이들 형태의 문법적 구조를 조사해서 10진법 체계가 가장 널리 퍼져 있다고 단언할 수 있다. 인류학자는 이러한 현상이 손가락으로 수를 세는 습관 때문이라고 밝혀준다. 언어 외적 지식의 제약과, (우리의 관심을 더욱 끄는 부분이지만) 세계의 여러 언어에 대한 정확하고 완벽한 정보의 부재로 인해, 지금까지 일반문법과 일반 어휘론을 수립하려는 시도는 모두 좌절을 겪었다. 이러한 조사를 수행하여 결과를 활용할 수 있을 때까지, 우리는 공공적인 형태의 인간행동에 관한 여하한 확실한 지식도 가졌다고 말할 수 없다.

언어에 관한 적당한 기술적 정보는 역사적 이해의 전제조건이다. 인간의 삶에서 일어나는 역사적 변화를 언어의 변화에서 가장 가깝게 조망할 수 있다는 것은 지금도 분명한 사실이다. 그렇지만 언어에 관한 과학적인 수준의 분류체계와 예측에 도달하려면, 실제로 발생했던 사실적(언어 외적) 사건과 언어적 변화 양쪽에 대해 더 많은 지식을 확보해야 한다는 것도 역시 분명한 사실이다. 지금도 언어에서 일어나는 변화는 보다 짧고 규칙적으로 구성된 단어를 지향하고 있다. 음-변화는 단어의 형태 길이를 줄이고, 유추변화는 불규칙 파생어를 규칙 파생어로 대체한다. 이러한 과정의 속도와 일관된 방향은 시간과 장소에 따라 다르다. 공통조어에서부터 조사해 보면, 현대 영어는 단어의 길이가 크게 짧아졌고 형태론도 훨씬 단순화되었음을 알 수 있다. (그러나 리투아니아어는 상당히 긴 단어와 복잡한 형태론을 가지고 있다.) 이와 같은 단순화의 결과는 (유사한) 실제 상황에 반응하기 위한 더욱 많은 수효의 단어를 낳은 것으로 보인다. 가령, 과거에 접사나 다른 형태론적 자질로 표현되었던 한정 자질과 관계 자질 및 대치 형태는 나중에 독자적인 단어의 모습으로 나타난다. 언어 변화의 궁극적인 결과는 어쩌면 우리가 지금 중국어에서 보는 바와 같은 상황이 될지도 모른다. 중국어에서는 각각의 단어가 하나의 형태소이고, 표현을 받아들이는 모든 실제적 자질은 해당 표현을 단어나 구의 모습으로 받아들인다.

언어학의 방법론과 연구성과는, 비록 범위는 소박하지만, 과학이 크게 성공을 거두었던 영역이라고 할 수 있는 자연과학의 방법론과 성과를 닮았다. 언어의 연구를 통해 우리가 인간의 여러 사건을 이해하고 통제하는 데 도움이 될 수 있다는 것은 단순히 전망에 불과하지만, 그렇다고 해서 아무런 희망도 보이지 않는 그렇게 요원한 목표도 결코 아니다.

원 주

저서와 학술지의 완전한 제목은 이 책의 참고문헌 목록에 나와 있다.

제 17 장

언어 변화: Paul, *Prinzipien*; Sweet, *History of Language*; Oertel; Sturtevant; de Saussure.

다양한 언어의 역사:

인도-유럽어족: 최상의 안내서 - Meillet, *Introduction*; 참고문헌 목록을 포함하는 표준적 참고서 - Brugmann-Delbrück; 요약 - Brugmann, *Kurze vergleichende Grammatik*; 최근의 이론서 - Hirt, *Indogermanische Grammatik*; 어원사전 - Walde-Pokorny.

게르만어: Grimm, *Grammatik*(여전히 필독서임); Streitberg, *Grammatik*; Hirt, *Handbuch des Urgermanischen*; Kluge, *Urgermanisch*; 어원사전 - Torp, *Wortschatz*.

영어: 입문서 - Jespersen, *Growth*; Sweet, *Grammar*; *History of Sounds*; Horn, *Grammatik*; Kaluza; Luick; Wyld, *Historical Study*; *History*; *Short History*; Wright, *Elementary*; Jespersen, *Progress*; 어원사전 - *NED*; Skeat, *Dictionary*; Weekley, *Dictionary*. 고대 영어: Sievers, *Grammatik*; Sweet, *Primer*; *Reader*.

독일어: 요약 - Kluge, *Sprachgeschichte*; Behagel, Sprache; 대저 - Wilmanns; Paul, *Grammatik*; Sütterlin; Behaghel, *Geschichte*;

355

Syntax; 어원사전 - Kluge, *Wörterbuch*. 고대 고지독일어: Braune; 고대 저지독일어(고대 색슨어): Holthausen; 중세 고지독일어: Michels. 네덜란드어: Schönfeld; van der Meer; 어원사전 - Franck-van Wijk. 고대 아이슬란드어: Heusler; Noreen, *Grammatik*. 네덜란드어: Dahlerup, *Historie*. 네덜란드-노르웨이어: Seip; Torp-Falk, *Lydhistorie*; Falk-Torp, *Syntax*. 어원사전 - Torp-Falk, *Wörterbuch*; Torp, *Ordbok*. 스웨덴어: Noreen *VS*. 어원사전 - Tamm; Hellquist.

고트어: Streitberg, *Elementarbuch*; Jellinek, *Geschichte der gotischen Sprache*. 어원사전 - Feist.

라틴어: Lindsay; Sommer; Stolz-Schmalz; Kent. 어원사전 - Walde.

로망스어: 입문서 - Zauner; Bourciez; Meyer-Lübke, *Einführung*. 대저 - Gröber; Meyer-Lübke, *Grammatik*. 어원사전 Meyer-Lübke, *Wörterbuch*. 프랑스어: Nyrop, *Grammaire*; Dauzat, *Histoire*; Meyer-Lübke, *Historische Grammatik*. 이탈리아어: d'Ovidio; Grandgent. 스페인어: Hanssen; Menéndez Pidal.

오스칸어 / 움브리아어: Buck; Conway.

켈트어: Pedersen, *Grammatik*. 고대 아일랜드어: Thurneysen, *Handbuch*.

슬라브어: Miklosich, *Grammatik*; Vondrák; Meillet, *Slave*. 어원사전 - Miklosich, *Wörterbuch*, Berneker, *Wörterbuch*. 러시아어: Meyer, *Old Bulgarian*; Leskien.

그리스어: Meillet, *Aperçu*; Brugmann-Thumb; Hirt, *Handbuch*. 어원사전 - Boisacq. 고대 방언: Buck. 현대 그리스어: Thumb.

산스크리트어: Wackernagel, *Grammatik*. 어원사전 - Uhlenbeck. 마라티어: Bloch.

핀-우그리아어: Szinnyei. 셈어: Brockelmann. 반투어: Meinhof, *Grundzüge*; *Grundriss*.

글쓰기: Sturtevant; Jensen; Pesersen, *Linguistic Science*; Sprengling.

17. 1. 그림 메시지: Wundt, *Sprache* 1. 241. 미국의 그림 문자: G. Mallery, in *BAE Annual reports* 4 (1886) ; 10 (1893) ; 오지브와 노래 - *Ojibwa texts*, Part 2, New York, 1919 (*Publications of the American ethnological society*, 7. 2), 591 (by W. Jones).

17. 2. 이집트의 표기: Erman. 한자: Kalgren, *Sound*. 쐐기문자: Meissner. 룬 문자: Wimmer; O. v. Friesen, in Hoops, *Reallexikon* 4. 5.

17. 9. 고대 영어의 관습적 표기: S. Moore, in *Lg*. 4. 239 (1928) ; K. Malone, in *Curme volume* 110. 실제 발음을 드러내는 산발적인 철자체계: Wyld, *History*. 비문: Kent. 호머 시의 재철자화: J. Wackernagel, in *Beiträge zur Kunde* 4. 259 (1878) ; R. Herzog. 아베스타의 재철자화: F. C. Andreas & J. Wackernagel, in *Nachrichten Göttingen* 1909. 42; 1911. 1; 1913. 363.

17. 10. 각운: Wyld, *Studies*. 이론적인 논의 - Schauerhammer. 증거로서의 두운: Heusler 11. 과거 영어 음성학자의 부정확성: Wyld, *History* 115.

*

(1) 비문이 새겨져 있는 고대 이집트의 돌인데, 이 비문으로 이집트 상형문자가 해독되었다. 길이 114㎝, 폭 72㎝인 로제타석은 모양이 다듬어지지 않은 검은 현무암으로 되어 있으며, 오랜 세월에 걸쳐 마모된 상태로 있다가 1799년 8월 알렉산드리아 북동쪽 약 56㎞ 지점의 로제타(라쉬드) 마을 부근에서 부샤르(부사르라고도 함) 라는 이름을 가진 프랑스인에게 발견되었다. 그 후 이 돌은 영국인의 손에 들어가 대영박물관에 보관되어 있다.

외관상 멤피스의 사제들이 쓴 것으로 보이는 이 비문은 프톨레마이오스 5세(B. C. 205년~180년)의 은혜를 요약하고 있으며, 그의 즉위를 기념해 재위 9년에 씌어졌다. 이집트어와 그리스어의 두 가지 언어가 나오고, 신성문자·민용문자(신성문자의 필기체)·그리스 알파벳의 세 가지 표기방식으로 기록되어 있다.

제 18 장

비교연구 방법론: Meillet, *Linguistique* 19; *Méthode*; K. Brugmann, in *IZ* 1. 226 (1884).

18. 4. 라틴어 'cauda, coda': *Thesaurus*; Schuchardt, *Vokalismus* 2. 302; Meyer-Lübke, *Einführung* 121. 라틴어 'secale': *Einführung* 136. Suetonius: *Vespasian* 22.

18. 6. 갈레후스 뿔: Noreen, *Altisländishche Grammatik* 379. 핀란드어의 게르만어 차용어: 26. 3절의 원주 참고.

18. 7. 베르너: H. Pedersen, in *IF Anzeiger* 8. 107 (1898). 베르너의 발견, in *ZvS* 23. 97; 131 (1877).

우리의 공식에서 거꾸로 쓴 'e'로 표기된 원시 인도-유럽어 모음 음소의 음향적 가치는 알려져 있지 않다. 언어학자들은 이 모음을 '중립모음'(*shwa*)이라고 부르기도 하는데, 이 용어는 히브리 문법에서 빌려온 것이다.

라틴어 'cauda'의 원시 인도-유럽어 형태: Walde; K. Ettmayer, in *ZrP* 30. 528 (1906).

히타이트어: 4. 3절의 원주 참고.

18. 8. 인도네시아어의 자료: O. Dempwolff, *Zeitschrift für Eingeborenensprachen* 15. 19 (1925). 이 책의 저자가 직접 제공한 자료도 참고했다. 사의를 표한다.

18. 11. 원시 인도-유럽어의 방언 차이: J. Schmidt; Meillet, Dialects; Pedersen, *Groupement*. 〈도표 1〉과 〈도표 3〉: Schrader, *Sprachvergleichung* 1. 59; 65.

18. 13. 삼: Schrader, *Sprachvergleichung* 2. 192. Herodotus 4. 74.

18. 14. Schrader, *Sprachvergleichung*; Meillet, *Introduction* 364;
Hirt, *Indo-germanen*; Feist, *Kultur*; Hoops, Waldbäume; Hehn;
Schrader, *Reallexikon*. 게르만어의 선사: Hoops, *Reallexikon*; Ebert.
친족어휘: B. Delbrück, in *Abhandlungen Leipzig* 11. 381 (1889).

제 19 장

방언 지리학: Jaberg; Dauzat, *Géographie*; *Patois*; Brøndum-
Nielsen; Gamillscheg; Millardet; Schuchardt, *Klassifikation*; E.
C. Roedder, in *Germanic review* 1. 281 (1926). 특수한 연구의 원리
문제: L. Gauchat, in *Archiv* 111. 365 (1903); Terracher; Haag;
Kloeke; A. Horning, in *ZrP* 17. 160 (1893), 재간행된 *Meisterwerke*
2. 264.
단일 방언에 관한 논의: Winteler. 구역: Schmeller, *Mundarten*;
Bertoni; Jutz. 사전: Schmeller, *Wörterbuch*; Feilberg.
영어의 방언: Ellis, 제 5권; Wright, *Dictionary*; *Grammar*; Skeat,
Dialects; *Publications of the English dialect society*; *Dialect notes*.
미국 언어지도집: H. Kurath, in *Dialect notes* 6. 65 (1930); M. L.
Hanley, in *Dialect notes* 6. 91 (1931).
19. 2. 제 5판이 나오면서, 독일 언어지도집은 그 전까지 누락되었던
지역을 취급하게 된다. 독일 언어지도집에 근거한 연구: *Deutsche
Dialektgeographie*; *Teuthonista*.
19. 3. Kaldenhausen: J. Ramisch, in *Deutsche Dialektgeographie*
1. 17; 62 (1908).
19. 4. "모든 단어에는 그 나름의 역사가 있다.": Jaberg 6.
19. 5. 프랑스 지역에서 사용되는 라틴어 '*multum*': Gamillscheg
51; '*fallit*'; Jaberg.
19. 6. 프랑스어의 라틴어 'sk-': Jaberg 5; 질리에롱-에드몽의 지도

에서 직접 가져온 저자의 생각은 이와 약간 다르다.

19. 8. 프랑키아어와 프로방스어: Tourtoulon-Bringuier. 저지독일어와 고지독일어: W. Braune, in *Beiträge zur Geschichte* 1. 1 (1874) ; T. Frings, in *Beiträge zur Geschichte* 39. 362 (1914) ; Behagel, *Geschichte* 156 & 지도. 지도: Wrede No. 3; K. Wagner, in *Deutsche Dialektgeographie* 23 (1927).

19. 9. 라인 선상지: J. Ramische, in *Deutsche Dialektgeographie* 1 (1908) ; K. Wagner; Frings.

제 20 장

20. 2. 게르만어의 자음 추이: Russer

20. 3. 그라스만: *ZvS* 12. 81 (1863).

20. 6. 소장문법학파의 가설: E. Wechssler, *Festgabe Suchier* 349; E. Herzog; Delbrück, *Einleitung* 171; Leskien, *Declination* xxviii 2; Osthoff-Brugmann, 권 1의 서문, Brugmann, *Stand.* 가설에 대한 반론: Curtius; Schuchardt, *Lautgesetze*; Jespersen, *Language*; Horn, *Sprachköper*; Hermann, *Lautgesetz*.

20. 7. 고대 영어와 현대 영어의 음성대응 일람표: Sweet, *History of Sounds*.

20. 8. 알공키안어 형태: *Lg* 1. 30 (1925) ; 4. 99 (1928) ; E. Sapir in S. A. Rice 292.

20. 9. 영어 '*bait*' 등: Luick 387; Björkman 36.

20. 10. 그리스어 형태: Brugmann-Thumb 143; 362.

20. 11. 아음소의 변이에 관한 관찰: Passy, *Étude*; Rousselot, *Modifications*; L. Gauchat, *Festschrift Morf* 175; E. Hermann, *Nachrichten Göttingen* 1929. 195. 상대적 연대기: O. Bremer, *IF* 4. 8 (1893).

(1) 영어사의 시대구분은 다음과 같다. 고대 영어(*Old English*)는 현존하는 고대 영어 문헌이 처음으로 나타나는 700년 무렵부터 '노르만인의 영국 정복'(*Norman Conquest*)의 영향이 영어에 완전히 반영되는 1150년 무렵까지 사용되던 영어이고, 중세 영어(*Middle English*)는 이 시기부터 '모음 대추이'(*Great Vowel Shift*)가 발생한 1500년 무렵까지 사용되던 영어이다. 1500년 이후의 영어는 현대 영어에 속한다. 고대 영어의 기점(起點)은 학자들에 따라서 앵글로색슨족이 브리튼 섬에 도래한 450년 무렵으로 잡기도 하고(cf. *The Origins and Development of the English Language*, by Thomas Pyles), 앵글로색슨족의 기독교 개종이 완료된 600년 무렵으로 잡기도 한다. 그리고 현대 영어도 모음 대추이가 완성된 1700년 무렵을 기준으로 초기와 후기로 구분하기도 한다. (여기서 말하는 '고대', '중세', '현대'라는 용어는 세계사의 일반적 시대구분에서 사용되는 용어와 시간 개념이 일치하지 않는다. 그래서 '고대'와 '중세'라는 용어 대신 '고기'(古期)와 '중기'(中期)라는 용어를 사용하기도 한다.)

(2) 문자는 기본적으로 보수성을 지니기 때문에 중세에 기록된 고전 라틴어 문헌이라도 실상은 그보다 훨씬 이전 시대에 사용되던 실제 라틴어의 모습을 보여주는 자료일 것이다. 이처럼 오랜 역사를 갖는 고전 라틴어 문헌자료가 당대의 모습을 보여주는 로망스 제어 문헌과 나란히 보존되었다는 사실은 결과적으로 시간의 선후관계에 대한 판단을 어느 정도 흐리는 요소로 작용했을 것이다. 간단히 말해서 중세 유럽 사람들은 입으로는 라틴어에서 분기된 당대의 로망스 제어의 어느 하나를 사용하면서도 펜으로는 한참 이전 시대의 고전 라틴어를 썼던 것이다.

(3) 언어학사에서 '소장문법학파'(*neo-grammarians*/ *Junggrammatiker*)란 19세기 말 독일에서 브루크만과 레스키언, 델브뤽 등을 필두로 하여 일어난 언어학파를 가리킨다. 이들은 음운법칙의 규칙성 내지

법칙성을 극단적으로 신봉하는 입장에서, 종래의 언어학자들이 유추작용을 평가절하한 데 반하여, 유추작용이야말로 언어 창조의 원동력이라고 주장했다.

(4) 북아메리카 인디언어족으로 이 어족에 속한 언어들은 캐나다와 미국 뉴잉글랜드 지방, 남쪽으로 대서양 연안 지역, 오대호 인근 지역, 서쪽으로 로키 산맥에 이르는 오대호 주변 지역에서 이전에 쓰였으며 지금도 쓰이고 있다. 이 어족에 속하는 언어는 무수히 많지만, 그 가운데서도 중요한 언어로는 크리어, 오지브와어, 블랙풋어, 샤이엔어, 미크맥어, 아라파호어 등이 있다. 4.10절 참고.

제 21장

21.1. ' > ' 부호는 '… (으)로 변화했다'라는 뜻이고, ' < ' 부호는 '…에서 나온'의 뜻이다.

21.2. 어말 자음군의 단순화: Gauthiot.

21.3. 라틴어의 자음군: Sommer 215. 러시아어의 동화: Meyer 71.

21.4. 아일랜드어 연성의 기원: Thurneysen, *Handbuch* 138; Brugmann-Delbrück 1.922. 영어 마찰음의 유성화: Jespersen, *Grammar* 1.119; Russer 97.

21.5. 인도-이란어의 구개음화: Delbrück, *Einleitung* 128; Bechtel 62; Wackernagel, *Grammatik* 1.137.

21.6. 고대 아이슬란드어의 비음화: Noreen, *Altisländische Grammatik* 39.

21.7. 영어의 'away' 등: Palmgren. 아일랜드어의 동사 형태: Thurneysen, *Handbuch* 62.

21.8. 폐쇄음의 삽입: Jespersen, *Lehrbuch* 62. 아납티식스 등: Brugmann-Delbrück 1.819.

21.9. 음-변화의 원인: Wundt, *Sprache* 1.376; 522. 상대적 빈도:

Zipf(특히 8.7의 주석). 실험의 오류: J. Rousselot, in *Parole* 1901. 641. 저층이론: Jespersen, *Language* 191. 중국어의 동음이 의어: Kalgren, *Études*.

21. 10. 유럽의 r-유형: Jespersen, *Fonetik* 417. 이화: K. Brugmann, in *Abhandlungen Leipzig* 27. 139 (1909); Grammont; A. Meillet, in *MSL* 12. 14 (1903). 동화: J. Vendryes, in *MSL* 16. 53 (1910); 음운도치: Brugmann-Delbrück 1. 863; M. Grammont, in *MSL* 13. 73 (1905); in *Streiberg Festgabe* 111; in *Festschrift Wackernagel* 72. 동음탈락: Brugmann-Delbrück 1. 857.

제 22장

22. 2. 'become'에 해당하는 고대 영어 단어: F. Klaeber, in *JEGP* 18. 250 (1919). 폐용: Teichert.

22. 3. 라틴어 'apis'의 프랑스 권역 반사형: Gilliéron, *Généalogie*; Meyer-Lübke, *Einführung* 103. 단형 동사 형태: A. Meillet, in *MSL* 11. 16 (1900); J. Wackernagel, in *Nachrichten Göttingen* 1906. 147. 영어 'coney': *NED* 해당 표제어 부분; Jaberg 11.

22. 4. 동음이의어: E. Richter, in *Festschrift Kretschmer* 167. 남부 프랑스 권역의 라틴어 'gallus': Gilliéron-Roques 121; Dauzat, *Géographie* 65; Gamillscheg 40.

22. 6. 〈오셀로〉의 대사(3막 3장): H. H. Furness, *New variorum edition*, 6 (Philadelphia, 1886).

22. 7. 금기: 9. 10절의 주석 참고.

제 23장

유추변화: Wheeler; Paul, *Prinzipien* 106; 242; Strong-Longman-

Wheeler 73; 217; de Saussure 221; Darmesteter, *Création*; Goeders.

23. 1. 규칙 결합 대 불규칙 결합: Jespersen, *Philosophy* 18.

23. 2. 유추의 비례도식에 대한 반대: Hermann, *Lautgesetz* 86.

23. 3. 영어의 '*s*'-복수형: Roedler. 라틴어 '*senati*': Hermann, *Lautgesetz* 76.

23. 5. 역-형성: Nichtenhauser; O. Jespersen, in *Festskrift Thomsen* 1. 영어의 '-*en*' 동사: Raith. 영어의 '-*ate*' 동사: Strong-Longman-Wheeler 220.

23. 6. 동사의 합성어 구성원: Osthoff; de Saussure 195; 311. 통속어원론: A. S. Palmer; Andresen; Hasse; W. v. Wartburg, in *Homenaje Menéndez Pidal* 1. 17; Klein 55; H. Palander, in *Neuphilologische Mitteilungen* 7. 125 (1905); J. Hoops, in *Englische Studien* 36. 157 (1906).

23. 7. 통사론의 유추 변화: Ziemer; Middleton.

23. 8. 적응과 혼성: M. Bloomfield, in *AJP* 12. 1 (1981); 16. 409 (1895); *IF* 4. 66 (1894); Paul, *Prinzipien* 160; Strong-Longman-Wheeler 140; L. Pound, in *Modern Language Review* 8. 324 (1913); Pound, *Blends*; Bergström; G. H. McKnight, in *JEGP* 12. 110 (1913); 참고문헌: K. F. Johansson, in *ZdP* 31. 300 (1899). 대명사의 적응과 혼성: Brugmann-Delbrück 3. 386. 심리적 연구: Thumb-Marbe; Esper; Oertel 183. 발화실수: Meringer-Meyer. *Bob*, *Dick*: Sundén.

제 24장

제 9장 참고.

24. 3. 진흙 벽: R. Meringer, in *Festgabe Heinzel* 173; H.

Collitz, in *Germanic Review* 1. 40 (1926). 말과 사물: *Wörter und Sachen*.

24. 4. Paul, *Prinzipien* 74.

24. 5. '*hard*: *hardly*'에 대해: Uhler.

24. 6. 애칭의 주변적인 의미: Taylor 78.

24. 7. Sperber; S. Kroesch, in *Lg* 2. 35 (1926); 6. 322 (1930); *Modern Philology* 26. 433 (1929); *Studies Collitz* 176; *Studies Klaeber* 50. 라틴어 '*testa*': A. Zauner, in *Romanische Forschungen* 14. 355 (1903). 워즈워스의 인용: Greenough-Kittredge 9.

제 25 장

25. 2. 최초로 일어나는 차용어의 음성적 적응: S. Ichikwa, in *Grammatical miscellany* 179.

25. 3. 영어에 나타나는 스칸디나비아어의 자음군 '*sk-*': Björkman 10.

25. 5. 게르만어에 나타난 라틴어 '*Caesar*': Stender-Petersen 350. 고트어에서 들어온 독일어 '*Maut*': F. Kluge, in *Beitgräge zur Geschichte* 35. 156 (1909).

25. 6. 외국어 접사가 첨가된 영어단어: G. A. Nicholson; Gladde; Jespersen, *Growth* 106. 접미사 '*-er*': Sütterlin 77.

25. 7. 차용 번역: K. Sandfeld Jensen, in *Festschrift Thomsen* 166. 문법 용어: Wackernagel, *Vorlesungen*.

25. 8. 라틴어에서 들어온 초기의 게르만어 차용어: Kluge, *Urgermanische* 9; Jespersen, *Growth* 31. 초기의 게르만어에서 들어온 라틴어 차용어: Brüch; Meyer-Lübke, *Einführung* 43.

제 26장

26. 1. 영어에 들어온 선교 관련 라틴어: Jespersen, *Growth* 41. 스칸디나비아어의 저지독일어 단어: Hellquist 561. 러시아어의 저지독일어와 네덜란드어 단어: van der Meulen; O. Schrader, in *Wissenschaftliche Beihefte* 4. 99 (1903). 미국에 거주하는 독일인의 언어에 나타나는 영어단어의 성: A. W. Aron, in *Curme volume* 11; 미국에 거주하는 노르웨이인의 언어에 나타나는 영어단어의 성: G. T. Flom, in *Dialect Notes* 2. 257 (1902).

미국 내 이민자 언어의 운명에 대한 웨스트(West)의 오류(*Bilingualism* 46)는 교육학자의 논문(정반대의 해석을 곁들인 약간의 수치가 포함됨)과 문학 에세이에 나오는 우연한 발언에 근거한다.

26. 2. 언어 간의 갈등을 다룬 참고문헌: Paul, *Prinzipien* 390; E. Windische, in *Berichte Leipzig* 1897. 101; G. Hempel, in *TAPA* 1898. 31; J. Wackernagel, in *Nachrichten Göttingen*, *Geschäftliche Mitteilungen* 1904. 90.

웨일스어: Parry-Williams.

지명: Mawer-Stenton; Meier 145; 332; Dauzat, *Noms de lieux*; Meyer-Lübke, *Einführung* 254; Olsen.

미국영어의 네덜란드어: van der Meer xliv. (단, 이들 단어를 톨〔Toll〕이 논의하는 보다 오래된 저층과 혼동하면 안 된다.)

영어의 프랑스어: Jespersen, *Growth* 84; 115.

인명: Barber; Ewen; Weekly, *Romance*; *Surnames*; Bähnisch; Dauzat, *Noms de personnes*; Meyer-Lübke, *Einführung* 244.

26. 3. 핀란드어의 게르만어 단어: Thomsen; E. N. Setälä, in *Finnisch-ugrische Forschungen* 13. 345 (1913); W. Wiget, in *Streitberg Festgabe* 399; K. B. Wiklund, in *Streitberg Festgabe* 418; Collinder.

슬라브어의 게르만어 단어: Stender-Petersen. 로망스어의 게르만어 단어: Meyer-Lübke, *Einführung* 43.

집시어: Miklosich, Mundarten; 독일의 집시어: Finck, *Lehrbuch*.

라딘어: Meyer-Lübke, *Einführung* 55.

26.4. 영어의 스칸디나비아어 요소: Björkman; Xandry; Flom; Lindkvist; A. Mawer, in *Acta philologica Scandinavica* 7.1 (1932); E. Ekwall, in *Grammatical miscellany* 17.

칠레의 스페인어: R. Lenz, in *ZrP* 17.188 (1893); M. L. Wagner, in *ZrP* 40. 286 (1921). 로망스어의 저층: Meyer-Lübke, *Einführung* 225.

인도-아리안어의 드라비다어 특징: S. Konow, in Grierson 4.278.

발칸 제어: Sandfeld. 북서 연안의 언어: F. Boas, in *Lg* 1.18 (1925); 5.1 (1929); *American Anthropologist* 22.367 (1920).

26.5. 영국과 미국의 집시: J. D. Prince, *JAOS* 28. 271 (1907); A. T. Sinclair, in *Bulletin* 19.727 (1915). 고형: Sampson.

혼성어, 교역언어, 혼합언어: Jespersen, *Language* 216.

영어: Kennedy 416; 미국의 흑인 영어: J. A. Harrison, in *Anglica* 7.322 (1884); J. P. Fruit, in *Dialect Notes* 1.196 (1892); Smith; Johnson. 서아프리카어: P. Grade, in *Archiv* 83. 261 (1889); *Anglica* 14.362 (1892); E. Henrici, in *Anglica* 20.397 (1898). 수리남: Schuchardt, *Sprache*; M. J. Herskovits, in *Proceedings* 23rd 713; *West-Indische gids* 12.35. 피진: F. P. H. Prick van Wely, in *Englische Studien* 44.298 (1912). 비치 라 마르: H. Schuchardt, in *Sitzungsberichte Wien* 105.151 (1884); *Englische Studien* 15.286 (1889); Churchill. 인도: H. Schuchardt, in *Englische Studien* 15.286 (1890).

네덜란드어: H. Schuchardt, in *Tijdschrift* 33.123 (1914); Hesseling; de Josselin de Jong. 아프리칸즈: van der Meer xxxiv; cxxvi.

로망스어의 혼성어: H. Schuchardt, in *Schuchardt-Brevier* 22 ff. 치누크 혼성어: M. Jacobs, in *Lg* 8. 27 (1932). 슬라브어적 독일어와 이탈리아어: Schuchardt, *Slawo-Deutsches*. 러시아와 노르웨이의 교역언어: O. Broch, in *Archiv für slavische Philologie* 41. 209 (1927).

*

(1) 비치 라 마르는 영어에 바탕을 둔 피진어로서 멜라네시아에서 무역과 선교의 언어로 널리 쓰이는데, 'Melanesian Pidgin English', 'Neo-Melanesian', 'Sandalwood English' 등의 별칭이 있다. 어떤 지역에서는 크리올어로 자리 잡게 되어 몇몇 원주민의 언어가 되었다. 이 피진어는 수백 가지 원주민 언어를 사용하여 의사소통이 거의 불가능한 파푸아뉴기니 섬에서 혼성적 국제어 (*lingua franca*) 로 사용되기도 한다. 어휘는 원래 영어에서 주로 파생했으며, 대부분 낱말의 뜻이 확장되거나 변화하고 합성어, 신조어로 어휘가 더욱 확대되었지만 천 5백 개 정도의 영어 낱말이 얼마 안 되는 기본어휘의 90% 정도를 차지한다. 문법과 통사 역시 언어습관과 멜라네시아 원주민 언어의 영향으로 많이 단순해지고 또 약간 변형되었지만 기본적으로 영어의 구조에 바탕을 두고 있다. 발음과 강세는 영어가 아닌 언어들과의 접촉을 통해 영향을 받았음에 틀림없다. 강세는 'bíkos'(*because*), 'másin'(*machine*) 같이 낱말의 첫음절에 오게 되었다. 소리체계도 바뀌어 /f/와 /p/ 및 /s/와 /sh/와 /ch/ 소리가 구별되지 않아서 'this fellow'(이 친구) 가 'dispela'로, 'finish'(끝내다)가 'pinis'로 되었고 'sharp'(날카로운) 이 'sap'으로, 'chalk'(분필) 가 'sok'가 되었다. 또한 두 모음 사이에서 /b/와 /d/는 /mb/와 /nd/가 되어 'tabak'(담배) 대신 'tambak', 'sidaun'(앉다·앉아라·놓다) 대신 'sindaun'이 쓰이기도 한다.

제 27 장

27. 1. 어린이: Jespersen, *Language* 103; J. M. Manly, in *Grammatical miscellany* 287.

27. 2. Gamillscheg 14.

27. 4. 표준어의 흥기: Morsbach; Flasdieck; Wyld, *History*; L. Morsbach, in *Grammatical miscellany* 123. 독일어: Behaghel, *Geschichte* 182; Kluge, *Luther*. 네덜란드어: van der Meer. 프랑스어: Brunot. 세르비아어: Leskien, *Grammatik* xxxvii. 보헤미아어: Smetánka 8. 리투아니아어: E. Hermann, in *Nachrichten Göttingen* 1929. 25. 노르웨이어: Burgun; Seip.

27. 5. 영어 'busy': H. C. Wyld, in *Englische Studien* 47. 1; 145 (1913). 영어 'er, ar': Wyld, *History*. 폐용어의 부활: Jespersen, *Growth* 232; 'derrign-do': Greenough-Kittredge 118. 로망스어의 반-식자어: Zauner 1. 24; Meyer-Lübke, *Einführung* 30.

27. 7. 중세기 라틴어: Strecker; Bonnet; C. C. Rice; Du Cange.

제 28 장

28. 1. 표준어를 사용하는 새로운 화자의 발흥: Wyld, *Historical Study* 212.

28. 2. 읽기: Passy, *Enseignement*; Erdmann-Dodge; Fechner.

28. 4. 외국어 교수법: Sweet, *Practical Study*; Jespersen, *How to Teach*; Viëtor, *Methodik*; Palmer, *Language Study*; Coleman; McMurry. 참고문헌: Buchanan-McPhee. 어휘: West, *Learning*.

28. 5. 인공언어: R. M. Meyer, in *IF* 12. 33; 242 (1901); Guérard; R. Jones, in *JEGP* 31. 315 (1932); *Bulletin* 12. 644 (1908).

28. 6. 언어 발달의 일반적인 경향: Jespersen, *Progress*.

음성기호
· · ·
일람표

  이 책에서 사용한 음성기호는 국제음성학회의 알파벳 형태를 조금 수정한 형태이다. 이 알파벳의 핵심원리는 주어진 언어의 개별 음소(변별적 음성, 제5장 참고)에 대해 단일 글자를 사용하자는 것이다. 이들 기호는 매우 융통성 있게 사용되어 상이한 언어들에서 나타나는 상이한 음성을 표상하기도 하지만, 주어진 언어 안에서는 일관성을 지켜 사용한다. 따라서 〔t〕는 영어단어 'tin'에 나타나는 음성을 표상하는 동시에 프랑스어 단어 'tout'(모두)에 나타나는 조금 다른 음성을 표상하기도 한다. 이밖에 추가적인 기호들은 해당 언어가 추가적인 음소를 구분하는 경우에 한해 사용한다. 예컨대 이탤릭체로 표기된 〔t〕나 대문자로 표기된 〔ᴛ〕 같은 기호는 음소 〔t〕에 대해 일반적 유형보다 많은 음소를 구분하는 러시아어나 산스크리트어의 표기를 위해서만 추가로 사용한다.

  다음 일람표는 이렇게 읽으면 된다. "기호 … 은/는 (단어) … 에 나타나는 일반적 유형의 음을 표상한다."

  〔a〕 palm 〔pam〕
  〔ɑ〕 hot 〔hɑt〕; 프랑스어 bas 〔bɑ〕
  〔ʌ〕 son, sun 〔sʌn〕[1]
  〔b〕 big 〔big〕
  〔č〕 chin 〔čin〕

---

1) 영국영어를 전사할 때 관습적으로 사용한다. 기호 〔o〕를 사용해도 된다.

〔ç〕 현대 그리스어 〔'eçi〕 (has)

〔d〕 do 〔duw〕

〔ð〕 then 〔ðen〕

〔e〕 men 〔men〕; 프랑스어 gai 〔ge〕

〔ə〕 프랑스어 petit 〔pəti〕

〔ɛ〕 man 〔mɛn〕; 프랑스어 dette 〔dɛt〕

〔f〕 few 〔fjuw〕

〔g〕 go 〔gow〕

〔ɣ〕 네덜란드어 zeggen 〔'zeɣe〕

〔h〕 how 〔haw〕

〔i〕 tin 〔tin〕; 프랑스어 fini 〔fini〕

〔ï〕 터키어 〔kïz〕 (girl)

〔j〕 yes 〔jes〕

〔ĵ〕 jig 〔ĵig〕

〔k〕 cook 〔kuk〕

〔l〕 lip 〔lip〕

〔λ〕 이탈리아어 figlio 〔'fiλo〕

〔m〕 me 〔mij〕

〔n〕 no 〔now〕

〔ɧ〕 sing 〔siɧ〕

〔ɲ〕 프랑스어 signe 〔siɲ〕

〔o〕 son, sun 〔son〕; 프랑스어 beau 〔bo〕

〔ɔ〕 saw 〔sɔ〕; 프랑스어 homme 〔ɔm〕

〔ø〕 프랑스어 peu 〔pø〕

〔œ〕 프랑스어 peuple 〔pœpl〕

〔p〕 pin 〔pin〕

〔r〕 red 〔red〕; 프랑스어 riz 〔ri〕

〔s〕 say 〔sej〕

〔š〕 show 〔šow〕

〔t〕 tin 〔tin〕; 프랑스어 tout 〔tu〕

〔θ〕 thin 〔θin〕

〔u〕 put 〔put〕; 프랑스어 tout 〔tu〕

〔v〕 veil 〔vejl〕

〔w〕 woo 〔wuw〕

〔x〕 독일어 ach 〔ax〕

〔y〕 프랑스어 vu 〔vy〕

〔ɥ〕 프랑스어 lui 〔lɥi〕

〔z〕 zoo 〔zuw〕

〔ž〕 rouge 〔ruwž〕

〔ʔ〕 덴마크어 hus 〔huʔs〕

　　추가 기호의 용법은 다음과 같다. 해당 언어가 위에서 언급한 어느 하나의 유형 안에서 둘 이상의 음소를 구분할 때, 다양한 기호를 도입하여 표기한다. 가령, 대문자 표기 〔T, D, N〕 등은 산스크리트어의 전도음을 지시하는데, 이들 음은 치음 〔t, d, n〕과 시차적으로 구분된다. 또 대문자 〔I, U〕 등은 고대 불가리아어에서와 같이 〔i, u〕와 구분되는 보다 개방된 변이형을 지시한다. 러시아어에서 〔*bit*〕(*way of being*)과 구분되는 〔*bit*〕에서 보듯이 이탤릭체로 표시된 글자는 구개음화한 자음을 표시한다.

　　글자 아래 찍힌 작은 수직획은 해당 음이 음절을 이룬다는 의미이다. (예) button 〔'botn̩〕

　　글자 다음에 나오는 작은 위첨자 〔ⁿ〕은 해당 음이 비음화했다는 의미 (예: bon 〔boⁿ〕)이며, 작은 위첨자 〔ʷ〕는 선행하는 음이 순음화했다는 의미이다.

　　수직선 부호(〔'〕)는 다음 음절이 악센트를 받는다는 의미이다. (예) benighted 〔be'najted〕

　　기타의 세 가지 부호 〔" ˇ ˌ〕 등도 악센트의 변이형을 지시하는 용법으로 사용된다. 숫자 위첨자 〔¹ ² ³ ⁴〕는 음조의 구분을 지시한다.

쌍점은 독일어에서 kann 〔kan〕과 Kahn 〔kaːn〕이 구분되듯이 선행하
는 음이 길다는 의미이다.

다른 구두점〔. , ?〕 등은 문장에서 일어나는 변동을 지시하고, 〔¿〕
는 'Are you there?'〔ar ju ðejr?〕와 구분되는 'Who's there?'〔ˈhuw z
ˈðeir¿〕에서 일어나는 변동을 지시하는 데 사용한다.

부록

▪ 언어학 용어 한-영 대조 일람

가정법 subjunctive
각운 rime/ rhyme
감탄사 interjection
강세 stress/intensity
강약/크기 loudness
강조 emphatic
개모음 open vowel
개방전이 open transition
개음절 open syllable
격 case
경음 fortis
고립적 isolating
고모음 high vowel
고유명사 proper noun
공명 자음 sonant
공명 resonance
공명도 sonority
과도한 도시지향적 hyper-urban
과도한 외국어 (형태) hyper-foreign
과도교정 형태 hyper-forms
과잉 분화 over-differentiation
과장 hyperbole
관계적 대치형태 relative substitute

관계-축 relation-axis
관사 article
교착적 agglutinative
교체 alternation
교체형 alternant
구 phrase
구강음 oral
구개음 palatal
구개음화한 palatalized
구-단어 phrase-word
구성성분 constituent
성분 component
구성체/구성 construction
구어 colloquial
구조 structure
구조상의 순서 structural order
구조의미소 episememe
구-파생어 phrase derivative
굴절 inflection
굴절어 inflecting languages
그림문자 picture writing
글자 letter
기본(교체)형 basic alternant

기본형 basic form
기술상의 순서 descriptive order
기술적 형용사 descriptive adjective
기식(성)/기식화 aspiration
기저형태 underlying form
기호 mark
긴장모음 tense vowel
나아감 protrusion
내심(적) endocentric
내파 implosion
내포(된) included
넓은 모음 wide vowel
단수 singular
단어부류 word class
단어 word
대격 accusative
대등(적) co-ordinative
대명사 pronoun
대중어 popular word
대치 substitution
대치 자질 substitution feature
대치형태 substitute / ~-form
돈절 aposiopesis
동격 apposition
동명사 gerund
동사 verb
동사의 태 voice of verb
동음이의어 homonym
동음탈락 haplology

동의어 synonym
동화 assimilation
두운 alliteration
등어선 isogloss
리듬 rhythm
마찰 friction
마찰음 spirant
막음소리 muffled sound
말더듬 stuttering
머뭇거리기 hesitation
명령법 imperative
명사 noun
명사 / 체언 substantive
모라 mora
모음 vowel
모음조화 vowel harmony
모음추이 vowel shift
모음충돌 hiatus
목적어 object
목표-행위 goal-action
몸짓 gesture
무강세 atonic
무정물 inanimate
문말 음조(억양) final-pitch
문맥 context
문법 grammar
문법소 tagmeme
문법특성소 taxeme
문자 / 표기 / 쓰기 writing

문장 단어 sentence-word
문장 유형 sentence-type
문장 sentence
물러남 retraction
물리/음향음성학 physical/acoustic phonetics
물질명사 mass noun
미완료 imperfect
민간어원설 popular etymology
반(半)-서술적 semi-predicative
반(半)-절대(독립) semi-absolute
반모음 semi-vowel
반복 repetition
반복성 iteration
발성 / 유성음화 voicing
발화 실수 slip of the tongue
발화 / 언어 / 말 speech
방언 구역 dialect area
방언 지도집 dialect atlas
방언 dialect
방언지리학 dialect geography
배열 형식 tactic form
배열 arrangement
번역 translation
범주 category
법 mode(= mood)
변별적(인) distinctive
변이형 variant
변화 change

병렬(구조) parataxis
보상적 장음화 compensatory lengthening
보어 complement
보족적 completive
보충법 suppletion
보통명사 common noun
복수 plural
복합음소 compound phonemes
부(負)-자질 minus feature
부류 의미 class-meaning
부류의 균열 class-cleavage
부사 adverb
부정 negative
부정(不定)- / -적 indefinite
부정- / 부정사 infinitive
부정과거 aorist
부호 symbol
분사 participle
분석적 analytic
불완전 동화 partial assimilation
비교 방법 comparative method
비교 연구 comparative study
비교 comparative
비변별적 non-distinctive
비속어법 vulgarism
비원순 unrounded
비음 nasal
비음화된 nasalized

비 (非) 자모식 표기법 analphabetic notation

비통사적 합성어 asyntactic compound

사격 obviative

사전 dictionary

산발적인 음-변화 sporadic sound change

삼수 trial

삼인칭 third person

삼중모음 triphthong

삽입 parenthesis

상 aspect

상용문 형태 favorite sentence-form

상위 언어 upper language

상징어 symbolic word

상호참조 cross-reference

생리음성학 physiological phonetics

서술어 predicate

선택 selection

선행사 antecedent

설배- / 설배적 dorsal

설정적 coronal

설첨 / -적 apical

설측음 lateral

성 gender

성문- glottal

성문음화 glottalized

성인 언어 adult language

성절 강세 syllabic stress

성절음 / 성절적 syllabic

성조 tone

소형문 minor sentence

속격 genitive

속삭임 소리 whisper

속어 slang

수 number

수동 passive

수량사 numerative

수식어 modifier

순서 order

순수 자음 mute

순음 labial

순음화한 labialized

순음화-연구개음화한 labiovelarized

순치음 labiodental

시점적 punctual

시제 tense

식자어 learned word

식자층-외래어 foreign-learned

신성문자 hieroglyphs

신-형성 new formation

실용음성학 practical phonetics

실험음성학 experimental / laboratory phonetics

실질어 full word

쐐기문자 cuneiform

아랍어 유성 성문 마찰음 ayin

악센트 accent
악음 musical sound
약어 abbreviation
양수 dual(number)
양순음 bilabial
어간 stem
어근 root
어근-단어 root-word
어근-형성 root forming
어두 initial
어두첨가 모음 prothetic vowel
어미음탈락 apocope
어순 word order
어조 tone of voice
어중- medial
어중음탈락 syncope
어휘 의미 lexical meaning
어휘 형태 lexical form
어휘 vocabulary
어휘부 lexicon
언어 의미 linguistic meaning
언어형태/형식 linguistic form
언어의 섬 speech-island
언어의미소 noeme
언어형식소 glosseme
에두른 표현 circumlocution
여격 dative
여성 feminine
여성 / 암- female

역파생 inverse derivation
역-형성 back formation
연계적 copulative
연구개음 / 연구개- velar
연구개음화한 velarized
연성 sandhi
연음(軟音) lenis
연음(連音) liaison
영-자질 zero-feature
완곡어법 euphemism
완서법 litotes
완전 동화 total assimilation
완형문 full sentence
외심(적) exocentric
움라우트 umlaut
원격 동화 distant assimilation
원순성 rounding
유령 형태 ghost-form
유운 assonance
유의미적 significant
유정물(의) animate
유추 변화 analogic change
유추 analogy
융합 syncretism
은어 secret dialect
은유 metaphor
음량 quantity
음부 phonetic(symbol)
음성변이 phonetic modification

음성적 교체형 phonetic alternant
음성적 대치 phonetic substitution
음성 패턴 phonetic pattern
음성학 phonetics
음소 phoneme
음소의 출현 빈도 frequency of
　phonemes
음역 register
음운도치 metathesis
음운론 phonology
음장/장단/길이 duration/length
음절 syllable
음절문자 syllabary
음절 형성/음절화 syllabification
음조/고저/높이 pitch
음조변동 modulation
음향(적) acoustic
응축 condensation
의문문 interrogative
의미 meaning
의미론 semantics
의미소 sememe
의사-비인칭 pseudo-impersonal
의사소통 밀집도 density of
　communication
의성어 onomatopoeia
의존-/종속- dependent
의존형태/-형식 bound form
이론적 형태 theoretical form

이완모음 loose vowel
이인칭 second person
이전된 의미 transferred meaning
이중모음 diphthong
이중언어 bilingual
이중자 digraph
2차 파생어 secondary derivative
이화 dissimilation
인공구개 false palate
인공 언어 artificial language
인용발화 hypostasis
인칭 대치형태 personal substitute
인칭 person
일반 문법 general grammar
일인칭 first person
1차 파생 primary derivation
일치 agreement
임시적 의미 occasional meaning
자극 stimulus
자동사 intransitive
자립형태/-형식 free form
자모식 표기법 alphabetic writing
자음 consonant
자음군 cluster
잔류 형태 relic form
재구 reconstruction
재귀사 reflexive
재철자화 re-spelling
저모음 low vowel

저층 substratum
적응 adaptation
전도음(의) domal/inverted
전동음 trill
전사/전사법 transcription
전설모음 front vowel
전염 contagion
전이 transition
전자/전자법 transliteration
전접어 enclitic
전치사 preposition
절 clause
절대/독립 absolute
접두사 prefix
접미사 앞(에 오는) pre-suffixal
접미사 suffix
접사 affix
접속사 conjunction
접요사 infix
접합 conjunct
제유 synecdoche
제한적 limiting
조건적 음-변화 conditioned sound-
  change
조격 instrumental(case)
조어 parent language
조어법(단어-형성) word formation
조응 anaphora
조응적/조응사 anaphoric

좁은 모음 narrow vowel
  ☞ 긴장모음 tense vowel
종속적/종속- subordinate
종합적 언어 synthetic language
종합적 합성어 synthetic compound
주격 nominative(case)
주변적 의미 marginal meaning
주어 subject
준표준어 sub-standard
중가사/중가 현상 reduplication
중모음 mid vowel
중간태 middle voice
중성 neuter
중심적 의미 central meaning
중얼거림소리 murmur
중자음 double consonant
지배 언어 dominant language
지배 government
지소-/지소(사) diminutive
지속적 durative
지시사/-적 demonstrative
지시의미 denotation
직설법 indicative
직시(直示)적 deictic
직접구성성분 immediate constituent
차용 번역 loan-translation
차용 borrowing
차용어 loan-word
철자법 개혁 spelling reform

철자식 발음 spelling pronunciation
철자 의고화 archaization
첨가 accretion
첨사 particle
최종/문말/어말 final
축소된 의미 narrowed meaning
축약 contraction
치간(음) interdental
치경음 alveolar
치은음 gingival
치음 dental
치찰음 sibilant
타동사 transitive
탄설음 tongue-flip
탈격 ablative(case)
통사론 syntax
통사적 합성어 syntactic compound
특수화된 의미 specialized meaning
특징-실체 character-substance
파격 anacolouthon
파동 이론 wave theory
파열음 explosive
파찰음 affricate
패러다임 paradigm
폐모음 closed vowel
폐쇄 closure
폐쇄된 구성 closed construction
폐쇄음/정지음/파열음 stop
폐쇄전이 close transition

폐용 obsolescence
포합 incorporation
포합적/포합- polysynthetic
표어부/표어문자 logogram
표어적 (표기) logographic
표음문자 phonogram
표음적 (표기) phonographic
표의적 (표기) ideographic
표준어 standard language
표지 marker
표지부호 sign
표현 expression
품사 parts of speech
피진 영어 pidgin English
하위 언어 lower language
학교 문법 school grammar
한정- finite
한정부 determinant
한정사 determiner
한정적/한정사류 determinative
한정어 attribute
함축(의미) connotation
합성어 compound word
합성어-파생어 de-compound
핵 kernel
핵어 head
행동 시범 demonstration
행위 명사 action noun
행위 action

행위-목표 action-goal
행위자 agent
행위주 actor
행위주-행위 actor-action
혀짤배기 소리 lisp
형용사 adjective
형태부류 form-class
형태론 morphology
형태소 단어 morpheme word
형태소 morpheme
형태의 사용 빈도 frequency of forms
호격 vocative
호응 concord/congruence
호칭 address
혼성 blending/contamination
혼성어 jargon

혼성적 국제어 lingua franca
혼합 언어 creolized language
확장된 의미 widened meaning
확정-/확정적 definite
환유 metonymy
활음 glide
활음조 euphony
회고적 연성 reminiscent sandhi
후설모음 back vowel
후음 guttural
후접어 proclitic
후치음 postdental
휴지 pause
휴지/중지 음조 pause/suspension-
  pitch
흡착음 click

■ 인명 약해

그로테펜트 〔Grotefend, Georg Friedrich, 1775~1853〕
고대 페르시아 쐐기문자(설형문자) 해독의 돌파구를 연 독일의 언어학
자이다. 1765년 유럽에는 독일의 여행가 카르스텐 니부르가 페르시아의
수도 페르세폴리스 유적지에서 가져온 사본을 통하여 쐐기 모양의 설형
문자가 알려져 있었다. 그는 교사생활을 시작한 1797년부터 문제의 비
문에 대한 관찰을 통해, 그것이 기원전 5세기경에 씌어졌으며 여러 왕들
의 조각상과 관련이 있음을 알아내고, 반복되는 몇몇 기호가 '왕'과 '왕
중의 왕'을 뜻한다는 결론을 내렸다. 그가 해독한 13개의 기호 중 9개가
옳은 것이었다. 이 발견은 1802년 9월 2일에 처음 발표되었다.

그라스만 〔Hermann Gunther Grassmann, 1809~1877〕
독일의 수학자 겸 언어학자로 슈테틴에서 태어나 신학을 공부하였으며,
그곳의 중학교 교사로 평생을 보냈다. 수학에서는 《광연론》(廣延論)의
저자로 유명하며, 언어학에서는 인도-유럽어의 유기음에 관한 "그라스만
의 법칙"을 발견한 것으로 유명하다.

그림 〔Jacob Grimm, 1785~1863〕
독일의 언어학자로 게르만어의 신구구조를 역사적 기초 위에서 기술하
고 나아가서 역사언어학의 발달에 지대한 영향을 미쳤다. 그의 공적은
무엇보다도 인도-유럽어와 게르만어 사이의 자음 추이를 하나의 법칙 내
지 공식으로 체계화한 점이다. 그림의 법칙은 게르만어와 기타 인도-유
럽어(그리스어와 라틴어) 사이에 발생한 자음 대응의 규칙성을 체계화

한 것으로, 그리스어의 /p/가 고트어(게르만어의 일파)에서 /f/가 되고, 다시 고지독일어에서 /b, v/가 된다. 또 그리스어 /b/는 고트어 /p/, 고지독일어 /f/가 되고, 그리스어 /f/는 고트어 /b/ 고지독일어 /p/가 된다는 것이다.

니 체〔Nietzsche, Friedrich Wilhelm, 1844~1900〕
쇼펜하우어의 의지철학을 계승하는 '생의 철학'의 기수로서, 키르케고르와 함께 실존주의 선구자로 지칭되는 독일의 시인이자 철학자이다. 저서로는 처녀작인 《비극의 탄생》(*Die Geburt der Tragödie*, 1872)을 비롯해 《반시대적 고찰》(*Unzeitgemässe Betrachtungen*, 1873~1876), 《차라투스트라는 이렇게 말했다》(*Also sprach Zarathustra*, 1883~1885) 등이 있다.

델브뤽〔Berthold Delbrück, 1842~1922〕
독일의 언어학자로 통사론에 관심을 가지고 인도-유럽어 비교통사론 연구의 기반을 마련했다. 1871년, 산스크리트어와 그리스어의 가정법 및 원망법(願望法)에 관한 논문 "통사론 연구"(*Syntaktische Forshungen*)를 발표했고, 1886년부터 1893년에 걸쳐 《인도-게르만어족의 비교문법 개요》(*Grundriss der vergleichenden Grammatik der indogermanishen Sprachen*) 5권을 발표했다. 이 다섯 권의 저서 중 세 권이 통사론에 할애되어 있다.

도나투스〔Donatus, ?~?〕
4세기 중엽에 활동한 로마의 유명한 문법학자이자 수사학 교사로 어린 학생들을 위한 《소(小) 문법론》(*Ars minor*)과 《대(大) 문법론》(*Ars major*) 등 학교 문법책을 저술했다. 전자는 연설의 여덟 가지 요소를 문법적으로 설명하고 있으며, 후자는 문법의 요소와 연설의 여덟 가지 요소, 언어의 아름다움과 오류 등을 설명하고 있다.

도브로프스키 〔Dobrovsky, Josef, 1753∼1829〕
체코슬로바키아의 언어학자이자 슬라브어 비교언어학의 창시자로, 처음에 로마 가톨릭 교회의 사제교육을 받았으나, 1773년에 예수회가 해체된 다음에 학문연구에 전념했다. 성서의 원전비평이 계기가 되어 고대교회 슬라브어를 연구하다가 한 어군으로서의 슬라브어를 독립적으로 연구하게 되었다.

도 자 〔Dauzat, Albert, 1877∼1955〕
프랑스의 언어학자로 1899년 파리의 고등학술전문대학을 졸업하였다. 1910년 같은 대학에서 교수로 재직하다가, 훗날 학장이 되었다. 자신의 저서 《언어지리학》(La géographie linguistique, 1922)을 통해 언어지리학자로 알려져 있지만, 주된 연구대상은 기술자 용어나 군대용어 등의 특수한 전문용어였다. 1939년에는 프랑스의 지역별 언어지도 작성의 책임자가 되었으나, 원래 언어지리학에 비판적 입장을 취하여 1923년 이후 스승인 질리에롱과도 논쟁을 벌였다.

도지슨 〔Charles Lutwidge Dodgson, 1832∼1898〕
본명보다 필명 루이스 캐롤(Carroll, Lewis)로 더 잘 알려진 영국의 동화작가이자 수학자이다. 럭비학교에서 옥스퍼드대학에 진학하여 수학을 전공했으며, 훗날 모교의 수학교수를 지냈다. 친구의 딸인 앨리스 리델에게 이야기해 주었던 내용을 동화 《이상한 나라의 앨리스》(Alice's Adventures in Wonderland, 1865)와 그 속편인 《거울 나라의 앨리스》(Through the Looking-Glass and What Alice Found There, 1871) 등 유머와 환상이 가득한 일련의 동화작품을 집필해서, 근대 아동문학을 확립한 작가의 한 사람이 되었다.

뒤 모리에 〔du Maurier, George Louis Palmella Busson, 1834~1896〕
빅토리아 왕조 시대의 시대상을 예리하게 묘사한 삽화를 《편치》(*Punch*)
지에 실었던 풍자 만화가이다. 만화 이외에도 세 편의 소설이 있다.

디스콜루스 〔Apollonius Dyscolus, ?~?〕
2세기에 활동한 그리스의 문법학자로 체계적인 문법연구의 토대를 닦은
것으로 알려져 있다. 지금까지 남아 있는 그의 저서로는 《통사론》이 있
고, 이보다 분량이 적은 소논문으로는 "대명사에 대하여", "접속사에 대
하여", "부사에 대하여" 등이 있다.

디 츠 〔Diez, Friedrich Christian, 1794~1876〕
독일의 언어학자로 로망스 제어를 연구하여 그 기초를 쌓았다. 저서로는
《로망스 제어의 문법》(*Grammatik der romanischen Sprachen*, 3권,
1836~1844), 《로망스제어 어원사전》(*Etymologisches Wörterbuch der
romanischen Sprachen*, 2권, 1853) 등이 있다.

라스크 〔Rasmus Kristian Rask, 1787~1832〕
덴마크의 언어학자로 코펜하겐대학에서 언어학을 수학하고 아이슬란드
로 건너가 아이슬란드어와 유럽 제어의 관계를 밝히는 연구를 진행했다.
라스크는 언어 간의 비교에서 언어의 전체 구조에 대한 조사가 필요하다
고 하여 비교언어학의 방법론에 중요한 공헌을 했다. 그는 또한 게르만
어 자음 추이에서 나타나는 음운대응의 규칙성을 연구했는데, 이러한 업
적은 훗날 그림의 법칙으로 체계화되었다.

레스키언 〔A. Leskien, 1840~1916〕
라이프치히학파에 속하는 쿠르티우스의 제자로 브루크만, 델브뤽과 더
불어 음성법칙의 규칙성을 신봉하고 음성법칙의 무예외성을 강조했다.

렙시우스 〔Lepsius, Karl Richard, 1810~1884〕
이집트의 고고학 유물 목록을 작성하고, 이집트 역사의 연대기를 만드는
데 크게 이바지한 독일의 이집트학 학자이며, 체계적인 근대 고고학의
창시자이다. 그는 고고학상의 언어학과 비교언어학을 공부한 다음, 베
를린대학 강사가 되었고, 1843년에는 프로이센 프리드리히 빌헬름 4세
의 후원을 받아 과학연구단을 이끌고 이집트와 수단을 여행하기도 했다.
거기서 그는 기원전 3000년경으로 거슬러 올라가는 피라미드의 증거를
발견했다.

롤린슨 〔Rawlinson, Sir Henry Creswicke, 1810~1895〕
영국의 육군 장교이자 동양학자이다. 1833년 당시 육군 소령이었던 롤
린슨은 다른 영국 장교들과 함께 이란 국왕(Shah)의 군대를 개편하기
위해 이란으로 갔다. 이곳에서 그는 페르시아 유물에 깊은 관심을 갖게
되었고, 비시툰에 있는 쐐기문자로 된 비문의 해독에 몰두했다. 2년 동
안의 연구 끝에 1837년 비문의 첫 두 단락을 영어로 번역하여 발표한다.
이란에서 전역하게 된 그는 1844년에야 다시 돌아와 바빌로니아 문자의
탁본을 얻을 수 있었다. 그 뒤에 《비시툰에 있는 페르시아 설형문자 비
문》(*Persian Cuneiform Inscription at Behistun*, 1846~1851)이라는 책
을 펴냈다. 이 책은 전체 비문의 번역문과 문법에 대한 해설 및 주석을
싣고 있는데, 이 업적은 페르시아 역사와 페르시아 왕들에 대한 값진 정
보로 꼽힌다.

루터 〔Luther, Martin, 1483~1546〕
독일의 성직자이자 성서학자이며 언어학자이기도 하다. 성직자로서의
업적은 교회의 부패를 공박하여 종교개혁 운동을 주도한 것이라 할 수
있다. 언어학자로서의 업적은 선제후의 비호 아래 숨어 지내던 9개월 동
안 이루어졌다고 할 수 있다. 그는 이 기간에 신약성서의 독일어 번역작

업을 수행했다. 이 작업이 독일어 통일에 크게 공헌한 업적임은 부정할
수 없는 사실이다.

밀 러 〔Müller, Friedrich Max, 1823~1900〕
독일의 동양학자이자 언어학자이다. 그의 저서는 언어학과 신화학, 종
교학에 대한 관심을 널리 일깨워주었다. 주요 업적으로는 51권으로 이
루어진 《동양의 경전》(The Sacred Books of the East, 1879~1904) 편찬
을 들 수 있다. 원래는 산스크리트어를 공부했으나 나중에 비교언어학
연구로 전향했고, 1845년경부터는 고대 이란어로 씌어진 조로아스터교
의 경전인 《아베스타》를 연구하기 시작했다. 《아베스타》에 대한 관심은
자연히 여러 종교의 비교연구로 이어졌고, 그 결과 힌두교 성가(聖歌)
들 가운데 가장 오래된 《리그베다》(Rigveda)를 편집하게 되었다. 《리그
베다》는 그가 옥스퍼드대학(1849~1875)에 정착한 뒤에 출판되었는데,
이 대학에서 그는 근대언어 담당 부교수(1850)를 거쳐 비교언어학교수
(1868)로 임명되었다. 옥스퍼드대학에 재직하는 동안 인도-유럽어의 비
교연구를 널리 보급하려고 애썼다.

밀 턴 〔Milton, John, 1608~1674〕
대서사시 《실낙원》(Paradise Lost)의 저자로 셰익스피어에 버금가는 대
시인으로 평가받는다. 대표적인 작품으로는 《실낙원》, 《복낙원》, 《그리
스도 강탄의 아침에》 등이 있다.

베르너 〔Verner, Karl Adolph, 1846~1896〕
1875년에 발표한 논문 《제1음운 추이의 예외》('베르너의 법칙'이라고
한다)로 유명한 덴마크의 언어학자이다. 이것은 '그림의 법칙', 즉 게르
만어와 고전어 사이에 있는 자음에 관한 변화법칙의 예외 중 하나가 인
도-유럽어의 오래된 악센트의 영향에 따른다는 점을 밝힌 것으로, 보프

의 비교문법을 읽다가 이 법칙을 발견했다고 한다.

보프 〔Bopp, Franz, 1791~1867〕
1821년부터 베를린대학 교수가 되어 학계에 많은 영향을 끼쳤다. 그의 연구성과는 《산스크리트어, 젠드어, 그리스어, 라틴어, 리투아니아어, 고대슬라브어, 고트어, 독일어의 비교문법》(1833~1852)이라는 방대한 양의 저서에 집약되어 있다. 그는 문법 중에서도 특히 어미변화의 분석에 주안점을 두었다. 그러나 때로는 인도-유럽어와 말레이-폴리네시아어를 비교하는 오류를 범하기도 했다.

볼테르 〔Voltaire, 1694~1778〕
본명은 프랑수아 마리 아루에(François-Marie Arouet)이다. 프랑스의 작가이자 대표적인 계몽사상가로, 유복한 공증인의 아들로 예수회 학교 루이 르 그랑에서 공부하였다. 1717년에 오를레앙 공(公)의 섭정을 비방하는 시를 썼다 하여 투옥되었는데, 비극 《오이디푸스》를 옥중에서 완성하고, 1718년에 상연하여 성공을 거둔 다음 볼테르라는 필명으로 바꾸었다. 그 후에는 국외로 추방되었다가 돌아오는 등, 여러 나라를 떠돌면서 문학작품과 사상서, 철학서 등을 집필했다.

뵈틀링크 〔Otto von Böthlingk, 1815~1904〕
러시아에서 출생한 독일인 언어학자이다. 문학에 재능이 있었고 산스크리트어 연구에도 큰 업적을 남겼다. 저서로는 《산스크리트어 독본》(1845), 《인도 잠언집》(3권, 1870~1878), 《파니니 문전》(1887), 《산스크리트어 대사전》(7권, 1853~1879) 등이 있는데, 이는 산스크리트어 학계의 기념비적인 업적으로 남아 있다.

분트〔Wundt, Wilhelm, 1832~1920〕
독일의 철학자이자, 심리학자이다. 튀빙겐, 하이델베르크, 베를린의 각 대학에서 철학과 생리학을 배웠고, 하이델베르크대학의 조교를 거쳐 라이프치히대학의 교수로 있었다. 당시까지의 감각생리학과 연상파의 심리학을 종합하여 실험심리학을 확립했다.

브레데〔Ferdinand Wrede, 1863~1934〕
독일 슈판다우에서 출생하여, 베를린대학 독어독문학과 및 역사학과를 졸업하였다. 1884년 베를린대학에서 독어독문학 박사학위를 취득하고, 6년 뒤에 마르부르크에서 게르만 문헌학 교수자격을 취득했다. 그 후 독일제국의 언어지도 작성 작업을 주도했다. 1919년 사서주임으로 임명받고, 이듬해 독일제국 언어지도 및 독일방언연구센터 소장이 되었다. "언어와 민족성"(*Sprache und Nationalität*)이라는 제목으로 음성 녹음한 자료(1926)가 남아 있다.

브루크만〔Brugmann, Friedrich Karl, 1849~1919〕
나사우 공국에서 출생한 독일인 언어학자이다. 라이프치히대학에서 오랫동안 산스크리트어와 비교언어학을 강의했다. 소장문법학파의 대표적 인물로 B. 델브뤽과 공동저술한 《인도-유럽어 비교문법》(5권, 1897~1900)이 있는데, 이것은 오늘날에도 인도-유럽어 비교문법 연구의 기초가 된다.

소쉬르〔Ferdinand de Saussure, 1857~1913〕
스위스의 언어학자로 근대 구조주의 언어학의 창시자이다. 일반적으로 언어학에서 사용되는 중요 개념들 가운데 공시언어학과 통시언어학은 그가 도입한 개념이다. 주요 저서로는 소쉬르의 제자들이 그의 사후에 강의노트를 바탕으로 편집한 《일반언어학 강의》(*Cours de linguistique générale*, 1916)가 있다.

수에토니우스〔Suetonius Tranquillus, Gaius, 69?~122?〕
고대 로마 제정기의 전기 작가이다. 군인의 아들로 로마에서 태어난 그는 법률을 공부하여 법정에서 활동하다가 한때 하드리아누스 황제의 비서를 지냈다. 주저 《황제전》(De Vita Caesarum, 8권, 121?)은 시저로부터 도미티아누스에 이르는 12황제의 전기로, 전대의 공문서나 서간 등 생생한 사료를 자료로 삼은 점에서 귀중하다. 또한 《명사전》(De Viris Illustribus)이 있는데 이 중 《문법가전》, 《웅변가전》 및 《시인전》의 일부만이 전한다.

슈미트〔Schmidt, Johannes, 1843~1901〕
A. 슐라이허에게 인도-유럽어의 비교문법을 배웠으나, 스승의 언어 계통수설에 반대하여 《인도 및 유럽 각 언어의 근친관계》(Die Verwandt-schaftsverhältnisse der indogermanischen Sprachen, 1872)를 저술하고 언어 파동설을 주장한 독일의 언어학자이다. 그는 인도-유럽어의 분화를 중심에서 멀어지면서 점차 스러져가는 파문에 비유하여, 어파 상호간의 관계를 설명했다. 이 착상은 인도-유럽어의 방언 분류에 관한 활발한 논쟁을 불러일으켰으며, 이것이 확대되어 일반 방언연구에도 적용되기에 이르렀다. 베를린에 있었으나 소장문법학파에는 속하지 않았고, 모음조직과 중성명사의 연구 등에 많은 업적을 남겼다.

슈타인탈〔Steinthal, Heymann, 1823~1899〕
분트와 함께 언어심리주의의 창시자로 일컬어지는 독일의 언어학자이자 철학자이다. 30세 전후에 3년 동안 파리에서 중국어와 중국문학을 연구하다가, 1863년 베를린대학의 일반언어학 교수가 된 후에는 언어철학과 언어유형학 연구에 전념하였다. 독일의 언어철학자 훔볼트나 헤르바르트의 영향을 강하게 받고, 당시의 비교역사언어학의 기계적·물리적 언어관에 반발하여, '언어란 그것을 사용하는 사회의 집단 심리적 표현'이라고 주장했다. 또한 훔볼트가 제창한 세계 여러 언어의 분류법을 더욱 합리화하려고 노력했다. 주요 저서로는 《문법·논리·심리》(*Grammatik, Logik, Psychologie*, 1855), 《언어구조의 주요 유형 특징》(*Characteristik der hauptsächlichsten Typen des Sprachbaues*, 1860) 등이 있다.

슈하르트 〔Schuchardt, Hugo Ernst Maria, 1842~1927〕
고타에서 태어난 독일의 언어학자이다. 할레대학 교수를 거쳐 오스트리아의 그라츠대학 교수가 되었다. 라틴어로 된 그리스도교 관계 비문에 흥미를 느껴 로망스어를 연구하기 시작하였고, 또 웨일스에서 켈트어를 연구하였다. 그리고 이들 인도유럽어에 둘러싸여 있으면서 계통을 달리하는 바스크어의 연구에도 힘썼다. 그는 언어가 가지는 주관적인 뉘앙스에 흥미를 가지고 당시 학계의 주류를 이루고 있던 소장문법학파가 주장하는 음운변화의 법칙성에 반대하였는데, 그 원인으로 심리적 요소나 개개의 어휘가 가지는 중요성을 지적하였다.

슐라이허 〔Schleicher, August, 1823~1868〕
독일의 인도-유럽어 학자이자 슬라브어 학자이다. 1840년 가을에 라이프치히대학에 등록하여 신학을 공부하다가 1841년 튀빙겐대학으로 옮겨 신학, 철학, 셈어 등을 공부했다. 2년 후 신학을 그만두고 본대학에 등록하여 동방 제어와 독일어 방언을 공부했다.

스락스 〔Dionysios Thrāx, B.C. 170(?)~B.C. 90(?)〕
기원전 1세기 무렵 알렉산드리아에서 활동한 언어학자로 그리스어에 관한 최초의 문법책으로 알려진 《문법의 기술》(*Techne Grammatike*)을 저술했다. 4백 줄이 채 안 되는 이 저서에서 그는 문법기술의 단위로서 문장과 단어를 중시했다. 그는 그리스어의 낱말을 8품사로 나누었으며, 특히 동사와 명사의 속성을 논하였다. 그가 제시한 8품사는 명사, 동사, 분사,

관사, 대명사, 전치사, 부사, 접속사이다. 그는 명사에 관하여 성(性), 수(數), 격(格)을 구분했으며, 동사에 관하여 법, 태, 인칭, 수, 시제를 언급했다. 그의 이러한 분류는 로마시대로 전승되어, 2천 년 동안 라틴어와 영어, 기타 유럽 제어를 기술하는 문법의 틀을 이루었다. 그가 사용한 그리스어 용어는 라틴어로 번역된 다음에 다시 영어로 번역되어 오늘날까지 거의 그대로 사용되고 있다.

스위트 〔Sweet, Henry, 1845~1912〕
런던에서 출생하여 독일 하이델베르크대학에서 게르만어학과 음성학을 연구하였다. 음성학 분야에서 대륙의 언어학자들과 함께 일반 음성학의 발달에 기여한 공적이 크다. 언어 음성 표기를 위하여 벨의 '가시언어'를 개량한 '음성기관 기호'(organic notation)를 창안하는 한편, 로마자를 기초로 한 2종의 기호체계를 고안했다. 이들 기호체계는 현재 우리가 사용하는 국제음성기호의 기초가 되었다. 주요 저서로는 《고대 영어 독본》(Anglo-Saxon Reader, 1876), 《음성학 편람》(Handbook of Phonetics, 1887), 《음성학 입문》(A Primer of Phonetics, 1892), 《언어사》(The History of Language, 1900) 등이 있다.

스펜서 〔Spenser, Edmund, 1552~1599〕
미완성의 대작인 장편 서사시 《페어리 퀸》(The Faerie Queene)으로 불후의 명성을 남긴 인물이다. 런던에서 태어났으며 케임브리지대학 출신이다. 후세 시인들에게 큰 영향을 끼친 시인으로 평가받고 있기 때문에 시인 중의 시인으로 불리기도 한다.

아델룽 〔Johann Christoph Adelung, 1732~1806〕
그림 이전의 중요한 독일어 학자 중 한 사람으로 평가받는 인물이다. 그의 문법학과 사전 및 문체에 관한 연구서 등은 독일어를 표준화하고 독일어의 철자법을 확립하여 어법을 세련되게 다듬는 데 크게 이바지했다. 그의 《고지독일어 방언에 관한 완전한 문법·비평 사전의 시론》(*Versuch eines vollständigen Grammatisch-kritischen Wörterbuches der hochdeutschen Mundart*, 1774~1786)은 현대 독일어의 기초를 이루는 방언의 역사에 관한 깊은 학식을 보여준 저서이다. 그는 《미트리다테스, 일반언어학》 (*Mithridates, oder allgemeine Sprachenkunde*)을 저술하다 사망했는데, 여기서 그는 산스크리트어와 유럽의 주요 언어들 사이에 일정한 관계가 있음을 주장했다. 또한 그는 약 5백 개의 언어와 방언으로 된 주기도문을 모으기도 했다.

아리스타르쿠스 〔Aristarchus. B.C. 217(?)~B.C. 145〕
그리스의 비평가이자 문법학자로 호머 연구에 공헌했다. 알렉산드리아에서 아리스토파네스 아래서 수학했으며, 기원전 153년 무렵에 알렉산드리아 도서관의 관장이 되었다. 그 후 키프로스로 가서 자기 이름을 딴 아리스타르케이라는 문헌학자들의 모임(학파)을 만들었다.

야베르크 〔Jaberg, Karl, 1877~1958〕
질리에롱에게서 사사한 후, 1928~1940년 동문인 야콥 유트와 함께 로망스어 여러 방언의 언어 지도집 《이탈리아·남부 스위스의 언어 및 사물의 지도집》(8권)을 완성함으로써 말〔語〕을 사물과 관련시켜 보는 방법을 언어지리학에 도입했다. 역사적 문헌과 방언을 비교하여 언어지리학을 문화사와 연결하고, 심리적 요인에 주목하면서 언어지리학과 심리학을 연결하는 등 언어지리학의 방법론적 기초를 굳혔다.

예스퍼슨 〔Jespersen, Jens Otto Harry, 1860~1943〕
덴마크의 언어학자이자 영어학자이다. 코펜하겐대학에서 V. 톰센 등에게서 사사했고, 1891년 영어의 격(格) 연구로 학위를 받았으며, 1893년에 같은 대학의 영어학 교수가 되었다. 음성학과 언어이론, 영어발달사, 국제어 운동 등의 분야에서 높은 평가를 받았다.

그의 저서 중《음성학 교본》(*Lehrbuch der Phonetic*, 1904)은 뛰어난 일반음성학 전문서로 유명하다. 또한 다윈의 진화론에서 영향을 받아 당시까지 유행하던 언어 퇴화설에 반대했고,《언어의 발달》(*Progress in Language*, 1894)에서 언어는 진화하는 것이며, 언어의 변화는 효율적인 방향으로 나아가는 것이라고 주장했다.《현대 영문법》(*Modern English Grammar on Historical Principle*, 7권, 1909~1949)은 이와 같은 생각을 영어사를 통해 실증한 업적으로, 역사적 연구야말로 언어의 과학적 연구라는 입장에서 집필한 것이다,《영문법 요체》(*Essentials of English Grammar*, 1933)는 위의 책에 대한 요약이다.

그 밖에 그의 언어관을 집대성한 것으로《언어, 그 본질과 발달과 기원》(*Language, its Nature, Development and Origin*, 1922) 및《문법의 원리》(*Philosophy of Grammar*, 1924) 등이 있다.

오 센 〔Aasen, Ivar Andreas, 1813~1896〕

노르웨이의 언어학자이자 시인이다. 19세기 초엽 민족정신 발흥기에 종래 사용해 오던 덴마크어를 배격하고, 노르웨이의 독자적인 국어를 만들어냈다. 그는 또한 민간에 남아 있던 고대 노르웨이어 계통의 방언을 수집하고 정리하여 란츠말어(신노르웨이어)의 융성에 큰 공적을 남겼다.

주요 저서로는《노르웨이 방언사전》(*Ordbog over det norske folkesprog*, 1850)이 있다.

워즈워스 〔Wordsworth, William, 1770~1850〕

유럽 문화의 역사상 커다란 의미를 지닌 것으로 평가받는 영국의 낭만파 시인이다. 1795년에 친구의 도움으로 누이와 레이스다운으로 옮겨 살던 그는 가까운 곳에 살고 있던 S. T. 콜리지와 친교를 맺고, 1798년에는 공동으로 《서정가요집》을 출판했다. 이 책은 1800년에 개정판이 나왔는데 그는 서문에서 "시골 가난한 사람들의 자발적 감정의 발로만이 진실한 것이며, 그네들이 사용하는 소박하고 친근한 언어야말로 시에 알맞은 언어"라고 하여, 18세기식 기교적 시어를 배척하기도 했다.

오페르〔Oppert, Jules, 1825~1905〕
독일에서 출생한 프랑스의 동양학자이다. 1855년 힝크스, G. 롤린슨의 바빌로니아 문자 해독법에 대한 난해한 의문이 야기되었을 때, 그 정확성을 입증했다. 1857년에는 W. H. 톨보트를 포함한 4명이 새로 발견한 비문을 놓고 각자 별도로 번자(飜字)와 번역(飜譯)을 해본 결과, 그 줄거리가 일치하여 쐐기문자 해독의 기초를 확립했다. 또 그보다 더 오래된 설형문자로 쓴 비(非)셈어와 그것을 사용한 비셈인(人)의 존재를 발견하고, 1869년에 그것을 '수메르'라고 명명하였다. 주요 저서에 《아시리아어 문법의 기초》(Eléments de la grammaire assyrienne, 1860), 《수메르어 연구》(Etudes sumériennes, 1881) 등이 있다.

유니우스〔Junius, Franciscus, the Younger, 1589~1677〕
독일 태생의 언어·문학 연구가이다. 프랑스에서 신학을 공부한 뒤, 네덜란드에서 목사가 되었지만, 1620년 영국으로 건너가서 30년 동안 머물면서 고대 필사본을 많이 수집하여, 이것을 편집하고 주석을 달아 옥스퍼드대학 보들리 도서관에 기증했다. 저서로는 영국 최초의 그리스도교 시인인 캐드먼의 작품으로 알려져 있는 운문의 단편을 모아 캐드먼 시집(1655)을 간행한 것과 4세기 울필라 주교가 고트어로 번역한 성서 사본의 초판본(1665)을 만든 것이 있는데, 후자가 주목받는 업적이다.

유트〔Jud, Jakob, 1882~1952〕
스위스의 언어학자로 비교언어학을 연구하고 문화사를 재구성했다.

1906년부터 1922년까지는 취리히고등학교에서 프랑스어를 가르쳤고, 그 후에는 취리히대학의 로망스어 교수를 역임했다. 레토-로망어 방언과 프랑스어·프로방스어·이탈리아어 연구에 몰두하면서, 독일-오스트리아와 프랑스·이탈리아의 언어학 전통을 풍부한 상상력으로 중재했다. 엄격한 역사문법보다는 미묘한 사전학(辭典學)을 더 좋아했기에 그의 학술논문들은 일찍이 라틴족과 켈트족 및 게르만족 사이에 이루어진 접촉과 그리스도교가 언어에 미친 영향, 스위스에서 변화하고 있는 언어학적 상관관계 등을 기술하고 있다. 스위스의 또 다른 유명한 로망스어 언어학자인 야베르크와 긴밀히 협력하여, 8권으로 이루어진 기념비적 저술 《이탈리아와 남부 스위스의 언어지도 및 사실지도》(*Sprach und Sachatlas Italiens und der Südschweiz*, 1928~40)를 저술했다.

이스트먼 〔Eastman, George, 1854~1932〕
미국 뉴욕 주에서 태어난 사진 기술자이다. 로체스터의 공립학교를 졸업한 후 보험회사, 은행 등에서 근무하다가 사진 건판을 발명하고 나서 1880년 로체스터 공장을 설립하여, 1884년 롤필름 제작에 성공했다. 1888년 코닥카메라를 고안하고, '이스트먼 코닥'이라는 회사를 설립해, 카메라를 대량생산하여 사진의 대중화에 기여하는 한편, 1928년에는 천연색 필름을 발명했다.

존 스 〔Jones, Daniel, 1881~1967〕
1903년 케임브리지대학 수학과를 졸업하고 런던대학에서 음성학을 연구한 영국의 음성학자이다. 런던대학의 음성학 강사와 조교수를 거쳐, 1921~1949년 음성학 교수, 1950~1967년 국제음성학회장 등을 역임하였다. 그는 특히 영국파 실용음성학을 확립하는 데 크게 공헌했다. 주요 저서로는 《영어의 발음》(*The Pronunciation of English*, 1909), 《영어 발음사전》(*An English Pronouncing Dictionary*, 1917), 《영어 음성학

개설》(*An Outline of English Phonetics*, 1918), 《음소》(*The Phoneme : Its Nature and Use*, 1950) 등이 있다.

존 스 〔Jones, William, 1746~1794〕
런던에서 태어난 영국의 동양학자이다. 옥스퍼드대학을 졸업하고, 1783~ 1794년 캘커타고등법원 판사로 인도에 체재하면서, '벵골아시아협회'를 창립하고 회장이 되었다(1784). 영국 최초의 산스크리트어 연구 및 인도학의 창시자로서, 산스크리트어와 그리스어·라틴어의 유사성을 지적하고, 비교언어학상으로 '인도 유럽 모어(母語)'를 가설로 제안했으며, 베다 문학, 고전 산스크리트 문학, 비교 신화학, 인도 고대 법전 등을 번역했다.

질리에롱 〔Jules Louis Gilliéron, 1854~1926〕
낭트칙령의 폐지 이후 스위스로 피신한 신교도의 후손으로 스위스에서 태어난 프랑스 언어학자이자 언어지리학의 창시자이다. 파리의 고등학술실무학교에서 수학한 후, 1883년부터 평생 모교에서 로망스어와 방언학을 강의했다. 그는 조수 E. 에드몽에게 프랑스어 지역 약 천 개 지점의 방언조사를 지시하고, 이 자료를 토대로 1,946쪽의 언어지도를 만들어 간행하였는데 이것이 《프랑스 언어지도집》(1902~1920)이다. 그 밖의 저서로는 《꿀벌을 나타내는 단어의 계보》(1918), 《언어 병리학과 치료》(1921) 등이 있다.

초 서 〔Chaucer, Geoffrey, 1342~1400〕
중세 영국의 최대 시인으로 손꼽히는 인물이다. 그는 습작 시절에 주로 G. 마쇼, E. 데샹, J. 프루아사르의 작품과 《장미 설화》등 당시 궁정에서 유행하였던 프랑스 문학의 영향을 받았다. 그 스스로도 《장미 설화》의 영역(英譯)을 시도하여, 번역된 단편이 지금도 남아 있다.

카라드지치 〔Karadzic, Vuk Stefanovic, 1787∼1864〕

세르비아의 언어학자이자 민속학 연구의 아버지로 불리는 인물이다. 그는 1804년에 세르비아인들이 일으킨 혁명 초기에 자신이 거주하던 구역의 혁명군 지휘관에게 고용되어 편지를 쓰고 읽는 일을 맡았다. 혁명이 실패하자 그는 세르비아를 떠났지만, 혁명군 지도자를 따라 러시아로 가지 않고 오스트리아의 빈으로 갔다. 이곳에서 슬라브학을 처음 접한 그는 세르비아어로 된 시와 민요를 수집하고, 세르비아어 문법책과 사전을 쓰기로 결심했다.

카라드지치는 세르비아어가 30개의 독특한 소리를 가지고 있으며, 그 가운데 6개 소리를 표기할 수 있는 자모가 키릴 문자에 없다는 사실을 입증했다. 그는 이 소리를 표기하기 위해 새로운 자모를 도입하는 한편, 세르비아어에는 전혀 쓸모가 없는 18개 자모를 버렸다. 교회와 작가들은 그의 개혁안에 강력히 반대했지만, 정부는 1859년 마침내 카라드지치가 개정한 문자를 사용한 책의 출판을 허락했다.

쿠라스 〔Kurath, Hans, 1891∼1992〕

오스트리아에서 미국으로 이주한 미국의 언어학자이며 넓은 지역을 포괄하는 최초의 언어지도인 《뉴잉글랜드 언어지도》(*Linguistic Atlas of New England*)의 편집자이기도 하다. 그의 활동은 대부분 미국영어 방언을 중심으로 한 것인데, 업적도 《뉴잉글랜드 언어지도》(3권, 1939∼43)를 편집한 것 이외에 《뉴잉글랜드 언어지리학 입문》(*Handbook of the Linguistic Geography of New England*, 1939, 1973 개정판), 《미국 동부의 낱말 지리학》(*A Word Geography of the Eastern United States*, 1949), 《대서양 연안의 영어 발음》(*The Pronunciation of English in the Atlantic States*, 1961), 《지역 언어학 연구》(*Studies in Area Linguistics*, 1972) 등에 잘 나타나 있다. 1946∼1962년에는 《중세 영어 사전》(*Middle English Dictionary*)의 편집 책임을 맡기도 했다.

쿠르티우스 [Curtius, Georg, 1820~1885]
그리스어를 연구한 독일의 언어학자로 문헌학과 언어학 사이의 다리를
놓은 학자로 평가된다. 1845년 베를린대학 객원강사로 있으면서 최초의
주요 저서인《고전 언어학과 관련한 비교언어학》(*Die Sprachvergleichung
in ihrem Verhältnis zur classischen Philolgie*)을 썼고 한 해 뒤에는 라틴
어와 그리스어의 비교문법을 다룬 저서가 출판되었다. 프라하대학에서
교수로 재직하는 중에《그리스어 문법교본》(*Griechische Schulgrammatik*,
1852)을 출판했다. 그의 저서 중에 가장 영향력이 있는《그리스어 어원
론의 기초》(*Grundzüge der griechischen Etymologie*, 1858~1862)는 킬
대학에서 재직하던 중에 저술한 책이다. 이 모든 저서는 그리스어 연구
의 초석이 되었는데, 특히 그리스어 동사나 그리스어 어원에 관한 그의
연구는 오늘날에도 그 가치를 잃지 않고 있는 것으로 평가받고 있다.

톰 센 [Thomsen, Vilhelm Ludvig Peter, 1842~1927]
처음에는 고전을 공부했으나 핀란드어에 흥미를 가져 핀란드어와 고트
어의 관계에 대한 연구로 학위를 받아 코펜하겐대학의 교수가 된 덴마크
의 언어학자이다. 그는 1893년에 오르혼 강과 예니세이 강 연안에서 발
견된 돌궐 비문(오르혼 비문)의 해독에 성공, 룬 문자와 비슷한 문자로
쓰여진 가장 오래된 투르크어의 자료를 학계에 소개했다. 또 그가 저술
한《언어학사》(*Sprogvidenskabens Historie*, 1902)는 19세기 언어학의
발전을 학문적으로 포착한 최초의 시도로서 오늘날에도 높이 평가되고
있다. 그 밖의 저서로는《해독된 오르혼 비문》(*Inscriptions de l'Orkhon
déchiffrées*, 1896)이 있다.

팔라스 [Pallas, Peter Simon, 1741~1811]
산(山)의 형성 이론을 발전시켰으며, 동물군에 대한 새로운 분류체계를
확립한 독일의 박물학자이다. 그는 1768년 상트페테르부르크의 임페리

얼 과학아카데미 박물학교수로 임용되었고, 거의 같은 시기에 러시아와 시베리아로 떠나는 과학탐사에도 참가하여 6년 동안 시베리아의 우랄 산맥과 알타이 산맥을 비롯한 러시아 제국 전역을 여행했다. 이 탐사의 결과물은 《러시아 제국의 여러 지방 여행》(*Reise durch verschiedene Provinzen des russischen Reichs*, 3권, 1771~1776)으로 출판되었다.

포트 [August Friedrich Pott, 1802~1887]
인도-유럽어 역사언어학의 창시자 가운데 한 사람이다. 인도-유럽어족에서 (의미상으로) 서로 연관된 낱말들에서 나타나는 음성의 상관관계를 토대로 근대 어원론 연구분야를 개척했다. 학위논문집으로 "여러 언어에서 전치사로 지시되는 관계에 대하여"(1827)와 "인도-유럽어족의 어원론적 연구 — 특히 산스크리트어, 그리스어, 라틴어, 리투아니아어, 고트어의 음변화에 관하여"(1833~1836)가 있다.

폴 [Paul, Hermann, 1846~1921]
마그데부르크에서 출생한 독일의 언어학자이다. 라이프치히대학과 프라이부르크대학을 거쳐 1893년에 뮌헨대학의 교수로 부임하였다. 전문영역은 독일어학과 문학이며, 이른바 소장문법학파의 중심인물로서 독일어사 연구의 제1인자였다. 고대와 중세의 독일문학, 심리학, 교육학, 사학에 관한 논문 이외에, 1874년 게르만어학을 전공한 W. 브라우네와 함께 학술잡지 〈독일어사, 문학사연구〉(*Beiträge zur Geschichte derdeutschen Sprache und Literatur*)를 창간한 것을 비롯해, 《게르만어문학 강요(文學綱要)》(*Grundriss der germanischen Philologie*, 2권, 1889~1893)를 편집하였다. 주요 저서로는 《언어사 원리》(1880), 《중세 독일어 문법》(1881), 《독일어 사전》(1896), 《독일 문전》(5권, 1916~1920), 《사학(史學) 방법론고》(1920) 등이 있다.

프리스키아누스〔Priscianus Caesariensis, ?~?〕
5세기경에 마우레타니아 카이사레아에서 활동한 라틴어 문법학자 가운데 가장 저명한 인물이다. 몇 권의 저서가 알려져 있으나 가장 주목받는 것은 《문법의 기초》(*Institutiones grammaticae*) 이다. 이 책은 7~9세기에 널리 인용되었으며, 중세 학교에서 문법을 가르칠 때 기준으로 삼은 권위 있는 책이다. 또한 이 저서는 13, 14세기에 추론문법(언어논리학)이 등장하게 된 배경이 되었다. 오늘날 이 저서는 약 천 점의 필사본으로 존재한다.

헤로도토스〔Herodotus, B. C. 484~B. C. 430(?)〕
페르시아의 지배를 받던 소아시아 남서부의 그리스 도시인 할리카르나소스에서 태어났다. 그는 페르시아 제국의 대부분 지역과 이집트, 리비아, 시리아, 바빌로니아 등지를 여행하면서 《역사》(*Historiae*) 를 저술했는데, 이는 페르시아 전쟁(B. C. 499~479) 을 다룬 책으로 고대에 창작된 최초의 기사본말체 역사서로 꼽힌다.

헤스코비츠〔Herskovits, Melville Jean, 1895~1963〕
신대륙의 흑인에 대한 연구분야를 개척했으며, 문화에 대한 인문주의적·상대주의적 연구로 잘 알려진 인류학자이다. 1951년 헤스코비츠는 노스웨스턴대학에서 미국 최초의 아프리카 연구분야 교수로 선임되었다. 그곳에서 그는 미국 흑인들의 신체적 특징을 연구하면서 흑인들의 사회적 문제와 그들이 아프리카에 두고 온 문화적 기원에 관심을 기울였다. 대표저서로는 2판에서 《경제 인류학》(*Economic Anthropology*, 1952) 이라는 표제가 붙은 《원시부족의 경제생활》(*The Economic Life of Primitive Peoples*, 1940), 《문화인류학》(*Cultural Anthropology*, 1955) 으로 개정된 《인간과 일》(*Man and His Works*, 1948), 《변화하는 아프리카의 인간적 요인》(*The Human Factor in Changing Africa*, 1962) 등이 있다.

헬몬트 〔Helmont, Jan Baptista van, 1579~1644〕
1599년 루뱅대학에서 신학과 의학을 배운 다음, 1609년에 박사학위를 받은 네덜란드(출생지가 당시에는 스페인령 네덜란드였는데 지금은 벨기에임)의 의학자이자 화학자이다. 그는 아리스토텔레스의 4원소설(四元素說), 파라셀수스파(派)의 3원질설(三原質說)에 반대하여 기(氣)와 물을 원소라고 생각하였다. 그는 석탄의 연소, 맥주의 발효, 광천(鑛泉), 초(酢)와 탄산염의 화합에서 발생하는 기체를 야성기(野性氣)라 명명하고, 실제로 아황산가스·이산화질소 등도 취급하여 '가스'라는 용어를 처음으로 사용하였다.

후 스 〔Hus, Jan, 1369~1415〕
15세기 체코의 종교개혁자이다. 대학 졸업과 석사학위 취득 후, 체코대학에서 강사생활을 시작했으나, 생계문제로 성당의 사제(설교자)가 되었다. 그가 설교를 했던 성당은 당시에 서서히 일고 있던 민족주의 운동의 중심지로, 라틴어보다 체코어로 설교하던 곳이었다.

훔볼트 〔Humboldt, Karl Wilhelm, Freiherr von, 1767~1835〕
독일의 언어학자로서, 철학자이자 외교관이며 교육개혁가로 여러 분야에서 활동한 인물이다. 그가 언어학 발전에 이바지한 공로는 20세기에 와서 높은 평가를 받게 되었다. 언어는 말하는 사람의 문화와 개성을 표현하는 성격과 구조를 가진 활동이며, 인간은 본질적으로 언어라는 수단을 통해 세계를 인식한다고 주장했다. 이러한 주장은 근대 민속언어학의 발달에 결정적인 영향을 끼치게 되었다.

휘트니 〔William Dwight Whitney, 1827~1894〕
미국의 언어학자로, 당대 가장 중요한 산스크리트어 학자 가운데 한 사람이었다. 특히 《산스크리트어 문법》(1879)이란 권위 있는 저서로 유명하다.

글라루스 주 〔Glarus〕
스위스의 한 주로 취리히 상류에 있으며, 주민의 70%가 신교도로 독일어를 사용한다. 주위는 높은 산으로 둘러싸여 있고 목축업이 활발하다. 주요 산업으로는 17세기 이래 발달한 면직물 공업이 오랜 전통을 지니고 있다. 그 외에 종이, 금속, 기계공업 등이 발달했다. 주도(州都) 글라루스는 스위스 동부 린트 강(江) 좌안(左岸)에 있다. 동쪽으로 루체른 호(湖)가 있다. 주요 산업은 섬유와 가구, 담배 등이다.

길버트 군도 〔Gilbert Island〕
적도를 중심으로 북서쪽에서 남동쪽으로 길게 뻗어 있다. 타라와 섬을 주도로 마킨, 아바이앙, 아베마마, 타비테우에아, 노노우티, 베루 등 16개의 환초(環礁)로 이루어져 있다. 길버트 제도는 1915년 이래 엘리스 제도, 피닉스 제도, 라인 제도, 오션 섬과 함께 영국령 길버트·엘리스 직할 식민지로 이루어져 있었으나, 1979년 7월 '키리바시공화국'이라는 명칭으로 독립했다. 주요 산물은 타로감자와 코코야자이다

라이베리아 〔Liberia〕
1822년에 미국 식민회사가 해방노예를 이주시켜 건설한 국가로, 1847년에 아프리카 최초의 흑인 공화국으로 독립하였다. 아프리카 제일의 고무 산지이며, 철광석도 많이 난다. 주요 언어는 영어이다.

알자스 주〔Alsace〕

주도(州都)는 스트라스부르이다. 보주 산맥과 라인 강 사이에 위치하며, 오랭 현(縣)과 바랭 현(縣)을 포함한다. 라인 강 지구대의 서부를 형성하며 독일의 슈바르츠발트와 마주 대한다. 라인 강과 병행하는 알자스 대운하와 보주의 수력발전 개발로, 라인 지방과 론 강·지중해 방면에 이르는 중계지로서 발전하고 있다. 주민은 프랑스 혁명 이래, 정서적으로 프랑스인이 되어 있으나, 언어는 아직도 독일어 방언을 사용하고 있다.

알자스어(Alsatian language)는 계통적으로 독일어의 방언으로, 북쪽에서 남쪽으로 가면서 라인프랑켄 방언, 저지(低地)-알레만 방언, 고지(高地)-알레만 방언 등 3개의 방언으로 이루어진다. 약 130만 명의 주민이 모어(母語)로 사용하고 있다.

알자스의 원주민은 켈트족이었다. 뒤에 로마의 지배를 받았고 3세기 무렵부터 게르만족이 침입해 들어왔으며 4세기 후반에는 알라마니족, 5세기 말에는 프랑크족이 이 지역을 통치했다. 842년 최초의 프랑스어 문헌 '스트라스부르 맹약'이 만들어진 뒤 프랑켄 방언과 알레만 방언은 보주 산맥을 경계로 고대 프랑스어와 지역적으로 갈리게 되는데, 오늘날 알자스 지방에서 쓰이는 독일어 방언은 멀게는 이들 게르만 부족어에서 유래한다.

프랑크족의 오랜 지배를 거쳐 10세기부터 신성로마제국의 일부가 되었다가 30년 전쟁, 프로이센-프랑스 전쟁, 제1·2차 세계대전 등의 전쟁 때마다 승자에게 귀속되어 거주민의 국적이 프랑스와 독일을 넘나들며 자주 바뀌었으나 언어문화의 전통은 사라지지 않고 끈질기게 이어졌다. 제2차 세계대전 뒤에는 프랑스에 귀속되면서 구어(口語)인 알자스어와 문어(文語)인 독일어에 대한 억압정책이 실시되었고 그 영향으로 도시의 젊은 세대 사이에서 알자스어와 독일어 사용이 현저히 줄어들었다. 그 뒤 위기의식을 느낀 알자스 주민들이 알자스와 로렌 지방의 2개 언어 사용을 위한 시민운동을 펼친 끝에 1982년 부분적으로만 허용되던 독일어 교육이 전면적으로 부활되었다.

야프 섬 〔Yap Islands〕

미크로네시아 연방에 속하며, 서로 이웃해 있는 가길토밀, 마프, 루뭉의 큰 섬과 10개의 작은 섬 등으로 야프 군도를 이룬다. 섬은 산호초로 둘러싸여 있고 산이 많다. 1791년 발견되었으며, 제 2차 세계대전 이전부터 태평양 횡단 해저 전선의 중계지로 알려져 있었다. 주민은 카나카족에 속하는 야프인인데, 18세기에는 4만 명이었으나 그 후 계속 줄어들고 있다. 토지가 비옥하여 각종 열대성 과일과 채소가 산출되며, 주요 수출품은 코브라이다. 예로부터 부(富)의 상징으로서 석화(石貨)가 귀중하게 여겨졌으며, 고대의 석조 유적이 많다.

예니세이 강 〔Enisei River〕

러시아 중부를 북류하여 북극해로 들어가는 큰 강으로, 에벤키족의 말로 '요아네시', 즉 '큰 강'이라는 뜻이다. 최상류는 몽골의 타누올라 산맥 북사면에서 발원한 소(小)예니세이와 동(東)사얀 산맥에서 흘러나온 대(大)예니세이로 이루어지며, 두 강은 키질 부근에서 합류한다. 그리고 그 합류점부터 하류가 예니세이 강의 본류이다. 강은 깊은 계곡을 만들면서 서(西)사얀 산맥을 횡단하는데, 이 부분은 '돌의 복도', 즉 급류와 폭포 등이 많아 기묘한 경치를 이룬다. 미누신스크 분지의 북쪽을 빠져나오면 계곡의 너비는 10㎞ 안팎으로 넓어지며, 크라스노야르스크 부근에서 서시베리아 저지에 이른다.

이스터 섬 〔Easter Island〕

원주민어로는 라파누이(Rapa Nui), 스페인어로는 파스쿠아(Pascua)라고도 한다. 네덜란드의 탐험가 J. 로게벤이 1722년 부활절(*Easter Day*)에 상륙한 데서 '이스터 섬'이란 이름이 붙었다. 20개 가까운 분화구가 있는 화산섬으로서 거의 삼각형이다. 토지의 대부분은 칠레 정부가 소유하여, 양과 소의 방목에 이용되고 있다. 수목이 없는 초원으로, 물이 적은 편이다.

고고학상 중요한 섬으로서, 인면석상(人面石像) 등의 거석문화(巨石文化) 유적과 폴리네시아 유일의 문자가 남아 있으나, 이것들을 만든 사람들에 대하여는 명확하게 밝혀져 있지 않다. 이 섬으로의 이주는 10세기 이전에 이루어진 것으로 보며, 언어학상으로나 인류학상으로 보아 최초의 주민은 멜라네시아인의 피가 섞인 폴리네시아인으로 본다. 1722년 이전에는 최고 4천 명에 가까운 사람들이 살고 있었다고 추정되고 있으나, 1862년의 노예사냥과, 그에 뒤이은 천연두의 창궐 등으로 섬의 인구는 최저 111명까지 감소되었다. 1864년 이후에 백인도 정착하게 되었으며, 1888년에 칠레령이 되었다.

카르타고 〔Carthago〕

고대 페니키아인이 북아프리카의 튀니스 만(灣) 북부 연안에 건설한 도시국가이다. 로마인은 카르타고의 주민을 '포에니'(페니키아인)라 불렀으며, 건국 연대에 대하여는 여러 가지 설이 있지만 대개 기원전 720년 무렵으로 추정된다. 기원전 3세기 전반까지 서(西)지중해에서 최대의 세력을 떨치면서 무역으로 번영하였는데, 특히 상업귀족의 세력이 매우 강대하였다. 카르타고라는 이름은 고대 로마인들이 부른 것으로서 페니키아어(語)로는 '콰르트하다쉬트'(새로운 도시)가 되고, 그리스인은 '칼케돈'이라 불렀다.

카르타고는 땅이 비옥하고 지중해 통상의 요충지로 해상무역을 통해 발전했다. 특히 스페인과 아프리카를 잇는 통상로 선상에 있었으므로 기원전 600년경에는 서지중해의 무역권을 완전히 장악하고 코르시카 섬, 사르디니아, 이베리아 반도 등지에도 진출했으며, 기원전 6세기 중반기에는 시칠리아 전역을 장악했다.

특히 수사학과 법률학 등 학문연구의 일대 중심지가 되었으며, 3세기에는 그리스도교 신앙의 중심지로서 주교도시(主敎都市)가 되었다. 그러나 439년에 반달족에게 점령당하고, 698년에는 아라비아인에게 파괴되어 완전히 쇠퇴했다. 현재는 고대 카르타고인의 묘지와 카르타고 항구의 유적 및 원형극장과 공중목욕탕 등 로마 식민지 시대의 유적이 있을 뿐이다.

카탈로니아〔Catalonia〕

스페인어 발음으로는 '카탈루냐'(Cataluña) 라고도 한다. 북쪽으로는 피레네 산맥이 프랑스와 경계가 되며, 동쪽과 남쪽으로는 지중해에 면하고, 서쪽으로는 에브로 강 유역의 아라곤 지방과 발렌시아 지방에 접한다. 한편 카탈로니아어는 스페인 국내에서 일부 통용되고, 스페인령(領)에서도 일부 통용된다.

캐롤라인 제도〔Caroline Archipelago〕

미크로네시아 연방과 팔라우 공화국을 이루는 제도(諸島)로 서쪽은 팔라우 제도로부터 동쪽은 코스라에 섬에 이른다. 963개의 섬으로 이루어졌으며, 산호초와 화산섬 등 온갖 형태의 섬들이 흩어져 있다. 팔라우, 야프, 트루크, 폰페이의 4개 지역으로 나뉜다. 1686년 스페인이 뉴필리핀이라 하여 영유하던 영토를, 1899년에 독일이 사들였다. 제1차 세계대전 중인 1914년 일본에 점령되어 위임통치를 받다가 제2차 세계대전 종전 후인 1947년에 미국의 신탁통치령이 되었다. 1986년 신탁통치 지역에서 해제되었지만 여전히 미국과 밀접한 관계를 맺고 있다. 원주민은 미크로네시아인이지만, 누쿠오로 섬 등 일부 섬에는 폴리네시아인이 살고 있다. 재배작물은 코코야자, 사탕수수, 타로감자 등이다. 광산자원으로는 인광석과 보크사이트 등이 있다.

키프로스〔Cyprus〕

정식 명칭은 키프로스 공화국(Republic of Cyprus) 이다. 수도는 니코시아이며 그리스어와 터키어를 공용어로 사용하고 있다. 터키 남쪽 약 65km,

시리아 서쪽 약 100㎞의 해상에 위치하고, 그리스계 주민과 터키계 주민이 섞여 거주하여 그치지 않는 민족분쟁의 불씨를 안고 있는 나라이다.

페로 제도 〔Faeroe Islands〕

덴마크령으로 21개의 화산섬으로 이루어져 있는데, 그 중에서 17개 섬에 사람이 살고 있다. 지형이 험하며 식물도 드물고 이따금 폭풍이 불어 닥친다. 난류의 영향으로 북위 62°의 고위도에 있으면서도 토르스하운을 비롯한 항구는 겨울에도 얼지 않는다. 800년경 노르만인이 발견했고, 11세기 이래 그리스도교화되었다. 1380년에 노르웨이로부터 덴마크로 행정관할이 이관되었다. 아이슬란드어와 비슷한 독자적인 페로어(語)를 사용하며 1948년 광범위한 자치권을 획득했다.

프리슬란드 〔Friesland〕

프리지아(Frisian) 혹은 프리스(Fris)라고도 하는데, 네덜란드 서북부에서 덴마크 서남부에 이르는 북해 연안의 좁고 긴 섬 무리로 이루어져 있다. 북해의 해안에서 5~35㎞ 정도 떨어졌으며, 네덜란드에 속한 서쪽은 서프리지아 제도, 독일에 속한 동쪽은 동프리지아 제도라 불리고, 북프리지아 제도는 독일령과 덴마크령으로 분할되어 있다. 프리슬란드의 섬들은 해식(海蝕)작용으로 계속 해안의 길이가 변하고 있으며, 19세기 이후부터는 본토와의 사이에 간석지(干潟地)가 개간되었다. 중세에 프리슬란드인의 주거지였던 이곳은 어업과 목축이 성하며 휴양지로도 유명하다.

피지 〔Fiji〕

멜라네시아의 남동부에 있는 나라로 정식 명칭은 피지 공화국(Republic of Fiji Islands)이다. 폴리네시아 권역과 인접해 있지만 멜라네시아 권역에 속한다. 인구는 멜라니시아계 피지인(원주민), 폴리네시아인, 인도인, 유럽인 등 다양한 인종으로 구성되어 있다. 비티레부, 바누아레부, 타베우니, 칸다부 섬 등 4개의 큰 섬을 중심으로 330여 개의 크고 작은 화산섬들이 코로해(海)를 둘러싸고 있다. 동쪽은 통가 제도, 서쪽은 산타크루스 제도, 남쪽은 뉴질랜드, 북쪽은 투발루로 이어지는 대양(大洋) 상에 있다.

▪ 언어 일람

유 럽

1. 인도-유럽어족

1.1. 게르만어족
1.1.1. 서(西)게르만어
- 앵글로-프리슬란드어
  - 영어
- 대륙 서부의 게르만어
  - 이디시어[1]
  - 네덜란드-플랑드르어
  - 신-고지독일어
1.1.2. 북(北)게르만어
- 아이슬란드어
- 덴마크어
- 덴마크-노르웨이어
- 노르웨이 란츠말어(뉴노시크)
- 스웨덴어
1.1.3. 동(東)게르만어
- 고트어
- 부르고뉴어[2]

---

1) 이 언어에는 셈어계의 성분도 이른 시기부터 포함되어 있었다고 한다.

1. 2. 켈트어족
- 아일랜드어
- 스코틀랜드 게일어
- 맹크스어
- 웨일스어
- 브리타니어
- 콘월어
- 골어 (갈리아어)

1. 3. 발트어족
- 리투아니아어
- 레트어
- 고대-프로이센어

1. 4. 슬라브어족
1. 4. 1. 서슬라브어
- 루사티아어 (벤드어, 소르비아어)
- 폴라브어
- 폴란드어
- 보헤미아어
- 체코어
- 슬로바키아어
1. 4. 2. 동슬라브어
- 러시아어
- 우크라이나어

---

2) 이 두 언어는 사어이다. 서게르만어에 속하는 롬바르드족의 언어와 동게르
만어에 속하는 반달족의 언어 및 켈트어족에 속하는 브리타니어도 사어이다.

1. 4. 3. 남슬라브어
- 불가리아어
- 세르보-크로아티아어
- 세르비아어
- 슬로베니아어

1. 5. 로망스어군 (이탈리아어군)
- 포르투갈어
- 스페인어
- 이베리아어
- 카탈로니아어
- 프랑스어
- 이탈리아어
- 라딘어 (레토-로망어)
- 달마티아어
    - 라구자어
- 벨리오테어
- 루마니아어
- 오스크어
- 움브리아어

1. 6. 알바니아어군
- 알바니아어

1. 7. 그리스어군
- 그리스어
- 코이니어

1.8. 아르메니아어군
- 아르메니아어

1.9. 인도-이란어군
    1.9.1. 이란어계
- 현대 이란어
- 페르시아어
- 카스피어 (군)
- 쿠르드어
- 아프가니스탄어 (파슈토어)
- 발루치어
- 오세트어
- 중세 페르시아어
- 팔라비어
- 고대 페르시아어
- 아베스타어
- 기타 (중세 이란어)
- 파르티아어
- 소그드어
- 샤크어
    1.9.2. 인도어계
- 마라티어
- 구자라트어
- 펀잡어
- 라자스탄어
- 서힌디어 (우르드어)
- 동힌디어

- 오리야어
- 비하르어
- 벵골어
- 로마니어
- 프라크리트어 (중세 인도어)
  - 팔리어
- 산스크리트어 (고대 인도어)

1. 10. 기타
- 일리리아어
- 베네트어
- 메사피아어
- 트라키아어
- 프리지아어
- 마케도니아어
- 리구리아어
- 시칠리아어
- 토카라어[3]
- 히타이트어[4]
- 바스크어 (고대 이베리아어)
- 에트루리아어
  - 고대 라에티어
  - 렘노스어
  - 리디아어

---

3) 토카라어군이라는 하위어군으로 분류하기도 한다.
4) 아나톨리아어군이라는 하위어군으로 분류하기도 한다.

- 리키아어
- 카리아어
- 수메르어
- 엘람어
- 코세어
- 미타니아
- 반어

2. 핀-우그리아어족

2. 1. 핀란드-라플란드어계
- 라플란드어
- 핀란드어 (발트-핀란드어)
- 에스토니아어
- 카렐리아어
- 올로네트시아어
- 루디아어
- 베프시아어
- 리보니아어
- 잉그리아어
- 보티아어

2. 2. 모르드빈어계

2. 3. 체레미스어계

2. 4. 페름어계

- 보탸크어
- 지리안어

2.5. 오브-우그리아어계
- 오스탸크어
- 보굴어

2.6. 헝가리어계

3. 사모예드어족[5]
- 사모예드어

4. 코카서스어족

4.1. 북코카서스어군
4.2. 남코카서스어군
- 그루지야어

아프리카

1. 셈-햄어족

1.1. 셈어군
  1.1.1. 동셈어파
- 바빌로니아-아시리아어

---

5) 핀-우그리아어족과 사모예드어족은 우랄어족으로 묶기도 한다.

1. 1. 2. 서셈어파

    1. 1. 2. 1. 북셈어파

        - 가나안어

        - 모아브어

        - 페니키아어

        - 히브리어

        - 아람어

    1. 1. 2. 2. 남셈어파

        - 아랍어

        - 남아랍어

        - 에티오피아어

        - 티그르어

        - 티그리냐어

        - 암하라어

1. 2 햄어군

    1. 2. 1 이집트어군

        - 이집트어

        - 콥트어

    1. 2. 2. 베르베르어군

        - 리비아어

        - 투아레그어

        - 카빌어

    1. 2. 3. 쿠시트어군

        - 소말리어

        - 갈라어

2. 반투어족

- 루간다어
- 스와힐리어
- 카피르어
- 줄루어
- 테벨레어
- 수비야어
- 헤레로어

3. 기타 아프리카 언어

3. 1. 중부 지역

- 월로프어
- 풀어
- 그레보어
- 에웨어
- 요루바어
- 하우사어
- 누바어
- 딩카어
- 마사이어[6]

---

6) 아프리카 대륙의 언어는 무수히 많아 어족 분류에 논란이 많은데 Greenberg (1966)은 아프리카 대륙의 어족을 '아프리카-아시아어족, 나일-사하라어족, 나이저-코르도판어족, 코이산어족' 등 크게 4대 어족으로 분류하고 있다. 마사이어는 이 중 '나일-사하라어족'에 속한다.

3.2. 남서부 지역
- 부시먼어
- 호텐토트어[7]

아시아

1. 터키어족 (투르크-타타르어족, 알타이어족)

1.1. 터키어군 (투르크-타타르어군)
- 터키어
- 타타르어
- 키르기즈어
- 우즈베크어
- 아제르바이잔어
- 야쿠트어

1.2. 몽골어군
- 몽골어

1.3. 퉁구스-만주어군
- 퉁구스어
- 만주어

---

7) Greenberg(1966)에 따르면 호텐토트어는 코이산어족에 속한다.

2. 인도-차이나어족(시노-티베트어족)

2. 1. 중국어군
    2. 1. 1. 만다린어파
        - 북부중국어
        - 베이징어
        - 중부중국어
        - 서부중국어
    2. 1. 2. 중앙연안어파
        - 상하이어
        - 닝포어
        - 항저우어
    2. 1. 3. 장시어군 및 남부중국어파
        - 푸저우어
        - 아모이-스와토우어
        - 광둥-객가어

2. 2. 타이어군
        - 샴어

2. 3 티베트-미얀마어군
        - 티베트어
        - 미얀마어
        - 보도-나가-카친어
        - 로-로어

2. 4. 기타[8]

- 추크치어
- 코르야크어
- 캄차달어
- 예니세이-오스탸크어
- 코티어
- 길랴크어
- 아이누어
- 일본어
- 한국어

3. 드라비다어족

- 타밀어
- 말라얄람어
- 카나리어
- 텔루구어
- 브라히어

4. 문다어족

5. 몬-크메르어족[9]

- 캄보디아어
- 안남어 (베트남어)

---

8) 추크치어, 코르야크어, 캄차달어는 추크치-캄차카어족으로 묶기도 한다.
9) 문다어족과 몬-크메르어족은 오스트로아시아어족이라는 남방어족의 하위 어
족으로 분류하기도 하고, 말레이-폴리네시아어족(오스트로네시아어족)에
속한다고 주장하는 일부 학자도 있다.

오세아니아

1. 말레이-폴리네시아어족

1. 1. 말레이어군(인도네시아어군)
- 대만어(포모사어)
- 자바어
- 순다어
- 마두라어
- 발리어
- 비사야어
- 타갈로그어
- 말라가시어(마다가스카르어)
- 바타크어

1. 2. 멜라네시아어군

1. 3. 미크로네시아어군

1. 4 폴리네시아어군[10]
- 마오리어
- 사모아어
- 타히티어
- 하와이어

2. 파푸아어족[11]

---

[10] 말레이어군과 폴리네시아어군을 합하여 말레이-폴리네시아어족(오스트로네
시아어족)으로 분류하기도 한다.

남북아메리카

1. 에스키모어족
- 에스키모어

2. 알공키안어족

2.1. 캐나다 동부 및 중부의 언어
- 미크맥어
- 몬타냐어
- 크리어

2.2. 뉴잉글랜드의 언어
- 페노브스코트어
- 매사추세츠어
- 나티크어
- 나라간세트어
- 모히칸어
- 델라웨어어

2.3. 오대호의 언어
- 오지브와어
- 포타와토미어
- 메노미니어
- 사우크어
- 폭스어

---

11) 인도-태평양어족이라고도 한다.

- 키커푸어
- 피오리아어
- 일리노이어
- 마이애미어

2.4. 서부의 독립 언어
- 블랙풋어
- 샤이엔어
- 아라파호어

3. 아타바스카어족
- 치페와이언어
- 비버어
- 도그립어
- 사르시어
- 후파어
- 마톨어
- 아파치어
- 나바호어

4. 이러쿼이어족
- 휴런어 (와이언도트어)
- 모호크어
- 오네이다어
- 오논다가어
- 카유가어
- 세네카어

- 투스카로라어
- 체로키어

5. 무스코기어족

- 초크토어
- 치카소어
- 크리크어
- 세미놀어

6. 수어족

- 다코타어
- 테톤어
- 오글랄라어
- 아시니보인어
- 칸사어
- 오마하어
- 오세이지어
- 아이오와어
- 미주리어
- 윈네바고어
- 만단어
- 크로우어

7. 우토-아즈텍어족

7. 1. 피만어계

432

7.2. 쇼쇼니어계
- 유트어
- 파이우트어
- 쇼쇼니어
- 코만치어
- 호피어

7.3. 나와틀어계
- 아즈텍어

8. 기 타
- 아라와크어
- 카리브어
- 투피과라니어
- 아라우칸어
- 케추아어

해제는 편의상 두 부분으로 나누어 서술하는데, 전반부에서는 총 28개 장(章)으로 되어 있는 책의 내용을 개략적으로 소개하고, 후반부에서는 이 책이 구조주의 언어학의 전범으로서 갖는 학문적 의의에 대해 약술해보기로 한다.

1933년에 간행된 이 책에는 본문과 함께 원저자의 머리말 및 원서의 주석(미주), 참고문헌, 찾아보기 등이 포함되어 있는데, 본문의 구성과 각 장의 개요를 보면 다음과 같다.

제1장 "언어의 연구"에서는 고대 그리스 시대 이후 20세기 초반까지 축적된 언어 연구사를 서술하면서, 언어의 기술이 경험적이고 귀납적으로 실행되어야 한다는 기본적 입장을 제시하고 있다. 이어서 제2장 "언어의 효용"에서는 문어가 아닌 실제 구어 자료를 바탕으로 언어의 기술이 이루어져야 한다고 하여, 연구의 대상을 명확하게 한정하면서 언어의 의미 기술과 관련된 심리주의와 기계론 및 자극과 반응 등의 철학적 배경에 대해 해설하고 있다. 언어에 대한 일반적 지식을 서술하는 제3장 "언어공동체"와 제4장 "세계의 언어"에서는 언어와 언중의 상호작용을 논의한 다음에, 지리적으로 구분한 사용 권역에 따라 세계 전역에서 사용되는 언어(어족 포함)와 그 사용자 및

가장 오래된 기록 등을 개괄적으로 제시하고 있다.

　제 5장부터 제 16장까지는 언어학의 하위 분야인 음운론과 의미론, 문법론을 대상으로 각 분야에 대한 세부적 이해를 도모하고 있다. 먼저 제 5장 "음소"에서부터 제 6장 "음소의 유형", 제 7장 "초분절음소", 제 8장 "음성구조"까지는 음운론 관련 부분으로 주로 음소와 음소 결합 양상에 대해 설명하고 있다. 여기서는 특히 음소를 언어사용자의 심리와 별도로, 현실의 음파 속에 존재하는 음성적 실재로 파악하고자 한 즉물주의적 입장이 잘 나타나 있다. 제 9장 "의미"에서는 음소의 결합에 의미가 부가되는 양상, 곧 형태와 의미의 관계에 대해 설명하고 있다. 제 10장 "문법 형태"와 제 11장 "문장 유형", 제 12장 "통사론", 제 13장 "형태론", 제 14장 "형태론의 유형", 제 15장 "대치", 제 16장 "형태부류와 어휘부"에서는 굴절론과 조어론을 포함한 형태론과 통사론 및 어휘론에 대해 설명하고 있다. 여기까지는 주로 공시언어학의 과제를 다루고 있다.

　제 17장부터 제 19장까지는 통시언어학의 기본지식이 소개되고 있는데, 먼저 제 17장 "문자 기록"에서는 언어 변화를 연구하기 위해서 문자 언어에 대한 관찰과 기록에 대한 분석이 필요하다는 전제하에, 고대 이집트의 상형문자에서부터 현대의 영어에 이르는 문자 발달과정을 기술하고 있다. 다음 제 18장 "비교연구 방법론"에서는 현재의 여러 언어들이 하나의 동일한 조어(祖語)에서 갈라져 나왔다는 가설을 구체적 언어들의 사례를 동원하여 설명하고 있다. 끝으로 제 19장 "방언 지리학"에서는 동일한 조어에서 분기한 이후에 동일 어족의 여러 언어들이 지역에 따라 각기 달라진 분화 양상을 소개하는데, 앞서 언급한 비교연구 방법론의 보완이라는 의의를 지닌다.

　제 20장부터 제 24장까지는 언어의 역사적 변화를 설명하고 있다. 먼저 제 20장 "음성 변화"에서는 음성 변화가 산발적이고 불규칙적으

로 일어난다는 통설을 비판하고, 음성 변화가 의미와 무관하게 일정한 조건하에서 규칙적으로 일어난다는 이론을 전개하고 있다. 이어지는 제21장 "음성변화의 유형"에서는 다양하고 구체적인 용례의 검토에 의지하여 이와 같은 음성변화의 유형을 정리하고 있다. 제22장 "형태 빈도의 동요"에서는 한 언어에 유입된 형태의 빈도가 늘었다 줄었다 하는 빈도의 동요 현상을 비음성적 변화의 인자로 설명하고 있다. 제23장 "유추 변화"에서는 음성 법칙에 의한 언어 변화가 아니라, 기존의 형태에 바탕을 두고 새로운 형태가 생성되는 유추 변화의 과정을 설명하고 있다. 제24장 "의미 변화"에서는 주어진 형태에 담긴 어휘 의미가 역사적으로 변화하는 여러 가지 유형과 원인에 대해 설명하고 있다.

제25장부터 제27장까지는 언어적인 친족관계와 무관하게 존재하는 언어들 사이의 유사성을 설명할 수 있는 또 다른 기제로서의 차용 문제를 다루는데, 차용의 연원을 제공하는 언어와 자기 언어와의 관련성에 따라 유형화하여 정리하고 있다. 먼저 제25장 "문화적 차용"에서는 서로 유연성이 없는 언어에서 언어 재료를 빌려오는 차용 현상을 다루고 있고, 제26장 "내부적 차용"에서는 서로 유연성을 가진 두 언어 사이에서 일어나는 차용 현상을 다루고 있으며, 끝으로 제27장 "방언적 차용"에서는 동일 언어 내부의 방언에서 언어 재료를 빌려오는 차용 현상을 다루고 있다.

이 책의 마지막 항목인 제28장 "응용과 전망"에서는 응용 언어학과 관련된 다양한 문제를 특히 언어 교육과 연계시켜 설명하면서, 언어에 대한 포괄적인 지식이 곧 언어를 사용하는 인간 자체에 대한 심화된 이해에 기여할 수 있을 것이라는 희망적인 전망을 내놓고 있다.

이 책이 갖는 언어학사적 중요성을 정확하게 파악하려면, 1930년대 이전에 활약한 연구자들의 업적에 눈을 돌리지 않으면 안 된다. 우리는 20세기 초까지 언어에 관한 깊이 있는 연구가 서너 갈래의 독자적 전통 안에서 이루어졌음을 잘 알고 있다. 블룸필드는 이 책 제1장에서 이 가운데 두 가지 전통, 곧 '역사-비교주의'와 '기술주의'만을 언급하고 있다. 그러나 후자 '기술주의'는 이론(일반) 언어학과 실용(현장) 언어학으로 세분해야만, 역사-비교방법론의 전통과도 격이 맞고 또한 양 갈래 서로 간에도 균형을 맞출 수 있다. 그렇다면 우리는 언어학 연구의 주된 경향을 모두 세 갈래의 흐름으로 나눌 수 있다.

비교방법론에 입각한 언어학은 유럽 학자들의 산스크리트어 발견을 계기로 약 2백 년 전에 시작되었는데, 처음에는 전적으로 유럽의 언어들이나, 아니면 적어도 산스크리트어처럼 유럽 언어와 관련된 지역에서 사용되는 언어의 역사에만 관심을 가졌다. 그렇지만 이들 언어의 관찰과 기술에 공을 들이는 과정에서, 비교언어학 연구자들은 모든 지역의 어느 언어에나 통용될 수 있는 일반적 방법론과 원리를 발견해냈다. 그 이후로 이들 방법론과 원리는 거듭 검증을 거쳐 언어에 대한 과학적 연구 전통의 일부를 형성하게 되었다.

일반(이론) 언어학은 다음과 같은 기본적인 주제를 다룬다. 첫째, 언어는 어떻게 작동하는가? 둘째, 언어는 어떻게 발생했는가? 셋째, 언어는 인간 행동의 다른 양상과 어떤 관계를 맺고 있는가? 이들 주제는 블룸필드 자신의 표현에 의한다면 한마디로 "우주 삼라만상에서 언어가 차지하는 위치는 과연 어디인가?"로 요약할 수 있다. 주로 선험적 경향을 보이는 철학적 사유의 흐름을 잇는 이와 같은 명제는 상당히 오랜 전통을 가지고 있다. 일반(이론) 언어학은 19세기 벽두만 해도 대체로 추론에 의지하는 양상을 띠고 있었지만, 바로 그때부터 실제 연구자들은 역사주의 방법론에 근거한 비교언어학과 현장작업을 중시히는 기술주의 언어학자들이 경험적으로 발견한 성과에 의한 영향을 더욱 크게 받기 시작했다.

블룸필드는 이 책의 제1장에서 이런 두 갈래의 흐름이 20세기로 넘어오면서 어떤 과정을 거쳐 하나로 통합되었는가의 문제, 즉 비교 언어학자 델브뤽(1.7 참고)과 철학자이자 심리학자인 분트(1.9 참고) 사이의 대논쟁을 기점으로 시작된 두 갈래 흐름의 합류에 대해 말하고 있다. 정작 논쟁에 참가한 당사자들은 자신들이 벌인 논쟁에 함축된 의미를 온전하게 깨닫지 못했겠지만, 지켜보는 사람들은 이들의 논쟁에서 두드러진 두 갈래 전통이 상호보완적이기 때문에 머지않아 적절히 합쳐지기만 하면 될 것이라는 점을 분명히 알 수 있었다.

그러나 그때까지도 중요한 한 가지가 빠졌거나 극히 소규모로만 드러나 있었는데, 그것은 바로 현장(실용) 언어학에서 획득한 발견 성과이다.

일반(이론) 언어학 연구만큼이나 오랜 역사를 자랑하는 실용적 언어 연구는 유럽의 팽창에서부터 상당한 추진력을 얻었기 때문에 그보다 이른 시기에 대해서는 별로 다룰 내용이 없다. 근 5백 년 동안, 유럽의 탐험가들과 정복자들, 선교사들 혹은 식민주의자들의 발걸음이 닿았던 곳은 어디든지, 지적인 호기심으로 무장한 사람들이 이들과 함께 가거나 이들을 바짝 뒤따라가서, 새롭게 맞닥뜨린 부족의 말과 행동을 기록해 두었다. 이러한 과정을 담은 이야기는 아직까지도 완벽하게 공개되지 않았지만, 일부 핵심적인 특징은 뚜렷하다. 이들의 주요한 활동동기는 항상 복음의 전파였으며, 이는 예나 지금이나 가장 흔한 공식적 정당화 수단이었을 것이다. 20세기 말에 이르기까지도 유럽이 아닌 다른 지역의 언어들에 관한 보고를 행하는 선교사의 수효는 다른 모든 조사자를 합친 것보다 훨씬 많다.

탐험의 시대가 열렸을 때, 유럽의 학자들은 라틴어와 그리스어 및 히브리어와 상당히 친숙한 상태였으며, 또한 자신들의 지역어에 대해서도 막 관심을 기울이기 시작했다. 그런 시점에서 친숙한 언어들과 전혀 다르고 믿을 수 없을 만큼 제각각인 세계 전역의 언어들에 대한 보고가 하나둘 들려오기 시작하더니, 곧바로 엄청난 기세로 물밀듯이 쏟아져 들어왔다. 그 당시, 초창기의 현장조사는 분명히 잘못된 것이 대부분이었는데, 그것은 조사자 자신도 처음에는 라틴어와 그리스어 전통문법밖에 몰랐던 관계로 새로운 언어들에서 나온 자료를 맞든 안 맞든 억지로 고전적인 모형 속에 집어넣으려는 경향이 있었기 때문이다. 그렇지만 세대가 이어지면서 조사자들은 느리지만 뚜렷하게 필요한 절차와 연구태도를 몸에 익히게 되었으며, 그에 따라 현장조사 방법론도 20세기 초부터 점차 효율적으로 진화하고 조사 보고서 자체도 신뢰할 만한 자료가 되기 시작했다.

이와 같은 정보의 세계적 확산이 갖는 중요성은 분명하다. 유럽어 계통이 아닌 '원시적' 언어들이 빈약한 구조를 가졌을 것으로 상정했던 자기민족 중심주의는, 실제로 이들 언어가 다양하고 풍부한 구조를 가졌다는 사실이 알려지면서, 더 이상 설 자리를 잃고 말았다. 이처럼 확장되고 심화된 전후 사정을 고려하여, 새로 개발된 분석기법을 과거에 친숙했던 언어들에 적용하면서, 언어학자들은 그때까지 당연한 것으로 받아들이고 그냥 넘어갔던 이들 언어의 중요한 특질을 인식하게 되었다.

시카고에서 1887년에 태어난 블룸필드는 당대의 여느 사람들과 마찬가지로 역사-비교주의 전통에서 영향을 받는 동시에, 심리학자와 철학자의 책을 세심하게 읽으면서 언어학 수련을 시작했다. 일찍이 그리스어와 산스크리트어에 대한 전문가 수준의 구사력을 획득했지만, 애초에 관심의 초점은 게르만어에 맞추어져 있었다.

박사학위를 받은 지 불과 5년밖에 지나지 않은 1914년에 블룸필드는 개론적인 저술〔《언어연구입문》(*An introduction to the study of language*, New York: Henry Holt)〕을 한 권 출간했다. 비록 이 가운데 극히 일부만이 이 책《언어》에 반영되었지만, 이 개론서에는 흥미로운 내용이 적지 않다. 이 개론서는 우리가 언급한 세 갈래 흐름 가운데 처음 두 갈래만을 다루었지만, 이 개론서에 블룸필드가 두 가지 연구 전통의 합류에 담긴 의미를 완전히 이해했다는 흔적은 없다. 물론 실용(현장) 언어학이 자신의 학문적 사고체계에 의미 있는 영향을 끼쳤다는 흔적도 전혀 없다.

그러나 바로 그 시공간에서 블룸필드는 세 번째 흐름을 혼자서 습득하여 기꺼이 그 흐름 안으로 들어갔다. 1914년의 저서 간행작업이 마무리되자, 그는 자기 대학에 다니던 필리핀 학생을 제보자 삼아 필리핀 원주민의 언어인 타갈로그어의 조사작업에 착수했다. 곧이어 그는 아메리카 원주민이 사용하는 중앙 알공키안 제어의 조사를 시작했는데, 이 작업은 남은 생애 내내 지속되었다. 그는 우선 이들 언어에 관한 모든 논저를 독파한 다음에, 직접 원주민 화자들과 함께 현장조사 작업을 진행했다. 1920년과 1921년 여름에는 위스콘신에서 메노미니 부족과 함께 작업하고, 1925년 여름에는 앨버타에서 크리 부족과 함께 작업했다. 블룸필드가 새로운 연구기법의 진정한 달인이 되었다는 사실은 그가 작성한 보고서의 수준에 여실히 나타난다. 1917년에 세상에 나온 타갈로그어 텍스트와 사전 및 문법은 지금껏 필리핀의 언어에 대한 가장 훌륭한 기술(記述)로 남아 있다. 알공키안어 텍스트는 출간이 조금 늦어졌는데, 사전과 문법서를 준비하면서 각종 기준을 너무 높게 설정한 나머지 대부분의 자료는 그가 세상을 떠나던 해인 1949년까지 세상의 빛을 보지 못하고 학문적 상속자들을 기다렸다가 그들의 손을 거쳐 인쇄되어야 했다.

그렇다면 결국 이 책의 역사적 의의는 모두 세 갈래였던 이전 시기 언어연구의 전통을 하나로 훌륭하게 통합해 놓았다는 점에 있다고 말할 수 있다. 블룸필드가 겸손하게 자신의 선배 연구자들에게 돌린 이러한 합류의 성과는 실제로 블룸필드 자신이 성취한 더할 나위 없이 위대한 업적이었던 셈이다. 그 결과로 다른 모든 지역에서와 마찬가지로, 1933년 이후부터 특히 미국에서 이루어진 대부분의 언어학 연구는 블룸필드 이론의 파생체라는 표지를 달고 세상에 나오게 되는 것이다. 블룸필드가 미친 구조주의 언어학의 영향력은 1950년대 후반과 1960년대까지 지속되다가, 촘스키가 제창한 변형문법 이론이 언어학계의 주류를 형성하게 되면서 점차 쇠퇴하기 시작했다. (해제의 후반부는 1984년판에 실린 호켓의 서문을 참고했음을 밝힌다.)

정기적인 국가별 문헌을 포함해 일반적인 참고문헌의 검색에 도움이 되는 저술은 회센과 월터(H. B. Hoesen and F. K. Walter)의 *Bibliography; pratical, enumerative, historical; an introductory manual*(New York, 1928) 및 슈나이더(Georg Schneider)의 *Handbuch der Bibliographie*(4판, Leipzig, 1930)에 잘 기술되어 있다.

다양한 어족(語族)에 대해서는 슈미트(W. Schmidt) 및 메이에와 코헨(Meillet-Cohen)의 저술[1]을 참고할 수 있다. 동양의 각종 언어에 대해서는 연간으로 발행되는 *Orientalische Bibliographie*를 참고할 수 있다. 인도-유럽어에 대해서는 브루크만과 델브뤽(Brugmann-Delbrück)의 저술과 연간으로 발행되는 *IF Anzeiger* 및 1913년 이후로는 *IJ* 같은 자료를 참고할 수 있다. 이들 연간 간행물에는 일반 언어학 서적의 목록도 실려 있다. 그리스어에 대해서는 브루크만과 썸(Brugmann-Thumb)의 저술을 참고할 수 있고, 라틴어에 대해서는 스톨츠와 슈말츠(Stolz-Schmalz)의 저술을 참고할 수 있다. 이들 두 언어는 브루시안(Conrad Bursian)의 저술에 매년 등장한다. 로망스어에 대한 참고문헌은 그뢰버(Gröber)의 저술에 잘 나와 있고, 볼묄러(Vollmöller)의 저술과 *ZrP Sipplement*에도 매년 등장한다. 영어를 포함한 게르만어에 대한 참고문헌은 폴(Paul)의

---

1) 구체적인 책이름은 다음에 이어지는 참고문헌의 해당 항목을 보면 된다.

Grudriss에 잘 나와 있고, Jahresbericht에도 매년 등장한다. 이 가운데 후자는 1900년까지 베트게(Bethge)의 저술에 요약되어 있다. 영어에 대한 참고문헌은 케네디(Kennedy)의 저술을 비롯해 최근 발간된 Anglia Beiblatt를 참고할 수 있다. 게르만 제어를 다루는 정기간행물 목록은 디에슈(Diesch)의 저술에 잘 나타나 있다. 게르만어와 로망스어의 참고문헌에 대해서는 격월간으로 발행되는 Literaturblatt를 참고할 수 있다.

내가 직접 보지 않은 논저는 괄호로 묶어 표기했다.

Abhandlungen Leipzig: Sachsische Akademie der Wissenschaften, Leipzig; Philologisch-historische Klasse; Abhandlungen. Leipzig, 1850-.

Acta philologica Scandinavica. Copenhagen, 1926-.

AJP: American journal of philology. Baltimore, 1880-.

Allport, F. H. , Social psychology. Boston, 1924.

American speech. Baltimore, 1925-.

Andresen, K. G. , Über deutsche Volksetymologie. Sixth edition, Leipzig, 1899.

Anglia Halle, 1878-; bibliographic supplement; Beiblatt; Mitteilungen, since 1890.

Archiv: Archiv für das Studium der neueren Sprachen. Elberfeld (now Braun-schweig) 1846-. Often referred to as HA ("Herrigs Archiv").

Archiv für slavische Philologie. Berlin, 1876-.

Arendt, C. , Einführung in die nordchinesische Umgangssprache. Stuttgart and Berlin, 1894 (= Lehrbucher des Seminars für orientalische Sprachen zu Berlin, 12).

Arendt, C. , Handbuch der nordchinesischen Umgangssprache. Erster Theil. Stuttgart, 1891 (= same series as preceding, 7).

Armstrong, L. E. , and Ward, I. C. , Handbook of English intonation. Cambridge, 1926.

Atti del XXII congresso internazionale degli Americanisti. Rome, 1928.

BAE: Bureau of American ethnology; Annual reports. Washington, 1881-.

Bahlsen, L. , The teaching of modern languages. Boston, 1905.

Bähnisch, A., *Die deutschen Personennamen.* Third edition, Leipzig, 1920 (= *Aus Natur und Geisteswelt,* 296).

Barber, H., *British family names.* Second edition, London, 1903.

Barker, M. L., *A handbook of German intonation.* Cambridge, 1925.

Baudouin de Courtenay, J., *Versuch einer Theorie der phonetischen Alternationen.* Strassburg, 1895.

Bechtel, F., *Die Hauptprobleme der indogermanischen Lautlehre seit Schleicher.* Göttingen, 1892.

Behaghel, O., *Die deutsche Sprache.* Seventh edition, Vienna, 1923 (= *Das Wissen der Gegenwart,* 54).

Behaghel, O., *Deutsche Syntax.* Heidelberg, 1923-32 (= *Germanische Bibliothek,* 1. 10).

Behaghel, O., *Geschichte der deutschen Sprache.* Fifth edition, Berlin and Leipzig, 1928 (*Grundriss der germanischen Philologie,* 3).

Beitrage zur Geschichte der deutschen Sprache und Literatur. Halle, 1874-. 〔보통 PBB ("Paul und Braunes Beiträge")로 불리기도 한다.〕

Beiträge zur Kunde der indogermanischen Sprachen. Göttingen, 1877-1908. 〔보통 BB ("Bezzenbergers Beiträge")로 불리기도 한다.〕

Belvalkar, S. K., *An account of the different existing systems of Sanskrit grammar.* Poona, 1915.

Benecke, G. F., Müller, W., Zarncke, F., *Mittelhochdeutsches Worterbuch.* Leipzig, 1854-61. Supplemented by Lexer.

Benfey, T., *Geschichte der Sprachwissenschaft und Philologie in Deutschland.* Munich, 1869 (= *Geschichte der Wissenschaften in Deutschland; Neuere Zeit,* 8).

Bennicke, V., and Kristensen, M., *Kort over de danske folkemaal.* Copenhagen, 1898-1912.

Bergström, G. A., *On blendings of synonymous or cognate expressions in English.* Dissertation, Lund, 1906.

Berichte über die Verhandlungen der sächsischen Akademie der Wissenschaften zu Leipzig; Philologisch-historische Klasse. Leipzig, 1849-.

Berneker, E., *Russische Grammatik.* Second edition, Leipzig, 1911 (= *Sammlung*

Göschen, 68).

Berneker, E., *Slavisches etymologisches Worterbuch*. Heidelberg, 1908- (= *Indogermanische Bibliothek*, 1. 2. 2).

Bertoni, G., *Italia dialettale*. Milan, 1916 (*Manuali Hoepli*).

Bethge, R., *Ergebnisse und Fortschritte der germanistischen Wissenschaft im letzten Vierteljahrhundert*. Leipzig, 1902.

Beyer, F., and Passy, P., *Elementarbuch des gesprochenen Französisch*. Cöthen, 1893.

Björkman, E., *Scandinavian loan-words in Middle English*. Halle, 1900-02 (= *Studien zur englischen Philologie*, 7; 11).

Black, G. F., *A Gypsy bibliography*. London, 1914 (= *Gypsy lore society monographs*, 1).

Bladin, V., *Studies on denominative verbs in English*. Dissertation, Uppsala, 1911.

Blattner, K., *Taschenwörterbuch der russischen und deutschen Sprache*. Berlin, 1906.

Bloch, J., *La formation de la langue marathe*. Paris, 1920 (= *Bibliothèque de l'École des hautes études; Sciences historiques et philologiques*, 215).

Bloomfield, L., *Tagalog texts*. Urbana, Illinois, 1917 (= *University of Illinois studies in language and literature*, 3. 2-4).

Blümel, R., *Einführung in die Syntax*. Heidelberg, 1914 (= *Indogermanische Bibliothek*, 2. 6).

Boas, F., *Handbook of American Indian languages*. Washington, 1911- (= *Smithsonian institution; Bureau of American ethnology; Bulletin* 40).

Böhtlingk, O., *Panini's Grammatik*. Second edition, Leipzig, 1887.

Böhtlingk, O., *Die Sprache der Jakuten*. St. Petersburg, 1851 (= volume 3 of A. T. von Middendorf, *Reise im äuszersten Norden und Osten, Sibiriens*).

Böhtlingk, O., and Roth, R., *Sanskrit-Wörterbuch*, St. Petersburg, 1855-75; additional matter in O. Böhtlingk, *Sanskrit-Worterbuch in kürzerer Fassung*, St. Petersburg, 1879-89 and in R. Schmidt, *Nachträge zum Sanskrit-Wörterbuch*, Hannover, 1924.

446

Boisacq, E., *Dictionnaire étymologique de la langue grecque.* Heidelberg and Paris, 1916.

Bonnet, M., *Le latin de Grégoire de Tours.* Paris, 1890.

Bopp, F., *Über das Konjugationssystem der Sanskritsprache.* Frankfurt am Main, 1816.

Bopp, F., *Vergleichende Grammatik des Sanskrit, Zend, Griechischen, Lateinischen, Litthauischen, Gothischen und Deutschen.* Berlin, 1833. Third edition, 1868-71.

Bortwick, N., *Ceachda beoga gäluingi. Irish reading lessons,* edited in simplified spelling by O. Bergin. Dublin, 1911.

Bosworth, J., and Toller, T. N., *An Anglo-Saxon dictionary.* Oxford, 1898. Supplement, by T. N. Toller, 1921.

Bourciez, E., *Éléments de liguistique romane.* Second edition, Paris, 1923.

Braune, W., *Althochdeutsche Grammatik.* Third-fourth edition, Halle, 1911 (= *Sammlung kurzer Grammatiken germanischer Dialekte,* 5).

Bréal, M., *Essai de sémantique.* Fourth edition, Paris, 1908. An English translation of the third (1897) edition, by Mrs. H. Cust, appeared under the title *Semantics* in London, 1900.

Bremer, O., *Deutsche Phonetik.* Leipzig, 1893 (= *Sammlung kurzer grammatiken deutscher Mundarten,* 1).

Broch, O., *Slavische Phonetik.* Heidelberg, 1911 (= *Sammlung slavischer Elementar- und Handbücher,* 1.2).

Brockelmann, C., *Semitische Sprachwissenschaft.* Leipzig, 1906 (= *Sammlung Göschen,* 291).

Brøndum-Nielsen, J., *Dialekter og dialektforskning.* Copenhagen, 1927.

Brüch, J., *Der Einfluss der germanischen Sprachen auf das Vulgärlatein.* Heidelberg, 1913 (= *Sammlung romanischer Elementar- und Handbucher,* 5.1).

Brugmann, K., *Kurze vergleichende Grammatik der indogermanischen Sprachen.* Strassburg, 1902-04.

Brugmann, K., *Zum heutigen Stand der Sprachwissenschaft.* Strassburg, 1885.

Brugmann, K., and Delbrück B., *Grundriss der vergleichenden Grammatik der indogermanischen Sprachen*. Strassburg, 1886-1900. Second edition, 1897-1911.

Brugmann, K., and Thumb, A., *Griechische Grammatik*. Fourth edition, Munich, 1913 (= *Handbuch der klassischen Altertumswissenschaft*, 2. 1).

Brunot, F., *Histoire de la langue française des origines à 1900*. Paris, 1905-.

BSL: Bulletin de la Société de linguistique de Paris. Paris, 1869-.

BSOS: Bulletin of the School of Oriental studies, London institution. London, 1917-.

Buchanan, M. A., and McPhee, E. D., *An annotated bibliography of modern language methodology*. Toronto, 1928 (= *Publications of the American and Canadian committees on modern languages*, 8) ; also in volume 1 of *Modern language instruction in Canada* (= same series, 6).

Buck, C. D., *A grammar of Oscan and Umbrian*. Boston, 1904.

Buck, C. D., *Introduction to the study of the Greek dialects*. Second edition, Boston, 1928.

Bühler, K., *Die geistige Entwicklung des Kindes*. Fifth edition, Jena, 1929.

Bulletin of the New York Public Library, New York, 1897-.

Burgun, A., *Le développement linguistique en Norvège depuis 1814*. Christiania, 1919-21 (= *Videnskapsselskapets skrifter*, Historisk-filologisk klasse, 1917. 1; 1921. 5).

Bursian, K., *Jahresbericht über die Fortschritte der klassischen Altertums-wissenschaft*. Berlin (now Leipzig), 1873-.

Churchill, W., *Beach-la-mar*. Washington, 1911 (= *Carnegie institution of Washington*, Publications, 154).

Cleasby, R., and Vigfusson, G., *An Icelandic-English dictionary*. Oxford, 1874.

Coleman, A., *The teaching of modern foreign languages in the United States*. New York, 1929 (= *Publications of the American and Canadian committees on modern languages*, 12).

Collin, C. S. R., *Bibliographical guide to sematology*. Lund, 1914.

Collinder, B., *Die urgermanischen Lehnwörter in Finnischen*. Uppsala, 1932 (= *Skrifter utgivna av K. humanistiska vetenskaps-samfundet i Uppsala*, 28. 1).

Conway, R. S., *The Italic dialects*. Cambridge, 1897.

Curme, G. O., *A grammar of the German language*. Second edition, New York, 1922.

Curme, G. O., and Kurath, H., *A grammar of the English language*; volume 3, Syntax, by G. O. Curme. New York, 1931.

Curme volume of linguistic studies. Baltimore, 1930. (= *Language monographs published by the Linguistic society of America*, 7).

Curtius, G., *Zur Kritik der neuesten Sprachforschung*. Leipzig, 1885.

Dahlerup, V., *Det danske sprogs historie*. Second edition, Copenhagen, 1921.

Dahlerup, V., *Ordbog over danske sprog*. Copenhagen, 1919-.

Darmesteter, A., *De la création actuelle de mots nouveaux dans la langue française*. Paris, 1877.

Darmesteter, A., *Traité de la formation des mots composés dans la langue française*. Second edition, Paris, 1894.

Darmesteter, A., *La vie des mots*. Twelfth edition, Paris, 1918.

Dauzat, A., *La géographie linguistique*. Paris, 1922.

Dauzat, A., *Histoire de la langue française*. Paris, 1930.

Dauzat, A., *Les noms de lieux*. Paris, 1926.

Dauzat, A., *Les noms de personnes*. Paris, 1925.

Dauzat, A., *Les patois*. Paris, 1927.

Debrunner, A., *Griechische Wortbildungslehre*. Heidelberg, 1927 (= *Indogermanische Bibliothek*, 2. 8).

de Josselin de Jong, J. P. B., *Het huidige Negerhollandsch*. Amsterdam, 1926 (= *Verhandelingen der K. akademie van wetenschappen*; *Afdeeling letterkunde*; *Nieuwe reeks*, 14. 6).

de Laguna, G. A., *Speech*; *its function and development*. New Haven, 1927.

Delbrück, B., *Einleitung in das Studium der indogermanischen Sprachen*. Sixth editon, Leipzig, 1919 (= *Bibliothek indogermanischer Grammatiken*, 4).

Delbrück, B. , *Grundfragen der Sprachforschung.* Strassburg, 1901.

de Saussure, F. , *Cours de linguistique générale.* Second edition, Paris, 1922.

Deutsche Dialektgeographie. Marburg, 1908-.

de Vries, M. , and te Winkel, L. A. , *Woordenboek der Nederlandsche taal.* The Hague, 1882-.

Dialect notes. New Haven, 1890-.

Diesch, C. , *Bibliographie der germanistischen Zeitschriften.* Leipzig, 1927 (= *Bibliographic publications Germanistic section, Modern language association of America,* 1).

Diez, F. , *Grammatik der romanischen Sprachen,* Bonn, 1836-44. Fifth edition, 1882.

Donum natalicum Schrijnen. Nijmegen and Utrecht, 1929.

d'Ovidio, F. , *Grammatica storica della lingua e dei dialetti italiani.* Milan, 1906 (Manuali Hoepli).

Du Cange, C. du Fresne, *Glossarium mediae et infimae Latinitatis.* Second edition Niort, 1883-87.

Ebert, M. , *Reallexikon der Vorgeschichte.* Berlin, 1924-.

Ellis, A. J. , *On early English pronunciation.* London, 1869-89 (= *Early English text society; Extra series,* 2;7;14;23;56).

Englische Studien. Heilbronn (now Leipzig), 1877-.

Erdmann, B. , and Dodge, R. , *Psychologische Untersuchungen über das Lesen.* Halle, 1898.

Erman, A. , *Die Hieroglyphen.* Leipzig, 1912 (= *Sammlung Göschen,* 608).

Esper, E. A. , *A technique for the experimental investigation of associative interference in artificial linguistic material.* Philadelphia, 1925 (= *Language monographs published by the Linguistic society of America,* 1).

Ewen, C. L'Estrange, *A history of surnames of the British Isles.* London, 1931.

Fabian, E. , *Das exozentrische Kompositum im Deutschen.* Leipzig, 1931 (= *Form und Geist,* 20).

Falk, H. , and Torp, A. , *Dansk-Norskens syntax.* Christiania, 1900.

Falk, H., and Torp, A., *Norwegisch-dänisches etymologisches Wörterbuch.* Heidelberg, 1910 (= *Germanische Bibliothek,* 1.4.1).

Farmer, J. S., and Henley, W. E., *Slang and its analogues.* London, 1890-1904. Second edition 1903-. Abridged version: *A dictionary of slang and colloquial English.* New York, 1921.

Fechner, H., *Grundriss der Geschichte der wichtigsten Leselehrarten.* Berlin, 1884.

Feilberg, H. F., *Bidrag til en ordbog over jyske almuesmaal.* Copenhagen, 1886-1910.

Feist, S., *Etymologisches Wörterbuch der gotischen Sprache.* Second edition, Halle, 1923.

Feist, S., *Kultur, Ausbreitung und Herkunft der Indogermanen.* Berlin, 1913.

Festgabe Heinzel: Abhandlungen zur germanischen Philolgoie; Festgabe für R. Heinzel. Halle, 1898.

Festgabe Suchier: Forschungen zur romanischen Philologie; Festgabe für H. Suchier. Halle, 1900.

Festschrift für ··· P. Kretschmer. Berlin, 1926.

Festschrift Meinhof. Hamburg, 1927.

Festschrift Morf: Aus romanischen Sprachen und Literaturen; Festschrift H. Morf. Halle, 1905.

Festschrift V. Thomsen. Leipzig, 1912.

Festschrift Wackernagel: Antidoron; Festschrift J. Wackernagel. Göttingen, 1924.

Festskrift til V. Thomsen. Copenhagen, 1894.

Finck, F. N., *Die Aufgabe und Gliederung der Sprachwissenschaft.* Halle, 1905.

Finck, F. N., *Die Haupttypen des Sprachbaus.* Leipzig, 1910 (= *Aus Natur und Geisteswelt,* 268).

Finck, F. N., *Die Klassifikation der Sprachen.* Marburg, 1901.

Finck, F. N., *Lehrbuch des Dialekts der deutschen Zigeuner.* Marburg, 1903.

Finck, F. N., *Die Sprachstämme des Erdkreises.* Lipzig, 1909 (= *Aus*

Natur und Geisteswelt, 267).

Finnisch-ugrische Forschungen. Helsingfors, 1901-.

Fischer, H. , *Geographie der schwäbischen Mundart.* Tübingen, 1895.

Flasdieck, H. M. , *Forschungen zur Frühzeit der neuenglischen Schriftsprache.*
    Halle, 1922 (= *Studien zur englischen Philologie*, 65; 66).

Fletcher, H. , *Speech and hearing.* New York, 1929.

Flom, G. T. , *Scandinavian influence in southern Lowland Scotch.* New
    York, 1901 (= *Columbia University Germanic studies*, 1).

Forchhammer, H. , *How to learn Danish.* Heidelberg, 1906 (다음의 프랑
    스어 판만 보았다. *Le danois parlé*, Heidelberg, 1911).

Franck, J. , and van Wijk, N. , *Etymologisch woordenboek der Nederlandsche
    taal.* The Hague, 1912.

Fries, C. C. , *The teaching of the English language.* New York, 1927.

Frings, T. , *Rheinische Sprachgeschichte.* Essen, 1924. Also as contribution
    to *Geschichte des Rheinlandes*, Essen, 1922.

Fritzner, J. , *Ordbog over det gamle norske sprog.* Christiania, 1886-96.

Gabelentz, G. von der, *Die Sprachwissenschaft.* Second edition, Leipzig,
    1901.

Gadde, F. , *On the history and use of the suffixes -ery (-ry), -age and -ment
    in English.* Lund, 1910 (*Svea English treatises*).

Gairdner, W. H. T. , *The phonetics of Arabic.* London, 1925 (*The American
    University at Cairo; Oriental studies*).

Gamillscheg, E. , *Die Sprachgeographie.* Bielefeld and Leipzig, 1928
    (= *Neuphilologische Handbibliothek*, 2).

Gauthiot, R. , *La fin de mot en indo-européen.* Paris, 1913.

The Germanic review. New York, 1926-.

*Giessener Beiträge zur Erforschung der Sprache und Kultur Englands und
    Nordamerikas.* Giessen, 1923-.

Giles, H. A. , *A Chinese-English dictionary.* London, 1892.

Gilliéron, J. , *L'aire clavellus.* Neuveville, 1912.

Gilliéron, J. , *Généalogie des mots qui désignent l'abeille.* Paris, 1918
    (= *Bibliothèque de l'École des hautes études; Sciences historiques et*

philologiques, 225).

Gilliéron, J., *Pathologie et thérapeutique verbales*. Paris, 1921 (= *Collection linguistique publiée par la Société de linguistique de paris*, 11).

Gilliéron, J., and Edmont, E., *Atlas linguistique de la France*. Paris, 1902-10. Supplement, 1920; maps for Corsica, 1914-15.

Gilliéron, J., and Mongin, J., *Scier dans la Gaule romane du sud et de l'est*. Paris, 1905.

Gilliéron, J., and Roques, M., *Études de géographie linguistique*. Paris, 1912.

Goeders, C., *Zur Analogiebildung im Mittel- und Neuenglischen*. Dissertation, Kiel, 1884.

Graff, E. G., *Althochdeutscher Sprachschatz*. Berlin, 1834-42. Index by H. F. Massmann, 1846. A supplement, Die *althochdeutschen Präpositionen*, Königsberg, 1824, appeared before the main work.

A grammatical miscellany offered to O. Jespersen. Copenhagen, 1930.

Grammont, M., *La dissimilation consonantique dans les langues indo-européennes et dans les langues romanes*. Dijon, 1895.

Grandgent, C. H., *From Latin to Italian*. Cambridge, Mass., 1927.

Greenough, J. B., and Kittredge, G. L., *Words and their ways in English speech*. New York, 1901.

〔Griera, A., *Atlas lingüistic de Catalunya*. Barcelona, 1923-.〕

Grierson, G. A., *Linguistic survey of India*. Calcutta, 1903-22.

Grimm, J., *Deutsche Grammatik*. Göttingen, 1819-37. Second edition of first volume, 1822. Index by K. G. Andresen, 1865. Reprint with additions from Grimm's notes, Berlin, then Gütersloh, 1870-98.

Grimm, J. and W., *Deutsches Wörterbuch*. Leipzig, 1854-.

GRM: Germanisch-romanische Monatsschrift. Heidelberg, 1909-.

Gröber, G., *Grundriss der romanischen Philologie*. Second edition, Strassburg, 1904-06.

Guérard, A. L., *A short history of the international language movement*. London, 1922.

Guernier, R. C., *Notes sur la prononciation de la langue mandarine de Pékin*.

London, 1912 (Supplement to Maitre phonétique).

Gutzmann, H. , *Physiologie der Stimme und Sprache.* Second edition, Braunschweig, 1928 (= *Die Wissenschaft,* 29).

Gutzmann, H. , *Sprachheilkunde.* Third edition, Berlin, 1924.

Haag, C. , *Die Mundarten des oberen Neckar- und Donaulandes.* School program, Reutlingen, 1898.

Hanssen, F. , Spanische Grammatik auf historischer Grundlage. Halle, 1910 (= *Sammlung kurzer Lehrbücher der romanischen Sprachen,* 6).

Harvard studies in classical philology. Boston, 1890-.

Hasse, A. , *Studien über englische Volksetymologie.* Dissertation, Strassburg, 1904.

Hatzfeld, A. , Darmesteter, A. , Thomas, A. , *Dictionnaire général de la langue française.* Sixth edition, Paris, 1920.

Hatzfeld, H. , *Leitfaden der vergleichenden Bedeutungslehre.* Second edition, Munich, 1928.

Head, H. , *Aphasia and kindred disorders of speech.* New York, 1926.

Heepe, M. , *Lautzeichen.* Berlin, 1928.

Hehn, V. , *Kulturpflanzen und Haustiere.* Seventh edition, Berlin, 1902.

Hellquist, E. , *Det svenska ordförråudets ålder och ursprung.* Lund, 1929-30.

Hempl, G. , *German orthography and phonology.* Boston, 1897.

Hermann, E. , *Berthold Delbrück.* Jena, 1923.

Hermann, E. , *Lautgesetz und Analogie.* Berlin, 1931 (= *Abhandlungen der Gesellschaft der Wissenschaften zu Göttingen; Philologisch- historische Klasse; Neue Folge,* 23. 3).

Herzog, E. , *Streitfragen der romanischen Philologie.* Halle, 1904.

Herzog, R. , *Die Umschrift der älteren griechischen Literatur in das ionische Alphabet.* University program, Basel, 1912.

Hesseling, D. C. , *Het Negerhollands der Deense Antillen.* Leiden, 1905.

Heusler, A. , *Altisländisches Elementarbuch.* Second edition, Heidelberg, 1921 (= *Germanische Bibliothek,* 1. 1. 3).

Hilmer, H. , *Schallnachahmung.* Halle, 1914.

Hirt, H., *Handbuch der griechischen Laut- und Formenlehre*. Second edition, Heidelberg, 1912 (= *Indogermanische Bibliothek*, 1. 1. 2).

Hirt, H., *Handbuch des Urgermanischen*. Heidelberg, 1931- (= *Indogermanische Bibliothek*, 1. 1. 21).

Hirt, H., *Die Indogermanen*. Strassburg, 1905.

Hirt, H., *Indogermanische Grammatik*. Heidelberg, 1921- (= *Indogermanische Bibliothek*, 1. 13).

Hjelmslev, L., *Principes de grammaire générale*. Copenhagen, 1928 (= *Det k. danske videnskabernes selskab*; *Historisk-filologiske meddelelser*, 16. 1).

Holthausen, F., *Altsächsisches Elementarbuch*. Second edition, Heidelberg, 1921 (= *Germanische Bibliothek*, 1. 5).

Homenaje ofrecido a Menéndez Pidal. Madrid, 1925.

Hoops, J., *Reallexikon der germanischen Altertumskunde*. Strassburg, 1911-19.

Hoops J., *Waldbäume und Kulturpflanzen im germanischen Altertum*. Strassburg, 1905.

Horn, W., *Historische neuenglische Grammatik*; *Erster Teil, Lautlehre*. Strassburg, 1908.

Horn, W., *Sprachkörper und Sprachfunktion*. Second edition, Leipzig, 1923 (= *Palaestra*, 135).

Hubert, H., *Les Celtes et l'expansion celtique*. Paris, 1932 (= *L'évolution de l'humanité*, 1. 21).

Humboldt, W. von, *Über die Kawisprache*. Berlin, 1836-39 (in *Abhandlungen der Akademie der Wissenschaften zu Berlin*, as of 1832). Part 1 was republished with an elaborate commentary, in two volumes and a supplement, by A. F. Pott, Berlin, 1876-80.

IF: Indogermanische Forschungen. Strassburg (now Berlin), 1892-. Supplement: *Anzeiger*.

IJ: Indogermanisches Jahrbuch. Strassburg (now Berlin), 1914-.

IJAL : International journal of American linguistics. New York, 1917-.

Ipsen, G., and Karg, F., *Schallanalytische Versuche*. Heidelberg, 1928 (= *Germanische Bibliothek*, 2. 24).

IZ: Internationale Zeitschrift für allgemeine Sprachwissenschaft. Leipzig, 1884-90.

Jaberg, K., *Sprachgeographie.* Aarau, 1908.

Jaberg, K., and Jud, J., *Sprach- und Sachatlas Italiens und der Südschweiz.* Zofingen, 1928-.

Jahresbericht über die Erscheinungen auf dem Gebiete der germanischen Philologie. Berlin, 1880-.

JAOS: Journal of the American Oriental society. New York (now New Haven), 1850-.

JEGP: Journal of English and Germanic Philology. Bloomington, Indiana (now Urbana, Illinois), 1897-.

Jellinek, M. H., *Geschichte der deutschen Grammatik.* Heidelberg, 1913-14 (= Germanische Bibliothek, 2.7).

Jellinek, M. H., *Geschichte der gotischen Sprache.* Berlin and Leipzig, 1926 (= *Grundriss der germanischen Philologie*, 1.1).

Jensen, H., *Geschichte der Schrift.* Hannover, 1925.

Jespersen, O., *Fonetik.* Copenhagen, 1897-99.

Jespersen, O., *Growth and structure of the English language.* Fourth edition, New York, 1929.

Jespersen, O., *How to teach a foreign language.* London, 1904.

Jespersen, O., *Language; its nature, development, and origin.* London and New York, 1923.

Jespersen, O., *Lehrbuch der Phonetik.* Second edition, Leipzig, 1913.

Jespersen, O., *A modern English grammar on historical principles.* Heidelberg, 1909- (= *Germanische Bibliothek*, 1.9).

Jespersen, O., *The philosophy of grammar.* London and New York, 1924.

Jespersen, O., *Progress in language.* London, 1894.

(Jespersen, O., and Pedersen, H.,) *Phonetic transcription and transliteration.* Oxford, 1926 (Supplement to *Maître phonétique*).

Johnson, G. B., *Folk culture on St. Helena Island.* Chapel Hill, 1930 (in *University of North Carolina social study series*).

Jones, D., *An English pronouncing dictionary.* London, 1917.

Jones, D., *Intonation curves.* Leipzig, 1909.

Jones, D., *Outline of English phonetics.* Second edition, Leipzig and Berlin, 1922.

Jones, D., and Woo, K. T., *A Cantonese phonetic reader.* London, 1912.

Journal de la Société des americanistes de Paris, 1895-.

Jutz, L., *Die alemannischen Mundarten.* Halle, 1931.

Kaluza, M., *Historische Grammatik der englischen Sprache.* Second edition, Berlin, 1906-07.

Karlgren, B., *Études sur la phonologie chinoise.* Leiden and Stockholm, 1915 (= *Archives d'études orientales,* 15).

Karlgren, B., *A Mandarin phonetic reader.* Uppsala, 1917 (= *Archives d'é tudes orientales,* 13).

Karlgren, B., *Philology and ancient China.* Oslo, 1926 (= *Institutte for sammenlignende kulturforskning; Serie A: Forelesninger,* 8).

Karlgren, B., *Sound and symbol in Chinese.* London, 1923 (*Language and literature series*).

Kennedy, A. G., *A bibliography of writings on the English language.* Cambridge and New Haven, 1927.

Kent, R. G., *The sounds of Latin.* Baltimore, 1932 (= *Language monographs published by the Linguistic society of America,* 12).

Kent, R. G., *The textual criticism of inscriptions.* Philadelphia, 1926 (= *Language monographs published by the Linguistic society of America,* 2).

Kenyon, J. S., *American pronunciation.* Ann Arbor, 1924.

Klein, E., *Die verdunkelten Wortzusammensetzungen im Neuenglischen.* Dissertation, Königsberg, 1911.

Klinghardt, H., *Übungen im deutschen Tonfall.* Leipzig, 1927.

Klinghardt, H., and de Fourmestraux, M., *Französische Intonationsübungen.* Cöthen, 1911. English translation by M. L. Barker: *French intonation exercises,* Cambridge, 1923.

Kloeke, G. G., *De Hollandsche expansie.* The Hague, 1927 (= *Noorden Zuid-Nederlandsche dialectbibliotheek,* 2).

Kluge, F., *Deutsche Sprachgeschichte.* Second edition, Leipzig, 1925.

Kluge, F., *Etymologisches Wörterbuch der deutschen Sprache.* Tenth edition, Berlin and Leipzig, 1924; eleventh edition, 1930-.

Kluge, F., *Urgermanisch.* Third edition, Strassburg, 1913 (= *Grundriss der germanischen Philologie,* 2).

Kluge, F., *Von Luther bis Lessing.* Fifth edition, Leipzig, 1918.

Knutson, A., *The gender of words denoting living beings in English.* Dissertation, Lund, 1905.

Krapp, G. P., *The English language in America.* New York, 1925.

Krapp, G. P., *The pronunciation of standard English in America.* New York, 1919.

Kroeber, A. L., *Anthropology.* New York, 1923.

Kruisinga, E., *A grammar of modern Dutch.* London, 1924.

Kruisinga, E., *A handbook of present-day English.* Fourth edition, Utrecht, 1925; Part 2 in fifth edition, Groningen, 1931-32.

Künzel, G., *Das zusammengesetzte Substantiv und Adjektiv der englischen Sprache.* Dissertation, Leipzig, 1910.

Kussmaul, A., *Die Störungen der Sprache.* Fourth edition, Leipzig, 1910.

Last, W., *Das Bahuvrihi-Compositum im Altenglischen, Mittelenglischen und Neuenglischen.* Dissertation, Greifwald, 1925.

Leonard, S. A., *The doctrine of correctness in English usage 1700-1800.* Madison, 1929 (= *University of Wisconsin studies in language and literature,* 25).

Lepsius, C. R., *Standard alphabet.* Second edition, London, 1863.

Le Roux, P., *Atlas linguistique de la Basse Bretagne.* Rennes and Paris, 1924-.

Leskien, A., *Die Declination im Slavisch-Litauischen und Germanischen.* Leipzig, 1876 (= *Preisschriften der Jablonowski'schen Gesellschaft,* 19).

Leskien, A., *Grammatik der altbulgarischen Sprache.* Second edition, Heidelberg, 1919 (= *Sammlung slavischer Lehr- und Handbücher,* 1.1).

Leskien, A., *Grammatik der serbokroatischen Sprache. 1. Teil.* Heidelberg, 1914 (= *Sammlung slavischer Lehr- und Handbücher,* 1.4).

Leskien, A., *Handbuch der altbulgarischen (altkirchenslavischen) Sprache.*
[Fifth edition, Weimar, 1910.]

Leskien, A., *Litauisches Lesebuch.* Heidelberg, 1919 (= *Indogermanische Bibliothek*, 1. 2).

Lexer, M., *Mittelhochdeutsches Handwörterbuch.* Leipzig, 1872-78.

Lg: Language; Journal of the Linguistic society of America. Baltimore, 1925-.

Lindkvist, H., *Middle English place-names of Scandinavian origin. Part 1.* Dissertation, Uppsala, 1912 (also in *Uppsala universitets årsskrift*, 1911. 1).

Lindsay, W. M., *The Latin language.* Oxford, 1894.

Literaturblatt für germanische und romanische Philologie. Heilbronn (now Leipzig), 1880-.

Ljunggren, R., *Om den opersonliga konstruktionen.* Uppsala, 1926.

Lloyd, R. J., *Northern English.* Second edition, Leipzig, 1908 (= *Skizzen lebender Sprachen*, 1).

Luick, K., *Historische Grammatik der englischen Sprache.* Leipzig, 1914-.

Lundell, J. A., *Det svenska landsmålsalfabetet.* Stockholm, 1879 (= *Nyare bidrag till kännedom om de svenska landsmålen*, 1. 2).

Le maître phonétique. Bourg-la-Reine (now London), 1889-.

Marett, R. R., *Anthropology,* New York, 1911 (= *Home university library*, 37).

Mawer, A., and Stenton, F. M., *Introduction to the survey of English place-names.* Cambridge, 1924 (= *English place-name society*, 1. 1).

McKnight, G. H., *English words and their background.* New York, 1923.

McMurry, R. E., Mueller, M., Alexander, T., *Modern foreign languages in France and Germany.* New York, 1930 (= *Studies of the International institute of Teachers college*, 9).

Meier, J., *Deutsche Volkskunde.* Berlin and Leipzig, 1926.

Meillet, A., *Aperçu d'une histoire de la langue grecque.* Third edition, Paris, 1930.

Meillet, A., *Les dialectes indo-européens.* Second edition, Paris, 1922 (= *Collection linguistique publiée par la Société de linguistique de Paris*, 2).

Meillet, A., *Introduction a l'étude comparative des langues indo-européennes.*

Third edition, Paris, 1912.

Meillet, A., *Les langues dans l'Europe nouvelle*. Second edition, Paris, 1928.

Meillet, A., *Linguistique historique et linguistique générale*. Paris, 1921 (= *Collection linguistique publiée par la Société de linguistique de Paris*, 8).

Meillet, A., *La méthode comparative en linguistique historique*. Oslo, 1925 (= *Instituttet for sammenlignende kulturforskning; Serie A: Forelesninger*, 2).

Meillet, A., *Le slave commun*. Paris, 1924 (= *Collection de manuels publiée par l'Institut d'études slaves*, 2).

Meillet, A., and Cohen, M., *Les langues du monde*, Paris, 1924 (= *Collection linguistique publiée par la Société de linguistique de Paris*, 16).

Meinhof, C., *Grundriss der Lautlehre der Bantusprachen*. Second edition, Berlin, 1910.

Meinhof, C., *Grundzüge einer vergleichenden Grammatik der Bantu-Sprachen*. Berlin, 1906.

Meinhof, C., *Die moderne Sprachforschung in Afrika*. Berlin, 1910.

Meissner, B., *Die Keilschrift*. Leipzig, 1913 (= *Sammlung Göschen*, 708).

Meisterwerke der romanischen Sprachwissenschaft. Munich, 1929-30.

Menéndez, Pidal, R., *El idioma español en sus primieros tiempos*. Madrid, 1927 (= *Colleccion de manuales Hispania*, B2).

Menéndez Pidal, R., *Manual de gramatica historica española*. Fourth edition, Madrid, 1918.

Menéndez Pidal, R., *Origenes del español*. Madrid, 1926 (= *Revista de filologia española; Anejo* 1).

Meringer, R., and Meyer, K., *Versprechen und Verlesen*. Stuttgart, 1895.

Meyer, K. H., *Historische Grammatik der russischen Sprache*. Bonn, 1923.

Meyer-Lübke, W., *Einführung in das Studium der romanischen Sprachen*. Third edition, Heidelberg, 1920 (= *Sammlung romanischer Elementar- und Handbücher*, 1.1).

Meyer-Lübke, W., *Grammatik der romanischen Sprachen*. Leipzig, 1890-1902. French translation, *Grammaire des langues romanes*. Paris, 1890-1906.

Meyer-Lübke, W., *Historische Grammatik der französischen Sprache; 1.*

Teil. Second edition, Heidelberg, 1913; *2. Teil,* 1921 (= *Sammlung romanischer Elementar- und Handbücher,* 1. 2).

Meyer-Lübke, W. , *Romanisches etymologisches Wörterbuch.* Heidelberg, 1911-19; third edition, 1930- (= *Sammlung romanischer Elementar- und Handbücher,* 3. 3).

Michaelis, H. , and Jones, D. , *A phonetic dictionary of the English language.* Hannover, 1913.

Michaelis, H. , and Passy, P. , *Dictionnaire phonétique de la langue française.* Second edition, Hannover, 1914.

Michels, V. , *Mittelhochdeutsches Elementarbuch.* Third edition, Heidelberg, 1921 (= *Germanische Bibliothek,* 1. 1. 7).

Middleton, G. , *An essay on analogy in syntax.* London, 1892.

Miklosich, F. , *Etymologisches Wörterbuch der slavischen Sprachen.* Vienna, 1886.

Miklosich, F. , *Über die Mundarten und die Wanderungen der Zigeuner Europa's.* Vienna, 1872-81 (also in volumes 21-23, 25-27, 30, 31 of *Denkschriften der Akademie der Wissenschaften; philologisch-historische Klasse*).

Miklosich, F. , *Vergleichende Grammatik der slavischen Sprachen.* Weimar, 1852-74; second edition of volume 1, 1879; of volume 3, 1876.

Millardet, G. , *Linguistique et dialectologie romanes.* Montpellier and Paris, 1923 (= *Publications spéciales de la Société des langues romanes,* 28).

The modern language review. Cambridge, 1906-.

Modern philology. Chicago, 1903-.

Morris, E. P. , *On principles and methods in Latin syntax.* New York, 1901.

Morsbach, L. , *Über den Ursprung der neuenglischen Schriftsprache.* Heilbronn, 1888.

MSL: Mémoires de la Société de linguistique de Paris. Paris, 1868-.

Müller, F. , *Grundriss der Sprachwissenschaft.* Vienna, 1876-88.

Müller, M. , *Die Reim- und Ablautkomposita des Englischen.* Dissertation, Strassburg, 1909.

Nachrichten von der Gesellschaft der Wissenschaften zu Göttingen; Philologisch-

historische Klasse. Göttingen.

Navarro Tomás, T. , *Manual de pronunciación española.* Madrid, 1918. [English adaptation by A. M. Espinosa, *Primer of Spanish pronunciation.* New York, 1926.]

NED: A new English dictionary on historical principles, edited by J. A. H. Murray. Oxford, 1888-1928.

Neuphilologische Mitteilungen. Helsingfors, 1899-.

Nicholson, G. A. , *English words with native roots and with Greek, Latin, or Romance suffixes.* Dissertation, Chicago, 1916 (= *Linguistic studies in Germanic,* 3).

Nicholson, G. G. , *A practical introduction to French phonetics.* London, 1909.

Nichtenhauser, D. , *Rückbildungen im Neuhochdeutschen.* Dissertation, Freiburg, 1920.

Noël-Armfield, G. , *General phonetics.* Third edition, Cambridge, 1924.

Noreen, A. , *Altnordische Grammatik:* 1. *Altisländische und altnorwegische Grammatik.* Fourth edition, Halle, 1923. 2. *Altschwedische Grammatik,* Halle, 1904 (= *Sammlung kurzer Grammatiken germanischer Dialekte,* 4 ; 8).

Noreen VS: Noreen, A. , *Vårt språk.* Lund, 1903-18. Selections translated into German by H. W. Pollak, *Einführung in die wissenschaftliche Betrachtung der Sprache.* Halle, 1923.

NS: Die neueren Sprachen. Marburg, 1894-.

Nyrop, K. , *Grammaire historique de la langue française.* Copenhagen, 1899-1930.

Nyrop, K. , *Ordenes liv.* Second edition, Copenhagen, 1925-26. A German translation by L. Vogt, *Das Leben der Wörter,* Leipzig, 1903. [Second edition, 1923.]

Oertel, H. , *Lectures on the study of language.* New York, 1901.

Ogden, C. K. , and Richards, I. A. , *The meaning of meaning.* London, 1923.

Olsen, M. , *Farms and fanes of ancient Norway.* Oslo, 1926 (= *Instituttet for sammenlignende kulturforskning*; Serie A: Forelesninger, 9).

Ordbok över svenska språket, utgiven av Svenska akademien. Lund, 1898-.

Orientalische Bibliographie. Berlin, 1888-.

Osthoff, H., *Das Verbum in der Nominalcomposition.* Jena, 1878.

Ostoff, H., and Brugmann, K., *Morpholologische Untersuchungen.* Leipzig, 1878-1910.

Paget, R., *Human speech.* London, 1930.

Palmer, A. S., *Folk-etymology.* London, 1882.

Palmer, H. E., *English intonation.* Cambridge, 1922.

Palmer, H. E., *A first course in English phonetics.* Cambridge, 1922.

Palmer, H. E., *A grammar of spoken English.* Cambridge, 1924.

Palmer, H. E., *The principles of language-study.* London, 1921.

Palmer, H. E., *The principles of romanization.* Tokyo, 1931.

Palmer, H. E., Martin, J. V., Blandford, M. A., *A dictionary of English pronunciation with American variants.* Cambridge, 1926.

Palmgren, C., *A chronological list of English forms of the types alive, aloud, aglow.* School program, Norrköping, 1923.

Panconcelli-Calzia, G., *Einführung in die angewandte Phonetik.* Berlin, 1914.

Panconcelli-Calzia, G., *Experimentelle Phonetik.* Berlin and Leipzig, 1921 (= *Sammlung Göschen*, 844).

La parole. Paris, 1891-1904.

Parry-Williams, T. H., *The English element in Welsh.* London, 1923.

Passy, J., and Rambeau, A., *Chrestomathie française.* Fourth edition, Leipzig, 1918.

Passy, P., *L'enseignement de la lecture.* London, 1916 (Supplement to *Maître phonétique*).

Passy, P., *Étude sur les changements phonétiques.* Paris, 1890.

Passy, P., *Petite phonétique comparée.* Second edition, Leipzig, 1912.

Passy, P., *Les sons du français.* Eighth edition, Paris, 1917 (English translation, *The sounds of the French language.* Second edition, Oxford, 1913.)

Passy, P., and Hempl, G., *International French-English and English-French dictionary*. New York, 1904.

(Passy, P., and Jones, D.,) *Principles of the International phonetic association*. London, 1912 (Supplement to *Maître phonétique*).

Paul, H., *Deutsche Grammatik*. Halle, 1916-20.

Paul, H., *Grundriss der germanischen Philologie*. Second deition, Strassburg, 1900-09. Some of the contributions have appeared in later editions, as separate volumes; see Behaghel, *Geschichte*; Kluge, *Urgermanisch*.

Paul, H., *Prinzipien der Sprachgeschichte*. Halle, 1880; fifth edition, 1920. The second (1886) edition was translated into English by H. A. Strong, *Principles of the history of language*, London, 1889; an adaptation of the same edition is Strong-Logeman-Wheeler.

Pedersen, H., *Le groupement des dialectes indo-européens*. Copenhagen, 1925 (= *Det k. danske videnskabernes selskab*; *Historisk-filologiske meddelelser*, 11. 3).

Pedersen, H., *Linguistic science in the nineteenth century*; English translation by J. Spargo. Cambridge, Mass., 1931.

Pedersen, H., *Vergleichende Grammatik der keltischen Sprachen*. Göttingen, 1909-13.

The phonetic transcription of Indian languages. Washington, 1916 (= *Smithsonian miscellaneous collections*, 66. 6).

PMLA: Publications of the Modern language association of America. Baltimore (now Menasha, Wis.), 1886-.

Pott, A. F., *Etymologische Forschungen auf dem Gebiete der indo-germanischen Sprachen*. Lemgo, 1833. Second (entirely different) edition, 1859-76.

Pound, L., *Blends*; *their relation to English word formation*. Heidelberg, 1914 (= *Anglistische Forschungen*, 42).

Poutsma, H., *The characters of the English verb*. Groningen, 1921.

Poutsma, H., *A grammar of late modern English*. Groningen, 1904-26.

Preyer, W., *Die Seele des Kindes*. Seventh edition, Leipzig, 1908.

Proceedings of the 21st international congress of Americanists. Part 1. The

Hague, 1924.

Proceedings of the 23d international congress of Americanists. New York, 1930.

Publications of the English dialect society. London, 1873–.

The quarterly journal of speech. Chicago, 1915–.

Raith, J., *Die englischen Nasalverben.* Leipzig, 1931 (= *Beiträge zur englischen Philologie*, 17).

Rask, R. K., *Undersøgelse om det nordiske eller islandske sprogs oprindelse.* Copenhagen, 1818.

Raumer, R., von, *Geschichte der germanischen Philologie.* Munich, 1870 (= *Geschichte der Wissenschaften in Deutschland; Neuere Zeit*, 9).

Revue des patois gallo-romans. Paris, 1887–93.

Rice, C. C., *The Phonology of Gallic clerical Latin after the sixth century.* Dissertation, Cambridge, Mass., 1902.

Rice, S. A., *Methods in social science.* Chicago, 1931.

Ries, J., *Was ist ein Satz?* Prague, 1931 (= his *Beiträge zur Grundlegung der Syntax*, 3).

Ries, J., *Was ist Syntax?* Second edition, Prague, 1927 (= his *Beiträge zur Grundlegung der Syntax*, 1).

Rippmann, W., *Elements of phonetics.* Second edition, New York, 1903.

Roedler, E., *Die Ausbreitung des s-Plurals im Englischen.* Dissertation, Kiel, 1911.

Romania, Paris, 1872–.

Romanische Forschungen. Erlangen, 1883–.

Ronjat, J., *Le développment du langage observé chez un enfant bilingue.* Paris, 1913.

Rosenqvist, A., *Lehr- und Lesebuch der finnischen Sprache.* Leipzig, 1925 (*Sammlung Jügel*).

Rotzoll, E., *Die Deminutivbildungen im Neuenglischen.* Heidelberg, 1910 (= *Anglistische Forschungen*, 31).

Rousselot, J., *Les modifications phonétiques du langage.* Paris, 1893 (also in *Revue des patois*, volumes 4, 5, and 5 supplement).

Rousselot, J., *Principes de phonétique experimentale.* Paris, 1897-1908.

RP: *Revue de phonétique.* Paris, 1911.

Russell, G. O., *Speech and voice.* New York, 1931.

Russell, G. O., *The vowel.* Columbus, 1928.

Russer, W. S., *De Germaansche klankverschuiving.* Haarlem, 1931 (= *Nederlandsche bijdragen op het gebied van Germaansche philologie en linguistiek,* 1).

Saer, D. J., Smith, F., Hughes, J., *The bilingual problem.* Aberystwyth, 1924.

Sampson, J., *The dialect of the Gypsies of Wales.* Oxford, 1926.

Sandfeld, K., *Linguistique balkanique.* Paris, 1930 (= *Collection linguistique publiée par la société de linguistique de Paris,* 31).

Sapir, E., *Language.* New York, 1921.

Scharpé, L., *Nederlandsche uitspraakleer.* Lier, 1912.

Schauerhammer, A., *Mundart und Heimat Kaspar Scheits.* Halle, 1908 (= *Hermaea,* 6).

Schleicher, A., *Compendium der vergleichenden Grammatik der indo-germanischen Sprachen.* Weimar, 1861; fourth edition, 1876.

Schmeller, J. A., *Bayerisches Wörterbuch.* Second edition, Munich, 1872-77.

Schmeller, J. A., *Die Mundarten Bayerns.* Munich, 1821. A partial reprint, with an index as a separate volume (*Registerband*), by O. Mausser, appeared in 1929.

Schmidt, J., *Die Verwandtschaftsverhältnisse der indogermanischen Sprachen.* Weimar, 1872.

Schmidt, W., *Die Sprachfamilien und Sprachenkreise der Erde.* Heidelberg, 1926 (= *Kulturgeschichtliche Bibliothek,* 1.5).

Schönfeld, M., *Historiese grammatika van het Nederlands.* Second edition, Zutphen, 1924.

Schrader, O., *Reallexikon der indogermanischen Altertumskunde.* Second edition, Berlin and Leipzig, 1917-29.

Schrader, O., *Sprachvergleichung und Urgeschichte.* Third edition, Jena,

1906-07. English translation of the second (1890) edition, *Prehistoric antiquities of the Aryan peoples*. London, 1890.

Schuchardt, H., *Slawo-Deutsches und Slawo-Italienisches*. Graz, 1884.

Schuchardt, H., *Die Sprache der Saramakkaneger in Surinam*. Amsterdam, 1914 (= *Verhandelingen der k. Akademie van wetenschappen; Afdeeling letterkunde; Nieuwe reeks*, 14. 6).

Schuchardt, H., *Über die Klassifikation der romanischen Mundarten*. [Graz, 1900.] Reprinted in *Schuchardt-Brevier*, 166.

Schuchardt, H., *Über die Lautgesetze*. Berlin, 1885. Reprinted in *Schuchardt-Brevier*, 51.

Schuchardt, H., *Der Vokalismus des Vulgärlateins*. Leipzig, 1866-67.

Schuchardt-Brevier: Hugo Schuchardt-Brevier. Second edition, Halle, 1928.

Scripture, E. W., *The elements of experimental phonetics*. New York, 1902.

Seip, D. A., *Norsk sproghistorie*. Christiania, 1920.

Siebs, T., *Deutsche Bühnenaussprache*. Fifteenth edition, Cologne, 1930.

Sievers, E., *Angelsächsische Grammatik*. Thrid edition, Halle, 1898 (= *Sammlung kurzer Grammatiken germanischer Dialekte*, 3). English translation by A. S. Cook, under the title *An Old English grammar*, Boston, 1903.

Siever, E., *Grundzüge der Phonetik*. Fifth edition, Lepizig, 1901 (= *Bibliothek indogermanischer Grammatiken*, 1).

Sievers, E., *Ziele und Wege der Schallanalyse*. Heidelberg, 1924 (= *Germanische Bibliothek*, 2. 14; also in *Stand und Aufgaben*, 65).

Sitzungsberichte der philosophisch-historischen Klasse der Akademie der Wissenschaften. Vienna, 1848-.

Skeat, W. W., *An etymological dictionary of the English language*. Third edition, Oxford, 1898.

Skeat, W. W., *English dialects*. Cambridge, 1911 (*Cambridge manuals of science and literature*).

Smetánka, E., *Tschechische Grammatik*. Berlin and Leipzig, 1914 (= *Sammlung Göschen*, 721).

Smith, R., *Gullah*. Columbia, S. C., 1926 (= *Bulletin of the University of South Carolina*, 190).

Soames, L., *Introduction to English, French, and German phonetics.* Third edition, London, 1913.

Soerensen, A., *Polnische Grammatik.* Berlin, 1900.

Sommer, F., *Handbuch der lateinischen Laut- und Formenlehre.* Second edition, Heidelberg, 1914 (= *Indogermanische Bibliothek*, 1.1.3).

SPE: Society for pure English; *Tracts.* Oxford, 1919-.

Sperber, H., *Einführung in die Bedeutungslehre.* Bonn and Leipzig, 1923.

Sprengling, M., *The alphabet.* Chicago, 1931 (= *Oriental institute communications*, 12).

Stand und Aufgaben der Sprachwissenschaft; *Festschrift für W. Streitberg.* Heidelberg, 1924.

Steinthal, H., *Charakteristik der hauptsächlichsten Typen des Sprachbaues.* Second edition, revised by F. Misteli. Berlin, 1893 (= his *Abriss der Sprachwissenschaft*, 2).

Steinthal, H., *Geschichte der Sprachwissenschaft bei den Griechen und Römern.* Berlin, 1863.

Steinthal, H., *Der Ursprung der Sprache.* Fourth edition, Berlin, 1888.

Stender-Petersen, A., *Slavisch-germanische Lehnwortkunde.* Gothenburg, 1927 (= *Göteborgs k. vetenskaps- och vitterhets-samhälles handlingar*, 4.31.4).

Stern, C. and W., *Die Kindersprache.* Leipzig, 1907.

Stern, G., *Meaning and change of meaning.* Gothenburg, 1932 (*Göteborg högskolas årsskrift*, 38.1).

Stolz, F., and Schmalz, J. H., *Lateinische Grammatik.* Fifth edition, Munich, 1928 (= *Handbuch der klassischen Altertumswissenschaft*, 2.2).

Stratmann, F. H., *A Middle English dictionary.* Oxford, 1891.

Strecker, K., *Einführung in das Mittellatein.* Berlin, 1928.

Streiff, C., *Die Laute der Glarner Mundarten.* Frauenfeld, 1915 (= *Beiträge zur schweizerdeutschen Grammatik*, 8).

Streitberg, W., *Gotisches Elementarbuch.* Fifth edition, Heidelberg, 1920

(= *Germanische Bibliothek*, 1. 2).

Streitberg, W., *Urgermanische Grammatik*. Heidelberg, 1896 (= *Sammlung von Elementarbüchern der altgermanischen Dialekte*, 1).

Streitberg, W., and others, *Geschichte der indogermanischen Sprachwissenschaft*. Strassburg (now Berlin), 1916- (part of *Grundriss der indogermanischen Altertumskunde*, begründet von K. Brugmann und A. Thumb).

Streitberg Festgabe. Leipzig, 1924.

Strong, H. A., Logeman, W. S., Wheeler, B. I., *Introduction to the study of the history of language*. London, 1891 (see Paul, *Prinzipien*).

Studies in English philology; A miscellany in honor of F. Klaeber. Minneapolis, 1929.

Studies in honor of Hermann Collitz. Baltimore, 1930.

Sturtevant, E. H., *Linguistic change*. Chicago, 1917.

Sundén, K., *Contributions to the study of elliptical words in modern English*. Uppsala, 1904.

Sütterlin, L., *Geschichte der Nomina Agentis im Germanischen*. Strassburg, 1887.

Sütterlin, L., *Neuhochdeutsche Grammatik*. Munich, 1924-.

Sweet, H., *An Anglo-Saxon primer*. Eighth edition, Oxford, 1905.

Sweet, H., *An Anglo-Saxon reader*. Eighth edition, Oxford, 1908.

Sweet, H., *Collected papers*. Oxford, 1913.

Sweet, H., *Handbook of phonetics*. Oxford, 1877.

Sweet, H., *A history of English sounds*. Oxford, 1888.

Sweet, H., *The history of language*. London, 1900.

Sweet, H., *A new English grammar*. Oxford, 1892-98.

Sweet, H., *The practical study of languages*. New York, 1900.

Sweet, H., *A primer of phonetics*. Third edition, Oxford, 1906.

Sweet, H., *The sounds of English*. Second edition, Oxford, 1910.

Szinnyei, J., *Finnisch-ugrische Sprachwissenschaft*. Leipzig, 1910 (= *Sammlung Göschen*. 463).

Tamm, F., *Etymologisk svensk ordbok*. Uppsala, 1890-.

TAPA: Transactions of the American philological association. Hartford, Conn. (now Middletown, Conn.), 1871-.

Taylor, A., *The proverb.* Cambridge, Mass., 1931.

Teichert, F., *Über das Aussterben alter Wörter im Verlaufe der englischen Sprachgeschichte.* Dissertation, Erlangen, 1912.

Terracher, A. L., *Les aires morphologiques.* Paris, 1914.

Teuthonista; *Zeitschrift für deutsche Dialektforschung und Sprachgeschichte.* Bonn und Leipzig, 1924-.

Thesaurus linguae Latinae editus auctoritate et consilio academiarum quinque Germanicarum. Leipzig, 1904-.

Thomas, A., *Nouveaux essais de philologie française.* Paris, 1904.

Thomsen, W., *Über den Einfluss der germanischen Sprachen auf die finnisch-lappischen.* Halle, 1870.

Thorndike, E. L., *A teacher's word book.* New York, 1931.

Thumb, A., *Grammatik der neugriechischen Volkssprache.* Berlin and Leipzig, 1915 (= *Sammlung Göschen,* 756).

Thumb, A., *Handbuch der neugriechischen Volkssprache.* Strassburg, 1910.

Thumb, A., and Marbe, K., *Experimentelle Untersuchungen über psychologische Grundlagen der sprachlichen Analogiebildung.* Leipzig, 1901.

Thurneysen, R., *Die Etymologie.* Freiburg i. B., 1905.

Thurneysen, R., *Handbuch des Altirischen.* Heidelberg, 1909 (= *Indogermanische Bibliothek,* 1. 1. 6).

Thurot, C., *Notices et extraits de divers manuscrits latins pour servir à l'histoire des doctrines grammaticales au moyen age.* Paris, 1868 (= *Notices et extraits des manuscrits de la bibliothèque impériale et autres bibliothèques,* 22. 2).

Tijdschrift voor Nederlandsche taal- en letterkunde. Leiden, 1881-.

Toll, J. M., *Niederländisches Lehngut im Mittelenglischen.* Halle, 1926 (= *Studien zur englischen Philologie,* 69).

Torp, A., *Nynorsk etymologisk ordbok.* Christiania, 1919.

Torp, A., *Wortschatz der germanischen Spracheinheit.* Göttingen, 1909 (=

A. Fick, *Vergleichendes Wörterbuch der indogermanischen Sprachen*, volume 3, fourth edition).

Torp, A., and Falk, H., *Dansk-Norskens lydhistorie*. Christiania, 1898.

Tourtoulon, C. J. M., and Bringuier, M. O., *Étude sur la limite géographique de la langue d'oc et de la langue d'oïl*. Paris, 1876.

Travaux du Cercle linguistique de Prague. Prague, 1929-.

Travis, L. E., *Speech pathology*. New York, 1931.

Trofimov, M. V., and Jones, D., *The pronunciation of Russian*. Cambridge, 1923.

Uhlenbeck, C. C., *Kurzgefasstes etymologisches Wörterbuch der altindischen Sprache*. Amsterdam, 1898-99.

Uhler, K., *Die Bedeutungsgleichheit der altenglischen Adjektiva und Adverbia mit und ohne -lic (-lice)*. Heidelberg, 1926 (= *Anglistische Forschungen*, 62).

Uhrström, W., *Pickpocket, turnkey, wrap-rascal and similar formations in English*. Stockholm, 1918.

University of Washington publications in anthropology. Seattle, 1920-.

van der Meer, M. J., *Historische Grammatik der niederländischen Sprache*. Heidelberg, 1927 (= *Germanische Bibliothek*, 1. 1. 16).

van der Meulen, R., *De Hollandsche zee- en scheepstermen in het Russisch*. Amsterdam, 1909 (= *Verhandelingen der K. akademie van wetenschappen*; *Afdeeling letterkunde*; *Nieuwe reeks*, 10. 2).

Verwijs, E., and Verdam. J., *Middelnederlandsch woordenboek*. The Hague, 1885-1930.

Viëtor, W., *Die Aussprache des Schriftdeutschen*. Tenth edition, Leipzig, 1921.

Viëtor, W., *Deutsches Aussprachewörterbuch*. Thrid edition, Leipzig, 1921.

Viëtor, W., *Elemente der Phonetik*. Sixth edition, Leipzig, 1915.

Viëtor, W., *German pronunciation*. Third edition, Leipzig, 1903.

Viëtor, W., *Die Methodik des neusprachlichen Unterrichts*. Leipzig, 1902.

Vollmöller, K. G., *Kritischer Jahresbericht über die Fortschritte der romanischen Philologie*. Munich and Leipzig (then Erlangen). 1890-1915.

Vondrák, V. , *Vergleichende slavische Grammatik*. Second edition, Göttingen, 1924-28.

Vox: Internationales Zentralblatt für experimentelle Phonetik; *Vox*. Berlin, 1891-1922.

Wackernagel, J. , *Altindische Grammatik*. Göttingen, 1896-.

Wackernagel, J. , *Vorlesungen über Syntax*; *Erste Reihe*. Second edition, Basel, 1926. Zweite Reihe, Basel, 1924.

Walde, A. , *Lateinisches etymologisches Wörterbuch*. Second edition, Heidelberg, 1910; third edition, 1930- (= *Indogermanische Bibliothek*, 1. 2. 1).

Walde, A. , and Pokorny, J. , *Vergleichendes Wörterbuch der indogermanischen Sprachen*. Berlin and Leipzig, 1930.

Warnke, C. , *On the formation of English words by means of ablaut*. Dissertation, Halle, 1878.

Weekley, E. , *A concise etymological dictionary of modern English*. New York, 1924.

Weekley, E. , *The romance of names*. Thrid edition, London, 1922.

Weekley, E. , *Surnames*. New York, 1916.

Weigand, G. , *Linguistischer Atlas des dacorumänischen Sprachgebites*. Leipzig, 1909.

Weiss, A. P. , *A theoretical basis of human behavior*. Second edition, Columbus, 1929.

West, M. , *Bilingualism*. Calcutta, 1926 (= *Bureau of education, India, Occasional reports*, 13).

West, M. , *Leaning to read a foreign language*. London, 1926.

De West-Indische gids. The Hague, 1919-.

Wheatley, H. B. , *A dictionary of reduplicated words in the English language*. London, 1866 (Appendix to the *Transactions of the Philological society* for 1865).

Wheeler, B. I. , *Analogy and the scope of its application to language*. Ithaca, 1887 (= *Cornell university studies in classical philology*, 2).

Whitney, W. D. , *Language and the study of language*. New York, 1867.

Whitney, W. D., *The life and growth of language.* New York, 1874.

Whitney, W. D., *A Sanskrit grammar.* Third edition. Boston, 1896.

Wilmanns, W., *Deutsche Grammatik*; volume 1, third edition, Strassburg, 1911; volume 2, second edition, 1899; volume 3, 1906.

Wilson, S. A. Kinnier, *Aphasia.* London, 1926.

Wimmer, L., *Die Runenschrift.* Berlin, 1887.

Winteler, J., *Die Kerenzer Mundart.* Leipzig, 1876.

Wissenschaftlich Beihefte zur Zeitschrift des Allgemeinen deutschen Sprach-vereins. Leipzig, 1891-.

Wissler, C., *The American Indian.* Second edition, New York, 1922.

Wörter und Sachen. Heidelberg, 1909-.

Wrede, F., *Deutscher Sprachatlas.* Marburg, 1926-.

Wright, J., *The English dialect dictionary.* London, 1898-1905.

Wright, J., *The English dialect grammar.* Oxford, 1905 (also as part of his *English dialect dictionary*).

Wright, J., and E. M., *An elementary historical New English grammar.* London, 1924.

Wright, J. and E. M., *An elementary Middle English grammar.* Second edition, London, 1928.

Wundt, W., *Sprachgeschichte und Sprachpsychologie.* Leipzig, 1901.

Wundt, W., *Völkerpsychologie*; *Erster Band: Die Sprache.* Third edition, Leipzig, 1911.

Wyld, H. C., *Historical study of the mother tongue.* London and New York, 1906.

Wyld, H. C., *A history of modern colloquial English.* London, 1920.

Wyld, H. C., *A short history of English.* Third edition, London and New York, 1927.

Wyld, H. C., *Studies in English rhymes from Surrey to Pope.* London, 1923.

Xandry, G., *Das skandinavische Element in den neuenglischen Dialekten.* Dissertation (Münster University), Neu Isenburg, 1914.

Zauner, A., *Romanische Sprachwissenschaft*; *1. Teil.* Fourth edition, Berlin and Leipzig, 1921. *2. Teil.* Third edition, 1914. (= *Sammlung Göschen*,

128 ; 250).

ZdP: Zeitschrift für deutsche Philologie. Halle, 1869-. Often referred to as ZZ ("Zachers Zeitschrift").

Zeitschrift für Eingeborenensprachen. Berlin, 1910.

Zeuss, J. K., *Grammatica, Celtica.* Berlin, 1853; second edition, by H. Ebel, 1871.

Ziemer, H., *Junggrammatische Streifzüge im Gebiete der Syntax.* Second edition, Colberg, 1883.

Zipf, G. K., *Selected studies of the principle of relative frequency in language.* Cambridge, Mass., 1932.

ZrP: Zeitschrift für romanische Philologie. Halle, 1887-; Supplement: *Bibliographie.*

ZvS: Zeitschrift für vergleichende Sprachforschung. Berlin, 1852-. Often referred to as *KZ* ("Kuhns Zeitschrift").

찾아보기

(용어)

레너드 블룸필드 (Leonard Bloomfield, 1887~1949)

미국의 구조주의 언어학자로, 하버드대학을 졸업한 후 시카고대학 등에서 연구를 계속하였으며, 독일에 건너가 비교언어학을 전공하고, 시카고대학과 예일대학 교수를 역임하였다. 여러 게르만어가 전공이지만, 그 밖에 인도-유럽어, 말레이-폴리네시아어, 아메리카인디언 언어에도 밝았다. 처음에 《언어연구입문》(1914) 을 저술하였으나, 그 후 개정하여 《언어(言語)》(1933) 를 간행하였다. 후자는 공시(共時) 언어학, 사적(史的) 언어학 및 응용으로 나뉘며, 사적 언어학 면에서는 당시까지 축적된 비교언어학 등의 성과에 대한 좋은 개설서(槪說書)가 되고 있다. 공시언어학 면에서는 F. 소쉬르가 시작한 분야를 실제로 개척하였으며, 행동주의 심리학의 영향 아래 수학적·실용주의적으로 엄밀한 순서를 따른 체계적인 언어기술의 모범을 보여주고 있다.

김 정 우

한국외대 영어과를 졸업하고, 서울대 대학원 국어국문학과에서 문학석사와 문학박사학위를 취득하였다. 국립국어연구원 (현 국립국어원) 을 거쳐 경남대 국어국문학과 교수로 재직하고 있다. 지은 책으로는 《고등학교 국어생활》(공저), 《이솝우화와 함께 떠나는 번역 여행(1, 2, 3권)》, 《영어 번역 ATOZ (종합편)》 등이 있다. 옮긴 책으로는 《한국어와 드라비다어의 비교연구》 등의 국역서와 An Illustrated Guide to Korean Culture 등의 영역서가 있다. 주요 논문으로는 "국어 음운론의 경계문제에 관한 연구"(석사학위논문) 와 "음운 현상과 비음운론적 정보에 관한 연구"(박사학위논문) 등 음운론 관련 논문과 "한국어 번역문의 중간언어적 특성" 등의 번역학 관련 논문이 있다.